Martin Auer

Hurentaxi

FELDFORSCHUNG

Band 3

LIT

Martin Auer

HURENTAXI

Aus dem Leben der Callgirls

LIT

Für Adrinna und Gesia

Umschlagbild: Martin Auer

Bibliografische Information der Deutschen Nationalbibliothek
Die Deutsche Nationalbibliothek verzeichnet diese Publikation in der
Deutschen Nationalbibliografie; detaillierte bibliografische Daten sind
im Internet über http://dnb.d-nb.de abrufbar.

ISBN 3-7000-0559-8 (Österreich)
ISBN 3-8258-9939-X (Deutschland)

© LIT VERLAG GmbH & Co. KG Wien 2006
Krotenthallergasse 10/8
A-1080 Wien
Tel. +43 (0) 1 / 409 56 61
Fax +43 (0) 1 / 409 56 97
e-Mail: wien@lit-verlag.at
http://www.lit-verlag.at

LIT VERLAG Dr. W. Hopf
Berlin
Dietrich-Bonhoeffer-Haus
Ziegelstr. 30
D-10177 Berlin

Auslieferung:
Österreich: Medienlogistik Pichler-ÖBZ GmbH & Co KG
IZ-NÖ, Süd, Straße 1, Objekt 34, A-2355 Wiener Neudorf
Tel. +43 (0) 2236/63 535 - 290, Fax +43 (0) 2236/63 535 - 243, e-Mail: mlo@medien-logistik.at
Deutschland: LIT Verlag Fresnostr. 2, D-48159 Münster
Tel. +49 (0) 2 51/620 32 - 22, Fax +49 (0) 2 51/922 60 99, e-Mail: lit@lit-verlag.de

Inhalt

Inhalt

Vorwort

Der Bericht eines verwegenen Mannes, Bergsteigers und Künstlers

Ein spannendes Buch bietet Herr Martin Auer hier an, ein Buch, das mich als Kulturwissenschafter, der selbst in der Szene der Prostitution geforscht hat, höchst interessiert und fasziniert. Dieses Buch hat etwas Abenteuerliches an sich. Schließlich steht am Beginn dieses Abenteuers ein gewöhnliches Zeitungsinserat mit dem Inhalt „Aushilfschauffeur gesucht. Gute Wienkenntnisse Voraussetzung, vorzugsweise Taxilenker!" Martin Auer meldet sich auf dieses Inserat, es ist von einer Agentur, die Mädchen an begierige Herren vermittelt und dafür kassiert. Die Aufgabe des neuen Chauffeurs ist nun, die Mädchen zu den diversen Adressen zu bringen. Aus Martin Auers Erlebnissen in dieser Welt entstand dieses Buchs.

Der Autor beschreibt in spannender Weise seine Erfahrungen, die mitunter die eines Zuhälters sind. So rannte er für eine gewisse Juliette, die bei einem Kunden war, der nicht zahlen wollte, dem Kunden die Türe ein. Martin Auer beschreibt aber auch sehr ungeniert diverse Praktiken, die die Damen anwenden, um ihr Geschäft mit der Sexualität zur Zufriedenheit aller durchzuführen. Die Farbigkeit dieses Buches ist eine große. Schließlich gelingt es dem Autor sehr eindrucksvoll, den Wandel am Wiener Strich zu zeigen. Die Konkurrenz unter den Damen bei diesem Gewerbe ist stärker geworden und damit ist auch der Preis der Dienstleistungen, aber nicht deren Qualität gesunken.

Es ist ein klug geschriebenes Buch, das den Alltag jener Dirnen zeigt, die aus den Nachbarländern nach Österreich reisen, um auf schnellem Wege zu Geld zu gelangen. Die Aufgabe von Martin Auer war nicht nur, die Mädchen zu den lustvollen Herren zu bringen, sondern er kassierte auch das Geld von ihnen, das er dann mit der Agentur verrechnete. Während seiner Fahrten hatte er stets auch Kondome in seinem Auto für den Fall, dass ein Mädchen keines bei sich hatte. Auch versorgte er, der selbst Nichtraucher ist, seine Damen mit Zigaretten, die höchst dankbar dafür waren. Aber auch mit anderen Dingen, wie Schmerztabletten bei Zahnschmerzen, erfreute er seine Mitfahrerinnen, für die er zunehmend Sympathien entwickelt. Er bot ihnen sogar an, ihnen behilflich zu sein sich selbständig und von der Agentur unabhängig zu machen. Sein Bemühen dabei war jedoch meist erfolglos, da die Damen, die die Agentur vermittelte, gut verdienten und sich bei der Agentur gut aufgehoben fühlten. Einige Mädchen schlugen ihm sogar vor, er solle selbst eine Agentur gründen, sie wollten für ihn arbeiten. Martin Auer lehnte jedoch tapfer ab und riet den Mädchen, sich selbst zu organisieren.

Das Buch gewährt wunderbare Einblicke in eine Welt, die vor allem für den guten Bürger da ist, der aber stets so tut, als ob er Dirnen nur vom Fernsehen oder von Filmen her kenne.

Herrn Martin Auer ist ein gutes Buch gelungen, das nicht nur für Kulturwissenschafter bzw. Kulturwissenschafterinnen und Soziologen bzw. Soziologinnen interessant ist, sondern überhaupt für jeden, der gerne über die Grenzen seines eigenen Alltags blicken will.

Es seien mir noch ein paar persönliche Gedanken zu Martin Auer gestattet. Ich kenne ihn schon lange, er ist ein liebenswürdiger Herr mit einem weiten Herzen. Er ist Künstler, vor allem ein bekannter Lyriker. Vor Jahren nahm ich mit ihm an Klettertouren im Eis gefrorener Wasserfällen bei Bad Gastein teil. Wir hingen gemeinsam am Seil und kämpften uns mit unseren Steigeisen und Pickeln bergauf. Einmal löste sich ein kleinerer Eisblock, der Martin auf dem Rücken traf. Er hatte darauf für einige Minuten Atemprobleme. Ich befürchtete das Ärgste, doch bald atmete er wieder zu meiner Erleichterung. Später stellte sich jedoch heraus, dass Martin bei die-

sem Unfall einige Rippen gebrochen hatte. Er gab übrigens zwei neben-
einander liegenden Eistürmen die Namen „rechter und linker Doppellut-
scher". Ich gehöre zu den drei Erstdurchsteigern des rechten Doppellut-
schers (darauf sei in aller Bescheidenheit hier verwiesen). Jedenfalls ist
Martin Auer ein mutiger Herr, der nicht nur in die Berge stieg, sondern sich
auch auf den Höhen der modernen Dirnenwelt auszukennen scheint.

Ich wünsche Martin Auer mit diesem Buch das Beste.

Roland Girtler

eins

– Kaugummi habe ich auch gehabt –

Ich bin Fahrer gewesen für eine Callgirl-Agentur.
Ich habe die Mädchen zu ihrem Job gebracht und sie wieder nach Hause gefahren.
Ich habe das Geld von ihnen kassiert und es mit der Agentur abgerechnet. Im Auto
habe ich immer Kondome gehabt, 5 Stück für einen Euro, für den Fall, dass sie
einem Mädchen ausgehen. Und halterlose Strümpfe, braune und schwarze. Das
wird häufig verlangt, und dann ist oft keine Zeit, dass ein Mädchen zwischen zwei
Jobs nach Hause fährt und sich umzieht. Ich habe auch immer Marlboro Light im
Auto gehabt, dabei rauche ich gar nicht. Die Mädchen waren dankbar dafür, wenn
ihnen die Zigaretten ausgegangen sind, die meisten rauchen viel zu viel, und ich
war froh, wenn ich es eilig gehabt habe, dass ich nicht wegen Zigaretten habe
halten müssen. Kaugummi habe ich auch gehabt für die Mädchen, oder Pfeffer-
minzzuckerln. Heutzutage wird von den Mädchen erwartet, dass sie küssen. Das
hat es früher nicht gegeben, eine Hure küsst nicht, hat es geheißen. Und Schmerztabletten, Dolofort. Wenn ein Mädchen den dritten Tag Zahnweh hat und noch
immer nicht zum Zahnarzt will, dann sind Aspirin zu schwach.
Für einen Job habe ich 20 Euro bekommen.

– Gute Wienkenntnisse Voraussetzung –

Während ich das schreibe, sitzt Gosia mit ihrer Freundin Elżbieta draußen in meiner Küche. Die Mädchen trinken Kaffee, rauchen und tratschen. Ich bin der dritte
Kunde gewesen, den Gosia in Wien gehabt hat. Dann bin ich ihr Fahrer gewesen.
Und jetzt schläft sie in meinem Wohnzimmer auf der Couch, weil sie aufgehört
hat und ohne Geld ist. Und alle sagen, haha, auf der Couch! Aber so ist das. Gosia
spricht man *Goscha* aus. Es ist ein polnischer Name.

Einmal, als ich mit Gosia zu einem Job gefahren bin, hat sie mich gefragt, warum
ich eigentlich diese Arbeit angenommen habe. Ich habe nicht gesagt: Weil ich ein
Buch darüber schreiben will. Ich habe gesagt: Erstens brauche ich das Geld. Und
zweitens will ich die andere Seite kennen lernen. Und so ist es auch gewesen. Ich
habe ein Mädchen zu mir einladen wollen, dabei bin ich auf dieses Inserat gestoßen, auf der Homepage von Belvedere-Escort: „Aushilfschauffeur gesucht. Gute
Wienkenntnisse Voraussetzung, vorzugsweise Taxilenker!" Am nächsten Tag

habe ich angerufen. Ich wollte die andere Seite kennen lernen. Und es ist Zeit für mich gewesen, wieder einmal etwas ganz anderes anzufangen.

Belvedere-Escort heißt nicht Belvedere-Escort. Und Gosia heißt nicht Gosia. Natürlich habe ich alle Namen geändert, von Mädchen, Fahrern, Telefonistinnen, Zuhältern und Kunden. Aber nichts von dem, was hier erzählt wird, ist erfunden.

– Wir sind hier alle per du –

Das Büro ist in einem schäbigen alten Mietshaus im 10. Bezirk gewesen. Da ist es noch immer. An der Tür ist kein Schild, nur oben auf dem Türstock hat jemand mit Kugelschreiber die Türnummer hingekritzelt. Die Tür ist meistens offen, Tag und Nacht.

„Ich komme wegen der Chauffeur-Stelle."

„Ich weiß", hat die Frau am PC gesagt und mich zu sich gewinkt. „Hallo. Wir sind hier alle per du, ich bin die Jolanta. Das ist meine Agentur."

„Ich bin der Martin." Ich habe meinen richtigen Namen gesagt. Je weniger ich lüge, um so sicherer, habe ich mir gedacht. Zwei Mädchen von der Agentur haben mich gekannt. Wenn eine von denen der Chefin gesagt hätte: He, den Typen kenn ich, der schreibt Bücher, dann hätte ich sagen können: Klar, aber momentan gehen die nicht so gut, deswegen brauche ich einen Job. Irgendwann wäre ich ihnen auf jeden Fall begegnet. Dass Gosia dort im Büro herumsitzen wird, gleich, wenn ich mich vorstelle, damit habe ich nicht gerechnet.

Ich habe ihr zugenickt, als ob es ganz normal wäre, dass ich hier auftauche. Genau erinnere ich mich nicht, wie viel ich ihr über mich erzählt habe, als sie bei mir war. Aber dass ich schreibe, habe ich sicher erwähnt. Die Mädchen fragen immer: Und was tust du so? Irgendwie muss man ja Konversation machen. Bist du verheiratet, hast du Familie? – Ich war's, zweimal, jetzt nicht mehr. – Bestellst du oft Mädchen? – Gelegentlich, ja. Seit ich mich von meiner Freundin getrennt habe. – Oh je, das ist aber schade. – Na ja, dafür bist du ja jetzt hier. – So plaudert man, eine Zigarette lang. Um die Verlegenheit zu überwinden. Um sich kennen zu lernen. Gosia ist so froh gewesen, dass sie mit mir hat Polnisch reden können. Auf der Homepage ist freilich *Litauerin* gestanden, vermutlich wegen der Abwechslung. Ich habe nicht einmal ein Viertel von dem verstanden, was sie gesagt hat, aber das hat ihr nichts ausgemacht. Sie hat geredet und geredet, weil sie so nervös war. Auch nach der Aufwärm-Zigarette hat sie weiter geredet, hat alles, was geschehen ist, mit ihrem Gerede zugedeckt. Wer weiß, ob sie verstanden hat, was ich auf Polnisch zusammengestammelt habe, denke ich. Vielleicht hat es sie gar nicht interessiert. Vielleicht hat sie gar nicht zugehört.

„Setz dich!" sagt Jolanta. „Der Gerd kommt gleich. Der kümmert sich um die Fahrer. Du bist Taxifahrer?"

„Nein, nein."

„Aber du bist Wiener, ja, du kennst dich aus?"

„Ich hab immer in Wien gelebt."

„Und was hast du vorher gemacht?"

„Homepages programmiert und so Sachen."

„Na siehst du, das ist auch mein Job. Ich bin Computertechnikerin im Zivilberuf. Wie kommst du auf uns, warst du schon Kunde bei uns?"

Ich habe die Schultern gezuckt: „Na sicher, wie komm ich sonst auf eure Homepage."

„Und findest du die Agentur gut?"

„Ja. Ihr habt sehr hübsche Mädchen. Und die Telefonistinnen sind nett."

„Welche kennst du denn?"

„Na, die Anka zum Beispiel, und die Maja..." Ich deute auf Gosia. *Maja* ist ihr Job-Name gewesen. Als sie damals bei mir gewesen ist, hat sie gesagt, sie mag diesen Namen nicht. „Ich bin doch nicht *pszczoła Maja*!" Ich habe nicht kapiert, was sie meint, das Wort *pszczoła* habe ich nicht gekannt. Da ist sie nackt und mager durchs Zimmer gelaufen, hat mit den Armen Flügel gemacht und gesummt, ein Vögelchen von einem Mädchen. Aber es hat eine Biene sein sollen, was sie mir gezeigt hat.

„Ach so, die Biene Maja!"

Sie ist 26, aber sie sieht aus wie 18. Oder eher wie 16. Mehr als 45 Kilo wiegt sie nicht.

„Die Anka, so! Na, die Rumäninnen sind alle schlecht. Die haben meistens kein langes Leben bei uns."

„Geh! Die Anka war lieb."

„Also pass auf. Du kriegst pro Fahrt zwanzig Euro. Du holst sie von zu Hause ab, bringst sie zum Kunden, und dann wieder nach Hause. Wenn ein Storno ist, kriegt niemand was, du auch nicht. Kassieren tust du von den Mädels, pro Stunde kriegt sie 60, für die zweite Stunde 50. Führerschein hast du?"

„Sicher."

„Da, unterschreib den Vertrag."

„Ach, Verträge gibt's auch?"

„Nur zur Sicherheit."

In dem Vertrag ist gestanden, dass kein Anstellungsverhältnis besteht, dass ich für die Versteuerung selber aufzukommen habe und zur Verschwiegenheit verpflichtet bin. Nichts Besonderes. Also habe ich unterschrieben.

Jolanta hat inzwischen weiter am PC gearbeitet, die Fotos von den neuen Mädchen bearbeitet und für die Homepage ausgewählt. In dem Zimmer hat es noch ein Regal mit ein paar Ordnern gegeben, eine Pinwand mit einer Wocheneinteilung, auf der Vorbestellungen notiert waren und Zettel wie:

Agnes 3 Tage Jobsperre bis Di!

Anna nur im Notfall vermitteln. Ist vielleicht noch keine 18. Soll endlich Pass bringen.
Sandy von nächsten 3 Jobs je 20,- Euro abziehen (Schulden!)

An der Wand sind ein paar Metallrohr-Stapelstühle gestanden, auf denen Mädchen gesessen sind und leise miteinander geredet haben. Dann hat es noch einen Couchtisch gegeben mit zwei Fauteuils.

In einem von den zwei Fauteuils ist die Telefonistin gesessen, vor sich fünf Handys, die abwechselnd gefiept und gepiepst und gesummt und gezwitschert haben, jedes mit einem anderen Klingelton. Die Vera habe ich gleich gemocht. Sie ist eine große, beeindruckende Frau mit dem Gesicht einer alten Tragödin. Ihr graues Haar hat sie orange gefärbt, sie trägt es in einer Art Zwiebelturm-Frisur, mit einem kleinen Knoten oben. Die Tasten am Handy kann sie wegen ihrer langen Kunstnägel nur mit der Seite vom Daumen drücken. Früher war sie Krankenschwester.
„Belvedere-Escort, einen schönen guten Tag! – Ja, wir machen Haus- und Hotelbesuche. Oder du kannst dich auch mit einem unserer Mädchen in einer Privatwohnung treffen. – Eine Stunde kommt dich auf 120 Euro plus 20 Euro Fahrtspesen. – Ja, auch in der Wohnung, das Mädchen muss ja da genau so hinfahren, wie wenn sie zu dir kommen würde. – Na freilich. – Da ist dabei Busenerotik, erotische Massagen, gegenseitiges Französisch, Verkehr in deinen Lieblingsstellungen, eben alles was so Spaß macht im zärtlichen Bereich. Selbstverständlich wirst du auch mehrmals verwöhnt. – Ja, Naturfranzösisch bieten auch fast alle Mädchen an, das wäre dann ein Aufpreis von 30 Euro! – Bitte, gerne, selbstverständlich, kein Problem!" Von zehn Anrufen schaut bei höchstens einem etwas heraus. Die neun anderen sind Spinner und Spanner, Unentschlossene, Neugierige, oder Wichser, die meinen, dass sie hier gratis Telefonsex kriegen können.

Jolanta ist auch sehr beeindruckend. Sie ist mittelgroß und ziemlich füllig, hat ein breites, freundliches und hübsches Gesicht und herrliches brünettes Haar. Meistens trägt sie schwarz. Wenn sie redet, hört man noch ein bisschen den polnischen Akzent.
„Wie gefällt dir das Foto da? Irgendwie hat's was, nicht?"
„Das ist gut, da schaut sie so lieb. Auf dem da schielt sie!"
Ein schwarzhaariges zartes Mädchen ist da auf dem Bettrand gesessen mit lila geschminkten Lippen und blau umschatteten Augen, hat die Schultern hängen lassen und ein bisschen krampfhaft an der Kamera vorbei geschaut. Sie hat ein weißes Unterhöschen angehabt und ein schwarzes, transparentes Negligé, das vorne offen gewesen ist und den Blick auf die kleinen Brüstchen freigegeben hat. Neben das Bild hat Jolanta geschrieben:

Sprachen: englisch, rumänisch
Alter: 19
Größe: 165

Maße: 85/70/80
BH 75 B
Konfektion: 36
Haare: schwarz
Augen: braun
Und oben drüber:

Lilli – noch sehr unerfahren, aber irrsinnig süß.

Zwischendurch hat sich Vera eingemischt: „Da hab i a Beschwerde von an Kunden über die Celine. Die ist total zimperlich, sagt er, *da* lasst sie sich net angreifen und *da* auch net...‟
„Ah ja! Ich sag dir, man macht was mit mit manchen Mädeln. Eine hab ich grad rausschmeißen müssen, eine Rumänin natürlich, die hat fünfzig Euro Aufpreis verlangt für Französisch, aber mit Gummi! Ich mein, was ist das?‟
Ich habe verständnisvoll genickt.
Der Jolanta sieht man an, dass sie es genießt, Chefin zu sein. Sie ist immer gemütlich und redet mit jedem wie mit einem alten Bekannten. Ich habe gleich das Wichtigste aus ihrem Leben erfahren: dass sie aus Polen kommt, dass sie selber zwölf Jahre lang angeschafft hat, dass sie verheiratet ist und zwei Kinder hat, dass sie gerade zum Tauchen in Ägypten war, dass sie in Ungarn eine alte Villa kaufen will. Die soll ein Nobelbordell werden. Ihre Agentur ist inzwischen eine der größten in Wien. Nach nur neun Monaten.
„Und mit den Behörden kommt ihr aus?‟
„Schau: Wir sind Steuerzahler. Und die Mädchen haben einen Vertrag unterschrieben, wo steht, dass sie keinen Sex anbieten dürfen. Ein paar haben wir auch, die dürfen alles anbieten, weil sie zur Kontrolle gehen. Wenn du deine Steuern zahlst, ist alles okay, mehr wollen die nicht wissen.‟

Dann ist der Gerd hereingekommen.
„Hi!‟
Wenn der Gerd „Hi!‟ sagt, klingt das wie „Stillgestanden!‟
Der Gerd ist ein bisschen zu kurz geraten. Unser Napoleon, sagt die Vera. Sie hat nichts übrig für kleine Männer.
„Hallo. Ich bin der Gerd.‟
Ich bin aufgestanden: „Martin.‟
„Hast du ihm die Regeln schon erklärt?‟ fragt er Jolanta.
„No, alles, bis auf das, was ich vergessen hab.‟
„Also pass auf: Die Mädels sind keine Huren, ja? Sie sind respektvoll zu behandeln. Anbandeln gibt's nicht, private Beziehungen zu den Mädchen sind verboten. Steht im Vertrag drin, Paragraf sieben. Alkoholisiert fahren ist ein Kündigungsgrund. Und keine Angst, so was hör ich schon von den Madeln! Die Mädels geben dir das Geld, abzüglich ihrem Anteil, du rechnest mit der Agentur ab. Und zwar

spätestens am nächsten Tag. Eine Stunde kostet 140,-, davon behalt sich das Mädchen 60,- und 20,- gehören dir. Für jede weitere Stunde kriegt das Mädchen 50,-. Extras gehören den Mädchen, Französisch ohne und solche Sachen. Führerschein hast? Zeig her! Bist du Taxi g'fahrn?"
„Nein, aber ich kenn mich aus in Wien."
„Na, des seh' ich dann schon! Und Englisch kannst? Weil bei uns geht nix ohne Englisch, die halben Madln versteh'n ka Deutsch. Gib ihm a Listen mit den Madeln!"
Vera hat mir einen Computerausdruck aus einer Ablage herausgesucht. Es waren immerhin zwei Seiten mit Vornamen, Adressen und Telefonnummern. Später sind es vier Seiten geworden.
„Um sechs bist wieder da, ja, da is Fahrerbesprechung!"

Jolanta hat inzwischen noch mehr Seiten gebaut mit den neuen Mädchen, die sie an dem Tag fotografiert hat.

Paulette, schüchterne Lolita – Kindsfrau in jeder Beziehung. Unschuldig und fast unberührt. Wenig Erfahrung, daher schüchtern und zurückhaltend.
Brandneu: Eva, ungarische Wildkatze!
Carina: Einfach top! Bildhübsch, perfekte Figur!

Die Bilder dürfen die Mädchen mit aussuchen. Dann schickt Jolanta sie nach Hause. Nur die beiden Polinnen bleiben da, Gosia und Sabrina.
„Du musst das *s* da wegnehmen", sage ich zu Jolanta. „Das muss Kindfrau heißen. Eine Kindsfrau passt auf die Kinder auf." Sie ist wegen so etwas nicht beleidigt.
„Und was für ein Inserat geben wir in den Bazar?" fragt sie die Runde.
„Big Tits", sagt Vera. „Und das neue Foto von der Sabrina!"
„Dann fragen wieder alle, was das heißen soll!"
„Na was, große Zitzen!" sagt der Gerd. „Und als Zugabe gibt's vier Liter Vollmilch, naturbelassen!"
Jolanta erklärt Sabrina den Witz auf Polnisch. Die Sabrina ist mit dem Gerd zusammen.
„Sie hat wirklich Megatitten, die Frau", sagt Jolanta zu mir.
„Was is, geh' ma essen?" fragt Gerd.
Jolanta wehrt ab: „Ich hab zuviel zu tun!"
„Ich zahl!"
„Du zahlst? Das glaub ich net!"
„Wenn du mir das Geld gibst!"
„Ja ja. Also gut. Zahlen muss immer der Mann. Wenn ich mit meinem Mann ausgeh', lass ich ihn bezahlen. Mit meinem Geld. Aber er bezahlt. So bin ich erzogen."
„Also dann..." sage ich und stehe auf, um mich zu verabschieden.
„Kommst du mit?" sagt Jolanta zu mir.

Also bin ich mitgegangen.

„Und die Maja, wie hast du die gefunden?" fragt Jolanta mich draußen auf der Straße.

„Na lieb. Ganz lieb!" sage ich. Was soll ich sonst sagen? Dass sie mich mit ihrer Nervosität selber ganz nervös gemacht hat? Dass es eigentlich überhaupt nicht geklappt hat mit uns? Eigentlich müsste ich sagen: Sie ist ein liebes Mädchen, aber sie taugt nicht zum Callgirl. Sie will alles mit so wenig Körperkontakt wie möglich erledigen und man merkt es. Und dann fummelt sie ewig mit dem Kondom herum, und dann findet sie das Gleitgel nicht, und irgendwann vergeht einem die Lust. Und dann kann man sich überlegen, ob man wieder von vorn anfängt oder ob man es bleiben lässt. Schließlich habe ich zu ihr gesagt, komm, lass es, ich bring es einfach selber zu Ende, und dann – damit habe ich nicht gerechnet, nein Baby, das musst du nicht, das hab ich nicht von dir verlangt, ach Gott, und danach ist sie aufgesprungen und hinausgelaufen und hat sich fünf Minuten lang den Mund ausgespült. Meine Güte, was für eine Quälerei.

„Willst du nicht Testkunde werden bei uns?"

„Na klar!"

„Du kriegst die Mädchen zum Selbstkostenpreis und sagst uns dann Bescheid, damit wir wissen, wie sie sind."

„Okay", habe ich gesagt. Aber ich bin nicht weiter darauf eingegangen. Sie auch nicht. Wahrscheinlich ist ihr eingefallen, dass sich das mit Paragraf sieben nicht verträgt.

Die Wirtin vom Chinarestaurant an der Ecke hat sich gefreut: „Die schönste Mädchen immer aus Polen!"

Alle haben sich Plätze gesucht und ich bin aufs Klo gegangen. Wie ich zurückkomme, höre ich Gosia sagen: *„Bardzo sympaticzny."*

„Wir haben über dich gesprochen", sagt Jolanta. „Die Mädchen finden dich sehr sympathisch."

Ich habe mich vor den Mädchen verbeugt.

Jolanta hat gelacht. „Es gibt ja Agenturen, wo der Chef die Mädchen testet. Da müsste ich eigentlich die Chauffeure testen dürfen!"

„Aber ja", habe ich gesagt, „du kannst mich testen. Ich fahr' dich gern eine Runde um den Häuserblock!"

Sie hat sich fast an ihrem Bier verschluckt vor Lachen. „Weißt du, was er gesagt hat?", hat sie zu Sabrina auf Polnisch gesagt. „Ich habe gesagt, ich will die Chauffeure testen, und er sagt, er fährt mit mir um den Häuserblock!"

„Martin spricht Polnisch", sagt Gosia.

„Oje, da muss ich aufpassen! Kannst du noch mehr Sprachen?"

„Na ja, es geht. Englisch, Französisch, bissel Italienisch und Spanisch, bissel Polnisch. Und Hindi auch ein bissel."

„Ich werd ja so froh sein nächsten Monat!" sagt Gerd.

„Wieso?"

„Da fangt sie endlich mit ihrem Deutschkurs an."

Sabrina und Gerd reden Englisch miteinander. Aber hauptsächlich haben sie sich an diesem Nachmittag gekitzelt und gequält. Das ist so ihre Art. Gerd haut ihr gern vor allen Leuten auf den Hintern oder steckt ihr die Hand von hinten zwischen die Schenkel. Sabrina hat bei diesem Essen drei Viertel rot getrunken, aber man hat ihr nichts angemerkt. Gosia hat Apfelsaft getrunken.

Jolanta hat derweil über die Agentur geredet, darüber, wie schnell sie gewachsen ist. „Wir haben überall Freunde, nur nicht bei der Kirche."

„Warum eigentlich nicht?" Ich erzähle den Witz vom Freudenhaus gegenüber dem Nonnenkloster. Wenn der Pfarrer sich hineinschleicht, sagen die Nonnen: Oh, da muss eins von den armen Mädchen schwer krank sein.

„Nein, aber im Ernst", sagt Jolanta: „Ich hab einen Stammkunden gehabt, der ist oft zu mir gekommen. Na, einmal treff ich ihn auf der Straße, und wir plaudern, kommt meine Schwiegermutter daher. Wie er sie sieht, verabschiedet er sich schnell und verschwindet. Sagt meine Schwiegermutter: Woher kennst du unseren Pfarrer?"

Sie macht eine dramatische Pause, und wir lachen alle gebührend. „Und mein Mädchen gerade vor der Kommunion! Und er hat den Kommunionsunterricht gemacht! Na, ich bin nicht hingegangen zu der Vorbesprechung für die Kommunionsfeier, also ist mein Mädchen als einzige in Weiß gegangen, weil ich nicht mitgekriegt habe, dass sie alle beschlossen haben, ganz normal zu gehen."

Gosia hat die ganze Zeit nichts gesagt.

Jetzt sitzt sie in meiner Küche, raucht und zupft sich die Augenbrauen. Sie hat mein ganzes Wohnzimmer für sich, aber sie sitzt lieber in der Küche. Die Tür zum Arbeitszimmer ist offen und ich kann sie sehen. Sie weiß inzwischen, dass ich dieses Buch schreibe. Manchmal kommt sie ganz still herein und stellt mir eine Tasse Tee neben den Computer. Dann geht sie wieder hinaus, setzt sich an den Küchentisch und starrt in die Luft.

– Ich habe auch die Oper gesehen –

Nach dem Essen beim Chinesen bin ich erst einmal mit meinem alten Toyota durch die Waschanlage gefahren. Innen habe ich ihn auch sauber gemacht, so gut es gegangen ist. Und bei der Tankstelle habe ich einen Duftspender gekauft.

Dann bin ich erst einmal ein bisschen herumgefahren und habe ganz laut gelacht, in meinem Blechkasten drin, wo es keinen stört. Ich habe gelacht und geschrien in einer Mischung aus Nervosität und Hochstimmung. Ich habe nicht gewusst, ob ich etwas total Wahnsinniges mache oder etwas ganz Normales, Folgerichtiges.

Ich bin 52, habe ich mir gedacht, mit 52 macht man solche Aktionen nicht mehr. Man bleibt hinter seinem Schreibtisch sitzen und spart für die Pension. Man verwandelt sich nicht plötzlich von einem halbwegs erfolgreichen Kinderbuchautor in einen Taxifahrer für Huren. Aber ich verwandle mich doch gar nicht. Ich bin Schriftsteller. Und Schriftsteller haben zu recherchieren. Nur, wird man mir so ein Buch abnehmen? Wird es nicht vielen ziemlich seltsam scheinen, dass jemand, der die Dienste von Huren in Anspruch nimmt, sich plötzlich zum Sozialreporter berufen fühlt? Aber ist es seltsam, wenn jemand, der Kaffee trinkt, sich plötzlich fragt, wie es denen geht, die den Kaffee anbauen? Ist jemand, der Turnschuhe trägt, disqualifiziert sich zu fragen, wie viel die Näherinnen dafür bezahlt bekommen?

Ich habe zwanzig Jahre lang immer wieder Prostituierte besucht. So wie 50 Prozent aller Männer in Österreich. Vielleicht sind es auch 75%. Wenn ich einsam und traurig war. Wenn es Probleme in der Beziehung gegeben hat. Wenn ich auf Tournee war und es allein in meinem Hotelzimmer nicht ausgehalten habe. Ich habe die Mädchen immer mit Respekt behandelt, und die meisten haben das gewürdigt und waren freundlich zu mir. Es hat nette Begegnungen gegeben, langweilige, peinliche, traurige und beglückende. Ich habe mich nie geschämt dafür.

Ich bin im Supermarkt gewesen, da hat mein Handy geläutet und ich habe den ersten Job reingekriegt.
„Hallo, hier ist die Vera von Belvedere-Escort. Es ist ein Job mit der Carlotta, die ist im 19. Bezirk abzuholen, Michaelergasse 20, und kommt ins Hotel Astron Belvedere am Rennweg." Also habe ich meinen Einkaufswagen mit allen Sachen drin stehen gelassen, habe mich an der Kassa vorbeigedrängt und bin losgefahren. Meinen ersten Job wollte ich besonders gut erledigen.

Carlotta hat mich warten lassen, wie später auch immer. Ich war schon dabei, die Agentur anzurufen, da habe ich sie im Rückspiegel daher laufen gesehen, eine zierliche kleine Gestalt mit flatternden schwarzen Locken. Damals hat sie noch überhaupt kein Deutsch gesprochen, sie hat sich auf Englisch entschuldigt: *„Excuse me, I was with friend"*, und hat mich mit ihren großen dunklen Augen angeschaut, mit ihren feuchten roten Lippen gelächelt. Carlotta ist zierlich, aber sehr weiblich. Wenn Kunden nach einer großen Oberweite fragen, empfiehlt ihnen die Telefonistin Carlotta. Mit ihr bin ich gern gefahren. Wenn einer mich geschnitten hat oder aus dem Auto ausgestiegen ist, ohne zu schauen, und mich zum Ausweichen gezwungen hat, dann hat sie ihre kleine Faust geballt und geschimpft: *„Is not correct for him to live in a house. He should live in the zoo with the animals!"*
Einmal habe ich sie ins Hotel Imperial gebracht. Ich habe ihr erklärt, welche Bedeutung das Imperial hat: „Wenn die Queen von England nach Österreich kommt, schläft sie im Hotel Imperial."
„Was ist das: *queen*?"
„Verstehst du *king*?"

„Ja."

„Wenn der *king* eine Dame ist, dann sagt man *queen*."

„Ach so."

„Und wenn der Präsident der Vereinigten Staaten nach Österreich kommt, schläft er im Hotel Imperial."

„Aha. Und wenn Carlotta aus Rumänien nach Österreich kommt..."

„...dann schläft sie im Hotel Imperial!"

Nach dem Imperial habe ich sie in eine Gastarbeiterbude im zehnten Bezirk gebracht.

Carlotta kommt aus Timisoara. In der elften Klasse hat sie ein Baby bekommen und mit der Schule aufgehört. Das Baby ist jetzt ein Jahr alt gewesen.

„Und was machst du, wenn du nicht arbeitest", habe ich sie gefragt. „Gehst du aus, gehst du in die Disco?"

„Ich gehe nicht in die Disco. Ich mag nicht."

„Was machst du dann?"

„Na nichts. Arbeiten. Essen. Schlafen. Musik hören. Fernsehen. Ich habe auch die Oper gesehen. Nicht hineingegangen, aber gesehen. Und Schönbrunn. Und Insul."

„Hm?"

„Dam.. Dan..."

„Donauinsel?"

„Ja."

„Dann hast du schon viel besichtigt."

Sie seufzt.

„Hm?"

„I'm thinking", sagt sie lächelnd.

„Woran denn?"

„An meinen Boyfriend"

„Ist der hier oder in Rumänien?"

„Hier! Ein Österreicher"

„Was, erst einen Monat hier und hast schon einen österreichischen Freund?"

„Nein, das ist so: Er ist der Vater von meinem Baby."

„Ah! Dann hast du ihn in Rumänien kennen gelernt? War er da auf Urlaub?"

„Ja."

„Und jetzt bist du hergekommen zu ihm."

„Ja, aber er weiß nicht, was ich mache."

„Was sagst du ihm denn?"

„Na, ich arbeite, gehe saubermachen in Wohnungen."

„Und glaubst du, es wär ihm nicht recht, wenn er wüsste, was du machst?"

„Nein. Ich mag diesen Job nicht."

„Warum?"

„Ich habe nicht viel Erfahrung. Mädchen, die diesen Job machen, müssen mehr erfahren sein."

„Du meinst mit Männern und so, mit Sex?"

„Ja. Nächsten Monat ich fahre nach Rumänien, und dann ich komme zurück mit meine Baby. Und dann mache ich nicht mehr diesen Job."

„Und wie hast du davon erfahren, von dieser Agentur?"

„Ich habe das in Zeitung gelesen. Eine Freundin in Rumänien, die arbeitet bei einer anderen Agentur, bei Arabella. Und die hat mir gesagt, das ist eine gute Agentur."

„Also du bist schon hergekommen und hast gewusst, dass du als Escort arbeiten willst."

„Ja. Ich komme in Agentur, und meine Foto in Internet. Und fünf Minuten später: Du hast einen Job!"

„Und wie war das, der erste Job?"

„Ach, ich habe Angst – Ich habe gesagt, nein, ich gehe nicht. Aber was soll ich machen. Ich bin hier, ich habe kein Geld. Wenn ich nicht arbeite, habe ich kein Geld. Also habe ich es gemacht. Jetzt ist es besser. Jetzt ist es ok."

„Du hast Glück gehabt? Keine Verrückten, keine Perversen?"

Das hat sie nicht richtig verstanden. „Nein, ich habe mein ganzes Geld nur für mich. Manche Mädchen, sie haben einen Boss. Sie arbeiten und er nicht, und wenn sie nach Hause kommt – fifty-fifty. Aber ich nicht."

„Du behältst dein Geld für dich."

„Für mich und mein Baby."

Um halb sieben bin ich wieder bei der Agentur gewesen. In drei Stunden habe ich 20 Euro verdient. Nicht umwerfend, besonders, wenn ich an die Kilometer denke, die ich verfahren habe.

– Noch Fragen? –

Die Fahrerbesprechung ist schon im Gang gewesen. Außer mir sind da noch fünf andere Fahrer herumgesessen oder -gestanden. Keiner von ihnen hat einen Schlagring gehabt oder mit dem Messer herumgespielt.

Der Gerd war mitten in seiner Predigt. Anscheinend hat sich jemand über zu viele Stornos beschwert gehabt.

„Des kann schon sein. An mei'm besten Tag hab ich drei Stornos ghabt und sonst nix. Na, was soll ich machen. Kann ich auch nix machen. Wem soll man's denn wegnehmen? Den Madln? Die haben ja dann auch nix. Der Telefonistin? Der Agentur? Ihr dürfts net vergessen, dass wir im Monat allein 9.000,- Euro für Werbung ausgeben. Neuntausend! Dafür simma auch eine der größten Agenturen. So is es halt. Was willst machen. Aber dass d' dann wieder nur zehn Minuten wo stehst, weil der Kunde, mit Verlaub, nach fünf Minuten schon abg'spritzt hat, darüber regt sich kaner auf. Oder wenn einmal zwei Fahrtln hintereinander sind,

dass d' in zwaa Stunden vierzig Euro machst, darüber regt sich auch kaner auf. Net, also nehmt's die Stornos einfach so, wie's kommen, dafür ist der nächste Tag dann wieder besser."
Pause. Dann sagt er zu einem von den fünf: „Von dir hör i ja nur Gutes."
„Danke!"
„Aber von dir, wann i da nur noch einen Huster hör, von an Madl, oder von der Telefonistin, dann is's aus und vorbei."
Die Vera, die daneben gesessen ist, hat gleich einmal laut gehustet.
„Wenns d' kan Job kriegst, ruf *mi* an, gell, aber net die Telefonistin. Des wird schon sein Grund haben, wenns d' kan Job kriegst. Entweder, weil i's g'sagt hab. Oder weil's halt kan Job gibt. Aber nerv net die Telefonistin, die hat gnua z'tuan. Und bitte, des kann doch net so schwer sein: Warum kann er" – Gerd deutet auf den, von dem er nur Gutes gehört hat, Miroslav heißt er – „Warum kann er bitte, wenn er sich wo verspätet, kann ja sein, es geht net immer so pünktlich, warum kann er bitte des Madl anrufen und sagen, bleib bitte noch bei dem Gast, ich verspät mich. Bitte, ihr *müssts* die Madln zwingen, dass sie euch anrufen, wenn sie fertig sind. Was hamma da ghabt, beim Wilhelmshof: Zwaa Madln san fünf Minuten auf der Straßen g'standen. Kummt die Heh und nimmts mit. Des kann's doch, bitte, net sein. Ihr könnts die Madln net auf der Straßen stehen lassen. Noch Fragen?"

– Ich krieg eh so leicht Fieberblasen –

Ich bin nervös und aufgeregt gewesen in der ersten Zeit, habe mich verfahren oder mich mit dem Geld vertan. Gleich am zweiten Abend habe ich mich vor Juliette blamiert, weil ich Hernalser Hauptstraße 174 nicht gefunden habe. Und Juliette ist so etwas wie ein Star gewesen bei Belvedere-Escort. Die Hausnummer ist dort, wo die Hernalser die Vorortelinie kreuzt. Vor der Eisenbahnbrücke war 173 und dahinter 175. War 174 die BP-Tankstelle? Ich bin dreimal über die Kreuzung gefahren und habe die Adresse nicht gefunden. Irgendwann hat Juliette dann gesagt: „Aber 174, es muss sein andere Seite!" Die geraden Zahlen sind ja rechts.

Am Anfang bin ich überzeugt gewesen, dass ich mich jetzt in der Unterwelt bewege. Ich habe niemandem gesagt, was ich mache. Ich kann ja nicht wissen, wer von meinen Bekannten vielleicht Stammkunde bei Belvedere-Escort ist. Und ich habe nicht gewusst, was passieren wird, wenn ich auffliege.
Wenn ich ein Mädchen zum Job gebracht habe, dann habe ich mich in ein Café oder in ein Wirtshaus gesetzt und Tagebuch geführt auf meinem Handheld PC. In dem Handheld habe ich auch die Adressen und Telefonnummern der Mädchen gespeichert gehabt und meine Aufträge notiert, so hat der für alle seine Daseinsbe-

rechtigung gehabt. Ich habe kein verstecktes Tonband mitlaufen lassen. Ich habe nur versucht, hinterher möglichst genau aufzuschreiben, was gesagt worden ist.

Manuela habe ich am dritten Tag kennen gelernt. Von den jungen Mädels bei Belvedere-Escort war sie die einzige Österreicherin. Sonst waren da noch Mara, die Domina, und Mona, die Sklavin. Auf der Homepage ist gestanden: *Wienergirl Manuela, Lolitatyp, 18 Jahre! Topservice! Sehr jung, sehr nett, sehr zufriedenstellend! Nur beste Kundenbewertungen!* Und fünf Sterne. Auf den Fotos hat sie ihr Gesicht abgewandt oder hinter den braunen Haaren versteckt. Ihr Busen ist silikonverstärkt. Wenn sie auf dem Rücken liegt, im Schottenrock, mit offener Bluse, schauen die Brüste auf dem zarten Jungmädchenkörper aus wie zwei lächerliche Ballons. Als ich sie abgeholt habe, ist sie erst vorsichtig am Auto vorbeigegangen, bevor sie eingestiegen ist. Sie hat Hochdeutsch gesprochen. Das ist mir aufgefallen. Auch, dass sie fast kein Make Up verwendet hat und sich nicht einmal die dichten, dunklen Augenbrauen gezupft hat. Diese Augenbrauen und die gerade griechische Nase geben ihrem Gesicht etwas recht Strenges, wenn sie gerade nicht lacht.

„Bist du neu?" hat sie mich gefragt.

„Das ist mein dritter Tag. Und du, bist du auch neu?"

„Seit zwei Wochen. Und ich bleib auch nicht lang. Ich mach das nur, um mir meine Matura zu finanzieren und vielleicht den Anfang vom Studium."

„Und was willst du studieren?"

„Kinderpsychologie, vielleicht auch Medizin. Astrologie würde mich auch interessieren, aber damit kann man nicht soviel machen."

„Und wie bist du auf die Idee gekommen, diesen Job zu machen?"

„Ich hab bei einer anderen Agentur als Telefonistin gearbeitet. Und da hab ich halt die Mädchen gefragt, wie das so ist, und wie's ihnen so geht damit. Und die haben eigentlich ganz positiv geredet."

„Und wie geht's dir dabei?"

„Eigentlich ganz gut. Ich hab nur gute Erfahrungen gemacht. Nur einen guten Ruf hat der Job halt nicht."

„Ja schade", habe ich gesagt. „Ein Mädchen, das das gut macht, die braucht schon viel Einfühlungsvermögen."

Mein Notfallkörberl ist bei ihr gut angekommen. Das habe ich mir gerade erst gerichtet gehabt, mit Bonbons, Kondomen, Kreditkartenbelegen, Kaugummi und so weiter. Ich habe es auf die Ablage vor der Windschutzscheibe gestellt.

„Hast du das immer schon?"

„Nach dem ersten Abend, da hat dies und das gefehlt. Einmal: Hast du Kondome? Hast du Zigaretten?"

„Das ist schlecht, ohne Kondom dastehn. Einmal hab ich einen Job gehabt, und stelle fest, ich hab keine Kondome dabei. Sag ich zum Fahrer, bitte fahr zu einer BP. Na, der war schon im Zeitdruck und sagt, nein, das ist dein Problem. Und ich: Bitte, ich kann doch den Job nicht ohne Kondom machen, das geht doch nicht!

Aber er: stur. Na, ich geh dir da nicht rein ohne Kondom, da kannst ein anderes Mädchen holen! Dreimal hab ich den anbetteln müssen, dass er mit mir zur Tankstelle fahrt."

Ich war schon wieder nervös, habe mich verfahren. „Entschuldige, jetzt machen wir eine Stadtrundfahrt."

„Kein Problem. Ich hab's nicht so eilig, zum Kunden zu kommen. Manche müssen eine Stunde länger warten."

So lange hat es dann nicht gedauert, wir sind pünktlich dort gewesen. Sie hat geklingelt, aber der Kunde hat nicht aufgemacht. Manuela ist vor der Tür gestanden und hat telefoniert, anscheinend hat sie die Agentur angerufen, damit die den Kunden anrufen. Aus dem zweiten Stock hat ein Mann heruntergeschaut. Es hat fünf Minuten gedauert, bis er aufgemacht hat. Dann hat sie mich angerufen: „Alles okay, eine Stunde!"

Als sie herausgekommen ist, hat der Mann wieder aus dem Fenster geschaut.

„Der Typ schaut dir noch nach. Zuerst, wie du vor der Tür gestanden bist, hat er auch die ganze Zeit runtergeschaut."

„Na, warum hat er dann nicht gleich aufgemacht!"

„Vielleicht ist er nervös."

„Der ist achtzehn. Ich kenn ihn eh. Ich mag das eigentlich nicht, wenn sie so unsicher sind, nervös, verlegen."

„Sagt euch die Jolanta eigentlich was, wie ihr euch verhalten sollt, den Kunden gegenüber?"

„Also mir nicht. Vielleicht, weil die Kunden mit mir von Anfang an sehr zufrieden waren."

Manuela holt ein Papiersackerl mit Kokosstangerln aus ihrer kleinen Handtasche und bietet mir eines an. Ich weiß nicht, wann ich so was zum letzten Mal gegessen habe.

„Ich war heut in einem Zuckerlgeschäft, wo sie die ganzen alten Sachen haben, die sie vor zwanzig Jahren gehabt haben."

„Geh, das kannst ja du gar nicht wissen, was die vor zwanzig Jahren gehabt haben."

„Na gut, vor achtzehn."

„Wie alt bist denn du?"

„Zweiundzwanzig. Ich weiß, ich schau aus wie siebzehn. Das ist manchmal ein Vorteil."

Ich lache. „Lassen's dich überhaupt schon in alle Filme rein?"

„Die schau'n eher, wenn ich bei der Beate Uhse reingeh."

„Weil du gesagt hast, Matura, hab ich gedacht du bist achtzehn. Machst du eine Abendschule?"

„Volkshochschule. Da werden Kurse am Vormittag und am Nachmittag angeboten. Ich mach nicht die Matura, ich mach die Berufsreifeprüfung, da hab ich die ganzen Nebenfächer nicht."

„Und was hast du vorher gemacht?"

„Da hab ich Zuckerbäcker gelernt."

„Ah so, deshalb das fachliche Interesse für Süßwaren. Und? Das hat keine Zukunft?"

„Nein. Also jedenfalls nicht für mich. Kollektivvertrag und so. Und dann hab ich auch die Arbeit nicht ausgehalten, hab dauernd Rückenschmerzen gehabt. Ich war beim Groissböck im Zehnten, den ganzen Tag Krapfen backen. Ich war bei der Untersuchung, und die haben gesagt, ich soll lieber was anderes machen. Na ja, Selbsterhaltung. Und dann die Arbeitszeit: zwölf Tage Arbeit und zwei Tage frei. Und du, machst du noch was nebenher?"

„Momentan nicht."

„Und vorher?"

„Früher einmal hab ich Musik gemacht, Theater gespielt."

„Ich hab mir so was gedacht."

„Aber das ist lang her. Zuletzt hab ich Homepages designed."

„Also sehr kreativ."

„Na ja. – Weißt du, das, was ich früher gemacht hab, die Leute unterhalten, das war auch nicht viel was anderes als das, was du machst."

Mit Manuela bin ich nicht oft gefahren. Sie hat meistens nur in der Nacht gearbeitet und ich bin als Tagchauffeur eingeteilt gewesen. Und sie hat nicht mehr als zwei Jobs am Tag gemacht, höchsten drei, auch wenn sie mehr hätte kriegen können.

„Mehr kann ich psychisch nicht vertragen."

An einem Nachmittag Ende August habe ich mit ihr vor der Goldenen Spinne auf einen Kunden gewartet, der sich verspätet hat. Ich habe ihr von dem Kunden erzählt, bei dem ich am Abend vorher mit Juliette gewesen bin, auf seinem Landsitz bei Ebreichsdorf. Eigentlich nur so eine Jagdhütte mit Fischteich. „Er hat sie in der Badehose empfangen, so ein alter englischer Lord, mit Eierkopf, Glatze, Schnurrbart und Spitzbauch. Soll aber sehr nett sein."

„Ja, aufs Aussehen kommt's nicht an in diesem Beruf."

„Freust dich nicht, wenn einer einmal recht fesch ist?"

„Nein, die sind meistens eher anstrengend. Die glauben dann oft, weiß Gott wie gut sie sind und die sind dann so fordernd. Mir ist lieber einer, der nicht so gut aussieht und sich freut, wenn ich auf ihn zugeh."

„Und was fordern die dann?"

„Na, ich weiß nicht. So in allen Stellungen einen geblasen kriegen, wenn man eh schon ganz verrenkt ist und der drückt einem den Kopf dahin und dorthin."

„Was ist dein Eindruck: Sind es meistens Alte oder Junge?"

„Quer durch. Ganz Junge, Mittelalte, ganz Alte, 60 oder drüber. Im Durchschnitt, würd ich sagen, etwas über 30. Was meinen denn so andere Mädchen?"

„Die Isabella hat einmal gesagt: Was ist das für ein Beruf, immer mit fetten alten Männern ficken!"

„Hm." Sie schüttelt den Kopf.

„Und welche sind dann die unangenehmsten?"

„Hm. Wenn sie riechen. Also wenn sie stinken. Oder einer will dauernd küssen, und ich krieg eh so leicht Fieberblasen, und wenn der dann mit so einem leichten Bart... Oder wenn mir einer die Ohren vollschlabbert... Oder auch, wenn sie einem zuviel Gefühl entgegenbringen. Das geht mir öfter so, vielleicht, weil ich auch mit mehr Gefühl reingeh als andere Mädchen. Aber wenn dann einer ein drittes Mal bucht und ich merk, der hat sich verliebt, das ist unangenehm."

„Warum? Weil du dann ein schlechtes Gewissen hast? Oder weil dir der dann zu nahe kommt?"

„Ich enttäusch nicht gern einen Menschen. Und die glauben dann oft, sie können das privat fortsetzen, die wollen das unbedingt, und da muss ich sie dann enttäuschen. Es ist eigenartig, wie man sich oft täuschen kann. Oft denk ich, einer wird anstrengend sein, und der ist dann ganz leicht. Oder einer wird leicht abzufertigen sein, und der ist dann sehr fordernd. Oder man sollte doch meinen, dass jemand, der im Geschäft sehr erfolgreich ist, auch im Bett gut ist. Aber da gibt es oft welche, die sind im Geschäft total erfolgreich, auch in der Beziehung, aber im Bett eine totale Niete."

„Was ist für dich eine Niete im Bett?"

Da hat sie lange nachgedacht.

„Es kann einer zum Beispiel sehr viel Erfahrung haben, aber überhaupt kein Gefühl. Wenn einer nicht so erfahren ist, aber er hat Gefühl, das kann viel besser sein."

„Und gibt's eigentlich viele, die nicht können?"

„Ja. Vor allem viele, die mit Kondom nicht können. Und manche, die sind so gebaut, da kriegst einfach kein Kondom rauf."

„Hm?"

„Zu groß, zu klein, oder der lauft so spitz zu, dass das Kondom einfach runterrutscht."

„Und die befriedigst du dann halt so, mit der Hand."

„Es findet sich immer irgend eine Lösung."

„Also, es geht mich ja nix an, aber: Kannst du den Sex auch genießen?"

„Ja. Wenn das nicht wär, könnt ich den Beruf gar nicht machen."

„Eher öfter oder eher selten?"

„Eigentlich öfter. Sogar wenn einer stinkt, und ich mach die Augen zu und lass mich fallen, dann..."

„Es gibt ja Männer, die wollen unbedingt, dass das Mädchen auch kommt, und andere stehen auf dem Standpunkt, wenn's dir g'fallt, warum zahl ich dann."

„Mhm."

„Und du kannst also auch kommen." Ich habe es wirklich ganz genau wissen wollen.

„Ja. Es kann sein, dass einer zwei Stunden bucht und sich gar nicht besonders bemüht, mich zu verwöhnen, und ich komm in den zwei Stunden dreimal. Und ein anderer, der will unbedingt, dass ich komm, aber ich kann einfach nicht. Manchmal vergeht eine Stunde ganz schnell, wenn alles so harmonisch verläuft und ich

das Gefühl habe, dass wir auf der selben Ebene sind, und manchmal schaut man auf die Uhr und die Stunde will einfach nicht vergehen."
„Ich glaub, das ist jetzt dein Kunde. Ich ruf einmal an."
„Den zum Beispiel, den schätz ich als schwierig ein."
„Warum?"
„Na, so wie er sich bewegt: Ich bin was, ich kann was."
Vera hat sich gemeldet und gesagt, dass der Kunde jetzt drin ist. Also ist die Manuela reingegangen. Es ist aber dann ein anderer Typ gewesen, nicht der, den wir reingehen gesehen haben.

– Kinderlogopädin: Blah blah blah! –

Natürlich habe ich mir Gedanken darüber gemacht wie das sein könnte, mit einem der beiden Mädchen zu fahren, die mich als Kunden kannten. Vor allem mit Gosia, der ich mehr über mich erzählt hatte. Ob sie über den Abend reden würde, an dem sie bei mir war. Ob ich darüber reden sollte. Aber in der ersten Woche habe ich sie nicht mehr getroffen.

Am Samstag habe ich mich um 9 Uhr früh angemeldet. Sissy hat Telefondienst gehabt: „Gut, dass du schon da bist. Da wär die Juliette abzuholen vom Hilton Plaza. Ich weiß aber nicht, wann sie fertig wird, sie hat schon zweimal verlängert. Aber sie sollte in 20 Minuten fertig sein."
Als ich anrufe, um zu sagen, dass ich beim Hotel bin, hat Juliette schon wieder verlängert. Ich setze mich in den Schanigarten vom Tricaffee in der Börse und schreibe. Das erste Maidrittel ist schon um, es wird ein sonniger, warmer Tag. Für einen Capuccino und ein Mineralwasser zahle ich fünf Euro, ein Viertel von dem, was ich bei diesem Job verdiene. Nach einer Stunde rufe ich Sissy an. Aber Juliette hat schon wieder verlängert. Also gehe ich erst einmal einkaufen fürs Wochenende. Ich stehe bei Billa an der Kassa, da ruft Sissy an: Die brauchen oben im Zimmer zwei Packerl rote Marlboro. Ich bringe meine Einkäufe ins Auto, hole Zigaretten aus der Trafik und gehe ins Hotel hinein. Warum sie sich die Zigaretten nicht vom Zimmerservice haben bringen lassen, weiß ich auch nicht.
Das Zimmer ist im 9. Stock, Executive Suite. Samtige Tapeten, dunkel gemasertes Holz. Ich läute.
„Ja bitte?"
„Ich bringe die Zigaretten."
Ein junger Mann mit verwuschelten Haaren macht auf, hält sich ein Leintuch vor den Leib.
„Zehn Euro bitte."
„Ja gleich."
Juliette steckt ihren blondbezopften Kopf heraus: „Ich gebe dir später."

„Klar, kein Problem."

Als sie verschwunden ist, läutet schon wieder mein Handy. Der Mann drin will noch ein zweites Mädchen, ich soll Scarlet abholen und auch ins Hotel bringen. Scarlet kommt abgehetzt daher, nicht aus ihrem Haus, sondern von der Wohnung einer Freundin. Scarlet kann siebzehn Worte Deutsch, aber die jongliert sie sehr geschickt mit ihrer komischen Piepsstimme, die nicht zu ihren angeblich 24 Jahren passt. Es sind wohl eher 28. Sie erzählt, dass sie gestern zwei Jobs gehabt hat, jeder zwei Stunden lang, dann Essen kaufen, nach Hause, kochen, vier Stunden schlafen. Jetzt hat es gerade zum Duschen gereicht. Sie fährt sich durch ihr rötlichblondes Haar: „Ach, Haare nicht gewaschen, äh, keine Zeit."

Ich sage ihr, wo es hin geht.

„Doppeljob? Gut!"

„Du magst Doppeljob?"

„Ja, ist gutes Geld."

Sie ist seit 20 Tagen hier, kommt aus der Slowakei. Mit der Agentur ist sie zufrieden: Das Schlimmste waren einmal zwei Tage ohne Job. Anderswo warten Mädchen manchmal 7 Tage auf einen Job.

„Ich anrufen: Bitte Job, muss Miete zahlen. Ich zahlen Miete, kein Problem, ruhig schlafen."

Ich sage ihr meine Telefonnummer, sie versucht mich anzurufen, es geht nicht. Sie kontrolliert die Nummer, versucht wieder anzurufen. Ach so, kein Guthaben mehr. Na gut, dann soll Juliette mich anrufen, wenn sie oben ist.

Als sie gerade im Hotel verschwunden ist, ruft mich Sissy an, es werden ihnen oben die Kreditkartenformulare ausgehen. Also gehe ich wieder hinauf und lege die Formulare vor die Tür.

Schließlich kommt der Anruf von Sissy: Scarlet ist fertig, Juliette verlängert noch eine Stunde.

Scarlet steht schon vor dem Hotel, ist enttäuscht: Nur eine Stunde. Viel Kokain, viel Alkohol. Und Juliette noch eine Stunde!

Ich sage: „Ah, na ja, Kokain", und mache mit Faust und Unterarm das Zeichen für einen kräftigen Ständer. Scarlet schüttelt den Kopf: „Nix. So klein. Nix Sex. Nur reden. Schauen meine Busen. Das plastik Chirurg, Doktor, weißt du. Juliette: Silikon! Anziehen – klein, ausziehen – so! Er: toll, ist normal? Nein, Silikon. Da", – sie hebt den Arm und zeigt mit dem Finger unter die Achsel – „Narben."

„Und bei dir ist alles echt?"

Sie schiebt ein wenig den Büstenhalter weg. „Alles echt! No ja."

Sie jammert noch eine Weile über den schlechten Verdienst. Normalerweise verbringt ein Gast mit zwei Mädchen mindestens zwei Stunden, sagt sie. Ich bringe sie zur Tankstelle, damit sie ein neues Guthaben für ihr Handy kaufen kann. Wieder zwanzig Euro weg. Weil der Kunde mit Kreditkarte bezahlt hat, lege ich die 60 Euro für sie aus. Außer der Telefonwertkarte kauft sich Scarlet eine Literflasche Cola und ein riesiges Baguette-Sandwich.

Sie kommt aus Bratislava.

„Da fährst du öfter nach Haus?"

„Ja. Zwanzig Mai, ich fahre nach Hause sieben Tage. Dann zurück. Jun, Jul arbeiten, August auch arbeiten, dann nicht mehr."

„Und dann, was machst du dann?"

„Ich bin Kinder-Logopädin. Blah blah blah."

„Kinder-Logopädin? Super!"

„Ja, super. Aber keine Geld."

„Warum? Das ist doch ein qualifizierter Beruf."

„Ja, aber in Slowakei Ekonomija ist kaputt. In Österreich auch kaputt, aber Slowakei, nix!"

„Mein Bruder, wie er klein war, kleiner Bub, hat gestottert", sage ich. „Ge-ge-ge-
stottert. Er hat auch immer eine Logopädin gebraucht. Jetzt ist er tot."

Ich bringe Scarlet zur Adresse einer Freundin, die bei ihr um die Ecke wohnt,
dann fahre ich wieder zum Hotel.

Jetzt ist es so weit, Juliette hat Schluss gemacht. Ich fahre vor, der uniformierte
Türlschnapper hält ihr die Tür auf.

Juliette kommt aus dem Hilton Plaza in Jeans und Turnschuhen. Turnschuhe, das
erlaubt sich von allen Mädchen nur sie. Alle anderen tragen zur Arbeit High
Heels. Extrem oder dezent, aber High Heels müssen es sein. Juliette ist schön,
egal, was sie anzieht. Auf ihren Fotos in Slip und BH wirkt sie üppig, rund, voll,
weich und reif. Aber wie sie jetzt mit ihrem leicht burschikosen Schritt daher
kommt, sieht sie sehr jung und mädchenhaft aus.

Sie schmeißt sich zu mir ins Auto und stöhnt:

„Ich bin kaputt. Acht Stunden!"

„Du hast noch einen Job, im Zehnten", sage ich.

„Ich weiß, fahren wir."

Sie nimmt den Haargummi von ihrem Pferdeschwanz und flicht ihre Haare wieder
zu zwei dicken, blonden Zöpfen. So sieht sie wirklich wie eine 19jährige russische
Studentin aus. In Wahrheit ist sie 28 und hat einen sechsjährigen Sohn zu Hause in
Polen. Aber ihr Vater ist, scheint's, ein Russe gewesen.

Ich habe einmal ein Foto von ihr gemacht, wie sie völlig erschöpft auf dem Rücksitz von meinem Auto geschlafen hat. Sie hat die Brille auf, ihr Kopf ist auf die
Schulter gesunken, es sieht aus, als ob sie ein Doppelkinn hätte. Und auch auf
diesem Foto ist sie schön. Erschöpft und ausgepumpt habe ich Juliette oft erlebt.
Keine andere arbeitet so unermüdlich wie sie.

Die Kreditkartenbelege, die sie mir gibt, machen zusammen 1.540,- Euro aus.
800,- Euro soll sie dafür bekommen, sagt sie. Soviel habe ich klarerweise nicht
mit, und ich habe auch zuerst nicht verstanden, wie sie auf 800,- kommt. Bei der
ersten Stunde zu 60,- und sieben Stunden zu 50,- komme ich nur auf 410,-. Ich
denke, sie hat den Kunden hereingelegt. Während ich mich im Kopfrechnen übe,
telefoniert sie mit jemandem auf Polnisch: „8 Stunden!" verstehe ich. Die Person
am anderen Ende hat sich anscheinend auch ausgerechnet, dass das 410,- Euro
ergibt. „Nein, 800! Es waren zwei, ein Mann und eine Frau. Und wir haben über-

haupt nichts gemacht, nur geredet, getrunken, geraucht, gesnifft." Nach dem, was Scarlet erzählt hat, nehme ich jedenfalls an, dass das vierte Wort sniffen bedeutet. Ich bringe sie in die Buchengasse. Das ist ein Stammkunde, weiß ich von der Telefonistin, ein Peter.

„Schau, noch eine halbe Stunde, dann kannst du schlafen."

„Ja," sagt sie, „ein halbe Stunde mit Peter ist wie eine ganze Tag!"

Ich hätte gern mehr gewusst, aber ich frage sie nicht. Später habe ich erfahren, was mit Peter los ist. Er sitzt im Rollstuhl, ein Spastiker. Er bestellt immer schon zwei Tage vorher, per E-Mail. Eine halbe Stunde mit Naturfranzösisch. Viele Mädchen weigern sich, einem zappelnden und zuckenden, speicheltropfenden Wesen einen zu blasen.

Nach einer halben Stunde ist Juliette wieder da und lässt sich in den Sitz fallen. Ich habe inzwischen mit Sissy wegen der Auszahlung telefoniert. 500 hätte ich dabei gehabt, aber nicht 800,-.

„Tut mir leid. Sissy sagt, wenn du das Geld gleich haben willst, müssen wir in die Agentur fahren. Aber die ist eh ganz nah."

„Ja, ist gut."

„Darf ich nehmen?" fragt sie und nimmt sich eine Zigarette. „Ich kaufen später." Dann stutzt sie. „Du rauchen doch nicht?"

„Nein."

„Wem gehören?"

Ich zucke die Achseln: „Service!"

Sie lacht. „Oh *Jesus*!" sagt sie auf Englisch und schenkt mir ein rundwangiges, volllippiges russisches Lächeln. Dann sagt sie: „Magst du Bonbon? Sehr gut, mit Vitamin."

„Ja gerne."

Sie kramt aus ihrem Täschchen ein paar Nimm2, gibt mir eines und legt die anderen in die Schachtel. Ich habe mich gefreut.

In der Agentur hat Sissy ausgerechnet, dass 24 Euro gefehlt haben. Bei Zahlung mit Kreditkarte müssen die Mädchen noch Prozente dazurechnen. Aber bei der Summe ist das eigentlich egal gewesen.

Ich bin mit Juliette wieder zum Auto gegangen, da ruft uns Sissy aus dem Fenster nach: „Da ist noch ein Job für die Ildiko im Neunten, Währingerstraße 74, Tür 7. Kannst du sie gleich mitnehmen?" Ildiko hat in dem kleinen Kabinett neben dem Büro gewohnt

„Ja, aber zuerst bring ich die Juliette nach Hause. Das liegt auf dem Weg und sie ist völlig fertig."

– Immer betrunken, solche Problem –

Ildiko ist eine große, dunkelhaarige Ungarin, nicht fett, aber doch schon in die Breite gegangen. Sie kommt schlapp, schläfrig, mürrisch daher geschlapft, hockt sich hinten rein. Als ich Juliette zu Hause absetze, mag sie sich gar nicht nach vorne setzen.

Ich finde die Währingerstraße 74, sage ihr die Türnummer. Sie geht auf die andere Straßenseite, klingelt. Dann kommt sie zurück zum Wagen.

„Auf Tür 7 eine Mädchen sprechen."

Ich rufe Sissy an: „Du, auf Währingerstraße 74, Tür 7, meldet sich ein Mädchen. Bist du sicher, dass die Adresse stimmt?"

Sie ruft gleich noch einmal an, sagt sie.

Ildiko setzt sich zu mir. „Ich hab gleich gewusst: Um die Zeit, wenn einer sagt: Strapse, stark geschminkt, ist nicht normal. Manche, sie wollen man kommt wie Hure, aber um die Zeit ist nicht normal."

Sissy meldet sich: „Der Kunde kommt runter!"

Ildiko geht wieder hinüber. Schaut durch das Glas der Tür, macht mir Zeichen. Dann kommt sie wieder zurück.

„Tür sieben ist ganz oben?"

„Na, ich glaube nicht. Das muss im 2. Stock sein. Vielleicht ist es ein alter Mann mit Stock."

Sie lacht.

„Oder ein ganz Junger. Der zu nervös ist."

„Ja, erste Mal. Muss erst wichsen!"

Wir warten zehn Minuten, rufen noch einmal Sissy an, dann müssen wir einsehen, dass es ein Scherzanruf war.

„Ich jetzt eine Jahre hier. Letzte Jahre, Juni. Heiß. Und immer, wenn einer will Strapse bei diese Wetter, ich weiß, es ist Flop. In zwei Tage ich jetzt drei Flop! Gestern auch eine, und eine heute früh. Zwei Uhr früh anrufen. Dann: Zu müde. Na, ich bin auch müde. Wann ist betrunken, warum anrufen, wann ist müde. Immer betrunken, solche Problem. Gestern auch, betrunken. So eine große Hund auf dem Bett, alles voller Haare. Schmutzig!" Sie schüttelt den Kopf. „Na ja, diese Woche schlecht. Vielleicht nächste Woche besser."

„Aber es ist nicht immer so?" sage ich, „Es gibt auch gute Kunden?"

„Na ja!" Sie lacht einlenkend.

Ich bringe Ildiko zurück in die Agentur, rechne mit Sissy ab. 50 Euro habe ich heute verdient, seit neun Uhr morgens. Jetzt ist es dreiviertel Vier. Der nächste Job ist mit Carlotta um fünf in der Goldenen Spinne. Ich kann schnell nach Hause fahren, duschen.

– Bei Arabella muss alles extra zahlen –

Um halb fünf stehe ich vor Carlottas Haus, rufe an: „Hello, this is Martin."
„Hello Martin, how are you?"
„Fine, thank you. I have come to pick you up."
Sie will in zwanzig Minuten da sein. Sie ist bei ihrem Freund. Es gibt ein langes
Hin- und Her. Zehn nach fünf ist sie schließlich da.
40 Minuten hat sie mich warten lassen: „Schau, das ist *meine* Zeit. Und *mein*
Geld. Und wenn der Kunde ungeduldig wird und storniert, dann ist es dein Geld
und mein Geld. Und wenn die Agentur dich feuert, dann hast du *überhaupt* kein
Geld mehr!"
Sie zieht ein bisschen den Kopf ein wie ein gescholtenes Mädchen: „Es nicht
meine Schuld. Telefonista gesagt, fünf Uhr. Ich denke, fünf Uhr abholen."
„Nächstes Mal frag lieber dreimal. Wann beginnt Job, wann abholen, wo abholen?
Ich kann dich auch wo anders abholen. Das ist kein Problem. Aber du musst es
sagen!"
Um halb sechs habe ich sie bei der Goldenen Spinne abgesetzt. Sie ist zwei Stun-
den geblieben. Ich bin inzwischen zum Amadeus im Village Cinemas gegangen
und habe ein Buch für meine Mutter ausgesucht. Am nächsten Tag war Muttertag.
Als Carlotta herausgekommen ist, hat sie an ihrem Haar herumgefummelt und mir
gezeigt, dass es feucht ist.
„Dusche?"
„Jacuzzi!" sagt sie und grinst zufrieden.
Ich sage ihr, dass sie einen Anschlussjob hat.
„Diese Agentur gut. Ich arbeit noch für andere Agentur, Arabella, aber immer
keine Zeit. Jedes Mal, wenn anrufen Arabella, ich gerade habe Job von Belvede-
re."
„Zahlen die dasselbe wie Belvedere? Auch 60 Euro pro Stunde?"
„Ja schon, aber da alles ist extra. Wenn du mich willst küssen" – sie deutet auf
ihre Lippen – „Extra. Französisch ohne auch extra"
„Na, das ist aber bei Belvedere auch extra"
„Ja, aber bei mir, weißt du." Dabei zeigt sie mit dem Finger zwischen ihre Beine.
„Wenn du bei mir."
„Ach so, wenn ich deine Muschi lecken will"
„Ja, Muschi lecken. Bei Belvedere Küssen und Muschi lecken ist inklusiv. Bei
Arabella muss alles extra zahlen. Dreißig Euro dies, dreißig Euro das. Aber ich
arbeit bei Belvedere, weil habe ich mehr Jobs."
„Und machst du auch Paare? Zwei Männer, oder ein Mann und eine Frau?"
„Nein!" Sie schüttelt sich. „Frauen mache ich nicht. Meine Freundin, sie einmal
fünf Männer. Musst du vorstellen, fünf!"
„Na ja, wahrscheinlich einer nach dem anderen. Und die anderen haben zugese-
hen."

„Ich weiß nicht", sagt sie. „Vielleicht, einer fickt in Popo, einer in Muschi, einer
in Mund."
„Und zwei mit den Händen!"
„Ja, wie in TiVi! In Video. Und junge Mann wollen immer viel ficken. Alte Mann,
zwei Minuten, drei, ist vorbei. Junge Mann, zahlen eine Stunde, ganze Stunde nur
ficken! Dann meine Pussy tut weh."
„Und Griechisch, machst du das auch?"
„Was Griechisch?"
„Na, im Popo!"
„Nein, ich mache nicht Popo, ich mache nicht Blasen ohne Kondom, ich mache
nicht Ficken ohne Kondom."
Auch bei dem Kunden in der Schreygasse ist sie zwei Stunden geblieben.
Meine Tochter hat ihre Sponsion gefeiert an diesem Abend und ich war zu der
Party eingeladen. Also habe ich mich abgemeldet und habe Carlotta von einem der
Nachtchauffeure abholen lassen. 80,- Euro habe ich gemacht an dem Tag.

– Gegen was du bist allergisch? –

Der Sonntag war Muttertag. Am Vormittag ist gar nichts los gewesen. Zu Mittag
bin ich mit Blumenstrauß und Geschenkpäckchen zu meinen Eltern gefahren,
Kaffee und Torte im Garten. Um vier ist immer noch nichts los gewesen. Ich bin
erst einmal in die Agentur gefahren, um den gestrigen Tag abzurechnen. Im Büro
ist der Quiqui bei Sissy und Ildiko gesessen. Der Quiqui ist eine Art Möbel in der
Agentur. Er sitzt dauernd da herum, vor allem, wenn Sissy Dienst macht. Er bringt
immer Süßigkeiten mit für alle, dann liegt er fett in einem der beiden Fauteuils,
mit seinem Laptop auf dem Schoß und reißt irgendwelche blöden Witze. Der
Quiqui ist so um die dreißig, hat ein braves Bubengesicht und schnürt seinen riesigen Bauch mit dem Gürtel seiner Jeans ein, damit das so etwas wie eine Taille
ergibt. Am Anfang ist mir nicht klar gewesen, welche Stellung er da in der Agentur hat. Aber er ist einfach ein Stammkunde gewesen, der aus irgend einem Grund
das Privileg gehabt hat, ins Büro zu kommen. Er hat mit Softwareentwicklung zu
tun und verdient eine Menge Geld. Seine Freizeit verbringt er in der Agentur.
Manchmal bestellt er sich ein Mädchen für drei, vier Stunden nach Hause, oder er
geht mit einer hinüber in die Wohnung oder bestellt sie in die Spinne. Dann erstat-
tet er ausführlich Bericht.
„Erzähl ihm von deinem Kunden", hat der Quiqui zu Ildiko gesagt.
„Also, ich gestern gehabt eine Kunde, nehmen zwei Stunden. Er ausziehen, ich
auch ausziehen, und dann – nix. Er sitzen da – ich sitzen da. Und er nur zwei
Stunden sich kratzen. So. Immer sich kratzen – bis ich muss auch kratzen. No ich
sagen, musst du Test machen, gegen was du bist allergisch, vielleicht dein Bade-
schaum – oder Bettwäsche – oder ich. Aber er ganze Zeit immer nur kratzen."

Sie führt das vor, bis wir uns auch alle kratzen müssen.

Dann gibt der Quiqui das Wort an Sissy weiter: „Und was war'n das heut für super Ansagen?"

Sissy hat ungefähr den selben Umfang wie der Quiqui, nur ist sie kürzer. Sie hat fast immer schwarze Leggings an und schwarze Pullover, und ihr breites, bleiches Gesicht ist von schwarzen Haaren umrahmt. Sissy war auch einmal Krankenschwester. Später hat sie in einem Massagesalon gearbeitet. Sie rollt mit ihrem Drehstuhl heran:

„Stell dir vor, ruft mich einer an und fragt: Bitte, wie geht die Nummer von der zentralen Dominavermittlung?"

Der Quiqui kugelt sich vor Lachen. „Zentrale Dominavermittlung! Und der andere?"

„Na, der fragt mir tausend Löcher in den Bauch, und wie er endlich alles verstanden hat und ich ihn frag, ob ich ihm jetzt ein Mädel schicken soll, sagt er: Ja, das muss ich jetzt noch mit mir selber ausmachen!"

„Super! Der sitzt jetzt noch da und streit' mit sich selber, ob er jetzt will oder nicht!"

Die Sissy ist die beste Telefonistin von Belvedere. Sie verliert nie die Nerven, hat immer den Überblick, welche Mädchen gerade angemeldet sind, welche gerade wo im Einsatz sind. Sie kann abschätzen, wie lange es dauert, von einer Adresse zur nächsten zu fahren, und sie schickt nie einen Fahrer aus dem 22. in den 14. Bezirk, wenn im 15. Bezirk einer herumsteht und nichts zu tun hat. Und sie würde auch nie zwei Schwestern schicken, wenn ein Kunde eine Lesbenshow haben will, wie es der Jacqueline einmal passiert ist. Wenn sie das Telefon abhebt, fühlt sich jeder gleich geliebt und verstanden. Manche legen trotzdem wieder auf, ohne dass sie etwas sagen. Das quittiert sie dann mit einem: „Du mich auch!"

Die Telefone piepsen und fiepen, aber es tut sich nichts. Nur lauter Spinner und Unentschlossene. Schließlich gibt's einen Job für Ildiko, beim Baron in Ebreichsdorf. Aber den kriegt natürlich der Gerd. Ebreichsdorf liegt 15 km außerhalb, deshalb bringt der Job 40 Euro für den Fahrer, und in Ebreichsdorf ist man schneller als sagen wir irgendwo im Zweiundzwanzigsten.

Den nächsten Job habe ich dann bekommen. Mit Carlotta wieder in die Spinne.

„Yesterday I make 520 Euro", hat sie mir stolz erzählt. „Ich arbeiten bis eins, dann meine Muschi ist müde. Ich komme nach Hause, nach ein Uhr, Telefonista sie ruft mich: Du hast wieder Job. Ich sagen, nein, ich nicht arbeiten, meine Muschi tut weh. Und sie lacht und sagt zu alle Leute in Büro, ich sagen, meine Muschi tut weh."

„Du musst aufpassen auf deine Muschi. Wenn du viele Jobs hast, solltest du ein Gel nehmen."

„Ja. Wenn ich Gel drauf tu, nicht mehr tut weh."

Sie hat noch weiter von ihrem Geld geredet. 3.000,- Euro hat sie schon auf der Bank. Sie will eine Bar aufmachen in Rumänien. Dazu braucht sie ungefähr

20.000,-. Ein Onkel von ihr will sich mit 20.000 beteiligen. Und ein Bordell aufmachen.

– Muss ich wirklich bleiben? –

In diesen ersten Wochen ist es noch so gewesen, dass jeder Fahrer sich ausgesucht
hat, wann er fahren will. Man hat einfach auf einer Tabelle für jeden Tag mit ei-
nem rosa Marker die Stunden angestrichen. Ich habe mich immer von 10 Uhr
Vormittag bis Mitternacht eingetragen. Später hat der Gerd dann Schichtbetrieb
eingeführt. Von 8 bis 20 und von 20 bis 8 Uhr.
Am Dienstag hat mein Handy um halb neun geläutet. Jolanta war selber dran:
„Kannst du schon einen Job für mich fahren?"
„Aber ja", habe ich gegähnt.
„Du bringst die Maja nach St. Georgen an der Leys. 80 Euro für dich."
Es ist ein wunderschöner Maitag gewesen, die große Hitzewelle hat erst ein paar
Tage später angefangen. Gosia hat geredet und geredet und ich habe alle Augen-
blicke „*Słucham?*" gesagt – Wie bitte? Dann hat sie mir alles zweimal und dreimal
erklärt, bis ich es halbwegs verstanden habe.
Sie freut sich, dass sie mit mir fahren kann, denn mit den anderen Fahrern kann sie
sich überhaupt nicht verständigen, sie hat in Polen Abendschule gemacht, ihre
Lieblingsfächer waren Polnisch und Mathematik, in Österreich sind die Menschen
viel freundlicher als in Polen, denn dort ist jeder nur mit sich selber beschäftigt.
Ihre Freundinnen haben ihr alles beigebracht, was sie für den Job wissen muss,
ihre Freundinnen sind Tatjana, Natascha und Sabrina, sie hat ja nicht einmal gewusst, wie man die Stange macht, *laska*, weißt du, blasen, Tatjana hat es ihr gezeigt, mit dem Vibrator, so, die Männer in Österreich mögen keine Frauen mit
großem Busen, sie hat nur ganz mini, aber die Männer mögen das, Sabrina zum
Beispiel mit ihren großen Brüsten hat gar nicht so viele Jobs.
In ihrem hellbraunen Hosenanzug und der weißen Bluse ist sie sehr aufrecht dagesessen, so wie es viele Menschen tun, die sich als zu klein empfinden. Alles, was
sie gesagt hat, hat sie mit eleganten, fließenden Handbewegungen illustriert, damit
ich es besser verstehe, auch wie Tatjana ihr mit dem Vibrator das Blasen erklärt
hat, hat sie mir pantomimisch vorgeführt. Ihre Backenknochen sind vielleicht ein
bisschen zu breit und ihre Nase war einmal gebrochen, trotzdem sieht sie sehr zart
aus. In ihren grünbraunen Augen hat sich der orange Lidschatten gespiegelt. Sie
hat sehr ernst in die Gegend geschaut.
Ein Kunde hat gestern für sie Gitarre gespielt, er war sehr nett, er hat so eine feine
Haut gehabt, und einer wollte sie für zwei Wochen nach Malta einladen, aber sie
kann nicht mitfahren, weil sie nach Hause fahren muss. Österreich ist schön, in
Wien gibt es so viele alte Häuser, alte Häuser sind viel schöner, nicht so wie diese

Wohnblocks. Gestern ist sie um drei Uhr früh nach Hause gekommen, und um
halb neun hat Jolanta schon angerufen, dass sie einen Job hat.
„Du schon hast fünf Stern im Internet, du bist von den Besten", sage ich.
„Wirklich?"
In Wahrheit ist das eine kleine Hilfe von Jolanta gewesen. Sie hat ihre Polinnen
bevorzugt. Die Stamm-Mädchen, mit denen sie angefangen hat, haben für die erste
Stunde 70,- Euro gekriegt statt 60,-, Tatjana, Natascha und Sabrina. Und Gosia hat
auch diese 10,- Euro extra bekommen.
Über die fünf Sterne hat sie sich schon sehr gefreut. Und ihre roten lockigen Haare
werden von allen so bewundert! Und Trinkgelder bekommt sie auch! Als sie angekommen ist, waren ihre Freundinnen total schockiert, dass sie diesen Job machen will. Sie war immer eine ganz Ruhige, sie hat sich gar nicht einmal anfassen
lassen von Männern in der Disco, und da haben ihre Freundinnen gesagt, was, du?
Aber was soll sie machen, sie hat sich die Schule nicht mehr leisten können, ihre
Mutter und ihre Schwester helfen ihr nicht, ihre Schwester hat ein neun Jahre altes
Kind und keinen Mann dazu, ihr Vater ist tot. Aber ihre Freundinnen haben ihr
immer geholfen. Nein, das habe ich falsch verstanden, ihr Vater ist nicht tot. Die
Kreuze, die sie auf ihr Knie gemalt hat, sollen Gitterstäbe sein, ihr Vater sitzt im
Gefängnis, er ist im Suff gewalttätig geworden, dafür hat er zwei Jahre bekom-
men. Über den Abend bei mir damals verliert sie kein Wort.

Jolanta hat mich angerufen und mir die Nummer von dem Kunden durchgegeben,
ich soll ihn anrufen, damit er mir den Weg beschreiben kann.
„Ja, wo bist'n scho?" Eine schwerfällige, dünne Greisenstimme.
„Ich bin grad aus Kilb rausgefahren."
„Ah so, über Kilb bist gfahrn? Ja dann pass auf. Dann fahrst jetza Richtung Kirch-
berg an der Mank, aber da fahrst net eine, des umfahrst, ja, und dann links, drei
Kilometer auf Scheibbs zua, und dann is links a alleinstehende Scheune, und dann
kummt a Holzstoß, da lasst as dann aussteigen."
„Was haßt beim Holzstoß? Is dort a Haus?"
„Bei dera Einfahrt lasst as aussteigen. Also net nach Kirchberg einefahrn, sondern
links und drei Kilometer auf Scheibbs zua!"
„Na, is recht."

„Das ist ein Alter", habe ich zu Gosia gesagt.
Sie hat die Hände vors Gesicht geschlagen.
„Und ein bisschen dumm vielleicht."
„Oh Gott."
„Er redet viel."
„Das ist gut. Viel reden und wenig Sex, das ist besser."
Ich habe die Scheune gefunden und den Holzstoß, und habe eingeparkt. Da ist er
schon dahergeschlurft. Ein winziges, weißhaariges verschrumpeltes Mannderl in
Strickweste und Arbeitshose.

„Du, ich glaub, das ist er, der Alte."
„Nein, ich kann nicht! Nein! Nein!"
„Schau, vielleicht ist er nett."
„Muss ich wirklich bleiben?"
„Na ja, was soll ich machen. Geh mit ihm unter die Dusche."
„Oder ich mache es ihm nur mit der Hand!"
„Ja. Schau, halbe Stunde, und dann pah pah! Aber wenn du wirklich nicht willst, dann fahren wir wieder."
„Aber du musst mit ihm reden!"
„Natürlich! Und wenn's ein Problem gibt, ruf mich an."
„Wenn ich ihn nicht verstehe, kann ich dich dann anrufen?"
„Na klar."
Er hat uns listig angezwinkert. Aber das hat nur so ausgesehen. Sein linkes Auge war irgendwie zugeschwollen.
„So, da bring ich dir die Maja!"
„Also, zwahundert, ja? Soll i glei zahlen?"
„Das is auf jeden Fall besser!"
„Will er, dass ich bleibe?" sagt Gosia auf polnisch.
Ich nicke.
„Aber sag ihm, dass ich kein Deutsch spreche."
„Sie kann halt ka Deutsch, gell."
„Ach so, gar nix? Vo wo kummt's denn her?"
„Aus Polen."
„Ah so. Ja, da war i amal."
„Im Krieg?"
„Ja, leider."
„Frag ihn, ob er Englisch kann!"
„Kannst vielleicht Englisch?"
„Naa, naa, dafür bin i scho z'alt."
Er ist uns vorangeschlurft ins Haus. In die Küche ist seit den Fünfziger Jahren kein neues Möbelstück hineingekommen. Aus der Tischlade hat er die zwei Hunderter geholt.
Dann hat er mich hilflos angegrinst: „Na guat, i wer's so kurz machen wie möglich", und dazu hat er die Schultern gezuckt. „Aber ang'logen hat's mi schon, die Dame am Telefon. Sie hat g'sagt, die is ans fuffzig."
Er ist fast um einen Kopf kleiner gewesen als Gosia.
Ich bin mit dem Geld hinausgegangen und er hat hinter mir die Tür zugesperrt.
Es war ein schöner Maitag.
Die Bienen haben gesummt.

Nach 45 Minuten war sie wieder da.
„Weißt du was passiert ist? Er war noch ganz klein, und ich will den Gummi draufgeben um Französisch zu machen, und er ist gleich in den Gummi gekom-

men." Fast zugerufen hat sie mir das, noch im Gehen. Das Mannderl ist hinter ihr aus der Tür gekommen, hat sich noch den Hosenträger festgemacht. Gosia hat ihn nicht mehr angeschaut. Im Auto hat sie mir die Geschichte noch dreimal erzählt. „Er hat mich hier geküsst und hier", dabei hat sie auf ihre Brüste und ihre Muschi gezeigt, „und dann ist er gleich gekommen. Aber er war ganz lieb, hat gelächelt, und Trinkgeld hat er mir auch gegeben."
Sie hat mir den 20-Euro-Schein gezeigt, und ich habe ihr ihre 60,- gegeben.

Sie möchte etwas machen, mit ihrem Leben, hat sie gesagt, sie möchte gerne hier in Österreich bleiben, hier ist es so schön, sie möchte hier bleiben und später einen normalen Beruf ausüben, eine Familie und Kinder haben. Die Österreicher sind sympathisch, aber die Deutschen mag sie nicht. Sie ist keine Rassistin, aber die Deutschen haben so viele Polen und Juden umgebracht, die haben Lampenschirme aus Menschenhaut gemacht, das kann sie nicht vergessen. Stimmt es, dass Hitler ein Österreicher war? Gut, aber die Deutschen sind ihm gefolgt, er ist durch die Deutschen groß geworden, und darum hasst sie die Deutschen, auch wenn die, die jetzt leben, nichts dafür können. Sie lernt auch schon Deutsch, sie hat Kassetten, die sie immer anhört und eine Spezialbrille, die setzt man auf, und das ist wie eine Hypnose und man merkt sich alles. Auf den Fotos im Internet sind Balken über ihren Augen, sie möchte nicht, dass später einmal jemand sie wiedererkennt, jetzt hat sie niemanden, ist allein, hat keinen *chłopak*, keinen Burschen, aber später, wenn sie sich verliebt, kann sie diesen Beruf vielleicht psychisch nicht mehr verkraften. Am Anfang war sie so nervös, aber jetzt geht es schon ganz gut, sie ist jetzt überhaupt viel ruhiger als in Polen. Als sie von Polen weggefahren ist, hat sie 44 Kilo gehabt. Jetzt hat sie schon 46. In Polen hat sie einen Freund gehabt, als sie dessen Großmutter besucht hat, hat die gesagt: Sie ist ja ganz hübsch, aber dünne Beine hat sie! Bevor sie abgefahren ist, war sie so nervös, sie hat auch ein Problem, sie kann sich schlecht konzentrieren und vergisst of viel. Wenn sie nach Hause fährt, wird sie zu einem Arzt gehen müssen. Von ihrer Familie liebt sie nur ihren Bruder, sie hat ihn das letzte Mal vor acht Jahren gesehen, er ist adoptiert worden und lebt jetzt bei einer Familie in Frankreich, er muss jetzt 16 sein, damals war er acht.

– Zuerst grüße ich dich und auch deine Eltern –

„Schreib ihm doch", habe ich sie gedrängt, gleich am zweiten Tag, nachdem sie bei mir eingezogen ist.
Vor drei Jahren hat sie das letzte Lebenszeichen von ihm bekommen. Ein Video, das seine Adoptiveltern von ihm gemacht haben.
„Schreib ihm, und ich übersetze dir den Brief!"

Paweł kann nicht mehr Polnisch. Er war acht Jahre alt, als er von Polen wegge-
kommen ist, aber ein halbes Jahr später hat er nicht mehr Polnisch gesprochen.
Sie hat eine Woche gebraucht, bis sie sich hingesetzt und den Brief geschrieben
hat. Die Festnahme, die Nacht in der Zelle, das ist ein schwerer Schock für sie
gewesen. Sie ist in meiner Küche gesessen und hat geredet, von ihrem Paweł,
ihrem Pawełek, ihrem Brüderchen. Ich habe Abendessen gekocht und sie hat geredet. So hübsch war er, so lieb, so blond und mit blauen Augen. So ganz anders
war er als die anderen Kinder. So ruhig. Hat immer ganz ruhig gespielt, hat nie
geweint oder geschrieen. Wenn er Süßigkeiten gehabt hat, ist er zu ihr gekommen
und hat ihr welche gebracht. Als er sieben war oder so haben ihm ein paar Jungen
das Rauchen beigebracht. Da hat sie ihm ganz ruhig erklärt, warum er nicht rauchen soll, dass er krank wird und klein bleibt, wenn er raucht. Das war im Kinderheim. Er war fünf und sie war fünfzehn, als sie ins Kinderheim gekommen sind.
Sie ist mit den großen Mädchen irgendwo hinter einer Ecke gestanden und sie
haben geraucht, und Paweł ist vorbeigekommen und sie haben ihm eine Zigarette
angeboten, und er hat ganz stolz gesagt, nein, er raucht nicht, weil das nicht gut ist
für ihn. Zu Hause, na ja, zu Hause war sie schon eifersüchtig auf ihn. Wenn sie
Süßigkeiten haben wollten, Wera und sie, dann haben sie zu Paweł gesagt: Gell,
du willst was Süßes? und haben ihn geschickt, denn er hat immer alles bekommen.
Aber dann im Kinderheim war er ihr alles, ihr Kind, ihr Baby. Sie hat ihn nie
geschlagen. Andere Mädchen, sie hat gesehen, wie andere Mädchen ihre kleinen
Geschwister behandelt haben. Wie Hunde. Aber sie nie. Einmal ist er zu ihr gekommen und hat ihr gesagt: Ich will dich heiraten. Nein, die Mutter hat ihn nicht
weggegeben, die Mutter hätte ihn nie weggegeben, er war ja ihr Liebling. Aber es
war einfach so, dass sie damals nicht in die Schule gegangen sind, sie und Wera,
es war ja kein Geld da für gar nichts, die Bedingungen waren schwer in Polen,
weißt du, und bei der Gerichtsverhandlung hat es geheißen, sie kommen nur für
ein halbes Jahr ins Kinderheim, dann können sie wieder nach Hause. Aber der
Vater hat es nicht wollen, der Vater hat es so gedreht, dass sie im Kinderheim
geblieben sind, denn solange sie im Kinderheim waren, hat er keine Alimente
zahlen müssen. Wera ist dann nach einem halben Jahr wieder nach Hause gekommen, die war ja schon siebzehn damals, aber sie und Paweł sind geblieben.
Eine Betreuerin, eine Pani Baśka, hätte den Paweł ja gern selber zu sich genommen, sie hat ihn so gern gehabt, hat immer für ihn gesorgt, er hat ja spezielle Diät
haben müssen, weil er immer so krank war, aber Pani Baśka hat ihn nicht nehmen
können, sie hätte zu wenig Zeit für ihn gehabt, und die Direktorin hat eine Familie
gesucht für ihn. Zuerst in Polen und dann überall, und so ist er dann nach Frankreich gekommen. Die Mutter hat geweint, aber sie hat gesagt, wenn er gehen will,
soll er gehen, denn sie hat irgendwie gedacht, dass es für sie zuviel sein würde,
und er würde es vielleicht besser haben dort. Und er hat gesagt, ja, er will gehen.
Ach, Gosia hat alle seine Briefe gesammelt, er hat ihr immer Autos gezeichnet
und Schiffe und Hubschrauber, alle seine Zeichnungen hat sie gesammelt, aber
seit drei Jahren hat sie nichts mehr gehört von ihm. Sie hat ihm oft Briefe ge-

schrieben, aber dann hat sie sie liegen gelassen und nicht abgeschickt. Sie weiß selber nicht, warum. Einmal hat sie geschrieben, dass sie ihn nach Polen in die Ferien holen will, aber seine Zieheltern waren dagegen. Vielleicht hat er deswegen nicht mehr geschrieben. Jetzt ist er sechzehn. Er kann kein Polnisch mehr, er hat es vergessen. Schon nach einem halben Jahr hat er es vergessen gehabt. Das haben ihr die Zieheltern geschrieben. Sie haben polnische Nachbarn, die haben das übersetzt.

„Also dann, schreib ihm doch! Hast du die Adresse noch?"

Ja, sie hat sie aufgeschrieben, sie hat irgendwo einen kleinen Zettel mit der Adresse. Und seine Telefonnummer hat sie auch einmal gehabt, sie hat sie noch, aber in Polen, sie steht in einem Brief und seine Briefe sind alle in Polen. Er hat ihr einmal ein Video geschickt, seine Eltern haben das Video gemacht, wie er auf dem Fahrrad fährt, wie er einen Luftballon steigen lässt. Ob er immer noch so lustig ist? Er hat immer so witzige Sachen gemacht. Und wie groß er wohl ist? Er war ja klein damals, kleiner als die anderen, ach, so ein hübsches Bürschchen.

„Da hast du Papier und Kugelschreiber. Und jetzt geh und schreib den Brief!"

Er soll wissen, dass seine Mutter ihn geliebt hat. Sie hat ihn nicht weggegeben. Das war der Vater. Der Vater wollte die Alimente nicht zahlen, darum hat er es so gedreht, dass sie im Kinderheim bleiben mussten. Damit er alles versaufen kann. Martin, du weißt gar nicht, was er mir alles angetan hat. Jetzt ist er höflich, ich habe mit ihm telefoniert, im Gefängnis, er kann bitte und danke sagen, aber damals... Er hat nie Gosia zu mir gesagt oder Töchterchen, bitte Töchterchen hol mir das. Hure hat er zu mir gesagt, *kurwa*, immer nur *kurwa*. Seine Kinder, seine Familie waren für ihn nichts, nur seine Freunde, die er mitgeschleppt hat, diese Säufer, nur der Whisky. Wenn er aus dem Gefängnis kommt, hoffe ich nur, dass er nicht bei uns wohnt. Wenn er bei uns wohnt, ich würde das nicht aushalten.

Es stört mich nicht, dass Gosia immer wieder das selbe sagt, jeden Tag, mit Variationen. Ich würde sonst nicht alles verstehen. Sie ist es nicht gewohnt, dass jemand ihr zuhört. Manchmal redet sie auch mit mir, wenn ich am Schreibtisch sitze und arbeite. Aber dann sagt sie: „Jetzt störe ich dich nicht mehr!", und bringt mir wieder einen Tee zum Schreibtisch. Ich habe ihr erklärt, wie der Geschirrspüler funktioniert, aber sie wäscht das Geschirr immer noch mit der Hand, wenn ich es nicht in die Kiste schlichte. Sie kocht mir Fleischlaibchen und die zwei Desserts, die sie weiß, und wenn ich ihr kurz gebratene Beefsteaks serviere, graust sie sich vor dem Blut und stellt sie ins Backrohr, bis sie vollkommen ausgetrocknet sind. Jetzt koche ich ihr lieber Rahmzwiebelrostbraten und Selleriesuppe. Wein trinke ich keinen mehr zum Abendessen. Gosia hat mir zugeredet, damit aufzuhören. Sie hat Angst vor Leuten, die trinken.

Hallo Paweł,
zuerst grüße ich dich und auch deine Eltern. Ich schreibe dir, weil ich dich sehr, sehr gerne besuchen möchte. Ich bin jetzt in Wien. Ich werde einige Zeit hier wohnen. Ich habe hier einen Freund, der mir hilft, diesen Brief auf Französisch zu

schreiben. *Er spricht viele Fremdsprachen. Hier ist meine Telefonnummer. Du kannst mich anrufen oder du kannst einem polnischen Freund sagen, was du mir sagen willst. Ich warte ungeduldig auf den Moment, wenn wir uns begegnen werden. Ich will dir sagen, dass ich dich liebe und dass ich oft an dich denke. Du kannst mir auch einen Brief schreiben, auch auf Französisch. Ich werde meinen Freund bitten, dass er ihn mir übersetzt. Ich beende diesen Brief jetzt. Pass auf dich auf! Ich umarme dich! Umarme deine Eltern von mir!*
Małgorzata Kaminska

Sie hat mit ihrem vollen Namen unterschrieben. Ganz förmlich. Es hat einen Monat gedauert, bis Antwort gekommen ist.

– Morgen werde ich schlafen –

„Und du redest Polnisch?" fragt mich Tatjana ein paar Tage, nachdem ich mit Gosia in St. Georgen gewesen bin.
„Ja, bisschen. Woher weißt du?"
„Gosia hat es mir gesagt."
Tatjana ist Gosias Freundin schon vom Kinderheim her. Alle drei Schwestern waren dort im Kinderheim, Tatjana, Natascha und Elżbieta. Natascha, die zweitälteste, ist auch bei Belvedere-Escort. Elżbieta ist die jüngste, sie ist hier, um auf Nataschas Kind aufzupassen. Tatjana ist erbost. Der Kunde, von dem ich sie abgeholt habe, hat schon nach einer halben Stunde Schluss gemacht und hat Geld zurückverlangt. Sie hat es ihm nicht geben wollen, aber er hat die Agentur angerufen und die haben gesagt, sie muss es ihm zurückgeben. „Das geht doch nicht. Wenn er zahlt für eine Stunde, und später überlegt er es sich anders, kann ich doch nicht das Geld zurückgeben. Andere Kunden zahlen eine Stunde, ich gehe vielleicht nach 5 Minuten, aber ich habe noch nie etwas zurückgegeben."
Tatjana beugt sich vor und beginnt mich auszufragen. Ich erzähle ihr, wie es kommt, dass ich Polnisch spreche.
„Ganz einfach. Ich habe einmal eine polnische Freundin gehabt."
Das war 81, in Polen ist Kriegsrecht gewesen, die Solidarność ist verboten worden. Aniela war kein politischer Flüchtling, die Behörden waren damals nicht so streng, sie hat einfach die Gelegenheit ergriffen und ist mit ihrer Freundin mitgekommen, die wiederum ihren Mann begleitet hat, der ein kleiner Journalist war und von dem auch nicht wirklich klar war, ob er wegen seiner politischen Tätigkeit oder wegen ganz gewöhnlicher Unterschlagungen gesucht worden ist. Jedenfalls hat er es mit den Geldern des Emigrantenblatts, das er dann hier herausgegeben hat, auch nicht so genau genommen. Ich habe damals mit einer polnischen Sängerin gemeinsam ein Programm *Verbotene Lieder aus Polen* gemacht. Sie hat

auf Polnisch gesungen, ich auf Deutsch. So bin ich in die polnische Emigranten-
szene hineingeraten und habe Aniela kennen gelernt. Aniela ist dann mit einer
Gruppe von anderen Flüchtlingen nach Frankreich gegangen. So war das. 1981.
Damals hat Lech Wałęsa für die Rechte der Arbeiter gekämpft, für Demokratie
und offene Grenzen. Und jetzt kommen die Mädchen, die in diesen Jahren gebo-
ren sind, über diese offenen Grenzen nach Österreich zum Anschaffen. So wie
Tatjana.
Tatjana sieht gut aus, blond, zierlich, mit großen Brüsten, aber über die erste Ju-
gend ist sie hinaus. Sie ist 25, jünger als Juliette, jünger als Gosia, aber ihr würde
man die 19 Jahre, die auf der Homepage angegeben sind, nicht abnehmen. Die
Züge sind schon ein bisschen scharf geworden, die Nase spitz, das kleine Kinn
eckig. Und heute hat sie Ringe unter den Augen und zwei Fieberblasen an der
Unterlippe.
Sie zieht einen Spiegel heraus, prüft ihr Make Up. „Ich bin wirklich schon ein
altes Weib. Ich habe Stress gehabt. Ich komme gerade von Polen zurück. An der
Grenze war Kontrolle, sie haben Drogen gesucht, mit Hunden. Und geschlafen
habe ich auch nicht. Aber ich bin nicht so schlimm wie Juliette. Das verstehe ich
nicht, wie man vierundzwanzig Stunden durchmachen kann."
„Du musst aufpassen!" sage ich auf Englisch. „Schlafen, dich pflegen. Du bist so
eine schöne Frau, aber ein Jahr von diesem Leben, und du bekommst keine Jobs
mehr."
„Morgen werde ich schlafen", sagt sie. „Aber erst muss ich Haus bauen."
Ja, und mit dem Auge hat sie auch kürzlich Probleme gehabt. Plötzlich ist es ange-
schwollen und entzündet. Und jetzt das. „Ist es wahr, dass du ein Klient von Gosia
warst?"
„Ja."
„Komisch, sich dann so wiederzutreffen, ha?"
„*Taky jest życie*" – So ist das Leben, sage ich.
„Aber du wolltest dort arbeiten?"
„Na ja, ich hatte Probleme..."
„Ohne Probleme wäre das Leben leichter. Aber langweilig."
„Das stimmt!"

– So sind dies ausschließlich deren private Angelegenheiten –

Am Nachmittag hat mir der Gerd einen Stapel Verträge in die Hand gedrückt.
„Alle Madeln, die noch kan Vertrag haben, müssen unterschreiben. Wer bis Montag net unterschrieben hat, kriegt kan Job mehr!"

§ 1 Gegenstand des Vertrags
Oben genannte Person wird als freier und selbständiger Mitarbeiter der
Firma im Bereich Escort tätig. Diskret und seriös möchte die Firma dem
Mitarbeiter behilflich sein, den Menschen zu finden, den er sich als Partner wünscht, sei es für eine Stunde oder für das ganze Leben. Der freie
Mitarbeiter wird nicht zum Zweck sexueller Kontakte oder sonstigen Tä-
tigkeiten, welche gegen das Gesetz verstoßen vermittelt. Sollten sich aus
einem Vermittlungsauftrag zwischen einem Kunden/in und dem Mitarbeiter eine sexuelle Beziehung ergeben, so sind dies ausschließlich deren
private Angelegenheiten! Ebenfalls lehnt die Firma jegliche Verantwortung ab, die sich auf die Arbeitsgenehmigung, Meldepflicht, ei-
genverantwortliche Pflicht zur Abführung von Steuern und Versiche-
rungsbeiträgen, insbesondere Krankenversicherung, selbständige Vor-
nahme eventuell notwendiger behördlicher Anmeldungen bzw. Einho-
lung von Genehmigungen beziehen.

In *Paragraf 2* steht, dass der Mitarbeiter seine Arbeitszeit selbst bestimmt, in
Paragraf 3, dass der Mitarbeiter der Firma für eine erfolgreiche Vermittlung 20,-
Euro inklusive Mehrwertsteuer zu zahlen hat. „Und davon geben wir auch nur ein
Viertel an!" hat der Gerd gesagt. In *Absatz 2* von *Paragraf 2* verpflichtet sich der
freie Mitarbeiter, Steuern und Abgaben selbst abzuführen, und für Krankenversicherung und Altersversorgung selbst aufzukommen. Und so weiter bis zur *salva-
torischen Klausel* und den *Schlussbestimmungen.*
„Kannst gleich der Katja einen unter die Nasen halten!" hat der Gerd gesagt,
„wenns d' mit ihr zum Josef fahrst!"

– Du kussen! –

Zum Josef, das ist ein mieser Job. Der Josef wohnt in Asparn bei Tulln, das sind
über sechzig Kilometer, wenn man vom Zehnten wegfährt, aber es gibt nur 30
Euro dafür, weil das ein alter Stammkunde von Jolanta ist seit zehn Jahren, und er
zahlt einfach nicht mehr für die Fahrt. Normalerweise fährt der Gerd dorthin mit
der Sabrina, aber diesmal hat Sabrina nicht können und ich habe Katja hingebracht. Das war von der Telefonistin ein Fehlgriff, denn der Josef steht auf große
Oberweite, wie er's bei der Jolanta gehabt hat oder eben jetzt bei der Sabrina oder
bei der Gül. Die Katja ist auch nicht gerade die Schlankeste, eine große dunkelhaarige Slowakin mit einem breiten Hintern, so an die dreißig, aber oben herum
hat sie wenig.
Bei der Katja ist es schwer, sich aufs Fahren zu konzentrieren, weil sie redet und
redet und redet: „Weißt du Schatzi, was is mir passiert? Hab ich Job nicht in Hotel, so Haus, wo wohnt Arbeiter, von Baustelle, so. Und diese Mann, dreiviertel

Stunde nur ficken. Und: Ohne Gummi! – Ich: Nix! Nur mit! Kannst du rufen andere Mädchen, aber ich nicht. Und immer wieder er probieren, so und so, und ich
schauen: Was machst du? – Nein, nein, is schon gut! Aber ich schauen: Nix da,
gibst du rauf! Na, und so und so, mach ma ficken, und dann ich: Na, gehma rauchen. – Und er: Noch einmal. – Aber Schatzi, hab ich keine Zeit, eine Stunde ist
gleich um, muss ich machen Dusch. – Na, komm, mach ma! – Na gut, hast du
zwei Minuten! – Macht nix! Und wieder er nehmen runter und wollen rein, und
ich: Nix! Jetzt Schluss! Und er: Nein, noch einmal! – Hast du halbe Minute! So,
und jetzt ich machen Dusch, musst du mir zeigen, weil ich kenne nicht diese Haus.
Musst du mir geben frische Handtuch. Und er geben Handtuch und gehen raus. Na
und ich, schnell, zurück, wo ist diese Zimmer. Diese? Oder diese? Wie ich komme
in Zimmer, ich ihn sehe, meine Handtasche, so, Brieftasche so! Was du machen
mit meine Tasche? – Sagen: Nix, Kontrolle! – Was heißt Kontrolle, nicht einmal
meine Mann macht Kontrolle in meine Handtasche! – Ja, Mädchen immer sagen,
haben keine Wechselgeld, darum ich machen Kontrolle. So eine Scheisekerl! Hab
ich zu di gesagt, hab ich keine Wechselgeld? Hab ich nicht genommen deine
Geld? Was ist das? Aber jetzt du hast Problem, weil kriegst du keine Mädchen
von diese Agenture, und alle sag ich, wo ich bin!
Na und heute, Schatzi, hab ich heute Anruf von andere Agentur: Schatzi, nur eine
Frage, musst du nur sagen ja oder nein. Ist da ein Pärchen, ja, ich muss ficken mit
die Mann, und muss schauen wie Frau machen wichsen mit die Pferd. Muss ich
gehen in diese Haus wo ist Pferd – Stall, ja. Sag ich: Weißt du Schatzi, ist gute
Geld, aber ich mach nicht alles. Bin ich bissel pervers, weil mach ich diese Job,
aber das, nein! – Sagt sie: Weißt du, Schatzi, wie viele Mädchen schon habt gesagt
nein? – Sag ich: Na, ich sag auch nein.
Was, bin ich schon da? Na gut, gehma ficken."
Es ist ein heißer Tag gewesen und in dem Nest gibt es nicht einmal ein Wirtshaus.
Ich habe meine Strandliege aus dem Kofferraum geholt und es mir neben der
Straße bequem gemacht.
Als Katja aus dem Job gekommen ist, war sie geladen: „Das war Scheise Job. Er
sagen, rufen Agentur, ich nicht gut. – Wieso ich nicht gut? – Du nicht Sabrina. –
Na, was du wollen, was soll ich noch machen, sag mir, was is schön für dich. –
Kussen! Der hat eine Zahn, so lange, und Herpes, da, da, da! Ich sagen: Ich kann
dich nicht küssen, du haben Herpes. – Das ist keine Herpes. Du kussen! – Schatzi,
ich kann dich nicht küssen. Ich dich jetzt küssen, morgen ich kann nicht arbeiten,
weil ich habe Herpes! – Kussen! Sabrina immer kussen!
Komm ich rein, er sagen: Ausziehen! – Na gut, ich weiß, ich muss ausziehen.
Aber kann ich machen eine kalte Dusch vorher? – Nein, ausziehen! – Schatzi, ist
heiß, kann ich machen eine kalte Dusch? – Na gut. – Gibst du mir bitte frische
Handtuch? Hat er so eine Fetzen, was alte Leute hat für die Fuße. Na gut, ich
abtrocknen, er nimmt und schmeißt in Zimmer. Schatzi, brauch ich nachher noch,
will ich nachher wieder duschen. – Nein! So eine Trottel. Und stinkt in Haus, alle
Fenster zu. Schatzi, wo ist deine Klimatisation? Ich kann nicht machen blasen, er

so kleine, ist alt. Halbe Stunde ich machen, aber geht nicht. Und er: Du immer schwitzen! – No, ist normal ich schwitzen, ist heiß. Er auch schwitzen. Will nicht hören schwitzen! Sabrina nie schwitzen! Weißt du, ich bin nicht so eine, was sagt, nicht gehe zu Invaliden. Ist auch Mensch, ist arme. Hab ich Stammkunde, 69 Jahre, aber ist normal Mensch, ist auch nicht so Körper so, ist alte, aber normal, komm ich: Seavas, Schatzi, so und so, ist gute. Aber der da, das is Scheisekunde, egal ist Stammkunde Jolanta, ich nix mehr gehe zu diese Kunde. Kussen! Kussen! Kannst du kussen meine Arsch!" Es ist kein guter Moment gewesen, ihr den Vertrag unter die Nase zu halten.

„Na, niemals ich unterschreibe diese Vertrag. Bin ich blöd? Kommen Polizei in Agentur, alle wissen, ich mache Prostitution, Polizei, Finanzamt, alle!"

„Na ja", sage ich, „wenn die Polizei will, kann sie die Agentur in fünf Minuten zusperren. Aber das will niemand. Weißt du, wie es hier vor 10 Jahren ausgesehen hat? Da war alles auf der Straße. Den ganzen Gürtel entlang, die Thaliastraße, die Felberstraße, die Johnstraße, die Märzstraße, der Prater, was weiß ich, das war alles Straßenstrich. Jetzt siehst du fast nirgends Mädchen auf der Straße. Die Mädchen sind in den Bars oder sie fahren zum Kunden nach Hause. Auf der Straße sieht man nichts. Das ist ihnen nur recht. Und drum wird niemand zu genau kontrollieren."

„Und wozu dann diese Vertrag?"

„Die Agentur will sich absichern, für den Fall, dass du erwischt wirst. Damit du nicht sagen kannst, sie haben dich zur Prostitution angestiftet. Aber für dich ist es ziemlich egal: Wenn du erwischt wirst, dass du Sex machst für Geld, dann hast du ein Problem, mit Vertrag oder ohne. Nur die Agentur hat kein Problem. Du kannst nicht sagen: Ja, aber Jolanta hat gesagt, ich muss mit dem Mann Sex machen. Jolanta kann den Vertrag herzeigen und sagen: Stimmt nicht! Da steht ausdrücklich: nicht zum Zweck sexueller Kontakte! Sie hat das unterschrieben. Die Agentur hat dann kein Problem, die kann sich abputzen. Aber für dich ist es dasselbe Problem, mit Vertrag oder ohne. Und wie sollen sie dich erwischen? Sie müssen sehen, dass du Sex machst, und dass du Geld dafür nimmst. Sex machen ist nicht verboten, du kannst schlafen, mit wem du willst. Prostitution ist auch nicht verboten. Nur – wenn du Geld für Sex nimmst, dann musst du eine Arbeitsbewilligung haben und zur Kontrolle gehen. Das sind die Vorschriften."

„Aber da steht auch, muss ich Steuer zahlen."

„Ja, das steht da. Das ist normal für jeden, der selbständig arbeitet. Dazu musst du nicht erst einen Vertrag unterschreiben. Das wirkliche Problem ist eigentlich das: Wenn die Behörden den Vertrag sehen, können sie zu dir kommen und sagen: Aha, Sie wollten sich also von der Agentur vermitteln lassen. Wir können Ihnen nicht nachweisen, was sie mit den Herren gemacht haben, wir können Ihnen auch nicht nachweisen, wie viel Sie verdient haben, aber: Haben Sie eine Beschäftigungsbewilligung?"

„Und dann, ich bekomme Stempel in Pass, und dann, was mach ich?"

Im Büro hat sie noch tausend Fragen zu dem Vertrag gehabt. „Muss ich das noch besprechen mit meine Freund."

„Da hab ich kein Problem damit", hat die Jolanta gesagt, „kannst du auch mit einem Rechtsanwalt sprechen oder mit einem Minister."

Die Jolanta und der Gerd haben abwechselnd auf sie eingeredet. „Ab Montag jedenfalls kriegt kein Madel mehr einen Job, die den Vertrag net unterschrieben hat", hat der Gerd gesagt. „Und wirst sehen, Belvedere fangt jetzt an damit, und in drei Wochen wird jede Agentur in Wien an Vertrag verlangen!"

„Da schauts!" hat die Jolanta gesagt, „das ist die Villa in Ungarn, die ich gekauft habe." Sie hat mir und Sabrina auf dem PC die Fotos gezeigt. Ich bin auf einem Stuhl gesessen und Sabrina ist neben mir gestanden und hat sich über den Bildschirm gebeugt, ihren Hintern in viel zu enge Jeans gezwängt. Der Gerd hat sich von hinten an die Sabrina herangeschlichen und ihr die Hand zwischen die Schenkel gehaut und sie in die Möse gezwickt. Genau vor meinen Augen. Das ist der Gerd.

– Im Leben muss man Spaß haben. Spaß und Geld –

Die Katja hat darauf gewartet, dass die Jolanta sie fotografiert, und die Vera hat mich inzwischen zum Mühlhäufelweg in den Zweiundzwanzigsten geschickt, die Betty vom Werner abholen. „Der bucht im Monat 20 Stunden. Haben Sie ein Hobby? Ja, Mädchen buchen."

Ich bin über die Tangente gefahren, dann Richtung Ölhafen, Biberhaufenweg, Mühlhäufelweg. Der Werner ist irgendwas Höheres bei Siemens, hat ein Haus mit Swimmingpool, einen roten BMW vor der Türe und Silikonpäckchen unter der Haut, wo Muskeln sein sollten. Die Agentur weiß alles über ihre Kunden.

Die Betty ist eine Rumänin, dunkelhaarig, braungebrannt vom Solarium, mit einer scharf gebogenen Nase und riesengroßen braunen Augen und langen Wimpern, mit denen sie kräftig geklimpert hat. Sie hat Englisch gesprochen, perfekt und rasend schnell, und mir gleich erzählt, dass es ein wunderbarer Job war und ein sehr netter Kunde.

„Also hast du auch deinen Spaß gehabt!"

„Natürlich. Im Leben muss man Spaß haben. Spaß und Geld."

„Und was kommt bei dir zuerst? Der Spaß oder das Geld?"

„Na beides. Was nützt dir das Geld, wenn du keinen Spaß hast, und wie kannst du Spaß haben, wenn du kein Geld hast?"

Sie hat mich gefragt, ob ich Österreicher bin.

„Ja, Wiener. Und du?"

„Ich bin aus Rumänien. Ja ich weiß, die Chefin sagt, alle Rumäninnen sind schlecht. Aber sie wird schon sehen. Das war mein erster Job bei dieser Agentur. Ich habe gerade erst gewechselt."

„Alle Mädchen wollen jetzt zu Belvedere kommen."

Sie hat mir erzählt, dass sie 25 ist und von Beruf Volksschullehrerin. „Ich bin nicht dumm. Ich war Lehrerin! Ja, aber was kannst du machen als Volksschullehrerin in Rumänien? Ein Monatslohn von 50 Euro, kannst du dir das vorstellen, 50 Euro! Hier ist es besser, und bei diesem Job hab ich Spaß."

Wie sie hergekommen ist, habe ich wissen wollen.

„Okay, let me tell you my story. Ich war in einer Bar in Rumänien, und – na ja, ich falle immer auf, ich bin eben so, ich trinke, ich lache, ich tanze auf dem Tisch. Und da ist ein Mann, der fragt mich, was ich so mache, und wie viel ich verdiene, und ich sage es ihm, und er lacht und sagt, das ist doch nichts. Und er erzählt mir, wie viel man hier verdienen kann. Und da habe ich gedacht – gut, ich versuche es. Und der hat mich hier hergebracht. Aber ich musste natürlich mit ihm fifty-fifty machen."

„Ah ja. Deswegen frage ich."

„Na ja, drei Monate habe ich mit ihm fifty-fifty gemacht. Aber mein Chef von Hearts-Escort hat mir geholfen, von ihm davonzulaufen, hat mir eine Wohnung beschafft und so weiter."

„Und der hat noch mehr Mädchen gehabt?"

„Natürlich. Aber ich war die einzige, mit der er Halbe-Halbe gemacht hat. Den anderen hat er alles weggenommen, hat ihnen nur gegeben, was sie zum Essen brauchen, um Kleider zu kaufen, hat sie nicht alleine auf die Straße gehen lassen."

Sie hat gute Kunden, hat sie gesagt.

„Immer?"

„Na ja, nicht immer. Soll ich dir sagen, was mein Rekord ist?" Sie hat gelacht und mit den Augendeckeln geklimpert. „Vier Stunden ficken ohne Pause! Vier Stunden!"

„Vier Stunden! Wahnsinn!"

„Ja, mit Kokain und Pillen, weißt du. Kokain, und Pillen für hier unten. Ein Verrückter! Ich habe zwei Tage nicht gehen können. Das war ein Wahnsinn."

„Also ich möchte das nicht. Vier Stunden lang einen Steifen, das muss doch höllisch weh tun!"

„Und einmal habe ich noch so einen Job gehabt, sechs Stunden. Ich war mit einem anderen Mädchen, und es waren zwei Männer, und die auch, die haben getrunken und Koks genommen, und nach vier Stunden haben sie angefangen, alles zusammenzuschlagen. Da habe ich Angst gekriegt und bin gegangen. Das andere Mädchen ist geblieben, ich weiß nicht, warum, und ich bin zwei Stunden bei meinem Fahrer gesessen."

Englisch hat Betty vom Fernsehen gelernt. In Rumänien werden alle Filme nur im Original mit Untertiteln gezeigt. In Polen haben sie diese gesprochenen Übersetzungen, die über den Originalton drübergelegt werden. Darum sprechen die Rumäninnen besser Englisch als die Polinnen.

Einen Boyfriend hat Betty auch gehabt. Erst hat sie drei gehabt, hat sie gesagt, aber das war ihr zu schwierig, also hat sie sich für einen entschieden.

„Er weiß, was ich mache. Ich bin ein schlimmes Mädchen, und er ist ein schlimmer Junge."

„Aha, und was macht er?"

„Business!"

Betty habe ich nur dieses eine Mal getroffen. Sie ist verschwunden, und niemand hat gewusst, wohin.

Die Katja hat den nächsten Job bekommen und ich bin in die Agentur gefahren, um sie abzuholen. „Na, hast du den Vertrag unterschrieben?"

„Was soll ich machen? Hab ich unterschrieben."

zwei

– You can shit now? –

Es ist ziemlich spät gewesen und ich habe auf ein Bier gehen wollen, da hat mich Jacqueline angerufen: „Sag, kannst du Rumänisch aa?"
„Naa, leider, Rumänisch kann i überhaupt net."
„Aber Englisch kannst guat?"
„Englisch kann ich sehr gut."
„Du, kannst du bitte die Lilli anrufen. I hätt an Job für sie, wenn sie jetzt Kaviar spenden kann. I hab versucht, ihr des zu erklären, aber i glaub, sie versteht mi net richtig. Frag sie bitte, ob sie des jetzt spenden kann."
„Und die macht des eh?" vergewissere ich mich.
„Ja, ja!"
Also frage ich Lilli:
„Hi, this is Martin. The agency asked me to call you. They have a job for you, but only if you can give caviar now."
„Yes!"
„You can? You can shit now?" frage ich zur Sicherheit. Du kannst jetzt scheißen? Denn ich weiß ja nicht, ob der Code in Rumänien derselbe ist.
Ich habe sie in der Davidgasse abgeholt. Sie hat schon auf mich gewartet, neben dem Eingang zur Peepshow, sehr schlank, sehr langbeinig, sehr jung. Ich habe sie mir kleiner, zierlicher vorgestellt nach den Fotos, die mir Jolanta am ersten Tag gezeigt hat. Im Gesicht hat sie viel zu viel Schminke gehabt, sie hat kaum gelächelt und fast nichts gesagt. Deutsch hat sie nicht gekonnt und nur ein paar Worte Englisch, wahrscheinlich hat sie nicht genug ferngesehen. Sie ist ziemlich verkrampft neben mir gesessen und hat die Hände auf den Bauch gedrückt. Wie macht man das, auf Wunsch scheißen zu können? Andere Leute sind froh, wenn sie es einmal am Tag schaffen. Muss sie sich mit Ballaststoffen voll stopfen oder nimmt sie ein Abführmittel? Oder hält sie es immer so lange zurück, bis sich eine Gelegenheit ergibt? Aber mit ihr ist es schwierig, Konversation zu machen. Ich habe Lilli und ihren Darminhalt schweigend nach Hietzing gebracht. Ich bin die Hadikgasse hinausgefahren und habe quer über den Graben von Wienfluss und U-Bahn gespäht, um die Hausnummern drüben zu erahnen. In Ober St. Veit bin ich über die Brücke gefahren und den Hietzinger Kai wieder stadteinwärts bis zur Nummer 143. Das ist ein Jugendwohnheim gewesen. Ich habe Lilli die Zimmernummer auf einen Zettel geschrieben.
„Please come!" hat sie zu mir gesagt. Also bin ich mit ihr hineingegangen. Es ist schon halb zwölf gewesen. In der schwach beleuchteten düsteren Halle sind zwei

Portiere hinter der Theke in ihren Drehstühlen gelegen und haben auf einen Fernseher gestarrt.
„Zimmer 291?" habe ich gefragt.
„Da mit'm Lift rauf in 'n zweiten Stock, dann rechts!"
Ich bin mit Lilli hinaufgefahren, habe durch Glastüren in dunkle, abgefuckte Gän-
ge gespäht. Endlich der dritte Gang war ein bisschen repräsentativer. Dort habe
ich die Nummer 291 gefunden, stumm darauf gedeutet. Lilli hat angeklopft und
mir gewinkt. Ich bin davongeschlichen.
Wie macht man das in einem Hotel? In der Dusche? Oder hat er ein Plastiklein-
tuch mit?

Lilli hat damals viel gemacht. Nicht alles. Aber viel. Natursekt, Kaviar, Griechisch. Und sie hat sich ohne Gummi ficken lassen, auch im Hintern. Am Anfang
hat man mit ihr nicht reden können. Sie hat nur „Noo!" und „Yees!" gejault und
eine Schnute gezogen wie ein verstocktes Kind. Gelegentlich hat mich Jacqueline
angerufen: „Du, hast du die Lilli no bei dir im Auto? Kannst du sie fragn, warum
sie von dem Kunden für zwaa Stunden 240 Euro nimmt? Der ruft jetzt an und is
total fuchtig, er sagt es is nix passiert, nur telefonieren die ganze Zeit und den
Kaugummi soll s' gfälligst aussegebn beim Kunden..."
Dann habe ich sie verhören müssen. Zwei Stunden kosten ja nur 200,-, das ist
Sonderangebot. Jolanta verdient daran nur 10 Euro mehr als an einer Stunde.
„Noo, twohaandred!" hat sie gejammert. Chewing gum wollte sie nicht verstehen
und das mit dem Telefonieren konnte auch nicht stimmen: „No have credit!" –
Keine Guthaben!
Bei solchen Beschwerden hat der Kunde dann beim nächsten Mädchen 10% Ra-
batt bekommen.

– No, was is der Unterschied? –

In den nächsten Wochen ist Lilli selbstbewusster geworden, hat mit mir geschä-
kert und mir die Zunge rausgestreckt. „Ce faci?" habe ich sie begrüßt. Wie geht's?
„Bine, bine!" Danke, gut!
Gelegentlich hat sie mir 10 Euro Trinkgeld gegeben.
Wenn ich auf sie gewartet habe, habe ich manchmal irgendwo für sie eine Blume
abgerissen und sie hat den ganzen Heimweg daran gerochen. Vera hat mir die
neuen Fotos von ihr gezeigt, die Jolanta gemacht hat: „Was sagst zu unserem
Jungkranich?"
„Na, Wahnsinn!"
Auf den neuen Fotos schaut sie nicht mehr verschüchtert aus. Braungebrannt,
schlank und straff und langbeinig, in einem weißen Slip und Zwölf-Zentimeter-

High-Heels, schaut sie verträumt, verspielt und sinnlich in die Kamera. Die Schminke ist weniger geworden, das schwarze Haar glatter, glänzender.

An einem Sonntag Vormittag bin ich mit ihr nach Herzogenburg gefahren, ein Vierzig-Euro-Job für mich. Als wir zu der Adresse kommen, ist es ein Seniorenwohnheim.

Drei Autos sind fast gleichzeitig angekommen: Als erste die mobile Krankenschwester von der Volkshilfe, dann der Bote von Essen auf Rädern, und dahinter ist die Lilli in ihrem Miniröckchen, das gerade ihren kleinen Hintern bedeckt hat, auf zwölf Zentimeter hohen Plexiglasabsätzen hineingestöckelt.

In Herzogenburg ist Volksfest gewesen und wir sind eng umschlungen vom Seniorenheim zum Hauptplatz gegangen und haben dort noch ein Cola getrunken. In der Öffentlichkeit tut man am besten so, als ob man ein Pärchen wäre. Wolfgang Friedrich und die New Orleans Dixielandband haben zum Jazzhouse Brunch aufgespielt: *In der Bodega von Langenlois* und: *You know baby, vy I vent away!* und Ehrenbürger Johann Hoffmann, der ja heuer 93 wird, ist auch unter den Festgästen.

Beim Heimfahren hat sie mir erzählt, dass sie im August für eine Woche nach Rumänien fahren will. Sie will die Aufnahmeprüfung fürs Medizinstudium ablegen. „*Is good for me!*"

Ich hab's nicht mehr ausgehalten: „*But look*, Lilli! Du willst Medizin studieren. Du musst doch wissen, was AIDS ist. Du musst das doch verstehen. Warum machst du Sex ohne Kondom?"

„Ich weiß, ist nicht gut. Aber Gerd sagen, Jolanta sagen."

„Aber du musst nicht! Kein Mädchen muss das machen. Du sagst, du willst nicht, und du musst es nicht machen. Verstehst du? Alle Mädchen verwenden Kondome. Belvedere hat 60 Mädchen, und nur fünf oder sechs machen es ohne. Manche Mädchen glauben, sie sind nicht schön, sie müssen ohne Kondom arbeiten, damit sie Jobs kriegen. Aber du bist doch schön. Du hast auch so viele Jobs!"

„*Thank you!*" hat sie gesagt, weil ich gesagt habe, dass sie schön ist. Und dann hat sie nur noch trotzig geradeaus gestarrt.

Am Montag Mittag bin ich ins Büro gekommen und Vera hat mir erzählt: „Stell dir vor, der Jungkranich hat angerufen. Sie arbeitet nicht mehr ohne!"

„Echt?"

„Ja!"

Ich habe mich gefreut. Ich habe nicht gesagt, dass ich der Lilli zugeredet habe.

„Die Jolanta und die Jacqueline sind daneben gesessen und die Jolanta hat sich aufgeregt: No, was is der Unterschied? Grad die Jolanta, die sollt's doch wissen. Die hat nie was ohne Schutz g'macht. Weißt, und da denk i mir schon, was sind die Mädels für die?"

Zwei Tage später ist auf der Homepage wieder gestanden: *Naturliebhaberin Lilli.*

„Lilli, vor zwei Tagen sagt mir Vera, du hast angerufen und gesagt, keine Jobs mehr ohne Kondom."

Sie hat gelacht und versucht, sich im Sitz zu verkriechen.

„Und heute fickst du schon wieder ohne?"

Da hat sie ihre Schnute gezogen und geradeaus gestarrt.
Ich habe ihre Hand genommen und gesagt: „Okay, okay, es ist deine Sache. Es
geht mich nichts an. Gar nichts. Aber es bricht mir das Herz!"
Sie hat die Augen zugemacht und gesagt: „Schlafen!"

– Sie darf so sein, wie sie ist –

Ich habe mir drei Tage frei genommen und bin auf die Hochzeit von meiner Tochter gefahren. Wir haben sie zu zweit zum Altar geführt, ihr Stiefvater und ich. Das
hat sie sich gewünscht. „Sie darf so sein, wie sie ist", hat der Priester gesagt, denn
meine Tochter ist nicht getauft. „Gott liebt uns alle, so wie Eltern ihre Kinder
lieben: Ohne Bedingung." Das ist schön gewesen von ihm.
Und ich habe den ersten Walzer mit ihr getanzt, im Schlosshof, unter freiem
Himmel. Und dann hat mich der Bräutigam abgelöst. Wie das so geht.

– Das Härteste is der Rohrstock –

Vera, die Telefonistin, ist mit der Mona befreundet, unserer Sklavin, und so ist die
Mona immer über alles informiert, was sich in der Agentur abspielt, weil die Vera
am Abend immer mit ihr telefoniert. Die Mona macht auch Ohne-Service, von
vorn und von hinten, und auch mit Abspritzen im Mund: „I schau schon, dass i net
zuviel Verkehr mach, ohne, oder griechisch, dass i s' meistens auf Französisch
umlenk, waaßt. Wanns d' net grad beim Zahnarzt warst, is des am ung'fähr-
lichsten. Und die Kunden, alle san aa net so bled, die nehmen si selber an Gummi,
weil im Studio lieg'n eh überall welche herum. I waaß, i spü russisches Roulette.
Aber i bin 46, i hab g'lebt. I waaß, was i mach. Aber die Madln, mit 18, 19 Jahr,
die habn des Lebn noch vor sich. Wann si so aane AIDS holt... Die Lilli, die is
doch so hübsch! Jetzt hab i g'lesen in so an Schrieb vom Gesundheitsamt, die
Syphilis is aa wieder im Vormarsch. Manchmal denk i ma schon, hörst, was
machst denn da! Und die Kunden, waaßt, manche san aa deppat. Net bloß aamal,
dass mi aaner hinterher fragt: Bist eh g'sund? Hinterher! Da hab i scho oft Lust
ghabt, dass i sag: Willkommen im Klub!"

Der Mona habe ich eine eigene Homepage gemacht. Das hat mir die Vera vermittelt. „Ich schick dich gleich auf einen Job mit ihr, da kannst dir alles mit ihr ausmachen."
Das war an dem Tag, wo der große Streik gewesen ist und die Demonstrationen
gegen die Pensionsreform. Das Fahren ist schwieriger gewesen als sonst, weil
viele mit den Autos gefahren sind statt mit der U-Bahn und man immer hat wissen

müssen, welcher Abschnitt vom Gürtel gerade gesperrt ist. Ich habe die Mona von ihrem Studio im Zehnten abgeholt und in die Goldene Spinne gebracht. Zu einem zärtlichen Service, also ohne Auspeitschen. Sie ist herunter gekommen, hektisch wie immer, mit ihrer feurigen rotblonden Mähne und der riesigen Nase und der Warze auf dem Kinn.

„Stört's di eh, net, wann i mi bei dir umziag?" Sie hat sich neben mir auf dem Beifahrersitz aus ihren Jeans herausgeschält und sich in einen schwarzen Lederminirock gezwängt. Die schwarzen Strapse hat sie schon angehabt. Es war ein heißer Tag und ein Motorradfahrer hat während der Fahrt durch das offene Dach das wogende weiße Fleisch angegafft.

„Na, vielleicht reiß i da aa no an Job auf!" hat sie gesagt und ihre Bluse gegen ein schwarzes Top vertauscht.

„Aber bitte. Am Rücksitz is Platz gnua."

Sie ist in dem Studio nur eingemietet, für jeden Job zahlt sie 50,- Euro. Und für die Jobs, die ihr die Agentur vermittelt, zahlt sie 60,- Euro, so wie alle anderen Mädchen. Eine Stunde devotes Service kostet 220,-.

„Und wann i no net gnua hab, arbeit i auf der Straßen aa no. Aber da muass ma scho sehr fad sein."

„Machst du nur devot oder dominant auch?"

„Na schon, wann aaner des will, aber des andere mehr, weil des meiner Veranlagung entspricht. Aber es is natürlich guat, weil i so an besser des gebn kann, was er braucht, weil i ja selber waaß, was i brauch. Und manche, die woll'n natürlich während dem umdrahn, waaßt, dass er z'erscht bei mir herumspiel'n will und dann i bei eahm. Aber manche, denen muass i schon a Gebrauchsanweisung mitgeb'n, oder i nimm eahm des aus der Hand und sag naa, gib her, du kannst des net."

Bei der Mona hat ständig das Handy geläutet: „Naa, vielleicht um 18 Uhr, oder halber sechse, probier's halt. – Die hab i eh im Auto, die Schuach, die hohen maanst du, die offenen, ja. – Was? Naa, mi frisst glei der Neid, i kumm ja net dazua. Waaßt, du bist a klanes Oarschloch, erzählst ma da vom Fitnesszentrum, wo i nie dazua kumm, dass i hin geh – Ja, i waaß eh, dei Faust wird immer größer, dass i dran erstick."

„Na guat", hat sie beim Aussteigen gesagt. „Wann i in drei Stunden net z'ruck bin, hat er mir g'falln!"

Sie ist schon nach einer Stunde zurückgekommen, aber trotzdem zufrieden: „Naa, aber der Gast: So geil wie mit mir war des scho lang net, sagt er. Und der, wirklich, i rechn' ja net damit, dass aaner bei dem Angebot, mehrmaliges Verwöhnen, net, dass der wirklich zwaamal kann. Ja, die woll'n oft, aber der, geht in die Dusch und macht's glei no amal."

„Also i kann des net. I brauch a Pause."

„Na ja, des is die Karnickelabteilung. Amal hab i an g'habt, der is in aaner Stund fünfmal kummen. Aber der war wirklich a Karnickel, der hat nach zwaa Minuten schon g'spritzt."

Die Homepage von der Mona haben wir in zwei Schattierungen von Purpur gehalten, mit einer einzigen simplen Schriftart.
„I brauch des ganze Gothic-Zeug net, was sonst bei die SM-ler so beliebt ist."

Ihre Sklavin begrüßt sie.
Zu Ihnen aufzusehen...
meinen Gehorsam zu zeigen und Ihnen zu Diensten sein...
den Lustschmerz spüren zu dürfen und meine Dankbarkeit zu beweisen...
...das soll mein tiefstes Bestreben sein.

Auf der Titelseite liegt sie mit Strapsen und Korsett auf dem Bauch, in ihrem nackten Hintern steckt eine Kerze.

„Pass auf, des Bild da, mit die abbundenen Brüste, wo i da so aufg'hängt bin, des möcht' i auf der zweiten Seiten haben, und des is aa geil, mit dem Riesendildo im Mund, aber da muasst ma so an Balken über die Augen machen."
„Ich lass dir lieber da so einen Schatten übers G'sicht fallen, das schaut natürlicher aus."
„Ja, des g'fallt mir. Weil mein Mann, der waaß ja gar net, was i da genau mach. Wenn der amal des im Internet siecht, der tät schön schau'n."

Die Sehnsucht, wehrlos und ausgeliefert zu sein...
Ohnmächtig zu versinken...
Die Lust und das Verlangen gezüchtigt zu werden...
Striemen, die mich stolz machen...
An der Grenze meiner Selbst zu stehen...
Schweißperlen zwischen meinen Brüsten vor Aufregung...
In die Tiefe geführt zu werden...
Vertrauen...
Und sich geben ohne Angst.

Bei dem Bild, auf dem sie gebeugt dasteht, die Hände gefesselt, und ihren riesigen, von Schlägen geröteten Hintern der Kamera entgegenstreckt, da hat sie schon gezögert. „Schön is des net grad. Aber – des muass aa sein."
Wir haben es mit der Großaufnahme von ihrer Möse kombiniert, auf die violettes Kerzenwachs tropft.

Devot und maso veranlagte sehr gut erzogene Sklavin steht dominanten Männern zur Verfügung.

172, 66, ow110, 36, blonde lange Haare, selbstverständlich glatt rasiert. Mag es gepeitscht zu werden, Gerte, Rohrstock, Hand zu spüren, Wachs, Klammern, Gewichte, Fesselungen, Natursekt, verbale Demütigung, lecke wo immer du es möchtest, Ohrfeigen, anal benutzbar, verwöhne Dich französisch, Faustfick vaginal möglich, liebe auch die etwas härtere Gangart, Bondage, Fesselungen, Nadelungen, Klistier. Für weitere Fragen erreichst Du mich unter ------ täglich von 12 bis 21 Uhr, geeignete Räumlichkeiten vorhanden. Eine schöne ausführliche Session mit mir kommt auf 220 Euro.

Zwischendurch hat ihr Handy geläutet.

„Ja – ja, das geht schon – Na ja, deiner wird schon reinpassen. Und deine Faust auch, wenn du dir Zeit lasst – Ja, was willst du mir denn reinstecken? – Na pass auf, ich steck mir nichts in die Muschi was Verletzungen hervorrufen kann. – Karotte ist zu klein. Was hätt'st denn gern? Kürbis wird net gehen. Na, gehst mit mir am Naschmarkt? Wenns d' dich traust, mach ma's gleich dort! Also, wenns d' wirklich Interesse hast, rufst mich an und machst dir einen Termin aus, weil Telefonsex mach ich nicht."

Sie hat natürlich erst recht das Problem, dass sie ständig von Wichsern angerufen wird, die sich nur am Telefon begeilen wollen.

„Des traut er si eh nie. I geh glatt mit ihm am Naschmarkt, weil mir is des wurscht. Aber da rennt er ma ja davon!"

„Zu *, Was ist SM'* geb' ich die Serie mit den Nadeln, was meinst?"

Ich habe eine kreisförmige Überblendung für den Übergang von einem Bild zum nächsten genommen. Ihr Dom hat alle Bilder so gemacht, dass die gespreizte Möse ziemlich genau im Zentrum vom Foto ist und die Kamera bei jedem Bild ein bisschen näher kommt. Auf dem ersten Bild sind noch das rote Mieder und die schwarzen Strapse zu sehen. Die äußeren Schamlippen sind mit zwei sieben Zentimeter langen Injektionsnadeln zusammengeheftet. Mit jedem Bild kommt eine Nadel dazu, bis zur fünften. Auf dem letzten Bild sieht man die blutende Möse.

SM ist nicht wilder peitscheschwingender Sex, sondern mehr.
SM geht tief.
SM zeigt die Seele eines Menschen.
SM heißt Achtung dem Anderen gegenüber.
SM heißt nicht den Anderen zu demütigen und zu beleidigen.
SM heißt, nicht vulgär zu sein.
SM ist ästhetisch und bedeutet Höflichkeit.
SM ist eine Gratwanderung zwischen Geduld, Gehorsam und Sich-fallen-lassen-Können.
SM bedeutet nicht, dass der dominante Partner das Leben des Devoten übernimmt, und wenn, dann nur wenn es beide wollen.
SM kann, aber muss nicht immer erotisch sein.

SM ist eine Lebenseinstellung, und nur wenn man das begriffen hat, kann man es auch leben.

SM ist dauerhaft und sollte binden, denn nur dann kann man den Anderen auch wirklich führen oder sich von ihm führen lassen

SM bedeutet auch, dass man beide Seiten kennt. Das heißt nicht switchen. Aber nur, wenn man beide Seiten kennt, kann man erkennen, wie es dem Anderen geht und was er fühlt.

„Da hab ich mich schon zusammennehmen müssen", sage ich zu Mona. „Für mich is des des Härteste."

„Nein!" sagt sie, „Das Härteste ist der Rohrstock. Aber die war so geil, die Session mit die Nadeln, i bin g'flogn. I hab a halbe Stund braucht, bis i wieder abekummen bin. Dabei hab i ja Angst vor die Dinger. Nacher san die am Tisch g'legen, hab i g'sagt, bitte tua s' weg, i kann s' net sehn. Weil bei der Session warn ja die Aug'n verbunden, net. Aber hörn tust es trotzdem.

Aber s' letzte Mal, hihi, hat er si g'stochn, damit, der Meine. Da hab i lachen miassn. Hab die Session unterbrochen und hab g'sagt, hörst, i hab an ung'schickten Dom, i glaub i muass ma an andern suachn. Weil so todernst muass des aa net immer sein."

– Eigentlich besteht kein Kinderwunsch –

Am nächsten Sonntag Vormittag bin ich mit Juliette in Grinzing gewesen. Ich habe sie gerade abgesetzt, da hat mein Handy geläutet.

„Martin, pleeease, is possible you take me to hospital?" Es war die Lilli.

„Sicher. Was ist das Problem?"

„Weiß nicht. Gastritis. Mein Bauch tut weh."

„Gut, ich hole dich gleich. Wo bist du?"

„In Hotel."

„Wo? Welches Hotel?"

„Weiß nicht. Muss fragen Kunde."

Ein Mann sagt: „Radisson Hotel."

„Gut, ich komme in 20 Minuten!"

„Nein. Erst muss fertig machen Job!"

Ich habe Sissy im Büro angerufen, damit Miroslav die Juliette abholt und ich statt ihm die Lilli. Dann bin ich zum Radisson gefahren und habe gewartet, bis der Typ, der doch alles mitgehört hat, damit fertig war, ein krankes Mädchen zu ficken.

Unterwegs habe ich die Auskunft angerufen, mir die Nummer vom Ärztenotdienst geben lassen, 141. „Schau'n Sie, ich weiß es nicht, es kann was im Magen-

Darmbereich sein oder was Gynäkologisches. Die Dame klagt über Bauchschmerzen, mehr weiß ich jetzt nicht."

„Ich hab' hier nur mobile Ärzte. Wenn die Schmerzen im Oberbauch sind, dann kommen wir gern, aber wenn's mehr im Unterbauch ist, ist es was Gynäkologisches, und da ist es besser, sie gehen ins nächste Spital, weil der Gynäkologe, der braucht seine Einrichtung, das haben wir ja nicht mit."

Vom Radisson aus ist das nächstgelegene Spital die Rudolfsstiftung. Der Portier hat uns in den vierten Stock geschickt.

Im Lift ist mir etwas eingefallen: „*What is your real name, Lilli?*"

„Ileana."

In der Erstaufnahme war träge Sonntagsstimmung. Es war nichts los.

„Sie klagt seit drei Tagen über Bauchschmerzen und Übelkeit", habe ich erklärt.

Der Arzt hat auf ihrem Bauch herumgedrückt. „*How does it hurt? Is it a burning pain?*"

Sie hat eifrig genickt.

„Na ja, Oberbauch etwas gebläht, eine leichte Gastritis is sicher vorhanden. Aber nur zur Sicherheit: Kann es sein, dass sie schwanger ist?"

„*Could you be pregnant?*" habe ich sie gefragt.

Heftiges Kopfschütteln: „*Noo, is not poossible!*"

„*When was your last period?*"

Sie hat ihn verständnislos angeschaut.

„*Menstruation!*" habe ich gesagt. Das Wort kennen die Mädchen, denn die meisten melden sich doch einmal im Monat für ein paar Tage ab. „*When was you last menstruation?*"

„*9 July. But no, no menstruation. Is not regular.*"

„*So it did not come?*"

„*No!*"

„*So when was the last?*"

„9 June."

Der Arzt schüttelt den Kopf. „*Do you take the pill?*"

Ich suche im Wörterbuch: „*Pilulă anticoncepţională?*"

„*No!*"

„Ja aber dann, wie kann sie dann sagen, dass sie net schwanger sein kann."

„Es gibt ja auch noch Kondome!" habe ich den Arzt aufgeklärt.

„Ah so, na, an so was denk i schon gar nimmer! Na, mach ma an Gravtest."

Ich habe zugestimmt.

„Wo ham ma denn die Gravtest, die neuen?"

Die Schwester drückt Ileana einen Pappbecher in die Hand und schickt sie aufs Klo.

„Sag, wie ist das jetzt bei die neuen Tests? Zwei Stricherln sind positiv, net wahr? Ein Stricherl, negativ, zwei Stricherln, positiv!"

Mein Gott, das Baby ist schwanger!

„Du, I weiß jetzt auch net. Wo is 'n die Beschreibung? Bei die alten war des a Kreuzerl."

Eine zweite Ärztin ist hereingekommen.

„Du, kennst du dich aus mit dem neuen Gravtest? Zwei Stricherl san positiv, net?"

„Wie is 'n der Urin?"

„Ja, ganz normal is er net."

„Geh, die paar Leukozyten! Des is nix."

„Jedenfalls, der Test is eindeutig positiv."

„Na, dann schick ma s' gleich runter in die Gyn-Ambulanz. Wissen S' dass ma auf jeden Fall gleich schau'n, dass des ka Eileiterschwangerschaft ist."

Sie haben uns telefonisch angemeldet und ich bin mit ihr hinuntergefahren.

Der Gynäkologe ist jung gewesen und hat eine bleiche, sommersprossige Haut gehabt. Ich habe ihm alles erklärt, er hat den Befund studiert, dann hat er sie hinter den Vorhang geschickt, sich auszuziehen. Ileana ist in Stringtanga und Stöckelschuhen wieder herausgekommen. Wie auf ihren Fotos.

„Nein, nein, andersrum!" haben die Schwestern ausgerufen und ihr gedeutet, was sie aus- und was sie anziehen soll.

Sie ist wieder hinter den Vorhang gegangen und beim nächsten Auftritt ist sie oben bedeckt und unten frei herausgekommen auf ihren gläsernen Cinderella-Schuhen.

„Kann das sein, dass sie noch nie bei einer gynäkologischen Untersuchung war?" sagt die nette kurzhaarige Schwester zu mir.

Sie haben mir gesagt, ich soll am Kopfende von dem Gynäkologenstuhl stehen.

„Sie hat wenigstens die richtigen Schuhe an!" sagt der Arzt, als sie ihre Stöckel in die Fußrasten eingehängt hat wie Cowboystiefel in die Steigbügel.

„This will now be a little cold!"

Scheidenspekulum heißt das Ding, mit dem er ihre Muschi aufgespreizt hat um hineinzuschauen. Ich habe gerade nachgesehen, auf der Homepage von Lab-Med Ärztebedarf. Gibt's das nicht aus Plastik? Plastik ist warm. Warum muss man das aus Stahl machen? Sie ist zusammengezuckt und hat die Augen zugepresst, Tränen sind ihr über die Wangen geronnen und sie hat nach meiner Hand gegriffen. Ich habe ihre nasse Stirn gestreichelt und ihre Hand gedrückt. Sie hat wohl keine Ahnung gehabt, in diesem Moment, wer ihre Hand hält, wer sie da streichelt, vielleicht war es ihr *Tata*, ihr Papa, mit dem sie immer stundenlang telefoniert hat, kürzlich hat er ein Problem mit der Polizei gehabt, sie haben ihn beim Schnellfahren erwischt.

Die hier glauben natürlich, dass ich der Tata bin von dem kleinen Keim, den ein Irgendwer, ein Irgendeiner in diesen schönen jungen Körper gepflanzt hat. Dabei sehe ich ihren köstlichen Leib hier zum ersten Mal, so ist das eben, ich sehe ein verängstigtes Kind, aber ich sehe auch, das ihr Leib köstlich ist, schön gebräunt vom Solarium, diese langen Schenkel, dieser feste, flache Bauch, der glattrasierte Venushügel, so schändlich aufgespreizt und allen Blicken preisgegeben. Und als der Arzt mit Schauen fertig ist, zieht er Gummihandschuhe über und seufzt: „Ein Segen, diese gepuderten Handschuhe", und dann greift er mit seinen Fingern dahin, wo ja schon hundert Männerhände hingegriffen haben, und drückt und prüft und sucht, aber noch nie ist ihr so etwas angetan worden, so vor vielen Leuten, so sachlich, so kalt, und die Schwester zieht einen Präser über den großen Ultraschalldildo, und wieder dringt etwas in sie ein, beschaut ihr Inneres, links, Mitte, rechts, es ist ja alles gut, es ist alles zu ihrem Besten, aber sie weiß nichts, begreift nichts, sie weiß nicht, was das alles bedeutet und wozu es gut ist und was noch alles kommen wird, sie klammert sich an mich und ich weiß auch nichts, ich weiß nicht, wie ich den Schrecken und die Scham von ihr nehmen soll, ich halte nur ihre Hand mit den langen, schlanken Fingern und drücke sie und streichle ihre Stirn und denke: „Ach Baby, ach Baby!"

Und dann ist der Arzt endlich fertig gewesen und sie hat sich anziehen dürfen und dann ist sie wieder gekommen und hat sich auf den Sessel neben dem Schreibtisch vom Herrn Doktor gehockt. Der Stationschef ist auch noch dazugekommen, der Sommersprossige hat ihm die Ultraschallbilder gezeigt und gesagt, dass schon Herzschlag zu sehen ist.

„Also passen Sie auf", hat der Stationschef zu erklären angefangen, „das Herzerl schlagt, und das Ziehen im Unterleib, das sie spüren, das kommt daher, dass der Uterus sich dehnt. Das wird noch ein paar..."

Ich bin vor ihr gehockt um zu übersetzen, aber jetzt habe ich ihn unterbrochen: „Eigentlich besteht kein Kinderwunsch, Herr Doktor!"

„Aha." Er hat sofort umgeschwenkt. „Ein Abbruch ist natürlich auch möglich, nur müssen sie zuerst auswärts eine Beratung machen, und dann können Sie den Abbruch hier machen oder am Fleischmarkt."

„You are six weeks pregnant", habe ich Ileana erklärt, „du bist in der sechsten Woche schwanger, aber du kannst eine Operation haben, wenn du willst."

Sie hat heftig genickt und gesagt: *„Yes, operation!"*

Ich habe sie hinausgeführt und ins Auto gesetzt.

Familienberatungsstelle. Wie erkläre ich das? *Beratungsstelle* kann ich in meinem kleinen Langenscheidt finden:

„Tomorrow we must go to punt consultativ for family planning."

Sie hat aufgeheult: *„No tell my family! Please no!"*

„Nein, du verstehst mich nicht. Ich sage nichts deiner Familie. Keine Angst! Warte!" Ich blättere wieder. *„Planificare familiale. You understand?"*

„Yes."

„Because this is the law: lege!" Das ist das Gesetz. *„After that, you can have operation."*

„Tomorrow operation!" Heftiges Kopfnicken.

„I don't know if it is possible." Ich weiß nicht, ob das geht. Wir werden sehen, ja?

„Yes, tomorrow. Is goood!"

Ich habe sie nach Hause gebracht und Montag früh wieder abgeholt. In der Agentur habe ich nur gesagt, dass sie krank ist und für die nächste Zeit ausfällt. Sie hat nicht wollen, dass irgendwer erfährt, was wirklich los ist.

Die Familienberatungsstelle ist draußen im Neunzehnten, im Karl-Marx-Hof. Freundlich hat uns die Sozialarbeiterin die Pille erklärt, das Kondom, die Dreimonatsspritze und die Spirale, ohne uns lange aufzuhalten. Ich habe ein bisschen übersetzt und Ileana hat zu allem genickt. Dann haben wir eine Broschüre und den Stempel bekommen und sind wieder gefahren. In der Rudolfsstiftung habe ich mich geirrt und bin mit ihr in den fünften Stock gefahren, wo wir am Vortag auch waren, aber dort war ja die Erstaufnahme. Wir hätten gleich in die Gyn-Ambulanz im Parterre gehört. Also sind wir wieder hinuntergefahren. Im Lift hat sie plötzlich nach meiner Hand gefasst und ist zusammengeklappt. Ich habe sie gerade noch aufgefangen. Ein freundlicher Herr hat uns einen Rollstuhl gebracht, da hat sie sich hineingesetzt und auf den Boden gekotzt. Als die Schwester mit der Pappschüssel gekommen ist, war schon alles passiert. Ein bisschen grüner Schleim auf dem Boden. Sie hat nichts im Magen gehabt.
Am Schalter bin ich gleich drangekommen.
„Du kannst am Donnerstag die Operation haben."
„*No! Today!*" hat sie geklagt. „*I want operation today!*"
„Aber es geht nicht, sie haben keinen Termin frei!"
„*Today, pleeease! Operation today!*"
„Probieren Sie's am Fleischmarkt!", hat die Schwester gesagt, „Dort geht es meistens am selben Tag!"
Ich habe Zwieback und Joghurt für Ileana gekauft, aber sie hat nichts essen wollen.
Neben der Klinik am Fleischmarkt lauern den ganzen Tag Leute mit traurigem Blick. Wenn sie eine Frau erspähen, die auf die Klinik zusteuert, schleichen sie sich an, machen plötzlich die Faust vor ihrem Gesicht auf und halten ihr einen süßen kleinen Plastikembryo vor die Augen, in natürlicher Größe, den Daumen im Mund. Ich habe versucht, noch mehr wie ein fetter, glatzköpfiger Disco-Rausschmeißer auszusehen als sonst. Ileana habe ich mehr getragen als gestützt, aber ich kann nicht auf beiden Seiten von jemandem gehen und diese Leute kämpfen unerschrocken für das ungeborene Leben und schreien auch einem Mädchen, das halbtot vor Hysterie und Angst ist, ins Gesicht: „Sie machen einen Fehler, Sie werden das ewig bereuen!"
Die Frau vom Wachdienst an der Tür hat uns freundlich begrüßt und auch oben in der Aufnahme ist man sehr lieb zu Ileana gewesen, und es hat ihnen nichts ausgemacht, dass sie in den Papierkorb gekotzt hat. Ja, sie kann um 16:30 Uhr einen Termin haben, es geht sich gerade noch aus. Jetzt darf sie einen Früchtetee trinken und zwei Kekse essen, dann die nächsten sechs Stunden nichts mehr. Sie soll einen Bluttest machen wegen der Blutgruppe, im Fall eine Transfusion nötig wäre, Baumwollsocken und Damenbinden mitbringen.

Nicht einmal die zwei Kekse hat sie essen wollen.

„Und machen Sie bitte auch einen HIV-Test", habe ich in dem Labor gesagt.

Am Nachmittag bin ich zwei Jobs gefahren, habe Damenbinden und Socken eingekauft, dann habe ich Ileana wieder abgeholt. Diesmal ist es ein junger Mann gewesen, der bereit gewesen ist, alles zu tun, damit der Samen von irgendeinem Irgendwem sich in Ileanas Bauch fortpflanzen soll. *No speak Deutsch, no speak English!"* sage ich. Doch er hat sich nicht abhalten lassen. Ich war schon so nervös, ich habe ihm den Plastikembryo aus der Hand gerissen. „*Fuck you!*" habe ich ihn angeschrieen. Der nächsten Dame mit Prospekten habe ich den Embryo in die Hand gedrückt. Die wären imstand und zeigen mich wegen Diebstahl oder Sachbeschädigung.

Vor der Operation hat sie noch einen Fragebogen ausfüllen müssen. Der war auf Deutsch und Englisch.

Wann haben Sie das letzte Mal gegessen?

4 h, hat sie hingeschrieben.

„Was meinst du mit 4 Uhr? 4 Uhr früh?"

„Nein. Jetzt. Nach schlafen."

„Entschuldigung, Schwester, wir haben ein Problem: Sie hat gerade einen Pfirsich gegessen."

Mit einem Pfirsich im Magen können sie ihr keine Narkose geben. Aber das macht ja nichts. Sie kann morgen um 10 Uhr kommen.

„*Noo! Noo! Now! Please, operation!*"

„Aber verstehst du nicht? Du kannst sterben! Sie können dir keine *anestezie* geben. Wenn du gegessen hast und sie geben dir *anestezie,* kannst du sterben! Wenn du erbrichst, *vomita*, kannst du ersticken, *sufoca!*"

„*No, I want operation now! Now, now, now!*"

Ob man es nicht mit einer Lokalen machen kann? Nein, ausgeschlossen, in ihrem hysterischen Zustand ist das unmöglich.

Also habe ich sie wieder zusammenpacken müssen.

Am nächsten Tag hat es geklappt.

Während sie in der Klinik war, bin ich ins Labor am Lueger-Platz gegangen.

„Ah, Sie kommen wegen dem Befund. Den hab ich schon weggeschickt mit der Post. Die Blutgruppe hab ich an die Klinik gefaxt und den Befund hab ich heute weggeschickt."

Verdammt. *Ich* will es doch wissen. Nicht die Blutgruppe, den HIV-Befund.

„Oh je. Die Dame fährt heute schon nach Hause, nach Rumänien, da wird sie ihn nicht mehr bekommen."

„Das ist ja kein Problem, ich kann ihn ja noch einmal ausdrucken."

Auf dem Gang habe ich das Kuvert aufgerissen. Ach Baby, wenn du dich nicht in den letzten drei Monaten angesteckt hast, dann ist ja alles gut, dann ist ja alles gut.

Um 12 Uhr Mittag ist sie aus dem Aufwachraum gekommen. Kein kleines Herz-
chen hat mehr in ihrem Bauch geschlagen.
„Und drei Wochen lang keine Tampons verwenden, nicht in der Wanne baden,
und keinen Sex. Duschen können Sie." An dem Tag war auch eine rumänische
Ärztin in der Klinik. Die hat ihr alles genau erklärt. Und die Pille hat sie ihr auch
verschrieben.

Als ich sie nach Hause gebracht habe, hat sie gesagt: „*How much?*"
„Was meinst du, wie viel?"
„Wie viel ich dir zahlen?"
„Nichts."
„Warum? Drei Tage du fahren mit mir."
„Du hast genug Ausgaben gehabt." Die Abtreibung hat 300,- gekostet, ich habe
die in der Klinik überzeugt gehabt, dass sie ihr den Sozialtarif geben. Und der
Blutbefund hat noch einmal 50,- gekostet. „Und du kannst drei Wochen nicht
arbeiten."

– Weißt du, was das ist, eine Nonne? –

An diesem Nachmittag bin ich wieder einmal mit Gosia gefahren. In den Zweiten,
in die Schreygasse.
„Gestern habe ich gar keine Arbeit gehabt. Aber heute zwei Stunden. Ein sehr
netter Mann. Weißt du, die Mädchen sagen, schön langsam komme ich rein in den
Job. Wenn einer nett ist, dann bin ich auch nett, aber wenn einer grauslich ist,
dann fertige ich ihn schnell ab. Was heißt auf Deutsch: Mir tut der Zahn weh?"
„*Ich habe Zahnweh.* Warum? Hast du Zahnweh?"
„Nein. Aber wenn einer schmutzig ist und ich will nicht blasen, dann kann ich das
sagen."
„Ach so! Na, du lernst"
„Manchmal glaube ich schon, dass ich anders bin. Anders als die anderen. Eine
Außerirdische. Verstehst du *Außerirdische?* UFO!"
Manchmal taucht ein Lächeln auf in diesem ernsten Gesichtchen. Aus dieser stän-
dig aufrechten Haltung, dieser Geradheit und Selbstbeherrschung.
„Ich bin so ernst. Wenn ich einmal lache, dann fragt man mich gleich, ob ich et-
was getrunken habe."
Stimmt. Ich habe mich manchmal gefragt, ob sie Beruhigungsmittel nimmt. Die
Jolanta hat immer nur gesagt: „Die Gosia? Valium auf zwei Beinen."
„Da war so ein Mann, auf der Mariahilferstraße, in einem Rollstuhl, weißt du, was
das ist, ein Rollstuhl? Der hat ein Bein gehabt, ganz dünn, und so rot angelaufen,
schrecklich. Dem habe ich zehn Euro gegeben. Der hat mich so angeschaut, der
konnte es gar nicht fassen. Aber wenn ich so Leute sehe, dann will ich ihnen hel-

fen. Weißt du, dann freue ich mich, dass ich Geld habe und ihnen helfen kann. Ich bin sehr gläubig. Ich glaube an Gott, und ich liebe ihn wirklich sehr. Weißt du, was das ist, eine Nonne? In der Kirche, da gibt es den Pfarrer, und dann gibt es auch Frauen, weißt du, so, mit einer Haube, und einem langen Gewand, das ist eine Nonne. Und meine Freundinnen haben immer gesagt: Du wirst einmal eine Nonne werden. Eine Nonne, verstehst du. Und was bin ich geworden? Eine Prostituierte! Aber ich habe immer diesen Traum gehabt, als ich sehr jung war, ich war vielleicht, fünfzehn, sechzehn, da habe ich das geträumt, da habe ich mir das ausgedacht, wenn ich einmal ganz reich wäre, dann würde ich ein Haus bauen für arme Kinder, weißt du, wo sie nicht nur zu essen und anzuziehen kriegen, das haben wir im Kinderheim auch gehabt, zu essen und anzuziehen, aber niemand, dem man seine Probleme erzählen kann, niemand, der einem Liebe gibt, und das sollte es dann geben in diesem Haus, weißt du, dass man ihnen Liebe gibt. Oder für die alten Leute, die sind ja noch ärmer, denn die Kinder, die hat man ja doch lieb, aber die Alten, die sind alt und krank und hässlich, die liebt man nicht."
„Ach, Baby!" habe ich gedacht. „Ach, Baby!" Ich habe von der dritten in die zweite geschaltet, dann habe ich ihre Hand genommen und ihr einen Kuss auf die Fingerspitzen gegeben. Mein Polnisch hat nicht ausgereicht.
Als sie herauskommt von dem Kunden, sagt sie: „Dieser Kunde war sehr grob. Er hat sich auf mich gestürzt wie ein Raubtier auf ein Stück Fleisch. Ich habe ihm gesagt, dass ich das nicht mag, dass ich den Sex delikat mag, fein, weißt du, und da sagt er: Das ist dein Problem! Ich hätte ihn ohrfeigen können."
Sie ist sehr aufrecht, sehr gerade neben mir gesessen und hat eine Zigarette nach der anderen geraucht.

– Aber nur blasen! –

Ileanas Abtreibung ist am Dienstag gewesen. Am Donnerstag hat mich die Jacqueline angerufen: „Die Lilli bitte in die Weißgerberlände 32, Tür 12."
„Jacqueline, was hat dir die Lilli gesagt, wie sie sich heute angemeldet hat?"
„Na nix. Dass sie wieder okay ist."
„Himmelherrgott", habe ich geschrieen, „ich glaub ich muss dem Mädel das Leben retten, die is ja so was von blöd. Die darf drei Wochen keinen Sex haben!"
„Ich weiß."
„Und du weißt auch warum?"
„Ja."
Das hat mich nicht gewundert. In der Agentur redet sich alles herum, auch wenn keiner was sagt.
„Na wie kannst du sie da auf Job schicken?"
„Ich hab sie fünf Mal auf rumänisch gefragt, ob sie okay ist. Sie hat gesagt ja. Bitte, da will ich nicht den Moralapostel spielen."

„Das hat mit Moral nix zu tun, da geht's um die Gesundheit."
„Schau, wenn sie fahren will, soll sie fahren."
„Na schön, ich fahr hin."
Wenn ich gesagt hätte, ich mach das nicht, hätte sie den Miroslav hingeschickt oder den Janko.
Während ich zu Lilli gefahren bin, habe ich meine Tochter angerufen. Bis dahin habe ich niemandem gesagt, an welchem Projekt ich arbeite.
„Pass auf, das klingt jetzt ein bisschen nach Detektiv-Spielen. Hast du die Schlüssel zu meiner Wohnung bei dir? – Macht nichts, dann fahr bitte nach Hause, hol die Schlüssel und fahr in meine Wohnung. Nimm dir eine Diskette mit, in meinem Saustall findest du am Ende keine. Mein PC ist eingeschaltet. Such die Datei *tagebuch.doc*, kopier sie auf die Diskette und nimm sie mit nach Hause. Das ist alles. Und noch etwas: Ich arbeite als Fahrer für die Firma Belvedere-Escort, Quellenstraße 101, 1100 Wien, Inhaberin Jolanta Bierut. Aber das schick ich dir noch als SMS. Das ist eine Callgirl-Agentur. Ich muss vielleicht heute noch mit der Frau Bierut ein paar Worte reden, und ich will nur, dass sie weiß, dass die Informationen, die ich hab, auch noch wer anderer hat."
Auf meine Tochter kann ich mich verlassen.

„Hallo, *ce faci?*" hat die Lilli lustig gesagt, als sie herausgekommen ist. „*Bine?*"
Es hat etwas verkrampft gewirkt.
„*No! Not bine!*"
„*Why?*"
„Weil du arbeitest, obwohl du weißt, dass du nicht arbeiten darfst! Wie kannst du das machen?"
„*It's ok!*"
„*It's not ok!* Du bist krank da drinnen, da ist alles noch offen, verstehst du, blutig! Du kannst dir eine Infektion holen! Infektion, verstehst du?"
„Nein, nein, ich arbeiten. Nicht gut bleiben zu Hause drei Wochen!"
„Lilli, du kannst nicht arbeiten!"
„Aber nur blasen!"
„Das geht nicht. Der Kunde weiß nicht, dass du nur blasen kannst. Was machst du, wenn der Kunde ficken will?"
„Nein, nein, nicht ficken. Nur blasen!"
„Aber die Agentur sagt dem Kunden nicht: Nur blasen. Das gibt es nicht. Es gibt kein Service nur mit Blasen. Das ist ein normaler Job. Du kannst das nicht machen!"
Ich habe Jolantas Privatnummer gewählt.
„Ja?"
„Jolanta, würdest du ein Mädchen auf Job schicken, das vorgestern eine Abtreibung gehabt hat?"
„Hör mal, die Jacqueline hat sie fünfmal auf Rumänisch gefragt, ob sie arbeiten kann!"

„Ja aber das Mädel ist doch deppat! Die weiß ja nicht, was sie macht. Sie glaubt, sie kann das irgendwie auf Blasen hinbiegen. Aber wenn der Kunde ficken will, sie kann das doch gar nicht händeln."

„Schau ich hab auch abgetrieben und am nächsten Tag hab ich gearbeitet."

„Pass auf, die Ärztin hat ausdrücklich gesagt, drei Wochen kein Sex. Sie darf drei Wochen nichts in ihre Muschi kriegen, kein Tampon, kein Badewasser und schon gar keinen Schwanz!"

„Hör mal, du bist keine Frau! Und das war ja auch keine Abtreibung, das war eine Absaugung."

„Naa, ich bin keine Frau, aber auch bei einer Absaugung, der Uterus ist einfach gereizt und offen für Infektionen. Des kann ma einfach net machen, und sie versteht des net. Sie is doch ein Kind. Es muss nix passieren, aber es kann was passieren. Und wenn was passiert, wenn sie eine Entzündung kriegt, kann sie vielleicht ihr Leben lang keine Kinder mehr kriegen."

Ich weiß nicht mehr, wie lange ich mit ihr gestritten habe. Fünf Mal hat sie wiederholt, dass sie auch abgetrieben und am nächsten Tag gearbeitet hat. Ich war schon drauf und dran ihr zu sagen: „Hör einmal, willst du eine Serie über dich im *News* haben?" Das war der Grund, warum ich meine Tochter geschickt habe, die Datei zu holen. Es ist aber dann doch nicht so weit gekommen. Irgendwann war es ihr zu blöd, und sie hat gesagt: „Na gut, schick ma halt die Betsy!"

Na super, die Betsy!

„Verstehst du jetzt?" habe ich zu Ileana gesagt. „Warum schicken sie jetzt die Betsy statt dir? Die schaut doch ganz anders aus. Die ist doch ein ganz anderer Typ! Verstehst du noch immer nicht? Weil die Ohne macht. Die wollten, dass du ohne fickst!"

„Betsy hat Job? Nicht ich? Ist nicht gut! Kein Job, kein Geld!"

„Ich bring dich jetzt nach Hause. Fahr nach Rumänien, mach Urlaub drei Wochen, dann kommst du wieder und verdienst viel Geld, ok!"

Drei Tage später ist ihr Foto auf der Homepage von Sweet-Escort gewesen. Da hat die Jolanta sie auch wieder von der Urlaubsliste genommen.

Scheiß-*Peşte*.

Peşte heißen in Rumänien die Zuhälter: Fisch.

drei

– Bitte, bitte, sag wirklich niemandem was! –

Die Mädchen reden nicht über ihre Zuhälter. Die Zuhälter sitzen bei denen in der Wohnung und kassieren. Warum sich die Letti mich ausgesucht hat, ihr zu helfen ihren Zuhälter zu hintergehen, weiß ich nicht. Wir haben uns kaum gekannt, ich bin vorher vielleicht zweimal mit ihr gefahren.

An dem Tag habe ich sie in den Zweiundzwanzigsten gebracht, in den Mühlhäufelweg, zum Werner mit den Silikonmuskeln. Ich habe mich inzwischen an der neuen Donau in die Sonne gelegt.

„Hast du danach einen Job?" hat sie mich auf Englisch gefragt, als ich sie abgeholt habe.

„Nein."

„Darf ich dir etwas sagen? Aber bitte sag es niemandem. Bitte, wirklich, sag es niemandem!"

„Mach dir keine Sorgen", habe ich gesagt.

Es ist ein heißer Tag gewesen, fast alle Tage sind heiß gewesen in diesen Monaten, aber die Schweißperlen auf ihrer Stirn sind von der Aufregung gekommen. Mit ihrem üppigen Busen und dem elegant geschnittenen Gesicht hat Letti sonst einen sehr reifen Eindruck gemacht. In diesem Moment ist sie auf einmal sehr jung gewesen. Sie hat gezittert und ihre braunen Augen waren feucht.

„Bitte, bitte, sag wirklich niemandem was! Ja?"

„Ich versprech's dir!"

Sie hat die Hände vors Gesicht geschlagen.

„Weißt du, es ist so: Ich habe Fisch. Weißt du, was das ist, Fisch?"

„Ich weiß, ja."

„Ich habe Geld, und, und..."

„Und dein Fisch weiß nichts davon."

„Ja. Ich will schicken nach Rumänien zu meine Freund mit Western Union. Kannst du mich helfen? Ich nicht weiß, wie."

„Na sicher. Weißt du, wo ein Western Union Büro ist?"

Sie hat den Kopf geschüttelt.

„Macht nichts. Ich rufe die Auskunft an."

Sie hat mich ängstlich angeschaut, sie hat ja nicht gewusst, ob ich jetzt wirklich die Auskunft anrufen werde oder vielleicht die Agentur oder gar ihren Zuhälter. Die Auskunft hat mir die Adresse im Vierten in der Maderstraße gegeben. Eigentlich kann man von jedem Postamt aus mit Western Union Geld verschicken, aber das habe ich nicht gewusst.

„Wo ist das Büro?"

„Im vierten Bezirk."
„Das ist nicht nahe von meine Wohnung?"
„Nein, das ist ganz wo anders."
„Weil er ist jetzt nicht zu Hause. Und ich nicht weiß, wo ist."
„Wien ist groß. Er wird uns nicht sehen."
Vera hat angerufen und mir für Letti einen Job im Zehnten durchgegeben.
„Aber das macht nichts, das liegt auf dem Weg. Wie ist das: Musst du ihm immer sagen, welche Jobs du hast?"
„Ja. Jetzt ich muss anrufen und sagen. Und wenn ich nach Hause komme, er kontrollieren meine Tasche."
„Und wie viel musst du ihm geben? Die Hälfte?"
„Ja. 50 Prozent. Aber nächste Woche drei Monate ist um, ich fahre nach Hause."
„Und kommst du wieder?"
Sie hat den Kopf geschüttelt. Heftig. „Nein! Ich komme nicht mehr."
„Und dieser Typ hat dich hergebracht?"
„Ja."
„Und du hast gewusst, was du machen musst?"
„Nein. Er hat gesagt, ich kann in Restaurant arbeiten. In Küche. Und dann, wie ich war hier, er hat gesagt, so! Er gesagt, du hast jetzt bei mir Schulden. Ich dich hergebracht, ich gezahlt deine Reise, du hast Schulden. Du musst das machen. Ich meine Freund angerufen, ihm gesagt, was ich muss machen. Er weiß. Er gesagt, ist gut, mach das, dann komm zurück und wir heiraten."
„Was macht dein Freund?"
„Er hat ein Business. Zitrusfrüchte. Er fährt mit Lastauto auf Markt."

Im Sex-News-Forum, wo die Kunden sich über die Mädchen austauschen, hat einer über Letti geschrieben:
ad LETTI: 20 Jahre, Rumänin. Körper: glatte, geschmeidige Haut, schlanke Figur mit griffigen Proportionen, wobei im besonderen die Brüste hervorzuheben sind: genial, nämlich fest, groß und die für diesen Hauttyp typischen rosa Warzen. 8,5 Punkte
Gesicht: außerordentlich hübsch. 8 Punkte
Details: ein, zwei gelbe Zähne, zwar schöne Hände, jedoch bezeugen ein paar gekrümmte Fingernägel ihre offenbar ärmliche Herkunft.
Performance: kein deutsch, wenig englisch, eher passiv, widerspricht aber keiner Aufforderung, Küssen leidenschaftlich, streicheln belanglos, französisch: 4 Punkte.
Preis: 120-., 30,- wäre Aufpreis für naturfranzösisch, Finale nicht im Gesicht oder Mund, jedoch auf den Brüsten.

Sie hat sich mein Taschenmesser ausgeborgt und an ihrer Handtasche unten eine Naht aufgemacht. 530 Euro in Zehnern und Zwanzigern hat sie drin gehabt und einen Hundert-Dollar-Schein. Ich habe sie im Auto sitzen lassen, habe mir im

Kontor ein Formular geholt und bin wieder zu ihr gegangen. Wir haben das Formular ausgefüllt und ich bin mit dem Geld wieder hinüber gegangen. 50 Euro hat sie mir gegeben. Ich habe das Geld dreimal abgelehnt, und dann noch ein viertes Mal, weil dreimal vielleicht nur als Höflichkeitsgeste gilt, was weiß ich, aber ich habe es nehmen müssen: „*No, take! It is my pleasure!*"

„In Rumänien, nicht einmal dein Vater oder dein Bruder macht etwas für dich umsonst", hat mir Corinna einmal gesagt.

Nach dem Job im Zehnten sind wir noch zu Woolworth gegangen und haben Nadel und Faden gekauft, damit sie ihre Tasche wieder zunähen kann. Sie hat das im Auto gemacht, sie hat nicht einmal auf einen Kaffee gehen wollen.

„Sag niemandem etwas", hat sie zu mir noch gesagt. Sie hat ihren Bauch gestreichelt und gelächelt: „Ich bekomme ein Baby!"

„Von deinem Freund?"

„Ja!"

So ein Lächeln.

– Großvater war ein kluger Mann –

Von Letti bin ich dann wieder in die Ottakringerstraße gefahren, um Gosia in den Dreiundzwanzigsten zu bringen. Gosia hat geradeaus geschaut und geredet, und ich habe zwischendurch „Aha?" und „Natürlich!" und „Wirklich?" gesagt.

„Großvater war ein kluger Mann, er war reich. Er war Ingenieur, hat Häuser gebaut. Er hatte viele Schränke voller Bücher, weißt du, was das ist, ein Schrank? Und der Estrich auch, alles voller Bücher. Als er gestorben ist, hat meine Mutter sie verheizt. Einfach verheizt. Ich weiß nicht, warum. Vielleicht war sie schlecht erzogen. Seine Frau ist früh gestorben. Er hat seine Töchter allein erzogen. Meine Tante ist gut erzogen. Sie hat Jus studiert und noch irgend etwas. Aber meine Mutter hat in ihrem Leben nichts Nützliches gemacht. Sie hat alles gehabt, eine Köchin, eine Putzfrau... Meine Mutter kann nicht kochen, weil sie es nie hat machen müssen.

Großvater war klug. Wenn ich etwas wissen wollte, hat es geheißen: Frag Großvater, Großvater weiß! Wir haben einen Garten gehabt und Obstbäume und Felder und Wald, Großvater war kein Bauer, er hat das verpachtet, weißt du, Leute haben auf den Feldern gearbeitet und haben ihm Geld gegeben.

Ich habe heute meinem Vater einen Brief geschrieben, in den Knast, weißt du, ins Gefängnis."

Dabei hat sie mit den Fingern ein Gitter vorm Gesicht gemacht.

„Weißt du, ich schreibe ihm, obwohl ich ihn nicht liebe. Ich habe ihm verziehen, aber ich kann nicht vergessen, was er mir angetan hat. Er hat mich schlecht behandelt. Er hat nie normal mit mir gesprochen, immer nur geschrien. Immer war das Zimmer voll mit seinen Kollegen, und sie haben getrunken und Lärm gemacht, ich habe nie vor drei, vier Uhr geschlafen. Durch meine Familie bin ich so nervös geworden. Vorher war ich ein ruhiges Kind, im Kinderheim war ich nicht nervös, es war nicht so gut dort, aber ich war ruhig, ich war nicht nervös, erst durch meine Familie bin ich so nervös geworden. Dann habe ich es nicht mehr ausgehalten und bin zu einer Freundin gezogen. Aber dann habe ich kein Geld mehr gehabt, ich konnte nicht mehr in die Schule gehen.

Und dann habe ich diesen Mann gehabt, weißt du, nur einen, Tatjana hat mir den gebracht, sie hat mir geholfen, damit ich weiter in die Schule gehen kann. Das war ein sehr netter Herr, ein Professor, und der hat zu mir gesagt, ich soll nicht diesen Beruf machen, das ist nichts für mich, ich werde zugrunde gehen. Und jetzt... Aber ich habe nichts gehabt, ich habe keine Wahl gehabt. Kein Geld, keinen Beruf. Meine Schwester, Wera, die hilft mir nicht. Sie hat einen Mann, sie hat Geld, aber sie hilft mir nicht.

Ich möchte studieren. Ich möchte die Matura machen und dann eine Ausbildung als Kosmetikerin machen. Und dann einen eigenen Kosmetik- oder Friseurladen. Ich möchte auf ein Haus sparen. Ein eigenes Häuschen, weißt du, nicht eine Wohnung in einem Block. In einem Block, da ist man wie in einem Gefängnis, nicht zu laut darf man sein, und das darf man nicht machen und das darf man nicht machen. Ein Häuschen ist ein Häuschen. Da kann ich machen, was ich will. Und ein Gärtchen dabei und ein paar Obstbäume, und da kann ich in Ruhe am Abend sitzen. Ich möchte eine Familie haben, eine ganz normale Familie. Ich möchte in meinem Zimmer sein und rund um mich die Geräusche von meiner Familie hören, aber ganz normal, still. Aber ich weiß nicht, ob mir das gelingen wird, vielleicht kann ich das gar nicht. Ich kann keinen Freund haben, solange ich diese Arbeit mache. Wenn ich einen Mann liebe, und ich denke mir, dass ich ihn anstecken könnte... Mein Leben ist mein Leben. Das kann ich riskieren. Aber ich kann nicht das Leben eines Mannes, den ich liebe, riskieren."

Keines der Mädchen hat eine solche Angst vor Ansteckung gehabt wie Gosia. Als sie herausgekommen ist, hat sie wie in Trance gelächelt und gesagt: „Ich habe ein Kondom über den Finger tun müssen und ihm den Finger hineinstecken, weißt du, in den Hintern. Aber das macht mir nichts. Dabei bleibe ich sauber."

– Und dann auf einmal: wie ein Komet –

Am Nachmittag ist es noch heißer geworden. Es ist nichts los gewesen und ich bin nach Hause gefahren zum Duschen. Um halb fünf habe ich die Judy in den Vierzehnten bringen sollen, aber nicht von zu Hause, das wäre leicht gewesen, weil sie nur ein paar Gassen von mir gewohnt hat, sondern von der Copa Cagrana. „Das wird länger dauern um die Zeit!" habe ich zu Vera gesagt.

„Na sicher wird des länger dauern", hat sich die Vera beklagt, „die Judy und die Sally sind ja nie z' Haus!"

Judy und Sally sind Schwestern. Judy ist groß, dunkelhaarig und füllig, ein Rasseweib, wie man sagt. Sally ist klein und blond, und wenn sie nicht einen Hintern wie ein Ballon hätte, wäre sie zierlich. Die beiden verbringen den Tag lieber in den Bars an der Neuen Donau bei ihren nigerianischen Freunden, statt zu Hause auf den nächsten Job zu warten. Das ist verständlich, aber um halb fünf Uhr nachmittags bei 30 Grad im Schatten im Schritttempo über die Tangente zu fahren ist kein Spaß. Ich habe eine Stunde gebraucht, bis ich die Rampe von der Donauuferautobahn hinunter gefahren bin und die Judy beim Rollschuhverleih aufgesammelt habe. In der Stunde hat sie dreimal angerufen, wo ich denn bleibe.

Bei der Ausfahrt habe ich die richtige Rampe verpasst und bin wieder zurück auf die Tangente gekommen. Es ist aber egal gewesen, über die Gürtelbrücke wäre ich genau so im Stau gestanden.

Vera hat angerufen: „Wie lang brauchst du noch?"

„Wenn ich Glück hab, eine halbe Stunde! Aber wahrscheinlich hab ich kein Glück."

Nach ein paar Minuten hat sie sich wieder gemeldet: „Pass auf, bring die Judy ins Studio. Beim Kunden zu Haus geht's nicht mehr, weil seine Frau kommt."

Also ist es doch gut gewesen, dass ich auf die Tangente gefahren bin. Das Studio ist im Zehnten in der Davidgasse. Judy hat die ganze Zeit mit ihrer Schwester telefoniert und auf Polnisch geflucht, *gówno* und *kurwa* und *pierdolić*. Als wir beim Studio angekommen sind, hat die Vera gesagt, der Gast braucht noch eine halbe Stunde, er kommt öffentlich.

„Na, der ist wenigstens g'scheit. Obwohl so g'scheit is er auch nicht, wenn er sich ein Mädchen bestellt, knapp bevor die Frau heimkommt."

„Weißt du was: Der hat am Telefon sein Geld abgezählt. Siebzig, achtzig, neunzig, fünfundneunzig, siebenundneunzig, achtundneunzig, neunundneunzig, hundert. Dann hat er gefragt, ob's um 97 auch geht, weil drei Euro braucht er für die U-Bahn. Na, hab ich g'sagt, ja, is okay. Du, ich hab den andern den Hörer hingehalten, und alle sind so dagesessen mit der Hand vorm Mund."

„Der Arme!"

Die Judy hat eine Runde über die Favoritenstraße und den Adlermarkt gemacht. Da war doch vor kurzem noch so ein Flohmarkt, hat sie gemeint, wo denn der ist. Ich habe gesagt, die machen das nur alle paar Monate, um ihren alten Ramsch loszuwerden. Aber im Vierzehnten in der Märzstraße ist heute einer, gleich bei dem Solarium, wo sie und die Sally immer hingehen.

Ja, da hat sie diesen Ring gekauft um 25 Euro, Silber.

Silber? Sicher?

Nicht viel Silber, aber echt.

Na gut, habe ich gesagt.

Ich habe ihr im Ross & Nemo noch ein Red Bull gezahlt und dann sind wir ins Studio.

Unten ist es angenehm kühl gewesen. Das Studio ist ein kleines Kellerlokal mit einer Rustikal-Resopal-Bar und zwei muffigen Zimmern.

Das Mädchen, das regelmäßig dort arbeitet, heißt Greta und ist vielleicht noch nicht ganz sechzig, aber auf jeden Fall schon im Pensionsalter. Dunkelbraun gefärbte lange Haare, ein faltiges Kinn, eine beeindruckende Oberweite, solang sie vom Mieder gehalten wird und immer noch schlanke Beine.

„Einen Eiskaffee kann ich dir geben, sonst hab i nix", hat sie zu mir gesagt und eine Art Minischlafrock über ihr schwarzes Mieder angezogen. „Entschuldige, dass ich da so halbnackt herumrenn, aber bei der Hitz'..."

Sie hat mir aus dem Kühlschrank einen Eiskaffee gebracht und sich zu mir auf die Couch gesetzt.

„Wie geht's der Gaby?"

„Welcher Gaby?"

„Ah so, der Jolanta. Für mich is sie noch die Gaby. In dem Studio da hat sich die Jolanta ein Vermögen erbumst als Gaby! Aber dann, na ja, sind die Kinder größer worden, und sie hat sich dacht, sie hört auf, weil die Kinder das ja irgendwann einmal mitkriegen, net. Aber etwas will ich machen, hat sie g'sagt. Also hat sie mit dieser Begleitagentur angefangen. Mit drei Mädchen, unter Zittern und Zagen, mit der Tatjana, der Natascha und der Kitty. Der Computer ist hier im Kellerstüberl g'standen, aber Büro und Puff, das geht nicht zugleich. Am Anfang hat sie nur gejammert: Ich butter' nur rein, zahl Inserate, aber es kommt nix. Und dann auf einmal: wie ein Komet. Jetzt ist sie bald die Größte. Früher war ja der Dietmar der Größte, von Wienergirls, das ist so ein Popsänger, Ronny Doyle nennt er sich. Aber der nimmt immer nur Geld aus der Kassa, dass er damit seine Musikproduktion finanziert. Jetzt kracht er angeblich. Und die Kitty, is die immer noch da? Die is ja ein Wahnsinn. Schaut aus wie ein Engerl, aber in Wirklichkeit muss die ein Teufel sein."

Ja, die Kitty ist immer noch da. Ich habe sie noch nie gesehen, die Kitty lässt sich immer nur von ihrem Mann chauffieren, wenn sie Hausbesuch macht. Aber meistens bleibt sie im Hotel. Sie kommt jeden Monat auf eine Woche nach Wien und dann fickt sie sechzehn Stunden am Tag ohne Unterbrechung. Sie wohnt in der Spinne, weil das für sie am praktischsten ist. Manche Kunden melden sich wochenlang vorher an. Eine Stunde bei ihr kostet 300,- Euro. Dafür macht sie alles mit und geht von Anfang an voll ran, wie die Vera sich ausgedrückt hat. Naturfranzösisch mit Vollendung im Mund und schlucken, normaler Verkehr ohne Schutz, Griechisch ohne Schutz, Algierfranzösisch, was nichts anderes heißt als dem Kunden das Arschloch lecken, und so weiter.

„Und die hat auch Doktoren als Kundschaft, Ärzte, Zahnärzte, Leute, die's wissen müssen, und die wollen es unbedingt ohne machen, Griechisch, alles."

Greta war früher Personalchefin in einem großen Betrieb. Das weiß ich von Vera.

„Ich kann dir eins sagen, es ist ganz egal, ob man jung ist oder alt, schön oder net. Ich bin ja eine Späteinsteigerin, I hab ganz normal im Büro gearbeitet. Aber ich bereue keine Minute. Wie ich mir den Deckel geholt habe, da musst ja alles mögliche, auch zur Sozialberatung. Die hat mir gesagt: Bitte, die Jungen machen schon ka G'schäft! Die hat mich unbedingt abhalten wollen. Aber ich hab genug

Kunden. Nur die Jungen, also da bin I mir am Anfang komisch vorkommen. I hab ja immer gleich alte oder ältere Partner g'habt, und dann so an jungen Buam, des is mir net richtig vorkommen. Aber jetzt geht's schon."
So ein junger Bursch hat in dem Moment angeläutet. Ob er Französisch und Griechisch ohne haben kann.
Französisch schon, aber Griechisch nur mit Schutz, hat ihm die Greta gesagt. Na gut, dann geht er wieder.
Die Greta hat sich wieder zu mir gesetzt und mir von ihrem berühmtesten Kunden erzählt. Einem Schlagersänger, den man heute nur mehr kennt, weil er die Kennmelodie einer Kinderserie gesungen hat.
„Steht einfach da vor der Tür. Ganz lieb, ganz bescheiden. Aber wie ich aufmach', sag ich: Naa, des gibt's net! Aber der Gaby ihr berühmtester, soll ich dir sagen: Da wird sie einmal geholt zu einer Luxusvilla, Bodyguards, wird nach Waffen abgesucht, und die fragen sie sogar nach der Kontrollkarte. Sagt sie: Die hab ich schon, aber die zeig ich net her, warum! Aber dann hat sie's doch hergezeigt."
Es war ein österreichischer Parteichef, dem sie da plötzlich gegenübergestanden ist.
„Aber der war guat, hat sie g'sagt. Die ist ja auch keine Kostverächterin."
Ob's denn noch Spaß macht, habe ich sie gefragt.
„Na, es wird schon Routine, so wie alles, was man oft macht, Zähneputzen oder Essen. Da ist es dann mehr, dass einer nett ist, sauber, dann freut man sich."
Der junge Mann ist wiedergekommen, hat seine zwei Plastiktaschen mit Getränkedosen abgestellt und ist mit Greta aufs Zimmer gegangen. Jetzt war er doch mit Naturfranzösisch zufrieden. Nach einer Viertelstunde ist die Greta wieder herausgekommen mit siebzig Euro in der Hand. „Eine leichte Übung!" hat sie zufrieden gesagt.
Dann ist auch die Judy fertiggeworden und ich habe sie nach Hause gebracht.
„40,- Euro!" hat sie geschimpft, „Drei Stunden hab ich verplempert wegen einem Halbstundenjob um 40,- Euro!" und hat mit 57,- Euro gegeben.
Auf meinen Tageszettel habe ich unter *Betrag für die Agentur* 37,- Euro eingetragen.

– Des mit die Frauen, des kummt scho –

In der Agentur sind die Vera, die Jacqueline und die Mona gesessen. Die Mona fährt oft selber, dann kommt sie in die Agentur zum Abrechnen. Die Jacqueline hat aufgeregt erzählt, dass sie heute in Handschellen aufs Gericht geführt worden ist.
„Wieso denn das?"
„Ich bin wegen an tätlichen Angriff zu 9.000,- Euro verurteilt worden. Heute wär'n 5.000,- fällig g'wesen."

„Na, normalerweise kommt da erst einmal der Gerichtsvollzieher, hab ich glaubt? Und wen hast du tätlich angegriffen?"

„Ah, so eine Tussi, die glaubt hat, sie muss sich meinen Mann anlachen!" Die Vera hat derweil einen Job für den neuen Callboy hereinbekommen, den Dieter.

„Lass mich mit eahm reden", hat die Jacqueline gebettelt, „ich will seine Stimme hören!"

„Willst ihn sehen?" hat mich die Vera gefragt und ihn auf der Homepage angeklickt. 1,87 groß, blond, 83 Kilo schwer kniet er auf dem Bett und hält sich die Hand vor den Schwanz. „Schön durchtrainiert is er!" habe ich zugegeben.

„Jedenfalls was Gscheiter's als der Sascha mit sein Zehn-Zentimeter-Schwanz", sagt die Jacqueline. „Mit dem war i ja als Paar unterwegs."

Vera hat ihn angerufen und Jacqueline den Hörer gegeben. „Und, machst mir einen Sonderpreis? – Und was krieg ich dafür? – Na das will ich doch hoffen!"

„Auf 80,- Euro hab ich ihn runterg'handelt!" hat sie verkündet.

„Und was bietet er?"

„Qualitätsarbeit!"

Darauf die Mona: „Geh, du bist deppat, willst den Kerl no zahl'n, und am Schluss hast sein' Schwanz im Mund!"

„Naa, des leist I mir. I hab lang gnua Geld dafür g'nommen, jetzt kann I aa amal ans ausgeb'n aa!"

„Naa, wann ma ka Geld dafür kriagt, des is scho fast a Vergewaltigung!"

Ich habe mit Vera abgerechnet und sie hat die Geschichte von dem Typen erzählt, dem sie die drei Euro für den Halbstundenjob mit Judy erlassen hat.

„A halbe Stund, des mach I gar net", hat die Mona gesagt. „Um vierzig Euro, da blas I an auf der Straßen in zehn Minuten, verstehst. Wer I mi da herstell'n a halbe Stund?"

Den Dieter habe ich dann auch kennen gelernt. Er ist in der Agentur herumgesessen und die Jolanta hat uns bekannt gemacht.

„Und was machst du?" fragt er mich.

„Fahrer. Zum Callboy fehlt mir das Talent."

Dazu hat er genickt, das hat er wohl auch so gesehen.

„Na und jetz sag amal: Was machst du, wann dir aane net g'fallt?"

Darauf die Jolanta: „Hör amal, stellt ma solche Fragen?"

„Na ja, i will ja was lernen!"

„Willst du auch einsteigen?"

„Des kann man immer brauchen!"

„Wann mir aane net g'fallt", hat der Dieter gesagt, „dann gibt's nur ans: Augen zua, und durch!"

„Und des geht immer?"

„Des geht. I maan, wann aane stinkt oder so, dann drah i glei in der Tür um, pah pah, gell. Aber sonst...“

„Und hast du jetzt mehr Herrn oder mehr Damen?“

„Na, scho mehr Haberln. Des mit die Frauen, des kummt scho, aber es san schon viel mehr Männer. Schau, bei an Haberl, da hab i a leicht's Spiel, weil da waaß i genau, was de woll'n, weil i selber a Mann bin. Waaßt, i bin überhaupt net schwul oder bi oder was, I waaß des nur aanfach, was der braucht. Des is a leicht's Spiel für mi.“

Er ist ein Steirer von der Lassnitzhöhe, seine Alte ist eine Ungarin, die auch in dem Geschäft war. Von ihr hat er viel gelernt. „Weil den Job muasst mit 'm Kopf machen, net mit 'm Schwanz! Die Jungs, die was scho eine gehn mit dem G'sicht: Hoffentlich bin i glei wieder draußen! Oder dauernd auf die Uhr schau'n. So unauffällig kann ma net auf die Uhr schau'n. I nimm mei Uhr runter und leg s' wo hin, wo i s' sehn kann. Des imponiert eahm, aber i kann unauffälliger hinschau'n, als wann i s' ob'n hab. Wann i an von hinten pack, sowieso! Aber die meisten, die woll'n gar net g'fickt werd'n, die san verheirat oder was, die woll'n nur amal was anders, mit an fremden Schwanz herumspiel'n.

Na und die Frau'n: Da hab i aane, waaßt, net schön, aber sehr lieb, die will nur massiert werden, g'streichelt waaßt, und alle Fenster offen. Die will nur, dass alle sehn, was sie für aan feschen Haberer hat. Die hat mi g'fragt, ob mi des stört, aber mir is des wurscht, i hab mei Bild im Internet aa, des kann jeder sehn!

Aber waaßt, da hab i an g'habt gestern, im Imperial, an Amerikaner, aber der hat was ausg'halten. Der hat woll'n an Faustfick. Und mei Faust is net klaan! Na ja, mir is des nur recht, da streng i mi net an, Handschuach an und geht schon!“

Dieter zeigt seine Holzfällerhände.

„Na ja, der Körper is dehnbar!“

„Naa, was der vertrag'n hat. Aber die haben schon alle Probleme mit 'm Stuhlgang und so!“

Fünf, sechs Jobs am Tag schafft er. Und wenn's nimmer geht, hilft er nach. Mit Viagra. „Des kauf i schwarz um 10 Euro des Stück. Des is scho drin bei 50 Euro Trinkgeld.“

Er macht auch Striptease und modelt auch. Hat seine eigene CD hingebracht zu den Agenturen und sich nicht auf den Sed-Karten-Schwindel eingelassen. Die nehmen dir's Geld ab fürs Fotografieren, anstatt dass d' was zahlt kriegst dafür. Jetzt verhandelt er mit einer Begleitagentur in Freilassing, die in der Nobelklasse agiert. „Da hab'n schon Jungs a Auto g'schenkt kriagt oder a Rolex, gell. Solang i den Job machen kann, mach I eahm ganz, verstehst, net halbert! Weil ewig geht's eh net.“

Sein Geld investiert er in Ungarn, er baut ein Bungalowhotel auf. Zu den Kunden fährt er im Grand Voyager, hinten drin hat er das Fahrrad.

„I park mi ein und fahr mit 'm Fahrradl weiter. I muass net trainier'n. Wann i a paar Monat nix mach, bin i genau so. I war aa nie in an Fitnessstudio. Mei Vater war genau so wia i. Thaiboxen hab i g'macht a Weil. Aber G'wichter nie!“

Der Dieter wird nicht so bald Probleme mit der Potenz haben. Er findet sich selber geil.

Ich habe dann die Jacqueline gefragt, ob sie sich denn den Dieter jetzt reingezogen hat.
„Ach geh, den eingebildeten Affen doch net! Des war doch nur a Spaß, des hab i doch nie ernst g'maant!"

– Wenn es heiß ist, dann stinkt's –

„Hast du eine Bohrmaschine?" fragt mich Tatjana.
„Na sicher!"
„Das ist gut. Könntest du uns Jalousien vor die Fenster montieren? Wir wohnen im Erdgeschoss, alle schauen zu uns rein! Juliette hat Jalousien gekauft bei IKEA, aber wir können sie nicht montieren."
„Kein Problem. Ich mach das schon."
Kurz darauf ist Tatjana nach Polen gefahren. Gosia ist mit ihr gefahren. Sie hat Angst gehabt, alleine zu reisen. „Das ist doch das erste Mal, dass ich außer Landes gefahren bin. Ich habe immer Angst gehabt, wenn ich ins Ausland fahre, werde ich gleich ins Bordell verschleppt. Und – was mache ich jetzt? *To jest parodia!*"
Das ist ein Witz.
Zwei Tage später ist auch Juliette gefahren. Sie hat mich angerufen: „Ich lege die Schlüssel zu Gerd und Sabrina, die wohnen im ersten Stock. Dann kannst du kommen, wann es dir passt."
In dem Haus in der Ottakringerstraße, wo sie gewohnt haben, ist auch ein Puff gewesen, und im ganzen Haus haben fast nur Mädchen gewohnt.
Juliette, Tatjana und Gosia haben zu dritt zwei Zimmer gehabt. In jedem ist ein Ausklappsofa von IKEA gewesen. Im hinteren Zimmer haben sie noch eine Kleiderstange auf Rollen gehabt, und im vorderen Zimmer ein kleines Couchtischchen und einen Hocker. Das ist es gewesen. Kein Fernseher, kein Radio, kein CD-Player, keine gemütlichen Sessel. Die Wohnung ist einfach nur da gewesen um sich hinzuhauen und zu schlafen. Nicht zum Leben. Jedes Mädchen hat ein Fensterbrett für sich gehabt, da waren Kosmetiksachen aufgeschlichtet, Cremes, Eau de Cologne, ein kleines Röhrchen Parfum, Kondome, eine Bürste, ein Spiegel, Tampons, Damenbinden. Ich habe die Fensterbretter abgeräumt, jedem Mädchen seine Sachen in eine andere Ecke gestellt. Auf dem Fensterbrett von Juliette war auch noch ein Englisch-Polnisches und ein Deutsch-Polnisches Wörterbuch. Und ein Zahlschein für die Miete: 379,86 Euro für zwei Zimmer, eine kleine Vorzimmerküche und ein Klo mit Dusche. Juliette heißt Wanda Kalinowska.
Ich bin auf den Fensterbrettern herumgeturnt und habe mit der Bohrmaschine Löcher in die Fensterstöcke über mir gemacht. Ein kleiner arabischer Bub hat mir

vom Hof aus zugeschaut. „Das ist gut, dass du die Sachen da anmachst. Alle schauen immer hinein."
„Ja, das geht den Damen auf die Nerven."
„Aber im Sommer können sie die Fenster nicht aufmachen, weil der Mistkübel gleich darunter steht. Wenn es heiß ist, dann stinkt's."
Gosia und Tatjana sind fünf Wochen in Polen geblieben.

– Alle Bulgaren sind Alkoholiker –

Die Tage sind immer heißer geworden. Ich habe mir jeden Tag Kirschen gekauft und die Plastikschale vorne auf die Ablage hinter der Windschutzscheibe gestellt. Beim Fahren habe ich Kirschen gegessen und die Kerne aus dem Fenster gespuckt. Carlotta hat das Spaß gemacht. Wir haben Kirschen gegessen und um die Wette gespuckt. „Martin, wo bist du gewesen? Ich habe dich schon so lange nicht mehr gesehen!"
„Was soll ich machen? Jeden Tag sage ich zur Telefonistin, ich will mit Carlotta fahren, nur mit Carlotta! Aber ich glaube, sie ist eifersüchtig."
„Wo habe ich Job?"
„Im Neunzehnten. Und dann hole ich Isabella und ihr habt einen Doppeljob im Ersten! Siehst du dieses Schild? Bam!"
Mein Kirschenkern hat das Stoppschild getroffen und Carlotta hat in die Hände geklatscht.
Ich habe Carlotta abgesetzt und bin gefahren, um Isabella zu holen.
Isabella hat sich gefreut: „Carlotta? Oh, she is meine Schatzi!"
Isabella ist eine schlanke, dunkelhaarige Bulgarin. Sie hat alle Lieder im Radio mitgesungen.
American life, I live the american dream...
Und: *I ain't scared of dyin' I just don't want to...*
Und ich habe mit ihr gesungen: *'cause I am scum, and I'm your son, I come undone.*
In der Volksoper ist gerade Pause gewesen und die Leute sind mit ihren Sektgläsern auf der Straße gestanden.
„Oper ist nichts für mich. Ich mag mich nicht so anziehen. Ich trage immer nur verrückte Sachen."
Sie hat weiße Jeans getragen mit einem wilden Blättermuster auf dem rechten Hosenbein.
„Aber du solltest auf der Bühne stehen und singen!"
„Ich *bin* Musikerin!" hat sie gesagt.
Isabella ist klassische Violinistin. In Bulgarien hat sie ein Kinderorchester geleitet.

„Aber das Leben ist Sex und Geld! Schau, so einen Porsche wie den da fährt mein Freund zu Hause!" Wir haben Carlotta von ihrem Job abgeholt und die beiden Mädchen sind sich um den Hals gefallen und haben sich geküsst. Sie haben sich an den Händen gehalten und auf Englisch geplappert. Heute Nachmittag haben sie auch schon einen gemeinsamen Job gehabt, erzählt Isabella, im Hilton, jede mit einem anderen Gast. Aber der eine hat früher gehen müssen. „Also waren wir zusammen bei Carlottas Kunden. Da sagt er, er will mich auch ficken. Gut, sage ich, aber du musst zahlen! Wie viel hat er dir extra gezahlt?"

„Vierzig fürs Küssen und vierzig für Französisch!" sagt Carlotta.

„Mir auch! Arbeitest du auch griechisch?"

„Nein!"

„Wo hast du diese Hosen gekauft?"

Carlotta trägt ganz weite, flatternde weiße Leinenhosen.

„Morgen gehen wir zusammen einkaufen, Schatzi, gut?"

„Kennst du Agata, Martin?"

„Die Polin? Ja."

„Gestern waren wir bei zwei Kunden, die haben drei Mädchen bestellt, aber sie wollten nur zwei. Zum Ansehen, weißt du. Wir zwei und Agata. Und Agata haben sie wieder nach Hause geschickt."

„Aha", sage ich.

„Sie ist hübsch, aber nicht so hübsch wie auf ihren Fotos. Ihre Zähne sind nicht in Ordnung!"

„Sie hat Hasenzähne!" sagt Carlotta.

„Aber sie hat schöne Brüste!"

„Auf den Fotos schaut sie ein bisschen aus wie Juliette! Besonders mit den Zöpfen"

Der Treffpunkt ist in der Kärntnerstraße beim Eingang zum Kaufhaus Steffl. Ich parke in der Himmelpfortgasse vor dem Finanzamt und spaziere mit den beiden Mädchen Arm in Arm an den Lokalen und Geschäften vorbei.

„Weißt du, was die Juliette gemacht hat?"

„Nein", sage ich.

„Sie hat sie angerufen und hat ihr gedroht, wenn sie nicht verschwindet, ruft sie ihre Familie an und sagt ihnen, was sie macht in Wien!"

„Juliette? Das kann ich mir nicht vorstellen. Außerdem ist sie gar nicht da."

„Sie hat aus Polen angerufen. Sie hat die Fotos im Internet gesehen."

Ich lache. „Ich kann mir denken, warum. Wegen der Zöpfe. Niemand trägt Zöpfe, nur Juliette."

Die beiden Kunden waren auf hundert Schritt Entfernung zu erkennen. „Also dann, bis später!"

„Hoffentlich laden Sie uns auf ein paar Drinks ein!"

„Aber du trinkst doch nicht?" hat Carlotta gesagt.

„Ich? Ha! Alle Bulgaren sind Alkoholiker. Ich will heute trinken!"

– Ich gebe Geld, ich bin Mama –

Vom Ersten wieder in den Zehnten, Paulette abholen. Ich bringe sie in den Zwanzigsten, in die Meldemannstraße.
„Wie geht's deinen Meerschweinchen?"
Paulette ist ein liebes, blondes Mädel aus der Slowakei, ein bisschen schlaff und füllig schon, mit großen Brüsten. Jolantas *Kindsfrau*. Sie kommt immer mit dem schwerfälligen Gang einer Dienstmagd daher, und meistens trägt sie braune Hosen mit Bügelfalte.
Sie klappt ihre Geldbörse auf und zeigt mir das neueste Foto von den Meerschweinchen-Jungen.
„Gut. Eine ist kastriert, der arme. Aber trotzdem zwei ist schon wieder schwanger. Ich weiß nicht wie. Er schnell vorher noch bummbummbumm!"
„Na ja, wenigstens einmal im Leben!"
Hinter dem Foto von den Meerschweinchen kommt das Foto von einem schlanken, grauhaarigen Mann zum Vorschein.
„Meine Freund! Er schon alt. Aber meine Meerschweinchen sind meine liebste."
„Lieber als der Freund?"
„Na ja, halb-halb!"

Im *Snackpoint* in der Marchfelderstraße sitzen die Trankler beisammen, männlich und weiblich.
„Jetzt nimmst aber die Zungan aus der Dame, weil i hab all's g'sehn! I bin a alte Spionin!"
„Gib a Ruah, da wohnen Leit!"
„Hörst geh *du* mit eahm aufs Parkbank!"
„Da is's ma viel z' kalt! Da hau i ma die Wirbelsäul'n no mehr z'samm!"
„Samma Haberer oder net, du altes Oarschloch du?"
„Schön sprechen!"
„I muass mit eahm so red'n, er faschtet ka andere Sprach!!"
„I schau ganz anders aus, als wia i bin. Waaßt was i für a Mensch bin? Ha? Des sag i niemandem!"

Paulette bleibt nur eine halbe Stunde. Dann soll sie in den Zehnten, Neilreichgasse 105.
„Oje, ich kenne diese Mann. Dauert wieder fünf Stunden und kann nicht. Kokain! Ich habe diese Job schon bis hier!"
„Wie lange bist du denn schon da?"

„Seit Jänner. Vorher ich war in eine Bar in Wels. Aber da war nix los. Und dann in eine Bar in Innsbruck. Das war große Bar mit vierzig Mädchen und immer voll. Und wenn in eine Bar nix los, man kann gehen hinüber in andere Bar. Dort ist, wie sagt man, Varieté mit Zauber und Jonglier und alles. Und in die eine Bar, eine Stunde ist 280,- und in die andere 380 Euro. Und 180,- für mich."

„Und warum bist du weg?"

„Na, muss man immer trinken, ganze Nacht sitzen, kann man nicht weggehen. Sitzen, trinken, rauchen. Hier ist besser."

„Und wie lange willst du den Job noch machen?"

„Bis ich habe Wohnung."

„Und wo willst du dann wohnen?"

„In Slowakei. Jetzt ich bin reich. In Slowakei für 100 Euro ich habe gearbeit eine Monat."

„Was hast du gemacht?"

„Ich war Verkäuferin. Aber ich habe gemacht alles: Ich habe gemacht Faktura, ich habe gemacht putzen. Und dann ich habe gehabt Streit mit Chef. Ich bin so: Was ich denke, ich sage. Ich bin nicht so: Hi hi hi, wenn in Wahrheit will umbringt diese Mann. In Slowakei kann haben drei Wochen Urlaub, vielleicht vier Wochen, ich weiß nicht. Ich sagen: Will Urlaub. Chef sagen: Du Urlaub wann ich will. Na, nächste Tag ich nicht kommen. Scheise. Und Montag kommen meine Bruder, ich geben Geld für Familie. Ich schicken Geld mit Bank, auch ist teuer. So ich gebe meine Bruder."

„Du gibst deiner Familie Geld?"

„Ja. Mein Mama, auch sie arbeit, 170 Euro in Monat. Muss zahlen Miete 70 Euro, und wo ist Strom, wo ist Wasser, wo ist alles andere? Ich geben Geld für Wohnung, geben Geld für Essen. Meine kleine Bruder ist fünfzehn, gehen noch Schule. Meine große Bruder nix arbeit. Na warum, für diese Scheisegeld. Ich gebe Geld, ich bin Mama. Ist schwere Leben, aber muss man kämpfen. – Schau: Das schöne Hund. Rottweiler. Aber gefährlich."

„Na ja, kommt darauf an, wie man ihn trainiert."

„In Slowakei, gibt's viele Rassist, Skinhead, mit Rottweiler, Pittbull, solche, und trainieren musst beißt Zigeuner, Schwarze..." Sie beugt den Kopf tief in den Schoß und lacht verlegen, schüttelt dabei den Kopf.

„Wie lange bist du jetzt schon dabei?"

„Halbes Jahr!"

„Und wie viel hast du gespart?"

„Für halbe Wohnung!"

„Also noch ein halbes Jahr! Und warum ist es so schwer für dich?"

„Ich habe Freund und ich liebe ihn, da ist schwer machen diese Job."

„Und weiß er, was du machst?"

„Ja. Und ist für ihn auch schwer. Ist nicht schwer, machen diese Job. Aber für Psychik ist schwer. Und immer Angst."

„Angst? Wovor?"

„Polizei. Alles. Meine Herz ist so." Sie deutet mit zwei Fingern an, wie klein ihr Herz ist.
„Und was macht dein Freund?"
„Er arbeiten auf Schiff."
„Als Kellner, Steward?"
„Nein, er machen Schiff. Ist große..."
„Fabrik? Werft?"
„Ja, Maier-Werft, deutsch-holländische Grenze."
„Oh je, da seht ihr euch nicht oft!"
„Alle drei Monat. Aber jeden Tag telefonieren! – Weißt du, meine Meerschweinchen, ich bringe zu Tierarzt, und Tierarzt: Was ist, zwei Jahre, drei Jahre? Nein, ist drei Monate. Aber so groß! Ein und halb Kilo!"
„Gut gefüttert, was?"
„Ja. Wenn ich habe andere Leben, ich möchte sein eine Meerschweinchen. Aber bei eine so gute Mensch wie ich."

– *Wer das Gebet bei sich trägt, der stirbt nicht* –

Von der Neilreichgasse fahre ich in die Laxenburger Straße um Madonna abzuholen. Mit ihr muss ich wieder zurück in den Zweiten, ins Ibis Hotel in der Lassallestraße.
„Hi Madonna, I will be there in five minutes!"
„Bitte warte auf mich zehn Minuten!"
„Wo bist du denn?"
„Ich weiß nicht. In einem Taxi."
Schließlich kommt das Taxi, sie springt heraus, mit irgendwelchen Einkaufstüten beladen, obwohl es mitten in der Nacht ist. „Ich bin gleich da, zieh mich nur um!" Nach fünf Minuten kommt sie wieder heraus, in einen Minirock gezwängt. Sie hat kurze braune Haare, ist auch füllig und großbusig wie Paulette, aber lebhaft und laut. Ich starte los, düse über den Gürtel, auf die Tangente.
Vera ruft an: „Wann kannst denn jetzt dort sein?"
„Ich glaub, ich schaff's in fünfzehn Minuten."
„Gut, sag ich dem Kunden."
Madonna dreht das Radio laut. „Hey, das ist Madonna! Ich bin auch Madonna!"
American life, I live the American dream...
Von der Tangente in die Tunnel der Donauuferautobahn, bei der UNO-City auf die Reichsbrücke, zurück über die Donau in die Lassallestraße.
„Zimmer 210!"
„Okay!"
Ich mache mich auf den Weg in den Ersten, Carlotta und Isabella abzuholen. Aber Madonna ruft an: „Der Kunde ist nicht da!"

„Vielleicht ist er eingeschlafen! Ich sage Vera, sie soll ihn anrufen!"

„Okay. Aber da ist ein Betrunkener!"

„Ist er lästig?"

„Ich glaube, es geht schon!"

Ich drehe mitten auf der Lassallestraße um, drücke gleichzeitig die Vier auf meinem Handy.

„Vera, der Kunde macht net auf. Rufst ihn an?"

„Gut, mach ich!"

„Madonna? Sie ruft ihn an. Vielleicht ist er unter der Dusche, weißt du!"

„Ja, ich höre das Telefon drinnen läuten, aber er macht nicht auf. Und der Betrunkene ist immer noch da. Ich habe Angst."

„Ich bin gleich da!"

Ich stelle das Auto auf den Gehsteig, schließe ab, renne die Stiegen in dem kahlen Betongehäuse hinauf. Zimmer 210 muss im zweiten Stock sein. Da gibt's aber nur eine Tür zu einem Heizungsraum. Ich renne wieder hinunter, zu den Liften. Zimmer 201 bis 245 sind im vierten Stock steht da. Ich sehe Madonna ganz hinten in dem langen, neonbeleuchteten Gang, und den Mann, der auf sie zutorkelt. Ich bin schnell bei ihm. Man muss ihn nur antippen, schon schlägt er eine andere Richtung ein. Er brabbelt irgend etwas auf Russisch. „*Dawai!*" sage ich zu ihm. Er klopft wahllos an irgendwelche Zimmertüren und ruft leise.

„*Come on!*" sage ich zu Madonna, nehme sie um die Schultern und gehe mit ihr zu Zimmer 210, klopfe an.

„Ja?" kommt von drinnen eine Stimme. Na endlich.

„Belvedere-Escort", sage ich laut und freundlich, nicke Madonna zu und gehe zur Seite. Zwei Türen öffnen sich fast gleichzeitig. Auch der Betrunkene hat heimgefunden.

Isabella wird von Mirko abgeholt, ich bringe Carlotta in den Achten. Sie telefoniert mit irgendjemandem daheim in Rumänien.

„Stell dir vor: Meine Schwester, sie lernen für Fahrschule. Sie haben Zahnweh und nehmen Tablett. Sie nicht Zeit für Zahnarzt, sie will lernen. So eine Gesicht sie hat, und nimmt noch mehr Tablett, und für Prüfung nimmt noch mehr. Und sie vergift, und nicht macht Prüfung, weil muss die Ambulanz kommen und bringen in Spital!"

Ich bin rechtzeitig zurück beim Ibis. Madonna kommt mit leuchtenden Augen heraus. „Dieser Mann war sehr jung!"

„Und war er nett?"

„Sehr nett!"

„Also hast du auch Spaß gehabt?"

„*Oh yeeees!*"

Ich gebe ihr ein Red Bull aus meiner Kühltasche, trinke selber auch eins. Wir shaken zu der Musik im Radio und singen alle Lieder mit.

„Martin, wie viel ist drei Stunden?"

„300."

„Und für mich?"

„160."

„140 für Agentur?"

„20 für den Fahrer und 120 für die Agentur."

„Warum nimmt Fahrer von mir 170?"

„Wer war das?"

„Ich weiß nicht. Blond, mit Tattoo auf Armen."

„Und wann?"

„Gestern."

„Wart einmal, ich rufe an. – Vera, welcher Fahrer ist blond und hat tätowierte Arme?"

„Der Andi."

„Schau amal nach, ist der gestern mit der Madonna an Dreistundenjob g'fahrn? Der hat's anscheinend behumst um 30,- Euro."

Die Vera wird der Sache nachgehen. Die Vera ist immer auf der Seite der Mädchen, die ist nicht wie die Jacqueline.

„Du bist guter Fahrer. Andere sind oft unfreundlich. Mirko immer: Schnell, schnell! Aber wenn er nächsten Job hat, er bringt mich nicht nach Hause. Und ich muss schon auf Toilette, aber er lässt mich nicht. Ritchie auch ist okay. Und Miroslav. Miroslav ist sehr nett."

Ihre nächste Station ist in Kagran, Siebenbürgerstraße. Ich muss nur wieder über die Reichsbrücke fahren. Sie nimmt sich eine Zigarette aus ihrem Täschchen.

„Oh je. Ich habe mein Gel bei dem Kunden vergessen. Na, macht nichts, es geht auch ohne."

„Und sonst hast du alles? Kondome?"

„Ich brauche keine Kondome."

„Nie?"

„Meistens nicht."

„Mhm."

Vor dem Einfamilienhaus steht ein Alfa, auf dem Nummernschild derselbe Name wie am Türschild. Ich lasse sie raus und gehe ein paar Meter spazieren, bevor ich losfahre, um Carlotta aus dem Achten zu holen. Aber als ich zum Wagen zurückkomme, ist Madonna schon wieder da.

„Was ist los?"

„Er wollte, dass ich mit etwas spiele, ich weiß nicht, wie das auf Englisch heißt, etwas, das man hier reintut." Sie zeigt es mir.

„Mit einem Dildo, meinst du."

„Aber ich mache das nicht. Nur den Schwanz, aber nicht so was. Und er wollte Sperma in meinen Mund. Ich sage zu ihm, rufe ein anderes Mädchen, kein Problem mit mir, aber ich mache das nicht!"

Ich rufe Vera an: „Ja, des war leider a Absage. Der wollte irgendwelche Dildospiele und in'n Mund spritzen, und des macht sie net."
„Is sie im Minirock und g'schminkt und mit Strapse?"
„Ja, sie is eh fesch beinand. Strapse is vielleicht a bissel viel verlangt bei der Hitz'."
„Weil der hat ja g'wusst, dass sie des net macht, i hab's ihm ja g'sagt."
„Er hat's anscheinend trotzdem von ihr verlangt."
„Na ja, wer waaß, was stimmt."
„I war net dabei, i kann dir nur sagen, was sie g'sagt hat."
„Und i hab's wieder vom Kunden. Es wird halt in der Mitten sein wie immer."
„Und natürlich ka Taxigeld!"
Dafür ernte ich einen mitleidsvollen Grunzer von Vera.
„Aber ich habe ihr gesagt, ich nehme nicht das Sperma in meinen Mund! Wenn ich Sex ohne Kondom mache, habe ich nie das Sperma in mir. Immer nur auf meiner Brust oder meinem Körper!"
„Aber es ist trotzdem gefährlich. Und du kannst es nicht immer kontrollieren."
„Oh ja. Wenn ich fühle, dass der Kunde erregt ist, ziehe ich mich zurück und er wird auf meinem Körper fertig."
„Aber weißt du, ein bisschen Sperma kommt schon vorher. Und das ist auch gefährlich. Und wenn der Kunde AIDS hat, sind alle Körperflüssigkeiten infiziert. Ich glaube, es ist sehr gefährlich, was du tust."
„Ich habe keine Angst, ich gehe oft zur Kontrolle!"
„Das ist ja gut. Die meisten Krankheiten kann man heilen. Aber wenn dir der Doktor sagt, dass du AIDS hast, ist es schon zu spät."
„Na ja, das ist das Leben! Aber ich habe noch etwas."
Sie kramt ihre Geldbörse aus ihrer Tasche. Hinter einem Heiligenbildchen in der Ausweishülle stecken von einem Block abgerissene Zettel, auf die mit Kugelschreiber etwas geschrieben ist, anscheinend Rumänisch.
„Es ist ein besonderes Gebet, ein Amulett. Eine Freundin hat es für mich abgeschrieben. Man muss es dreimal abschreiben und weitergeben. Es ist uralt. Seit 1580 oder so schreiben es die Leute ab und geben es weiter. Dann schützt es vor Krankheiten! Wer das Gebet bei sich trägt, der stirbt nicht. Eine Bekannte von mir hat Probleme mit ihrer Schwangerschaft gehabt. Aber sie hat das Gebet an ihrem Bauch getragen und hat eine normale Geburt gehabt."

Wir holen Carlotta aus dem Achten, der Kunde heißt Marius Hülstorf-Heitker oder so. Sie kommt mit riesigen Augen heraus. „Diese Wohnung! So was ich noch nie gesehen. Dieser Mann ist so reich! Aber er mir 150,- gegeben und ich muss ihm 10,- zurückgeben. Keine Trinkgeld!"
„Siehst du, deswegen ist er reich. Weil er sein Geld für sich behält!"

– Aber ich war in Salon von Maria Theresia –

Carlotta kommt in den Zweiten, in die Engerthstraße. Wir fahren am Prater vorbei. Es ist schon eins, die ganzen hydraulischen Attraktionen stehen still, aber sie funkeln noch immer mit tausend Lämpchen. Carlotta schüttelt ihren Kopf, dass die schwarzen Haare fliegen.

„*Stupid people!*"

„Magst du das nicht?"

„Nein, ich fahre einmal, ich glaube, ich muss sterben!" Sie deutet auf das Riesenrad: „Wien hat zwei Symbole, nicht wahr? Das, und Kirche in Zentrum."

„Der Stephansdom."

„Ja. Und Graz hat Uhr!"

„Warst du in Graz?"

„Ja, dort ist schön."

„Aber Wien ist auch schön. Warst du in Schönbrunn?"

„Ja. Ich war in Salon von Maria Theresia. Ich dort ein Zigarette geraucht."

„Was? Du kannst doch dort nicht rauchen!"

„Ich weiß. Aber es war vier Uhr früh. Ich war dort mit Kunde. Und wenn ich rauskomme, ich sehe Schild: *Salon Maria Theresia.* So ich schaue, Rezeptionist mich nicht sieht, ich gehe zu Lift und ich sitze dort und rauche ein Zigarette. Nicht lange, ich rauche nur halb, dann ich gehe. Aber ich war in Salon von Maria Theresia!"

Ich lasse Carlotta den Glauben, dass Maria Theresia im Parkhotel Schönbrunn gewohnt hat.

Wir nähern uns der Adresse. „Das ist ein Stammkunde", sage ich.

„Dann muss ich guten Job machen, ja?"

„Du musst immer guten Job machen!"

„Hoffentlich er verlangt nicht etwas Schwieriges von mir!"

Sie macht eine Schnute und haut mit ihrer kleinen Faust auf den weißbehosten Schenkel.

Als ich vor dem Haus halte, sagt sie: „*I think I know this client. He is Scheiße!*"

„*Why?*"

Sie nähert ihr Köpfchen meinem Gesicht: „*Big Schwanz!*" sagt sie, und zeigt mit den Händen ein Dreißigzentimeter-Ding.

„Oh je!" sage ich. „Dann mach es kurz!"

„*I'll call you!*" Sie winkt mir und lächelt kokett: „*Don't forget me!*"

„Wie könnte ich dich vergessen!"

Dann ruft sie an: „Zwei Stunden!"

„*Poor girl. I'm waiting. Ciao*"

„Ciao!"

„Ciao!"

„Ciao!"

„Ciao, *see you later!*"
„*Yes!*"
Fast wie zwei Verliebte, die sich nicht einigen können, wer zuletzt auflegt. Der
Kunde soll sich ein bisschen ärgern.

– My pussy is not a machine –

Es ist noch eine anstrengende Nacht geworden.
Überall in der nächtlichen Stadt warten Männer mit steifen Schwänzen darauf, sie
zwischen die Beine von jungen Mädchen zu stecken, angetrieben von Genen, die
keine Ahnung davon haben, dass der Zweck der ganzen Bemühung von einem
dünnen Latexhäutchen vereitelt wird. Und in der Schaltzentrale in der notdürftig
hergerichteten Wohnung in Favoriten werden diese Hormonschübe mit Hilfe mo-
dernster Elektronik registriert und koordiniert, und die Einsatzfahrzeuge durch die
Stadt dirigiert, um überall rechtzeitig für den Samenerguss zu sorgen. Und während der Samen nicht weiter als bis in das Gummizipfelchen an der Spitze des
Präsers fließt oder manchmal auch auf dem Bauch des Klienten oder im Rachen
des Mädchens landet, fließt der Geldstrom stetig zu Jolantas Bankkonto, mit kleinen Seitenbächlein zu den Fahrern, zu den Zuhältern, die ihn in BMWs und Por-
sches umsetzen, zu den Mädchen, zu ihren Familien in Bulgarien und Rumänien,
in Polen, Ungarn und der Slowakei, wo er umgesetzt wird in bunte Kleider, in
Babynahrung, in Kühlschränke und Ratenzahlungen für Autos, Wohnungen, Fri-
seurläden, und so wieder zurückfließt zu den großen Konzernen im Westen, wo
Männer wiederum Geld verdienen, das ihnen ermöglicht, sich diese jungen
Schenkel und Brüste und Ärsche kommen zu lassen, diese rosigen Lippen und
feuchten Zungen, dieses blonde, schwarze, braune Haar, gefärbt oder nichtgefärbt,
diese Muschis, rasiert oder nicht rasiert, diese glatten Häute, diese zarten Ohrmu-
scheln, diese glänzenden Augen. Ich wünsche mir ein Blaulicht auf dem Dach und
vorne in Spiegelschrift die Aufschrift: *Hormonambulanz.* Und immer wenn ich
mein Folgetonhorn erklingen lasse, dann wüssten alle, dass sie ausweichen müssen, weil hier eine dringend benötigte Portion Zärtlichkeit so rasch als möglich ans
Ziel gebracht, ein notleidender Schwanz beschwichtigt, der schwarze Dämon der
Einsamkeit für eine Stunde gebannt werden muss. Wie ich so mit meiner kostba-
ren, lieblichen Fracht von einem Ende der Stadt zum anderen rase, die eine da
absetze, die andere dort einsammle, immer den schnellsten Weg, die kürzeste
Verbindung zwischen zwei Punkten im Häusermeer finde, über Stadtautobahnen
flitze, mich durch enge Gässchen winde, von der Ödnis der Vorstadt-
Sozialwohnbauten in die Villenviertel, von den Villenvierteln zu den Luxushotels,
von dort zu den Stadtrandreihenhäuschen und wieder zu den alten, müden Zinska-
sernen, wo die Mädchen wohnen – da habe ich das Gefühl, dass die Stadt und die
Nacht mir gehören, dass ich heimisch bin zwischen Donauturm und Twin Towers,

zwischen Alt-Erlaa und der alten Donau, zwischen den Simmeringer Gasometern und dem Brunnenmarkt.

„Heute müsste ich fünf Muschis haben!" sagt Isabella.

„Und ich einen Hubschrauber!"

Und als ich um fünf Uhr morgens Carlotta sage, dass noch drei Jobs auf sie warten, schreit sie mir quer durch die Stadt ins Ohr: „My pussy is not a machine!"

vier

– Und wenn er nicht fahren, ich schicke Kassette zu ihr –

Als ich das erste Mal mit Sally gefahren bin, ist sie zu mir ins Auto gestiegen, hat die Augen niedergeschlagen und mit ihrer komischen heiseren Stimme gesagt: „Ich habe Angst. Das ist mein erster Job."
„Du hast noch nie einen Job gemacht?"
„Nein."
„Oh je."
Ich bin ein paar Gassen weit gefahren. „Schau, die meisten Männer sind ganz anständig. Ein paar Idioten gibt es schon, aber nicht so viele. Die meisten Mädchen kommen ganz gut zurecht."
So habe ich versucht ihr Mut zu machen. „Hast du alles?" habe ich sie gefragt. „Hast du Kondome, Taschentücher, Gel? Brauchst du noch was?"
Als sie ausgestiegen ist, will mich Sissy auf einen anderen Job schicken.
„Ich bleibe lieber da in der Nähe. Das ist ihr erster Job und sie ist ziemlich nervös."
Sissy hat gelacht: „Ja, der erste Job nach dem Urlaub!"

„So you had your little joke with me?"
Sie hat nur die Schultern gezuckt und gesagt, ich soll sie zum Praterstern bringen.
Ich habe sie abgesetzt und bin im Prater spazieren gegangen. Nach einer Stunde habe ich den nächsten Job mit ihr gekriegt und sie wieder abgeholt.
Sie hat gesagt: „Ich freue mich, dich wiederzusehen." Mit Sally habe ich meistens Englisch gesprochen, ihr Englisch ist besser gewesen als mein Polnisch.
Nach dem Job hat sie mich gefragt, ob ich sie zur Tankstelle bringe. Sie hat eingekauft, Packerlsuppe, Nudeln, Gulasch in Dosen. Und einen Meter Kabanossi und zwei Baguettes. Dann sind wir durch die Praterstraße gefahren und haben Kabanossi und Weißbrot gegessen.
Am Samstag Nachmittag hat sie mich angerufen: „Ich habe afrikanisches Essen gekocht. Hast du Hunger?" Nach dem nächsten Job bin ich hingefahren.
Sie hat weiße Jeans angehabt, die ihren Hintern wie eine Kugel umspannt haben, ein weißes T-Shirt und eine knallrote Schirmmütze auf den weißblond gefärbten Haaren. Mit ihrem langen Kinn und der eingedrückten Nase sieht sie im Profil ein bisschen aus wie der Halbmond in alten Illustrationen. Besonders wenn sie auf eine bestimmte Art lächelt. Da wandern ihre Mundwinkel nach oben, so wie Kinder das zeichnen. Die Wohnung ist so winzig klein gewesen, wie das bei dem desolaten Abbruchhaus zu erwarten war, aber nett und hell, mit einem neuen Laminatboden, weißen Wänden, Eminem-Poster daran, einem einzigen Schrank in

dem einzigen, einfenstrigen Zimmer. Die Küche ein schmaler Schlauch, aber immerhin war ein abgetrenntes Badezimmer mit Dusche und Klo da. Auf dem Boden eine rote Matratze, dann war da noch ein kleines rundes Couchtischchen mit zwei Hockern und ein roter Minifauteuil von Interio. Das Rot von Matratze und Fauteuil war reines, feuriges, plakatives Zinnoberrot, genau wie das von Sallys Mütze. Dann ist da noch eine riesige gelbe Papierblume unterm Fenster gestanden und an der Wand waren einige von Jessicas Kleidern aufgehängt, die mit ihrem knalligem Rosa und Blau den Raum noch bunter gemacht haben.

Ich setze mich auf einen der Hocker, aber Sally bringt mir das rote Polsterstühlchen zum Tisch, ich muss unbedingt darauf sitzen.

„*I hope you are very hungry*", sagt sie „Ich habe eine Menge gekocht."

„*I haven't eaten all day!*"

Sie wärmt den Stew in der Küche auf, häuft mir einen Teller mit Reis und Fleischstücken voll.

„Isst du nichts?"

„Ich habe schon gegessen!"

„Aber ich esse nicht gerne allein."

Der Stew ist köstlich und sehr scharf. Wir reden ein bisschen über Afrika, aber sie will gar nicht wissen, was ich in Kenia gemacht habe.

Sie war einmal in Nigeria, in Lagos, bei einem Onkel.

Nach dem Essen bietet sie mir eine Zigarette an.

„Danke, ich rauche schon seit 15 Jahren nicht."

Und dann kommt die übliche Konversation übers Abgewöhnen.

„Vielleicht, wenn du schwanger wirst, wirst du es dir abgewöhnen, denn es ist nicht gut für das Baby."

Sie nickt. „Es ist nicht gut für das Baby", sagt sie nachdenklich. „Aber ich habe ein Baby."

„Nein, wirklich?"

Also wieder eine.

„Und wie alt?"

„Ein Jahr und ein Monat."

„Wie schön! Und das Baby ist in Polen bei deiner Mutter?"

„Ja."

Sie holt ein paar Fotos von einem rundlichen Baby hervor, die ich bewundern darf.

„Deshalb war ich ja zwei Monate weg. Ich kann nicht nur eine Woche zu meinem Baby fahren."

„Und der Vater von dem Kind? Der ist ... ?" Ich mache Flügelschläge mit den Händen.

„Nein, der ist in Wien. Aber jetzt nicht."

Sie seufzt. „*I have complicated story with boy. He is black man from Africa.* Aus Nigeria. Er wartet hier auf Asyl. Aber nichts. Also hat er versucht heiraten ein österreichisches Mädchen. Sieben Monate war er zusammen mit österreichisches

Mädchen. Nur für Papiere, sagt er mir. Aber sie wird ihn nicht heiraten. Jetzt ist er in Schweiz gefahren. Ich weiß nicht, was er in will in Schweiz. Vielleicht er bekommt Pass in Schweiz, sagt er. Sieben Monate war er mit dieses Mädchen. Er verschwendet seine Zeit. Er sagt, er liebt nur mich, aber vielleicht er spielt Spielchen. Aber ich kann auch Spielchen spielen. Siehst du das?"
Sie holt einen Walkman aus ihrer Handtasche.
„Das ich habe gekauft nicht nur für spielen, auch für aufnehmen. Und ich nehme in meine Tasche. Aber letzte Nacht er hat Verdacht. Er sagt, lass mich schauen in deine Tasche. Ich sage nein, was willst du mit meine Tasche? Und er sagt, okay, ich spreche nicht mit dir, wenn ich nicht schauen kann in deine Tasche. So gehe ich raus. Und er denkt, wenn ich rausgehe, ich drehe ab. Und er kommt raus und sagt, er liebt nicht dieses Mädchen, nur mich und das Baby, und wenn er kommt zurück von Zürich, er heiratet mich. Und ich habe es alles hier auf meine Kassette. Und wenn er nicht fahren, wenn er bleiben bei diese Mädchen, ich schicke Kassette zu ihr!"

Von der unteren Ablage des Couchtisches holt sie ein schweres Fotoalbum hervor. Ich sehe noch mehr Fotos vom Baby, von ihr, schwanger, mit dem nigerianischen Freund, von ihrer Schwester. Judy heißt in Wirklichkeit Ramona und lässt sich gern in Unterwäsche ablichten, in ihre ganzen unbändigen Fülle. Die Mutter, von Arbeit gezeichnet, noch eine ältere Schwester, Ramona sehr ähnlich aber schon schlaff und fett, zwei Brüder, der Vater. Sally sagt, ihr Vater ist *górnik*. Das müsste dann ein Bergmann sein laut meinem Wörterbuch. Aber sie sagt, er hat nichts mit Kohle oder Eisen zu tun. Jedenfalls ist er Prediger bei irgend einer Sekte. Wenn sie nach Hause kommt, muss sie immer lange Kleider tragen, und Blusen mit langen Ärmeln. „Mein Vater kann nicht meine Brüste sehen!"
Judy kümmert sich nicht darum, die rennt immer in Minis herum und dann wird er ganz wild. Und dann gibt es noch einen Freund in Polen, hübsch und intelligent, sagt sie.
„*It is good to have many friends, to have a friend in each country. Do you think it is wrong?*"
„Meine Güte, das musst du selber wissen!"
„Wie alt bist du?" hat sie mich gefragt.
„Zweiundfünfzig."
„Was? Wirklich?"
„Na ja!"
Sie hat nicht gesagt: „Du schaust nicht so aus." Sie hat gesagt: „Aber du denkst jung!"

Dann hat Judy angerufen und von irgendwelchen Kleidern erzählt, die sie gerade gekauft hat.

„Ach, und für mich hast du keines gekauft? Wie sehen sie denn aus? Nein, ach Hure, ach du fickst, ach du fickst! Ich will auch eins!" Auf Polnisch geht das immer so: *Kurwa, pieprzisz!*

„Judy hat Kleider gekauft. Sie kauft immer Kleider, sie kann nicht widerstehen." Judy kommt bald persönlich an, packt aus. Ein tarnfarbenen Minirock. Sally probiert ihn über der Hose. Er passt.
„Na, du kriegst auch schon einen Hintern wie ich", sagt Judy. Sally sucht das dazupassende tarnfarbene Top aus dem Schrank.

Judy verschwindet in die Küche, macht die Tür hinter sich zu und kommt gleich darauf in einem zitronengelben Baumwoll-Minikleidchen zurück, an den Rändern mit riesigen Metallösen verziert und hinten spitz zulaufend. Noch sind ihre prallen Formen fest genug, dass sie in einem solchen Kleidchen gut aussieht, wenn auch in Wahrheit alles an ihr mächtig ist, die Schenkel sind Säulen, der Hintern ein wogendes Meer, der Busen zwei Melonen. Aber der Bauch ist noch verhältnismäßig flach, die Haut straff und gebräunt, und ihr Gesicht noch nicht ganz aus der Form geraten, von viel schwarz gefärbtem Haar eingerahmt.
„You like strong colours!" habe ich gesagt. Sie hat zugestimmt und auf die pinkfarbenen Safarihosen an der Wand gezeigt mit den wilden Schnürbändern, die überall daran hängen. Sie hat sich von allen Seiten im Spiegel angeschaut und ihre pinkfarbenen Stiletto-Sandalen mit den Wadenriemen zu dem Kleid anprobiert. Die beiden Mädchen waren sich völlig einig, dass sie zu dem gelben Kleid pinkfarbenen Lidschatten tragen muss.
Dann ist Judy in Filzschlapfen geschlüpft, hat sich auf einem Hocker niedergelassen und einer Freundin am Handy erzählt, was sie alles gekauft hat und wie gut sie darin aussieht.

Später am Abend bin ich mit Sally zu einem Job gefahren, da hat ihr Freund angerufen. Anscheinend aus dem Zug. Sie haben zwar Englisch miteinander gesprochen, aber ich habe nicht viel mitgekriegt. Nach dem Gespräch hat sie mich ganz misstrauisch gefragt, wie lange denn der Zug von Wien nach Zürich braucht.

– Ich kann alleine gehen –

Ich komme ins Büro, es ist voller Leute. Sissy und Vera sind beide da, zwei von den Fahrern, Mirko und Miroslaw, Natascha mit ihrem kleinen Sohn, drei neue Mädchen, zwei Männer, die Polnisch reden. Und Jolanta, die gerade eine Pizza verzehrt. Jolanta begrüßt mich und ich küsse sie auf die Wange.
„Na, habt ihr *das* gesehen? Der gibt mir ein Bussi!" Und dann auf Polnisch: „Na, das ist mir noch nie passiert, dass mir ein Chauffeur ein Bussi gibt."

Vera, sensationslüstern: „Naa, des hab i gar net g'sehn!"
Und Jolanta: „Willst du ein Stück Pizza zum Dank?"
Ich nehme die Pizza, und sie erzählt mir: „Gestern sagt mir die Sissy, sie kündigt,
weil sie keine guten Mädels da hat, nur Schrott. Sag ich zu ihr: Na wart, kriegst
drei neue Schrauben! Aber wirklich: Alle guten Weiber sind auf Urlaub und die
anderen drehen durch: Die Lilli verrechnet für Griechisch, macht's aber net, und
die Simone weigert sich zum Peter zu gehen, weil der im Rollstuhl sitzt."
Ich schüttle den drei neuen Schrauben nach der Reihe die Hand: eine schlanke,
lange Blonde, eine dunkle Zierliche und eine mit der Figur einer Ringkämpferin.
Sie werden erst einmal in der Bürgergasse wohnen, in der alten Treffpunktwohnung. Die Agentur hat eine neue Treffpunktwohnung, im selben Haus wie das
Büro. Die zwei Polen sind die Zuhälter, die sie hergebracht haben. Ihnen schüttle
ich auch die Hände. Dann hole ich mir einen Kaffee aus der Küche.
Die Zuhälter haben über Freundschaft geredet.
„Mit Freunden kannst mich jagen", sagt Jolanta. „Ich hab eine Freundin gehabt,
fünfundzwanzig Jahre! Und dann hat sie gemeint, nach fünfundzwanzig Jahren,
sie muss meinen Mann haben. Und meine Kinder am liebsten dazu!"
„Ja, wahre Freunde sind selten!" sagt der eine Zuhälter.
Ich habe keine Weisheit zum Thema Freundschaft beizusteuern, aber Vera: „Man
kann auch nicht viele Freunde haben. Freundschaft muss man pflegen, aber das
geht nicht, wenn es viele sind."
„Na, ich hab schon Freunde" sagt die Jolanta, „Männer. Nicht *so*. Einfach Freunde, weißt du, die für mich durchs Feuer gehen. Aber Frauen..." Sie macht ein
Gesicht.

„Da ist ein Job mit der Lydia," sagt die Vera zu mir, „zum Gabelsberger nach Alt
Erlaa."
Lydia ist die schlanke Blonde. „Komm, wir fahren", sage ich zu ihr. „Wir fahren
zum Motherfucker."
Wenn die Agentur ein neues Mädchen hat, lässt der Motherfucker sie sich gleich
kommen. Ich glaube, Jolanta ruft ihn extra an um ihm zu sagen, dass sie eine neue
hat. Oder er checkt jeden Tag die Webseite.
Lydia zieht ihre Bluse an. Bisher ist sie in Minirock und BH herumgesessen, weil
es so heiß ist. Jolanta lacht und sagt zu ihr auf Polnisch. „Wenn du da raus-
kommst, wirst du nicht gehen können. Aber der Martin wird dich auf die Schulter
nehmen und tragen!" Lydia stöckelt mit mir hinaus.
„Bist du nervös?"
„Na was!"
„Das ist das erste Mal?"
Sie nickt.
„Überhaupt das erste Mal?"
„Nein."
„In Polen hast du auch als Escort gearbeitet?"

„Ja!"
Wir tauschen die Telefonnummern aus. Immer wieder kontrolliert sie ihr Ausse-
hen im Rückspiegel. Ich klappe ihr die Sonnenblende mit dem kleinen Damen-
spiegel herunter.
„Na, was soll ich machen? Was ist das mit diesen Kreditkartendingern?"
„Er weiß schon, wie er das muss schreiben. Du nur musst fragen, wie lange: *How
long, how many hours?* Gut, und dann du sagst es mich. Die Agentur kennt diesen
Klient, er ist bisschen" – ich drehe den Finger vor der Stirn – „aber er macht nicht
Sex. Er macht dich nur betrunken, sonst nichts. Er gibt dir Cocktails. Motherfu-
ckers."
„Was ist Motherfucker?"
„Das ist ein Cocktail. Mit Tequila. Und Gin und Wodka und Rum."
Wenn sie nicht an ihren Augenbrauen zupft, beißt sie an ihren Fingern herum. Ich
nehme ihre Hand, sehe sie an. Alle Fingernägel sind bis aufs Fleisch abgekaut.
„Machst du das die ganze Zeit?"
Sie nickt.

Ich parke das Auto in der Tiefgarage vom Einkaufszentrum., dann führe ich sie
durch die Anlage bis zum richtigen Wohnturm.
„Wir finde ich da wieder heraus?"
„Ich hole dich! Du wartest unten und ich hole dich!"
„Wartest du auf mich?"
„Nein, das geht nicht. Der macht viele Stunden. Da kann ich nicht warten."
Der Motherfucker ist schon betrunken. Er schreit in die Gegensprechanlage hinein: „Jaa! Jaaha!" aber er vergisst auf den Knopf zu drücken. Der Türöffner
summt nicht. Eine alte Dame, die gerade hineingeht, frage ich, ob wir mit hinein-
gehen dürfen. Als wir nicht mit ihr in den Lift steigen, wird sie misstrauisch. Ich
warte auf den nächsten Lift, fahre mit Lydia in den 23. Stock. Dort ist noch einmal
eine verschlossene Glastür mit Gegensprechanlage. Ich läute für sie bei Gabelsberger. Diesmal summt der Türöffner. Im Gang sehen wir einen untersetzten,
grauhaarigen Mann, der sich mit nacktem Oberkörper aus der Tür beugt und
winkt. „Also, mach's gut, *trzymaj się!*" sage ich zu ihr. Dann fahre ich wieder ins
Büro.

Der Quiqui ist da, die Lissy mit ihrem Mann, der sie auch immer chauffiert, und
wieder ein neues Mädchen. Die zwei Schrauben sitzen auch noch immer herum.
Diesmal küsse ich Jolanta die Hand. „Verehrte Chefin!"
Sie grinst. „Schleimer! Wie soll denn die Neue heißen, was meinst du?"
„Angela."
„Hab'n wir schon g'habt. Ich will nicht schon wieder eine Angela, die hab ich
rausg'schmissen."
„Wo kommst du her?"
„Aus Ungarn."

Sie ist schlank, braunhaarig, hat ein zartes, sommersprossiges Gesicht und schielt leicht auf dem einen Auge. Unter der transparenten Bluse sind süße kleine Brüstchen zu sehen.

„Edwina?"

„Sei nicht blöd!"

„Arielle!"

„Wie die Meerjungfrau?"

„Ja."

„Super. Mehr Meer als Jungfrau."

„Kennts ihr den: Kommt einer ins Puff, fragt: Hätten Sie auch eine Jungfrau? Sagt die Puffmutter: Hab'n wir. Es wird nur ein bisserl dauern, sie hat grad einen Kunden!"

„Du, sag einmal", sagt Jolanta zu mir, „Ich hab gehört, die Sally will immer nur mit dir fahren?"

„Na, das ist doch schön!"

„Aber habts ihr was miteinander? Du weißt, das gibt's nicht!"

„Aber nein, ich bin nur ein netter Mensch, das ist alles."

„Du weißt: Paragraf sieben!"

„Keine Angst. Ich bin einfach nur nett zu ihr. Wenn sie eine Telefonwertkarte braucht oder so was, dann ruft sie mich an. Das ist alles."

„Also dann fahr mit ihr. Aber du weißt...!"

„Ich verehre doch nur dich, schönste aller Chefinnen!"

„Arschkriecher!"

Teilnehmende Beobachtung würden meine Freunde, die Soziologie studiert haben, das nennen, was ich hier mache. Nett sein zu den Leuten gehört zur Forschungsmethode. Die beobachtende Person muss das Vertrauen der beobachteten Personen gewinnen.

Sally hat einen Job in der Simmeringer Hauptstraße.

„*So what's new?*"

Sie überlegt: „*What's new? Yesterday I was drunk. I made Scheiße.* Ich war auf Donauinsel. Ich gehe schlafen um fünf und wache auf um acht. Aber mir geht's gut, ich bin nicht müde. Und wie geht's dir?"

„Mir geht's gut. Ich war gestern auch auf der Donauinsel. Aber schwimmen."

„Ich kann nicht schwimmen."

„Im Ernst?"

„Wirklich! Ich bin paar Mal fast, wie heißt das...?" Sie macht Schwimmbewegungen, dann streckt sie die Hand hoch und winkt um Hilfe.

„Ertrunken?"

„Ja, ertrunken. Meine Schwester, sie hat mich in das Wasser gestoßen. Und dann hat sie gelacht."

„Da hat sie ihren Spaß gehabt, ja? Aber jeder kann schwimmen lernen. In zehn Minuten."

„Ja? Vielleicht kannst du es mir beibringen?"

„Aber sicher. Wir gehen ins Schwimmbad."

„Aber erst muss ich mir einen Badeanzug kaufen. Schau, was ich gekauft habe: Parfum. Gabriela Sabatini!"

Ich fahre Richtung Alt Erlaa. Der Motherfucker hat vier Stunden gebucht, also müsste die Lydia in einer halben Stunde fertig sein. Dann bin ich rechtzeitig zurück um Sally zu holen. Ich frage einmal bei der Vera an, was los ist: „Schon was vom Motherfucker gehört?"

„Nein, nix."

„Kannst einmal bei ihm anfragen, ob er die Lydia pünktlich gehen lasst oder ob er verlängert?"

„Nein, das mag er net. Er is sonst ganz umgänglich, aber mittendrin anrufen, des mag er net. Dafür is's ihm dann egal, wenn die Mädchen bei ihm warten, des macht ihm nix."

„Weißt was, des nächste Mal schick ihm die Daria. Die sauft ihn untern Tisch."

„Naa, des mag er auch net. Da hat er eine g'habt, die hat ihn unter'n Tisch g'soffen. Und dann hat er s' einmal irrtümlich wiederbestellt, und wie er s' g'sehn hat, hat er s' glei wieder wegg'schickt."

Gerade als ich draußen bin, ruft Sally an, dass sie schon fertig ist. Eine halbe Stunde zu früh.

„Tut mir leid, ich bin am anderen Ende der Stadt. Ich schick dir einen anderen Fahrer!"

„Na gut", sagt sie nachgiebig. Dann schreit sie verzweifelt: „Aber mein Parfum! Das hab ich bei dir im Auto gelassen!"

„Ich bring's dir vorbei, wenn ich in der Nähe bin."

„Sicher?"

„Sicher!"

„Ich will es heute in der Disco tragen!"

Jacqueline ruft mich an: „Kannst du die Lydia abholen?"

„Ich steh vor der Tür."

„Gut. Sie ist schon unten und wackelt."

Ich schaue durch die Glastüren hinein, keine Lydia zu sehen. Ich gehe zur Klingel-tafel und tippe den Türcode ein, aber der Motherfucker meldet sich nicht. Eine Frau kommt und sperrt auf, ich gehe mit ihr hinein, schaue mich in der Halle um. Ich schaue zum Westausgang hinaus. Nichts. Am Handy ist sie auch nicht zu erreichen, aber das ist normal, in Alt Erlaa gibt es oft kein Netz. Also rufe ich wieder das Büro an.

„Du wirst es nicht glauben, aber die Lydia hat gerade um eine Stunde verlängert."

„Du hast doch gesagt, sie ist unten?"

„Keine Ahnung. Jedenfalls hat sie verlängert."

„Geh leckts...!"
„Was hast du g'sagt?"
„Nix. Ich bin ganz ruhig!"
Ich kann ja einmal einkaufen gehen.
Im Schaufenster der Buchhandlung hängt ein Plakat:
Komm, meine schöne Katze, an mein verliebtes Herz; zieh nur die Krallen deiner
Tatze ein und lass mich tief in deine schönen Augen tauchen, in deren Glanz Me-
tall sich und Achat vermischen.
Aber mit Baudelaire kann ich jetzt wenig anfangen.

Ich fülle meinen Einkaufswagen an, bevor der Interspar zumacht, bringe die Pa-
piertaschen in die Tiefgarage. Dann sitze ich ein bisschen auf einer Bank auf der
Plaza des Einkaufszentrums. Die Geschäfte schließen und das Betonviereck zwischen den Schaufensterfronten leert sich fast augenblicklich. Nur zwei kleine
Mädchen rollen unschlüssig auf ihren Inlineskatern über den Platz, stehen eine
Weile beim Brunnen, sitzen eine Weile auf dem Betonmäuerchen. Dann rollen sie
nach Hause.

Mein Handy läutet. Der Motherfucker hat noch einmal verlängert. Und ich soll
einen Job mit Arielle fahren.
Arielle hat in Ungarn Informatik studiert und auch in dem Beruf gearbeitet. Dann
ist sie nach Wien gekommen. Erst als Kellnerin, und seit drei Jahren als Escort.
Kaum habe ich Arielle abgesetzt, ruft Vera an, dass Lydia jetzt endgültig fertig ist.
Vielleicht. Ich rufe Lydia an, aber sie hat noch immer keine Verbindung. Bei der
nächsten Ampel tippe ich ein polnisches SMS ein, das wahrscheinlich in drei
Worten fünf Rechtschreibfehler hat: *musd bisgen wartn.*
Ich komme zügig voran. Nach einer Weile erreicht mich ihr Anruf: „Komm bitte",
sagt sie mit kleiner Stimme.
„Fünf bis zehn Minuten, okay?"
„Okay", seufzt sie ergeben.
Ich fahre wieder in die Tiefgarage, renne die Stiegen hinauf. Bei Turm B, Stiege
sechs gebe ich Gabelsbergers Türcode ein. Er schreit wieder sein gereiztes „Jaaha,
Jaaha!" ins Intercom und macht nicht auf.
Von Lydia ist nichts zu sehen. Am Telefon meldet sie sich auch wieder nicht. Die
misstrauische alte Dame von heute Mittag kommt daher: „Hören Sie, Sie wohnen
aber *nicht* hier!" sagt sie anklagend.
„Nein. Ich besuche jemanden im 23. Stock, aber der macht mir nicht auf."
„Ich hab mir gleich gedacht, dass da etwas nicht stimmt, wie Sie nicht in den Aufzug einsteigen wollten."
Ich gehe mit jemand anderem, der gerade die Tür aufsperrt hinein, suche Lydia
beim Lift. Aber sie sitzt beim Westausgang draußen und starrt vor sich hin. Ich
halte die Tür auf und rufe sie. Dort wo sie gesessen ist, liegt irgend ein Pinkel in
einer Plastiktüte. „Gehört das dir?"

Sie wankt noch einmal zurück, um den Pinkel zu holen.

„Ich bin betrunken!" sagt sie und schaut mich traurig an.

„Na komm! Mein Gott, was hat der mit dir gemacht"

Ich fasse sie unter, gehe mit ihr durch die Halle und beim Ostausgang hinaus.

Dort macht sie sich trotzig frei: „Ich kann alleine gehen!" Und die ganze Zeit tippt sie SMS in ihr Handy.

Ich gehe langsam hinter ihr, behalte sie im Auge, lenke sie um die Ecken.

Die Treppen hinunter halte ich sie an einer Schulter und einem Ellenbogen fest.

Mit ihren zehn Zentimeter-Absätzen hat sie sich schnell einen Knöchel gebrochen.

Dann ruft sie irgendwen an und beginnt zu heulen. Ich verstehe nur Fetzen: „Ich bin betrunken. Ich weiß nicht. Ich weiß. Ich weiß nicht. Ich weiß nicht. Ich will nach Hause. Ich weiß nicht. Ich weiß nicht. Ja, ich weiß. Ich weiß nicht."

Als ich sie im Auto untergebracht und festgeschnallt habe, gibt sie mir den Beleg über 407,- Euro. Ich rufe in der Agentur an um zu fragen, wie viel sie bekommt.

„Der hat für vier Stunden gebucht, dann hat er aber noch zwei Stunden verlängert. Der Betrag stimmt sicher nicht."

„Das macht nix. Der zahlt immer zu wenig oder zu viel, das gleicht er dann beim nächsten Mal aus."

„Na, mir soll's recht sein."

Ich gebe Lydia 310,- Euro für 6 Stunden. Sie stopft die Scheine in ihre Handtasche.

Derweil hängt sie im Sicherheitsgurt über ihrem Handy und tippt und tippt.

„Martin? Kaufst du mir eine Karte?"

„Na klar!"

„Wie viel?"

„Zwanzig!"

Sie gibt mir einen Fünfziger, ich gebe ihr drei Zehner zurück.

Vera ruft an: „Wo seids denn ihr schon?"

„Auf der Triester!"

„Du, die Lydia hat doch gar kan Schlüssel. Kannst du in die Agentur kommen? Da sitzt die Carina mit dem Schlüssel schon den ganzen Nachmittag herum."

Die nächste Umkehrmöglichkeit ist unten bei der Davidgasse. Ich schau mich nach Polizei um, dann benutze ich einen Fußgängerübergang zum Umkehren, fahre die Wienerbergstraße Richtung Meidling. An der BP-Tankstelle halte ich um eine Wertkarte zu kaufen. Als ich sie ihr gebe, fragt sie mich wieder: „Wie viel?" und greift in ihr Täschchen, wo die Scheine lose herumliegen.

„Du hast mir das Geld schon gegeben!"

„Ach so. Der hat mir Filme gezeigt, Videos."

„Was für Videos? Pornos?"

„Nein, Musikvideos. Und geredet hat er, aber ich hab nichts verstanden. Er macht was mit Computern."

„Ich weiß." Er ist ein bekannter Mann in Wirtschaftskreisen. Ich habe im Web einen Artikel über ihn gefunden, er berät Fluglinien bei der Einrichtung ihrer Software.

„Und dann, dann hat er mir so Schuhe gegeben, und ich hab müssen auf ihn drauftreten."

„Na ja."

„Und dann..." Sie fängt plötzlich zu lachen an.

„Was dann?"

Sie kann fast nicht reden vor Lachen. „Dann hat er sich auf den Boden gelegt und ich hab ihm in den Mund pinkeln müssen!"

Wir sind bei der Agentur.

„Willst du im Auto warten?" frage ich sie.

Sie schüttelt den Kopf und steigt trotzig aus. Im Treppenhaus fasst sie mich um die Hüfte, hält sich bei mir fest.

„Ach Martin, ich bin betrunken! Aber du bist sympathisch."

Wir betreten das Büro lachend.

„Na, wie ist der Zustand?" fragt Vera, während Lydia auf Carina zuwankt.

„Wechselnd. Einmal Tränen, einmal Lachen..."

Als wir mit den anderen beiden wieder im Auto sitzen, kriegt Lydia ein SMS. Da fängt sie an, hektisch herumzutelefonieren, mit Familie und Bekannten zu Hause. Dann heult sie wieder. „Kinder", sagt sie zu den beiden anderen, „Krzysztof hat einen Unfall gehabt. Krzysztof ist tot!"

Ich habe nicht gefragt, wer Krzysztof ist.

– Ich brauche einen Mann und basta! –

Sally hat mich angerufen und ich habe ihr das Eau de Cologne gebracht.

„Wir wollen auf die Donauinsel. Bringst du uns zur U-Bahn?"

Aber während sie sich zurechtgemacht haben, hat Vera angerufen und Sally hat einen Job in der unteren Viaduktstraße bekommen.

„*I send you Mirko*," hat die Vera gesagt.

„*But Martin is here, I drive with Martin!*"

Die Vera kann die linke Augenbraue bis zum Haaransatz hochziehen.

„*I hate Mirko. You know, the agency call me, I have a job, and after five minutes he was here. He must have been very near, so he call me, but I was taking a shower. I say you must wait ten minutes. But he: Keine Zeit, keine Zeit! I hate him. I cannot fly!*"

Judy ist gleich mitgekommen. Während der Fahrt haben wir über die Verträge
geredet, die die Mädchen unterschreiben sollen.
„Ich unterschreibe keinen Vertrag", hat die Sally gesagt. „Morgen gehe ich zu
andere Agentur. Ich brauche Jolanta nicht!"
Ich bin die untere Viaduktgasse einmal hinunter und einmal hinaufgefahren. Die
Pension, die ich gesucht habe, hat nur ein kleines Messingschildchen an der Tür
gehabt. Judy ist inzwischen ausgestiegen und hat an der Tankstelle Bacardi Breezers gekauft. Ich habe Sally abgesetzt, Judy von der Tankstelle geholt und einen
Parkplatz gesucht. Dann haben wir die Bacardi Breezers getrunken. Die waren
schnell leer, also bin ich noch einmal zur Tankstelle gefahren.
„Stell dir vor, gestern habe ich zwölf Tequila getrunken. Und nichts gespürt. Ich
konnte einfach nicht betrunken werden. Zwölf Tequila, und Bier und Wein, aber
nichts! Da war ein Mann, der war verrückt nach mir, der hat mir Rosen gekauft,
hat meine Beine geküsst, Tequila gezahlt, alles, aber ich wollte nichts von ihm.
Ich habe viele Freunde, aber nur so, nicht als Boyfriends. Ich brauche keinen
Boyfriend, ich habe einmal geliebt und ich liebe den Mann noch immer, aber er ist
weg. In Schubaf, weißt du, was das ist?"
„Schubhaft?"
„Ja!"
„War er auch aus Nigerien?"
„Ja! Er hat ein Problem gehabt. Er hat Drogen genommen."
„Und verkauft auch?"
„Ja, verkauft auch. Und jetzt er ist schon weg drei Monate."
„Und hast du was von ihm gehört?"
„Nichts. Aber er hat gesagt, er kommt zurück, eines Tages er kommt zurück. Dar-
um will ich keinen anderen Mann. Mich wollen viele."
Sie zeigt ihr Handy. „Hier, fünf Männer rufen mich an, schreiben SMS, wo bist
du, wann treffen wir uns. Aber ich brauche keinen. Nur als Freund, weißt du.
Ficken, wozu ficken, ich ficke genug in meinem Job, ich will nur Spaß, weißt du,
ich bin jung, ich brauche nicht einen Mann fürs Leben, nur für Spaß, ich bin jung,
ich mache keine Pläne, wozu Pläne, morgen ist es doch anders. Dieser Bacardi
Breezer hat überhaupt keinen Alkohol, schau, ich habe gekauft das."
Sie zeigt ein Wodkafläschchen. „Ich habe das hineingetan, aber ich spüre nichts.
So, der nächste, der anruft, mit dem gehe ich auf Donauinsel. Mir ist egal, der
erste, der anruft, wirst du sehen!"
Das sagt sie noch fünf Mal, aber es ruft keiner an.
„Ach Sally, mach schnell, ich will gehen!"
Endlich meldet sich Sally. Wir holen sie ab.
„Sally, ich habe Bacardi Breezer getrunken und noch Schnaps zur Verstärkung
hineingegeben. Aber ich spüre schon wieder nichts. Ich kann nicht betrunken
werden. Gerade habe ich zu Martin gesagt: Der erste, der anruft, mit dem gehe ich
auf die Donauinsel."
Es ruft keiner an, aber wir fahren trotzdem auf die Donauinsel.

Die Nacht ist schwül und halb Wien drängt sich in den Bars. Auf den Theken tanzen Gogo-Girls und Gogo-Boys, es riecht nach Souvlaki und Döner und Grillhendl. Wir gehen über den Steg auf die Insel zu Judys und Sallys Stammdisco gegenüber der Sunken City. Judy geht um Drinks, Bier für mich und Tequilas für sich und Sally. Dann redet sie wieder von letzter Nacht und ihren vielen Verehrern. Schließlich kommt einer daher, den sie kennt, ein fescher Afrikaner in einem ärmellosen T-Shirt, das seine muskulösen Arme zeigt. Judy setzt sich auf seinen Schoß.

„Hey, you are heavy!"

„If I am heavy I go!"

„Okay, you are not heavy."

Judy tut sich schwer. Sie wirbt um Mike, aber es soll so aussehen, als ob er um sie wirbt. Ein paar andere schwarze Burschen kommen vorbei, bleiben an unserem Tisch stehen und reden mit ihm. Es sind dieselben Typen, wie sie sich in Kenia am Strand herumgetrieben haben. Beachboys, Gigolos. Die sind nicht hier um zu dealen. Jedenfalls nicht hauptsächlich. Die sind hier, um Frauen aufzureißen, sich aushalten zu lassen, im besten Fall zu heiraten und die Papiere zu kriegen. Schließlich steht Mike auf und geht mit den anderen irgendwo anders hin, irgendwas checken. Judy geht auf die Tanzfläche. Mein Bier ist warm geworden in der nächtlichen Hitze.

„I am tired of my life", sagt Sally.

„Und was willst du?"

„Ich will ein normales Leben. I will bei meinem Kind sein, mit einem Mann an meiner Seite." So redet sie.

„Dann mach's!"

„Aber wie?"

„Ich weiß nicht. Aber wenn es wirklich das ist, was du willst, dann tu's. Fahr zurück nach Polen, bleib bei deinem Kind."

„Aber ich brauche einen Mann!"

„Warum?"

„Ich brauche eben einen!"

Ich habe gelacht: „Willst du mich?"

„Warum nicht? Du denkst jung!"

Da habe ich sie einmal kurz gedrückt: „Solang du sagst, du brauchst einen Mann, wird es nicht funktionieren. Nur wenn du sagst: Ich will *diesen* Mann, kann es klappen."

„Ich brauche einen Mann und basta!"

„Ah, du brauchst dies, du brauchst das! Wenn du genug von diesem Leben hast, dann hör auf. Mach dir einen Plan: Leg 70 Prozent von jedem Job auf ein Konto. Und wenn du eine bestimmte Summe hast, fahr heim."

Sie macht ihr komisches Ich-bin-ein-kleines-Mädchen-und-schäme-mich-Gesicht: „Soll ich dir sagen, warum ich diesen Job angefangen habe?"

Sie hat hier in einem Lokal Teller gewaschen. Dann hat sie ihren Freund kennen gelernt. Und ist mit ihm heim nach Polen gefahren. Und weil er schwarz ist, hat man sie beide an der Grenze aufgehalten und befragt.

„Ich sage: Ich mache nichts Schlechtes, ich nur in einem Lokal die Teller wasche. Da sie mir einen Stempel in den Pass geben, fünf Jahre Aufenthaltsverbot wegen Schwarzarbeit. So ich brauche einen falschen Pass, damit ich wieder herkommen kann. 25.000 Schilling. Und der Mann, der gibt mir den Pass, mir gesagt, wie ich das Geld verdienen kann für den Pass. Er mir auch die Jobs verschafft. Am Anfang weine ich. Ich denke, ich kann es nicht tun . Jetzt ist es okay, jetzt macht es mir nichts. Aber in Polen könnte ich es nie tun. Nicht in meinem Land, nein. Lieber würde ich die Straßen kehren!"

Judy kommt mit einem anderen Schwarzen von der Tanzfläche. Sie wollen ins B72. Na gut, ich will auch nach Hause.

Zwei Tage später hat mich Sally angerufen. Sie ist sehr glücklich mit der neuen Agentur. Sie haben ihr schöne Bilder gemacht und sie hat die ganze Nacht gearbeitet.

„*You know what I do in my Job, no? I make Griechisch, did you know?*"

„Nein. Jetzt weiß ich es."

„Und Jolanta, sie macht Sonderangebot mit Naturfranzösisch und Griechisch für 180,-, also das ist praktisch gratis, und hier ist mein Preis 200,-!"

„Gut!"

„Wirst du mich anrufen?"

„Sicher!"

„Vergiss mich nicht, wir gehen ins Schwimmbad!"

„Ich vergess dich nicht. Sicher!"

„*So, see you!*"

„*See you!*"

– Und bracht ham s' uns achthundert –

Der Gerd ruft mich an, ich soll ihn von der Agentur abholen, in die Bürgergasse bringen und dann nach Hause.
Im Büro hängen überall Zettel, von Gerd unterschrieben:

Joy hat 3 Tage Jobsperre! Gerd

Nach 20 Uhr ist niemand im Büro außer den Telefonistinnen! Gerd

Arielle 10 Euro abziehen wegen verdrecktem Zimmer. Gerd

Als wir in der Bürgergasse ankommen, sehe ich die drei Schrauben ihr Gepäck in ein Auto mit polnischer Nummer laden. Lydia winkt mir zu. Gerd geht mit ihr ins Haus, kommt zurück mit den Handys und Ladegeräten der drei.
„Was ist los?"
„Rausg'schmissen hab'n ma s'"
„Und? Warum?"
„Weil s' z'deppat san zum Arbeiten!"
Carina und Lydia haben immer schon nach drei Jobs genug gehabt, und die Ringkämpferin hat sowieso keine Jobs gekriegt.
„Die drei hab'n uns kost' dreizehnhundert Euro und bracht hab'n s' uns achthundert! I möcht net wissen, was der Typ jetzt mit ihnen macht, der s' herbracht hat. Mit dem tät i mi net anlegen, weil dem is's wurscht, ob er an umlegt."

– Oder höchstens in die Vorhaut –

Den nächsten Job habe ich mit Madame Morena gehabt. „Wir müssen zuerst noch zu meiner Freundin. I hab mei Taschen dort stehen lassen, weil ich bin gestern nach'm Job gleich zu mei'm Freund, und da kann i net mit aaner Taschen kommen, wo die Ketten klirren."
„Verständlich."
Wir fahren in den Zwölften.
„Des is a Anfänger. Die san mir eh lieber, weil die net solche Ansprüche haben. Bei an andern, da tuat dir oft schon die Hand weh vom Hinhau'n, und du waaßt schon nimmer, was d' eahm no alles antuan sollst."
„Hast viele Jobs?"
„I mach' des ja nur nebenberuflich. Donnerstag tua i kellneriern, und sonst bin i in der physikalischen Therapie, Heilmasseurin."
„Da weißt Bescheid, was der Körper verträgt."
„Ja, da gibt's schon Sachen, die man wissen muass. Also mit der Peitschen oder mit der Klatschen, die Nierengegend, des g'hört unbedingt ausg'spart. Und dann muass des ja auch so sein, bei die meisten, dass da keine Spuren bleiben, oder zumindest am nächsten Tag, dass man nix mehr siecht."
„Und hat dir des eigentlich wer 'zeigt, hast du dir des von wem beibringen lassen?"
„Ja, also i hab zuerst ausg'holfen bei einer Freundin in der Kammer, und dann hab i auch an Gast g'habt, der mir des all's zeigt hat, wie er des haben will."
„Ich frag, weil unsere Madln, die füll'n halt da so an Fragebogen aus, und da steht *Domina*, und da sag'n s': guat, mach i aa. A bissel mit der Peitschen, des wird net so schwer sein. Aber die wissen ja gar net Bescheid."
„Ja und die haun uns die Preise z'samm. Weißt, i mach ja eigentlich net die andere Richtung. Aber da war einer, der hat nur wollen an nackten Popo, und da Nadeln

reinstechen. Und pro Nadel tausend Schilling. Na, fünftausend Schilling, des is a schnell verdientes Geld. Da hab i mir an Vereisungsspray kauft, und dann hab i mi da eing'sprüht, dass i nix gspür. Und dann hab i halt g'schaut, und wann i g'sehn hab, dass er sticht, hab i so an Schmerzensschrei loslassen. Aber einmal, da hab i irgend a Stelle net derwischt, und der sticht mi da eine, und i war net g'fasst drauf. Ah, da hab i losbrüllt! Zum Glück war des die letzte Nadel!

Naa, aber die werd'n auch immer extremer. Und manche, die haben ja so richtige Kastrationswünsche. Da schnürst du sie ab, und die Eier sind schon ganz blau, und dann sagt er: schneid ma s' ab, schneid ma s' ab! Oder einer wollt einmal, dass i eahm den Schwanz abbeiß!"

„Na, des is a endgültige Aktion."

„Des is sicher aufregend, aber nachher tuat's eahm dann leid! Da hab i einen g'habt, an Kinderarzt vom Allgemeinen Krankenhaus, da hab i mir schon dacht: Dass der auf die Kinder losg'lassen wird... Zu dem hab i mir dann immer a Zweite g'holt, weil der war so anstrengend, die ganze Nacht. Streckbank hab'n wir keine g'habt, jetzt hab'n wir'n halt so auseinander zog'n, zu zweit, und treten, mit die Stöcklschuh, und der wollt' immer no' mehr. Und der war so richtig aufsässig, weißt, frech, damit ma's eahm ord'ntlich geben, aber da verlierst dann wirklich den Respekt vor so jemand, wann der so vor dir kriecht, und manchmal hab'n wir dann no' a Dritte ang'rufen, weil die ganze Nacht, zehn Stunden, des halt'st einfach net aus.

I mach net all's, i hab meine Grenzen. Nadeln nur in die Brustwarzen. Schwanz mach i net. Oder höchstens in die Vorhaut. Weil des hört dann gar nimmer zum bluten auf. Ja, einen hab i g'habt, dem hab i immer an Knopf annähn müssen. Aber i hab meine Grenzen. Wann's dann heißt, schneid mi, dann sag i naa, des tua i net."

– Glatt, teilrasiert oder rassig –

Ich bin dann wieder in die Agentur gefahren, abrechnen. Der Gerd hat gerade den Telefonistinnen die Datenbank erklärt, die er hat installieren lassen. Jeder Job wird gespeichert, Name, Adresse, Telefonnummer vom Kunden, welches Mädchen, welcher Fahrer, und natürlich das eingenommene Geld. Von den Mädchen und Callboys werden die Maße erfasst, Haar- und Augenfarbe, Schuhgröße (wegen der Fußfetischisten), gesprochene Sprachen, Intim-Behaarung glatt, teilrasiert oder rassig, und natürlich das angebotene Service. Der Gerd hat einen Fragebogen ausgearbeitet, den alle neuen Mädchen ausfüllen müssen. Die anderen müssen fehlende Angaben bei der nächsten Gelegenheit telefonisch ergänzen:

Gerd telefoniert mit Carla: „Machst du auch Griechisch?" – „Verstehe... na, bis zu welcher Maximalgröße?" – „Ja, nur des lasst sich am Telefon schwer feststellen!"

Und die Vera: „Geh, wenn man da fragt, kriegt man eh immer nur zu hören 29 mal 8!"
Ich setze mich hin und warte, bis die Vera Zeit hat, mit mir abzurechnen.

„Was glaubts, wer grad ang'rufen hat?" Die Vera trompetet es in den Raum.
„Na wer?"
„Der Siggi!"
„Da wird die Juliette a Freud haben!" Die Sissy feixt.
„Geht des scho wieder los mit dem?" fragt der Gerd. „I hab glaubt, des is aus?"
„Des war aa aus. Und dann hat er wieder ang'rufen, als Harry hat er si g'meldet, mit aaner andern Adress'. I hab mir's gleich dacht, dass's er is, wegen der Stimm'. Aber sie is hing'fahrn, und jetzt is's ärger als vorher. Und sie lasst si ja net zahl'n von ihm. Vorgestern war's wieder zwaa Stund' bei ihm und des Geld für die A-gentur hat's aus der eigenen Taschen zahlt."
„A Wahnsinn. Na uns kann's wurscht sein, solang des Geld einekummt."

Carlotta kommt aus der Treffpunktwohnung, schmeißt die Handtücher in die Küche zur Waschmaschine und setzt sich mit einem Packerl Chips zu mir: *„You want?"*
„No, I don't eat this junk food."
„You musta essen. You musta be strong man! Eat!"
Der Carlotta macht es immer Spaß, mich zu füttern.

– Bei die is das halt eh oft nur mit der Hand oder Französisch –

Die Vera hält mir den Telefonhörer hin: „Martin, kannst du dem Kunden erklären, wie er von Simmering mit dem Auto daherkommt?"
Ich erkläre es ihm, dann hole ich Paulette ab, die nicht weit von hier wohnt.
Vera erklärt ihr: „Das ist ein Rollstuhlfahrer. Aber er klingt jung."
„Was ist das – Roll... was?"
„Er ist invalid", sage ich. „Kann nicht gehen. Er fährt in so einem Wagerl." Ich mache ihr das vor.
„Und was soll ich machen?"
„Na ja, dasselbe wie immer."
Paulette lacht verlegen.
„Bei die is das halt eh oft nur mit der Hand oder Französisch", sagt Vera.
„Oder er unten und du oben, das wird auch gehen." Ich schaue aus dem Fenster.
„Das ist er jetzt. Es ist eh ein Fescher!"
Der junge Mann, schlank, sportlich, braungebrannt, macht die Fahrertür auf, nimmt den Rollstuhl vom Rücksitz, klappt ihn auf und schwingt sich hinüber. Ich geh runter zu ihm. Was wir nicht bedacht haben, ist, dass die Treffpunktwohnung

zwar im Erdgeschoss ist, dass da aber trotzdem einmal drei und einmal so ungefähr fünfzehn Stufen zu überwinden sind.

„Pass auf, des geht so", sagt er zu mir, „da anpacken, und wichtig is, dass des so
gekippt bleibt."
Ich ziehe den Wagen die Stufen bei der Eingangstüre hoch.
„So, jetzt kommen leider noch ein paar mehr Stufen."
„Wart', wenn du da beim G'länder gehst, helf' ich dir!"
Er zieht sich mit den Armen am Geländer hoch, während ich den Wagen ziehe.
„So, da samma!"
„Danke dir! Du wartest da?"
„I bin in einer Stund wieder da! Alles Gute und viel Spaß!"

Carlotta ist neugierig und ich zeige ihr das Behindertenauto. „*You see, he can do
everything with his hands. Did you have an invalid client once?*"
„*No. This is not for me. For me I cannot. I musta to weep. My father she is acci-
dent. From three years. She cannot walk. You know what is wheelchair...*"

Ich hole Madame Morena ab und bringe sie nach Hause, dann fahre ich zurück zur
Agentur.
„Des war a feine Sache!" sagt der junge Mann, als ich ihn von der Wohnung abho-
le.
„War's nett?"
„*Ganz* guat!
„Die is lieb, gell!"
„Und wie! Aber so jung!"
„Na ja, bei uns sind viele sehr junge Mädchen!"
„So, runter geht des eigentlich genau so. Wichtig is, dass des so gekippt bleibt."
„Ja, des schaff ma schon. Wenn ma weiß, wie's geht. I hab halt net so viel Erfah-
rung!"
„Du machst des sehr guat. So, samma schon da."
„A Stufen kommt noch!"
„Des geht dann schon!"

– Morgen koche ich Spaghetti –

Die Sally hat doch wieder einen Job von Belvedere gekriegt, obwohl sie den Vertrag noch immer nicht unterschrieben hat. Die Sissy kriegt pro vermitteltem Job
bezahlt, und wenn ein Kunde ein bestimmtes Mädchen will, und das Mädchen ist
verfügbar, dann kriegt er es. Der Job ist im Etap-Hotel am Franzosengraben, mitten im Industriegebiet, 39,- Euro pro Nacht, Reservierung nur bei Vorauszahlung.
„Warte hier, ich werde schnell machen", sagt Sally.

Ich gehe hinüber zur Tankstelle, um einen Kaffee zu trinken, aber die Kaffeemaschine ist nicht eingeschaltet. Im Hotel gibt es einen Automaten. Ein Plakat wirbt: *Hier lehnen keine Hostessen an der Bar.* Weil's keine Bar gibt. Am Getränkeautomaten lehnen auch keine Hostessen. Da lehnt nur der Fahrer. Der Rezeptionist spricht Englisch, Französisch, Italienisch und Russisch. Ich gehe mit meinem Kaffee hinaus, setze mich auf den Heckspoiler von meinem Toyota. Sally schafft es diesmal nicht, aus einer Stunde 25 Minuten zu machen. Sonst kann sie das sehr gut.

„*This man he drives me crazy. He talks and talks in German and I don't understand.*"

„So, was willst du machen? Nach Hause fahren, auf ein Bier gehen, essen?"

Sie lächelt vor sich hin. „Es gibt viel, was ich machen kann."

„Zu ihren Diensten, Madam!"

„Egal."

„Gut, gehen wir dort hinüber ein Bier trinken."

Ich gehe mit Sally in den Biergarten von der Arena. Vom Saal her dröhnt eine Punkband.

„Wenn ich da reingehen würde, hätte ich nach zehn Minuten keinen Kopf mehr", sagt sie.

Sie will ein Cola, und für mich nehme ich ein Bier.

„Heute arbeite ich nicht mehr. Heute kann ich trinken."

Sie schaut mich an: „Aber du musst fahren."

„Die Polizei streikt heute."

„Meine Schwester ist so witzig. Kennst du 50 Cent?"

„Den Rapper?"

„Der kommt in drei Wochen nach Wien. Meine Schwester will unbedingt hingehen. Sie sagt, sie will mit ihm schlafen, sie will ihn bezahlen, dass er mit ihr schläft. Wir machen die ganze Zeit Spaß. Ich mag 50 Cent, aber nur seine Musik, aber sie ist verrückt nach ihm. Sie will beim Konzert in der ersten Reihe sitzen. Und dann will sie ihn mit nach Hause nehmen. Ich sage: schämst du dich nicht? Und sie: Warum? Er kommt auch von da, er war so wie wir."

Unter dem Siegel der Verschwiegenheit erzählt sie mir, dass sie auch für Marta und Andrea arbeitet. Die zwei waren als Escorts bei Jolanta beschäftigt, dann haben sie ihre eigene Agentur aufgemacht und machen Jolanta die Mädchen abspenstig.

„Lebst du allein?" fragt sie mich.

„Jetzt schon wieder. Ich habe einen Neffen, der hat bis vor Kurzem bei mir gepennt. Er macht mir Sorgen, weil er nur herumsitzt und nicht arbeitet. Seine Eltern sind tot."

„Spricht er Englisch? Vielleicht kann ich ihm helfen. Ich helfe gern Leuten."

Wir gehen zum LKW-Parkplatz hinter der Tankstelle, dort habe ich den Wagen abgestellt. Ihr Handy läutet, ich kann hören, dass ein Mann dran ist.

Sie hört eine Weile zu, dann sagt sie: *„I am at police station!"* und hält mir das Handy hin.

Ich sage mit strenger Polizistenstimme ins Handy: „Was is los, mit wem red'n Sie da?"

Am anderen Ende wird aufgelegt.

„Wer war das?"

„Er wird mich nicht mehr anrufen. Morgen koche ich Spaghetti, willst du kommen?"

Spaghetti hat es keine gegeben. „Martin, kannst du mir helfen. Ich bin verzweifelt, es ist eine Katastrophe. Ich habe den PIN für mein Handy vergessen und jetzt ist die Nummer blockiert. Ich könnte eine neue Nummer kaufen, aber meine Privatkunden können mich dann nicht mehr erreichen."

Es ist nichts los, also hole ich sie ab und fahre mit ihr in die Lugner-City zum Telering-Shop. Die meisten Mädchen haben Telering, weil sie damit ab 22 Uhr gratis miteinander quatschen können. Ich melde ihre Twist-Wertkarte auf meinen Namen an, darauf bekommen wir den PUK und können ihr Handy wieder entsperren.

„Ich habe keine Spaghetti gekocht. Aber vielleicht kaufen wir etwas zu trinken und gehen in den Park?"

Ich muss ziemlich ungläubig dreingeschaut haben.

„I cannot always go to Kaffeehaus!"

„Okay, I have an idea!"

Wir sind im Sechzehnten, von da ist es nicht weit nach Dornbach zum Hanslteich. Auf einem Parkplatz an der Straße gibt es einen Obststand, da kaufe ich Heidelbeeren und Kirschen.

„Oh, jagodi! It is years since I had jagodi!"

Früher in Polen hat sie oft Heidelbeeren gepflückt.

„Und du bist gern im Wald? Ich habe geglaubt, du magst nur Discos und Bars und so was."

„Ich hab schon genug von Discos. Meine Tante in Polen hat einen Bauernhof. Ich kann sogar Kühe melken. Und am Abend sind die Burschen mit ihren Motorrädern gekommen und rund ums Haus gefahren, und die Tante hat geschrieen, dass sie den Lärm nicht aushalten kann. Wenn ich zu Hause bin, bin ich ganz anders als hier. Mein Vater ist Pastor in der Christengemeinde, er lebt nach der Bibel, er macht, was die Bibel sagt. Wenn ich nach Hause komme, trage ich immer normale Kleider. Damit mein Vater meine Brüste nicht sehen kann. Und lange Kleider, die die Beine verdecken. Du sollst deinen Körper nicht herzeigen! sagt mein Vater. Aber Judy, wenn sie nach Hause kommt, dann schmeißt sie mit Geld um sich und zieht jede Stunde ein anderes Kleid an. Dann dreht mein Vater durch und schreit sie an: Hure! Ich sage immer zu ihr: Warum kannst du nicht eine Woche lang

brave Kleider tragen und deinen Vater respektieren? Judy hat auch in Polen für
Geld gefickt, in einer Bar. Pass auf, diese Geschichte: Wir haben noch eine ältere
Schwester, die ist verheiratet. Ihr Mann hat einen Freund, aber der hat sie nicht
gekannt. Und der hat einmal in dieser Bar mit Judy gefickt. Und dann hat ihm sein
Freund einmal das Bild von seiner Frau gezeigt. Und jetzt hat er geglaubt, er hat
mit der Frau von seinem Freund gefickt. Nein, in Polen ich könnte diesen Job
nicht machen. Lieber würde ich Straßen kehren. In meinem eigenen Land. Meine
Familie würde alles herausfinden."
„Und du bist sicher, dass sie nichts wissen?"
„Mein Vater, wenn der es wüsste, der würde uns umbringen. Meine Mutter, sie
fragt nicht, was ich mache, wovon ich lebe. Mein Bruder, er war einmal hier auf
Besuch. Ich habe ihm alles gezahlt, Restaurant, Prater, alles, und was macht er? Er
hat in meiner Handtasche gestöbert. Natürlich habe ich Kondome drin gehabt und
Karten von der Agentur..."
„Kannst du gehen mit deinen Schuhen?" Ihre Schuhe sind nicht wirklich für
Waldspaziergänge gemacht.
„Aber ja, ich gehe gut. Weißt du, was das ist: *namiót*? Ich weiß es nicht auf Eng-
lisch, aber ich erkläre es dir: Es ist wie ein Haus. Man steckt Stangen in die Er-
de..."
„Du meinst ein Zelt!"
„Ja, Zelt. Wir sollten ein Zelt kaufen, einen Grill und alles und in die Berge fah-
ren."
„Okay, und ich kann Fische fangen fürs Abendessen."
„Hast du dieses Ding zum Fische fangen?"
„Eine Angel? Nein. Ich weiß gar nicht, was man damit macht. Ich habe in meinem
Leben noch nie einen Fisch gefangen. Wir werden die Fische kaufen müssen."
„Weil du Österreicher bist! Österreicher sind Luxus-Menschen. Mein Vater, er
fängt Fische, er geht in den Wald, bringt *grzyby*... Weißt du was das ist, *grzyby*?"
Sie pflückt etwas Unsichtbares vom Boden.
„Pilze!"
„Ja, Pilze, *jagodi*..."
„Heidelbeeren!"
„Heidbeere?"
„Heidelbeeren! Oder Blaubeeren. Aber Blaubeeren sagt man nur in Deutschland.
In Österreich sagt niemand Blaubeeren."
„Ich mag die Deutschen nicht. Die sind geizig. Ich habe einen Kunden gehabt aus
Deutschland, im Auto, weißt du, einem großen..."
„Einem LKW."
„Ja. Und er wollte mich viermal, fünfmal ficken in einer Stunde. Ich habe gesagt
nein, hier ist kein Wasser, ich kann mich nicht waschen, das geht nicht. Und ich
habe zu Sissy gesagt: Keine Jobs mehr im Auto! Also, wann machen wir unseren
Zelt-Urlaub?"
„Ich weiß nicht. Nächste Woche?"

„Aber zuerst brauche ich eine Wohnung. Ich brauche eine Wohnung für mich allein. Ich kann nicht mit Judy leben. Sie bringt immer Männer mit nach Hause und wir haben nur ein Zimmer. Kannst du auf deinen Namen eine Wohnung für mich mieten? Ich zahle dir. Jolanta würde es für mich machen, aber sie hat schon vier. Du hast nur eine Wohnung? Dann wäre es kein Problem für dich! Jetzt bin ich genug gewandert, jetzt gehen wir zurück!"

Im Restaurant neben dem Teich habe ich Backhendlsalat gegessen und die Sally hat Eiskaffee getrunken und wir haben's gemütlich gehabt, bis das Handy wieder geläutet hat und mich die Vera auf einen Job mit der Carlotta geschickt hat.

– Der Mirko bleibt, die Ildiko fliegt –

Der Job ist in der Wohnung gewesen und ich bin nach nebenan ins Büro gegangen um einen Kaffee zu trinken.

„Weißt du, du redest so einen Blödsinn, ich glaub dir kein Wort!" höre ich Jolanta brüllen. Vor ihr steht der Mirko, ganz rot im Gesicht: „Aber i war doch gar net da, i bin doch erst später kommen!"

Der Gerd telefoniert inzwischen mit irgendwem, ganz wichtig, im Verhörton.

„Bitte", schreit der Mirko, „ruf ma die Jacqueline an, die soll's dir sagen!"

Ich gehe in die Küche, fülle den Wasserkocher an und tue Kaffeepulver in meine Tasse. Als ich mit meinem Kaffee wieder ins Zimmer komme, hält Mirko Jolanta sein Handy hin: „Bitte, die Ildiko war doch auch dabei, frag die Jacqueline! Ich bin erst später kommen, ich hab von dem ganzen gar nix g'hört."

„Komm mit!" kommandiert Gerd. Er geht mit Mirko ins Kabinett um ihn dort zu verhören.

Jolanta umarmt mich: „Keine Angst, dich schmeiß ich nicht raus. Außer du fallst mir in den Rücken. Das kann ich nicht ausstehen."

„Was ist denn los? Ich versteh kein Wort. Oder geht's mich nix an?"

„Also gestern sitz ma so da und die Jacqueline erzählt, dass der Mann von der Andrea so auf sie steht. Weil den kennt sie noch, wie die Andrea bei mir g'arbeit hat. Weißt eh, die hat jetzt Paradise-Escort aufg'macht und holt sich meine Madln. Wenn's kann. Aber bei der geht eh nix. Soll i dir was sagen: Da sitzt die Oma am Telefon, die is siebzig Jahr und das hört man. Was glaubst, wie das die Kunden anmacht! No, mach ich an Witz – gell, mir ham nur geblödelt – sag ich zur Jacqueline: Na lock ihm her und vögel mit ihm, und der Gerd soll draußen warten und Fotos machen. Aber nur geblödelt, verstehst du. Na und heute früh ruft die Mutter von der Andrea an, und sagt, die Jacqueline ist die größte Hure von Serbien und was das für eine Schweinerei ist. Na ich denk, das kann nur der Mirko sein, der das weitererzählt hat, weil der fahrt manchmal auch für die Andrea, auch wenn er's abstreitet. Oder es war die Ildiko, weil die arbeit' auch für die Andrea."

Der Gerd kommt aus dem Kabinett: „Der Mirko bleibt, die Ildiko fliegt!"

„Ruf die Ildiko an, sie soll herkommen! Die kann gleich ihre Sachen packen und verschwinden." Die Ildiko hat bis jetzt im Kabinett gehaust. „Nur – die Ildiko hat um sieben einen Zweistundenjob", sagt Jolanta. „Jetzt brauch ich eine Dunkelhaarige, die Griechisch macht!"

– Muss ma immer kämpfen, dann kommt die Krone –

„Martin, kannst du mich abholen?" Es ist Sally.
„Ich hab gerade einen Job."
„Kein Problem, komm, wenn du in der Nähe bist, ok? Ich möchte nur meinen Koffer zu Connie bringen. Ich kann hier nicht mehr wohnen."
„Was ist? Hast du Streit gehabt mit deiner Schwester?"
„Ich will nicht darüber reden. Hol mich nur ab, bitte."
Bei der nächsten Gelegenheit habe ich Sally angerufen, aber da war sie unterwegs zu einem Job. Am Nachmittag hat es dann geklappt. Ich hole Sally mit ihrem Koffer ab und bringe sie zu Connie. Connies Wohnung ist ganz in der Nähe von meiner.
Connie ist auch Polin, klein, dunkelhaarig, mit ein bisschen dunklem Flaum auf der Oberlippe. Sie ist schon drei Jahre in Wien. Sally hat mit Kasia, Connies kleiner Tochter gespielt, und die Connie hat mir Kaffee gemacht.
„Ich gehe morgen mit Connie zu Jolanta. Sie arbeitet für billige Agentur, polnische Frau, aber nur privat, kein Internet, weißt du, und hat nur 30 Euro die Stunde. Martin, hast du Internet zu Hause?"
„Ja."
„Hast du Zeit? Wir müssen etwas suchen im Internet. Ich zahle dir."
„Kein Problem, ich hab Kabel."
„Hast du jetzt Zeit?"
„Solang mich niemand anruft."
Wir fahren zu mir.
„Die Bücher, hast du die alle gelesen?"
„Na ja."
„Du bist gebildeter Mann", sagt Connie. Meine eigenen Werke habe ich verräumt. Ich schalte den PC ein, die beiden Mädchen gehen in einen polnischen Chatroom. Sally tippt und Connie hält Kasia auf dem Schoß.
„Such ma Kindermädchen für Kasia, weißt du. Kann sie bei mir schlafen und essen, und geb ich 250,- Euro."
„Im Monat?"
„Na ja, was willst du. Für polnische Mädchen ist gut. Schau, muss ich zahlen für Wohnung, zwei Zimmer, für Licht, Gas, Heiz, kann ich nicht geben mehr. Und muss ich haben Kindermädchen. Hab ich gehabt, aber war nicht gut. Wann ist Sally bei mir, kann sie aufpassen auf Kind, aber könn ma nicht beide fahren auf

Job. He, was hast du da? Hast du Tarot-Karten! Weißt du wie geht? Kannst mir
Karten lesen?"
„Na ja, aber ich hab mein eigenes System!"
Mein „System" habe ich aus einem Buch von einem Bhagwan-Sannyasin. Das
habe ich mir einmal gekauft, als ich noch Zauberkünstler gewesen bin und mich
mit Spielkarten beschäftigt habe.
Wir lassen Sally im Arbeitszimmer surfen und ich lege Connie in der Küche die
Karten.
„Schau, mein System geht nicht so: As der Stäbe bedeutet Geburt, König der Po-
kale ein blonder Mann und so weiter. Die Karten bedeuten jedes Mal etwas ande-
res. Ich decke dir die Karten auf, und du sagst mir, was du siehst. Gib mir eine
Karte. Das bist du. Gib mir eine Karte für deine guten Seiten. Und eine für deine
schlechten Seiten. Eine für deine Vergangenheit. Und eine für deine Zukunft. Eine
für das, was dir hilft. Und eine für das, was dir schadet."
Ich lege die Karten verdeckt vor sie hin. Dann drehe ich die erste um.
„Das bist du:"
Ihre erste Karte war die Sieben der Schwerter. Sie hat nicht einen Tänzer gesehen,
der mit Schwertern spielt, sondern einen Mann, der viel zu schleppen hat. „Das ist
schwere Leben. Muss ma sich viel plagen. So war das bei mir."
„Das sind deine guten Eigenschaften:" Die Acht der Schwerter.
„Die Augen sind verbunden. Sie findet sich so zurecht, ohne schauen. Sie kann
besser gehen, wenn sie das Schlechte nicht sieht."
„Deine schlechten Eigenschaften:" Neun der Münzen, ein prächtig gekleideter
Jüngling mit einem Falken. „Ein bisschen Eitelkeit vielleicht?"
Ihre Vergangenheit ist die Sieben der Kelche.
„Ja, da wird immer gegeben und genommen. Alles, Geld, die Schlange, das sind
die Menschen, die mir Böses wollen. Der Kopf, das ist meine Mutter. Meine Mutter immer hat mir die größte Probleme gemacht. Meine Mutter sie hat getrunken,
ihre Freund auch hat getrunken. Ihre Freund auch zu mich hat sexuell schlecht
gemacht. Meine Mutter sie hat zu Gericht und hat rausgeschmissen. Aber wie ist
gekommen Brief von Gericht, ich sie habe gefragt: Gehst du zu diese Verhand-
lung, und sie gesagt: Nein. Bin ich fortgelaufen zu Tante. Tante sie war gut zu mi,
aber für mich war zuviel. Bin ich gegangen zu Schwester. Na und dann ich hab
getroffen Bub, und gleich hab ich bekommen Baby. Hab ich gewusst, ich bekomme diese Baby. Hab ich schon als kleine Kind, mit die Puppen immer so gemacht
wie meine Mutter zu mi nicht gemacht hat. Und ich habe gewollt diese Baby. Und
hab ich eine Schwester, ist schon 30 Jahre, und sie kann nicht bekommen Baby.
Und sie, wann ich habe gekriegt diese Baby, sie sagen, ich bin eine Hure. Und sie
wollen wegnehmen diese Baby. Meine Familie, wann sie wissen, was ich mache,
meine Schwester, sie gehen zu Ambassade, zu suchen mir, aber ich bin schnell,
ich gehe Polen zu meine andere Schwester, ich anmelden, gehe auch zu Ar-
beitsamt, sagen, ich jetzt in Polen, ich nicht gehe weg, so ich habe behalten meine
Baby. Weißt du, meine Familie, sie machen meine größte Problemen."

Die Zukunft ist idyllisch: die Sieben der Kelche, ein Knabe beschenkt ein Mädchen in einem mittelalterlichen Städtchen.
Was schadet: Die Drei der Stäbe, ein Mann, der fortgeht. „Die Männer gehen immer fort!"
Und was nützt: Das As der Schwerter. „Darf ma nicht nachgeben, muss ma immer kämpfen. Dann kommt die Krone!"

– To me is egal –

Sally hat im Chatroom ein Mädchen gefunden, die sich für das Angebot interessiert. Connie hat mit ihr telefoniert und sie haben sich geeinigt. „Es ist okay, sie kommt in zwei Tagen." Dann ist Connie mit Kasia nach Hause gegangen. Sally ist dageblieben.
Ich habe für uns gekocht. Während wir gewartet haben, dass der Reis gar wird, haben wir Rotwein getrunken und geredet.
„Ich will einen Mann fürs Leben. Wenn ich heirate, werde ich nie einen anderen Mann anschauen. Nicht einmal den Vater von meinem Kind. Wenn er kommt, ich sage ihm: Tut mir Leid, ich bin verheiratet. Sogar wenn ich ihn liebe. Ich werde sagen: Entschuldigung, wer sind Sie? So wie er es mit mir gemacht hat. Er hat gesagt, er glaubt nicht, es ist sein Baby. Er sagt, sie sieht aus wie sein Freund. Aber das ist lächerlich. Wenn du sie anschaust und ihn, siehst du gleich, von wem sie ist. Dieser Mann, er hat wirklich mein Herz gebrochen. Als er mich verlassen hat, war ich so wütend. Ich war verrückt. Ich habe die Burschen zum Narren gehalten. Ich habe gemacht, dass sie mich lieben, und dann habe ich gesagt: Geh weg! Die haben geweint. Die haben gesagt: Ich bring mich um, wenn du mich nicht liebst."
Plötzlich wechselt sie das Thema: „Ist das wahr, du buchst Mädchen?"
„Es ist schon vorgekommen, ja. Ist das schlimm?"
Sie hat die Achseln gezuckt.
„Ich hab mich immer bemüht, das Mädchen mit Respekt zu behandeln. Ich wollte, wenn sie weggeht, dass sie denkt: Der ist okay, der ist ein guter Kunde."
„Für mich gibt es keinen guten Kunden. *I don't care.* Wenn er mich zahlt, kann er machen, was er will. Dann gehe ich weg und vergesse ihn. *To me is egal.*"
Darauf weiß ich nichts zu sagen.
„Ich habe auch schon einmal ein Mädchen gebucht", sagt sie. „Einfach so. Ich habe Geld gehabt. Mir war danach. Ich habe ihr gesagt, dass sie mich lecken soll und sie hat es gemacht."
Dann sagt sie, wir sollen ein Mädchen buchen.
„Das ist nicht dein Ernst!"
„Warum nicht? Ist es etwas Schlechtes?"
„Nein, natürlich nicht."

„Also!"

„Okay."

Wir klicken im Internet herum. Besprechen die Mädchen. Sie will eine Schwarze.

„Was mach ich mit einem weißen Mädchen!"

Wir gehen alle Agenturen durch, die wir kennen. Sie will wissen, welche Mädchen mir gefallen. „Hast du es schon einmal mit einem schwarzen Mädchen gemacht?"

„Ich habe eine Freundin gehabt einmal, die war schwarz, ja. Aber das ist lange her."

„War sie nett?"

„Ja. Sehr."

„Warum hast du sie nicht geheiratet?"

„Sie hat in Frankreich gelebt und ich in Österreich. Wir haben uns in den Ferien kennensgelernt. Es ist furchtbar lange her. Ich war Student damals."

„Und hast du schwarze Prostituierte gehabt?"

„Mhm."

„Und?"

„Ich weiß nicht. Die waren mir immer zu grob. Lass uns jetzt essen!"

Aber nach dem Essen hat sie noch immer nicht aufgegeben. „Such ein Mädchen aus!"

„Nein, such du eine aus, es war deine Idee!"

Nach einer Weile hat sie es gelassen. „Es sind zu viele Mädchen. *I am confused. Let's go to bed.*"

Wir sind ins Bett gegangen. Sie hat die Unterwäsche anbehalten und ich auch, und sie ist bald eingeschlafen, einen Arm um meine Brust. Sie hat sehr unruhig geschlafen, hat um sich geschlagen und gejault.

Am Morgen habe ich sie schlafen lassen. Ich habe mich bei Vera angemeldet, dann habe ich mich zum PC gesetzt und dies und das an der Homepage von Mona verbessert. Zu Mittag ist sie aufgewacht. Ich habe ihr Früchtetee gemacht und ihr von Mona erzählt. Sie hat mir von ihrer Freundin Carmen erzählt. Die ist gerade draufgekommen, dass ihr Freund sie betrügt. Und ihr voriger Freund sitzt im Gefängnis.

„Carmen kennt dich!" hat sie gesagt.

„Ja", sage ich, „ich habe sie ein paar Mal gebucht."

„*All men are the same*", sagt Sally. Alle Männer sind gleich. Und ich weiß nicht, ob es sich auf mich bezieht oder auf den Freund von Carmen.

„Und Frauen?"

„Frauen sind nicht besser. Aber für mich ist egal. Ich weiß. Mir macht's nichts. Er ist ein Mann. Er muss andere Frauen haben. Jeder Mann muss andere Frauen haben von Zeit zu Zeit."

Ich habe einen Job gekriegt und habe sie nach Hause gefahren.

Im Auto hat sie gesagt: „Aber weißt du, wenn du getrunken hast, wirst du aggressiv!"
„Ich? Wann war ich aggressiv? Hab ich dir etwas getan? Hab ich dir weh getan?"
„Ja, du hast mir weh getan. Als du gesagt hast: Warum bist du hier, warum willst du mit mir auf Urlaub fahren?"
„Na ja, ich will's wissen. Ich bin alt, du bist jung. Da kann man sich doch ein bisschen wundern. Du hast mir auch weh getan. Ich habe gesagt, ich finde dich nett, und du hast gesagt, du glaubst mir nicht."
„Ich hab nicht gemeint, ich glaub dir nicht. Ich hab gemeint, du kannst das nur sagen, wenn du getrunken hast."
„Okay, es war ein Missverständnis. *I am sorry. Do you believe me?*"
„*I believe you.*"
Da haben wir uns geküsst. Es war ziemlich lange rot an der Kreuzung.

Teilnehmende Beobachtung. Verdeckte teilnehmende Beobachtung.

Am Abend hat Sally hat mich angerufen, ich soll sie von der Schlachthausgasse abholen, sie kommt von dort nicht weg, weil Streik ist. Auf der großen Freitreppe zur U-Bahnstation sind lauter Afrikaner gehockt, gelehnt, herumgegangen. Es gibt ein paar solche Treffpunkte in der Stadt. So viele polnische Mädchen haben afrikanische Freunde. Sally, Judy, Angelika, Carmen. Auch Terezka, die manchmal zu mir putzen kommt – Carmen hat sie mir vermittelt – hat einen Nigerianer. Sally und Connie sind bei ein paar Burschen gestanden. Als sie mich gesehen haben, hat Connie den einen geküsst, Sally hat ihm die Hand gegeben, dann sind sie zu mir ins Auto gestiegen.
Ich habe Connie nach Hause gebracht, dann sind wir zu mir gefahren und ich habe eine Flasche Wein aufgemacht.
„Ich habe noch einen anderen Freund", sagt sie. „Er ist in Spanien gerade. Hab ich's dir nicht gesagt? Aber er ist nicht wichtig für mich. Wenn er was macht, kann er gehen!"
„Das hast du mir nicht gesagt."
„Ich habe gedacht ich hab's dir gesagt. Ich habe mit ihm telefoniert, gestern, wie ich hier war."
„Das hab ich nicht bemerkt."
„Ich habe Englisch geredet."
„Ich hör nicht immer zu, wenn du telefonierst. Du telefonierst die ganze Zeit."
„Er mag mich. Als mein Baby in Wien war, hat er es herumgetragen. Er sagt, er will mich heiraten. Es macht ihm nichts, dass es nicht sein Baby ist. Du weißt, für mich ist das nicht leicht, dass ein Mann mein Baby akzeptiert, Baby von einem anderen. Besonders ein schwarzer Mann. – Hoffentlich liebst du mich nicht."
„Ich weiß es nicht", habe ich gesagt. „Ich will sehen, was morgen passiert. Ich bin neugierig. Ich habe keine Pläne."

„Ich will einen Mann fürs Leben. Wenn ich heirate, werde ich nie wieder anderen Mann ansehen. Nicht einmal den Vater von meinem Kind. Ich werde ihm sagen: Tut mir leid, ich bin verheiratet. Sogar, wenn ich ihn noch liebe. Ich werde sagen: Verzeihung, wer sind Sie? So wie er es mit mir gemacht hat. Er hat gesagt, er glaubt nicht, dass es sein Baby ist. Er hat gesagt, es sieht seinem Freund ähnlich. Aber ist lächerlich. Wenn du sie und ihn anschaust dann siehst du gleich, von wem sie das Kind ist. Dieser Mann, er hat mir wirklich das Herz gebrochen. Als er mich verlassen hat, war ich so wütend. Ich war verrückt vor Wut. Ich habe die Jungens zum Narren gehalten. Ich mache, dass sie mich lieben, und dann ich sage ihnen: Geh weg, ich will dich nicht! Sie haben geweint. Sie sagen: Ich bring mich um, wenn du mich nicht liebst."

Und dann: „Weißt du, du kannst Carmen buchen. Für mich ist kein Problem. Wenn ich diesen Jungen treffe, rufst du Carmen an. Aber vielleicht werde ich eifersüchtig sein, wenn du sie anrufst."

„*What do you like?*" habe ich sie gefragt, als wir im Bett waren. Was hast du gern? „Ich weiß nicht. Ich habe es die ganze Zeit"

„Vielleicht hast du es lieber, wenn ich dich in Ruhe lasse?"

Ich habe keine richtige Antwort aus ihr herausgekriegt. Sie ist mit mir im Bett gelegen und hat telefoniert. Telering free night, nach zehn ist es gratis. Da telefonieren sie alle wie wild miteinander. Sie hat mit ihrer Schwester telefoniert, mit Carmen, mit Angelika. Angelika hat sich gerade bei Judy vollaufen lassen. Wegen ihrem Freund. Und Carmen hat Sally irgendwelche guten Ratschläge gegeben. Sally hält viel von Carmen. „*Carmen is different. She is wise girl. Believe me, she really is!*"

Irgendwann sind wir eingeschlafen.

– Sie kann nur mit schwarze Mann sein, mit Bimbo –

Am nächsten Tag hat mich Connie angerufen. Ich bin in einem Schanigarten in der Hütteldorferstraße gesessen und habe auf Bella gewartet, eine große, dicke Slowakin.

„Du, musst du aufpassen mit die Sally."

„Warum?"

„Bist du mit sie verliebt?"

„Nein."

„Das ist gut. Weil sie will, du mit sie verliebt."

„Warum?"

„Na was glaubst du. Sie will Heirat. Kannst du sie schon heiraten, aber muss sie geben Geld. Ich sag dir, pass auf. Schau, sie weiß du hast Geld. Du hast schöne Wohnung, hast ausgegeben viele Geld für Heirat von deine Tochter. Ich versteh willst du haben eine Frau bei dir. Aber warum nicht 30 Jahre, 35. Sally hat 22, aber oft sie ist wie 17. Ich weiß, bist du schon älter, aber schaust du gut aus, bissel Bauch, na ja, aber kannst du doch gute Frau finden. Und wenn du bist alleine, kannst du Mädchen rufen. Sie hat dir selber gesagt, sie hat Freund. Jetzt sie hat Zeit, kann sie zu dir kommen. Aber wenn er kommt zurück von Spanien... Sie kann nur mit schwarze Mann sein, mit Bimbo. Das bei U-Bahnstation gestern war auch ihre Freund. Sagt sie zu mir, schnell, küss ihn, dass Martin glaubt, ist deine Freund. So ist. Schau, was willst du, das ist Polin! Weißt du, kannst du jetzt noch ein, zwei Tage spielen mit sie, dass sie nicht denkt, ich habe gesagt. Dann machst du Schluss. Das ist keine Mädchen für dich!"

Ich habe mir noch ein Cola Zitrone bestellt. Es war Samstag Mittag, alles war tot, kein Verkehr, keine Fußgänger.
Ein Mann am Nebentisch hat mich angeredet:
„Sind Sie verheiratet?"
„Wieso?"
„Na, ich frag nur, weil ich reden will."
„Ich war zweimal verheiratet. Des reicht."
„Ich hab auch seit zehn Jahren dieselbe Freundin. Aber jetzt kommt sie immer nur mit ihrer Mutter zu mir, da hab ich nix davon. Weil meine Freundin is psychisch krank. Früher, da is sie zweimal in der Woche zu mir kommen, allein, aber jetzt...."
„Und was is des Problem?"
„Schizophrenie. Des is so a Krankheit, a psychische Krankheit. Und die Mutter halt mir immer Vorträge, dass ich mit ihr keinen Sex haben soll, weil sie krank ist."
„Na geh. Grad wenn man psychisch krank ist, braucht man a bissel a Zärtlichkeit, a bissel a Liebe."
„Genau. Ich bin ja auch psychisch krank, aber bei mir merkt ma's net, weil ich alle zwei Wochen Spritzen krieg. Das sind so Depotspritzen, da is man dann zwei Wochen stabil, da fühlt ma si wohl."
„Und weg'n was?"
„Na auch Schizophrenie. Mir hab'n uns ja oben kennen g'lernt, im Patientencafé."
„Ja, des kenn ich. Da hab ich auch schon a paar Mal an Freund besucht. Dagegen is ja keiner gefeit."
„Na, ich muss schau'n, dass I mein Bus net verpass, den 47A. Der fahrt alle Vier-telstund. I fahr jetzt hinauf zum Café Almstube, da hab ich Schulden. Jetzt war i auf der Bank, net, beim Bankomat, und hab a Geld abg'hoben, 30 Euro. Viel Schulden hab i ja net, zwaa Euro vierzig. Des zahl i jetzt."
„Und hab'ns an Job aa?"
„Naa, leider nimmer. Vorher hab I an Job g'habt, aushelfen bei an alten Mann, der im Rollstuhl sitzt. Da hab I zwanzig Euro am Tag kriegt, des war super. Aber jetzt ist er im Spital. Und der kummt a nimmer raus, weil der soll in ein Heim kommen. Die Ärzte wollen, dass er in ein Heim kommt."

„Ja, wenn si einer gar nimmer helfen kann..."

„Naa, der kann si nimmer helfen. Also dann, an schön Tag noch!"

„Ja danke, gleichfalls an schönen Tag!"

fünf

– *Was heißt schlecht?* –

Der Gerd ist mit Sabrina auf Urlaub gefahren und ich war zweiter Tagchauffeur und am Wochenende erster, weil der Franko am Wochenende nicht gefahren ist, und so bin ich auch an die guten Jobs gekommen. Ein guter Job ist es zum Beispiel gewesen, mit Juliette zu fahren. Juliette hat an manchen Tagen sieben, acht Jobs hintereinander gehabt.

Sie ist nicht so redselig gewesen wie die meisten Mädchen. Sie ist freundlich gewesen, aber zurückhaltend, und wir sind oft schweigend zu den Jobs gefahren. Aber dann hat sie mich zu ihrem Deutschlehrer ernannt.

„Sag, was heißt das: schlecht?"

„Schlecht? *Zły!*"

„Und: schlimm?"

„Auch *zły.*"

„Aber was ist andere?"

Das hat mich beeindruckt. Was ist der Unterschied zwischen schlecht und schlimm? Und wen interessiert das normalerweise?

„Was hast du gelernt?" frage ich sie.

„Import-Export."

Später will sie Ökonomie studieren, sagt sie. Sie blättert in der Zeitschrift, die ich auf dem Beifahrersitz liegen lassen habe.

„In Polen haben wir auch eine Zeitung Profil. Die ist so liberal-konservativ. Nicht schlecht. Aber beste Zeitung ist die Rzeczpospolita. Gute *economy, kultura* auch. Und jede Korruption in Polen *zdemaskują.*"

„Aufdecken" sage ich.

„Ja! Nicht Polizei machen aufdecken, nur Zeitung." Ihr lebhafter Mund spricht das Wort Aufdecken genüsslich aus.

„Die ist vielleicht so wie unser Standard. Das ist meine liebste Zeitung in Österreich."

„Ich kann nicht so gut lesen Deutsch."

Plötzlich wechselt sie das Thema: „Diese letzte Kunde, weißt du, wie weit ist gefahren?"

„?"

„600 Kilometer. Von Italien!"

„Nur für dich!" sage ich anerkennend.

„Aber diese Kunden, sie kommen nach Austria nur für Prostitution. In Italien ist nicht legal. Mädchen nur auf der Straße."

– Was arbeitet Mama? No! –

An einem Donnerstag habe ich sie um 9 Uhr vormittags zu einem Job in die Wohnung gebracht. Sie kommt heraus, wunderschön, in einem schwarzen Minikostüm und passendem Paddington-Bär-Hut.

„Ich heute tot!" Sagt sie. Sie hat sich gestern mit Sabrina betrunken, aber gewaltig.

„Gestern warst du traurig", sage ich zu ihr, *„smutna.* Warum?"

„Mm!"

Sie macht einen Halbstundenjob in der Wohnung und ich bringe sie wieder nach Hause. Sie hofft, dass sie noch ein bisschen schlafen kann, der nächste Job ist erst um 13:30.

Sie tippt auf ihrem Handy herum und studiert die SMS, die darauf gespeichert sind.

„Was heißt: suchen?"

„Szukać!"

„Aha. – Suchen wir einen Kompromiss", liest sie von ihrem Display.

Ich denke mir mein Teil.

Unterwegs gibt mein Motorola den Geist auf. Susi ruft bei Juliette an, es gibt wieder einen Job in der Wohnung, um zwölf. Juliette kann 45 Minuten schlafen. Sie borgt mir ihr altes Nokia. Ich gehe in die kleine Konditorei um die wichtigsten Nummern einzuspeichern. Dann hole ich sie wieder ab.

„Hast du geschlafen?"

„Nein. Nicht kann. Hab lackiert meine Fingernagel."

Ich sage nichts.

„Ich habe Problem mit eine Kunde, weisdu."

„Mhm. Mit – Siggi?"

„Ja." Sie lächelt. „Weisdu, diese – *związek* – ist unmöglich. Er ist verheiratet, hat Kinder... und ich kann nicht hier bleiben."

„Willst du nicht in Österreich bleiben?"

„Ich kann nicht. Ich habe eine Sohn, er ist sechs Jahre, er muss in Schule gehen. Ich kann nicht hier nehmen meine Sohn. Problem ist Arbeit. Ich habe keine Visum, was kann ich machen? Und diese Arbeit... Er ist sechs Jahre, fragen: Wo ist Mama. No, arbeitet. Was arbeitet Mama? No!"

„Und er? Was macht er?"

„Er hat Firma. Restaurant. Und jetzt er macht auf zweite."

„Und liebst du ihn?"

„Ja."

„Und er, liebt er dich?"

„Ich hoffe."

„Du könntest ihm doch in seinem Restaurant helfen."

„Weisdu, er kann sich nicht scheiden. Weil alles gehört seine Frau. Und für ihn, das ist das Wichtigste, das Restaurant, das Geld."

„Na ja, er muss wissen, was ihm wichtiger ist."

„Ich kann nicht sagen... *Nie mogę mu powiedzieć* – wie sagt man *mu*?"

„Ihm."

„*Nie mogę mu powiedzieć?*"

„Ich kann ihm nicht sagen... Was kannst du ihm nicht sagen?"

„Nein, ich wollte nur wissen, wie ist korrekt! Ich kann ihm nicht sagen..."

Und dann hat sie ganz leise, für sich, geflüstert: „Vergiss mich!"

– Ich muss nicht sofort ausziehen weisdu und ficken –

Der Job ist weit draußen gewesen, im Zweiundzwanzigsten, schon fast in Essling. Die Oleandergasse ist größtenteils ein Feldweg, dann geht es eine Mauer entlang, hinter der so etwas wie ein alter Gutshof liegt. Auf Oleandergasse 3 gibt es keine Stiege 5. Als Sissy den Kunden anruft, ist es die Doeltergasse. Sie ist ganz zerknirscht, wie kann sie sich nur so verlesen haben. Ich rase dorthin, den Rautenweg entlang, Wagramerstraße, Donaufelderstraße. Als Juliette fertig ist, ruft sie nicht an, sondern kommt gleich zu mir ins Cafe. Ich zeige auf mein Bier und mache „Pst!" mit dem Finger auf den Lippen, sie lacht und nimmt einen Schluck, bestellt sich einen schwarzen Tee. Dann erzählt sie mir gutgelaunt, ihr Knie an meinem Knie, dass der Gast ein völliger Trottel war. Er hat sie in die Wohnung von einem Freund bestellt, damit man ihm nichts nachredet und dann erst noch eine falsche Adresse angegeben, weil er sich geniert hat und sich nicht sicher war, ob er wirklich ein Mädchen haben will. Jetzt hätte er gewollt, dass sie zwei Stunden bleibt, aber sie hat gesagt, nein, nur eine halbe, sie hat keine Zeit, und ist nach einer Viertelstunde gegangen.

Na gut, wir fahren wieder, jetzt müssen wir wieder ins Zentrum, in die Schottenfeldgasse. Juliette klappt die Rückenlehne runter und legt sich nieder, schläft ein bisschen. Inzwischen ruft mich Sissy an und erklärt mir den Job. Das ist wieder so eine Geschichte. Ich suche mir beim Fahren die nötigen Wörter im Wörterbüchlein zusammen. Als Juliette aufwacht, frage ich sie: „Bist du wach?"

„Was ist das: *wach?*"

„Wenn du nicht schläfst, bist du wach. *Jak nie śpisz, jestesz* wach.

„Aha."

Ich sage auf Polnisch: „Gut. Ich werde dich erklären diese Job. Das ist wieder so eine Geschichte. Horch: Der Klient weiß nicht, um was es geht. Der Klient hat einen Kuvert. In dem Kuvert ist das Geld. Aber der Klient weiß nicht, was in dem Kuvert ist. Er weiß nur, jemand kommt zu holen dieses Umschlag, eine Studentin von Russland. Du sollst sagen, dass du kommst um den Kuvert. Und dann reden, plaudern und dann" – Ich setze die Brille auf die Nasenspitze, klemme das Lenkrad mit dem Knie fest und schiele ins Wörterbuch – „ihm verführen."

„Aha." Sie nickt ernsthaft.

„Aber weißt du", sage ich „ich denke, für solche Geschichte, du musst am mindesten, nein: zum mindestens haben 50 Euro extra. Das ist doch nicht leicht."
Darauf hat sie auf Deutsch gesagt: „Weisdu: Für mich ist leicht. Ich kann reden 45 Minuten. Ich muss nicht – *od razu?*"
„Sofort."
„Ich muss nicht sofort ausziehen weisdu und ficken. – Wie heißt auf Deutsch *koperta?*"
„Kuvert. Bei uns sagt man Kuvert. Die Deutschen sagen Umschlag. Du sagst einfach: Ich komme das Kuvert abholen."
Ich lasse sie hinaufgehen, und nach fünf Minuten rufe ich sie an, weil sie sich ja nicht anmelden kann wie sonst: „Sprich Polnisch! Alles in Ordnung, hast du das Geld? Nachher kommt Gerd dich abholen, okay?"

– Du machst eine Pause und schaust mich an. Da vergeht mir die Lust –

Sally hat mich angerufen. Sie ist an der neuen Donau mit Connie, ob ich nicht kommen mag. Es ist heiß gewesen und ich habe momentan keinen Job gehabt. Also bin ich hingefahren. Sie sind gleich bei der U6-Sation, hat sie gesagt. Ich habe sie im Strandrestaurant oben auf dem Damm gefunden, das neue Kindermädchen von Connie war mit Kasia unten am Wasser. Nach einer Weile sind wir hinuntergegangen und ich habe Sally das Schwimmen beigebracht.
„Das einzige, was du können musst, ist den Kopf unter Wasser halten." Sie hat eine halbe Stunde gebraucht, bis sie den Kopf ins Wasser gesteckt hat.
„Es geht nicht darum, dass du oben bleibst. Du kannst gar nicht untergehen. Hol tief Luft und lass dich auf den Grund fallen. Siehst du, es geht nicht. Du bleibst oben. Es geht nur darum, dass du vorwärts kommst."
Sie hat es so halbwegs hingekriegt und ich habe mich gefreut. Ich freue mich immer, wenn ich jemand das Schwimmen beibringen kann. Sie sind immer überrascht, wie einfach es ist. „Jetzt habe ich Hunger", hat Sally gesagt. „Gehen wir hinauf, etwas essen?"
Da hat Connie gerufen, dass ihr Handy läutet. Sie hat einen Job gekriegt.
„Aber ich hab Hunger!" hat sie gesagt. „Jetzt krieg ich Schwanz zu essen."
So gegen zehn hat Sally angerufen, ob sie zu mir kommen kann. Sie muss sich ihre Bilder bei Hearts-Express im Internet ansehen. Ich habe ihr den letzten Klatsch über Gerd und Sabrina erzählt. Der Gerd pflaumt mit irgend einem Mädchen in der Agentur herum und ich sage zu ihm: „Pass auf, das werd ich der Sabrina erzählen." Da sagt er zu mir: „Die Sabrina – willst du sie haben?"
„Ich könnte nie einen Freund haben, der mich zum Job bringt. Was ist das: Ein Mann liebt eine Frau und bringt sie zum Job, dass sie mit anderem Mann ficken kann?"

Wir reden über die Vorteile des Boyfriend-Anlügens oder Nicht-Anlügens. Sie hat ihren Boyfriend acht Monate lang angelogen. Dann ist er ihr dahintergekommen. Sie war bei einem Klienten, beim Motherfucker, und er hat sie angerufen und sie hat gesagt, sie ist bei Angelika. Der war in fünf Minuten bei Angelika und so ist sie aufgeflogen. Zuerst hat sie ihm gesagt, sie macht Massagen. Und dann nach drei Stunden, was wirklich los ist. Und sie hat es bereut. „Du Hure, hat er mich beschimpft."

„Na ja", sage ich, „Du hast vier Möglichkeiten. Du kannst als Prostituierte arbeiten und deinen Boyfriend anlügen. Oder du arbeitest als Prostituierte und hast einen Boyfriend, der dich mit anderen Männern ficken lässt. Oder du arbeitest als Prostituierte, und hast keinen Boyfriend. Oder du hast einen Boyfriend und arbeitest nicht als Prostituierte."

„Ja, das ist es, was ich will." Und dann hat sie gesagt, wir sollen ins Bett gehen. Während ich geduscht habe, hat sie telefoniert. *„In twenty minutes!"* hat sie zu jemand gesagt.

„In twenty minutes?" habe ich gefragt. Sie hat die Schultern gezuckt.

Im Bett hat sie sich beklagt, das ich nicht richtig küsse, dass ich nicht richtig streichle. „Du unterbrichst immer, du machst eine Pause und schaust mich an. Da vergeht mir die Lust."

„Okay," habe ich gesagt. „Das ist jetzt für dich, nur für dich. Ich will heute gar nichts von dir." Ich bin hinuntergegangen und habe sie geleckt. Lange. Ausführlich. Aber sie ist nicht gekommen. Irgendwann hat sie gesagt: *„It's okay."* Und hat angefangen, mich zu wichsen und zu blasen, wie die schlechten Huren das halt so machen: Fünfmal mit der Hand rauf und runter und dann fünf Mal mit dem Mund und wieder fünf Mal mit der Hand und wieder fünf Mal mit dem Mund. Dann hat sie mir den Gummi übergezogen, kaum, dass er halbwegs gestanden ist, und ist auf alle viere gegangen.

„Schau, das ist nichts," habe ich gesagt. „Ich mag es langsam. Ich lass mir gern Zeit."

„Und ich mag mir keine Zeit lassen."

„Dann haben wir ein Problem."

Sie hat gelacht und gesagt, sie muss jetzt gehen. Sie muss sich mit ihrem Freund treffen.

Okay, wenn das ihre Art ist, sich einen Ehemann zu angeln, dann ist sie wenigstens nicht falsch genug, die Sache mehr als halbherzig zu anzugehen. Kann man das so sehen? Ja, so kann man das sehen. Und aus. Ich habe mir vorgenommen, nur aufzuschreiben, was geschehen ist, nichts zu erklären oder zu interpretieren. Wenigstens so wenig wie möglich. Teilnehmende Beobachtung.

– Mein Schlüssel könnts mir aber net wegnehmen! –

Für Juliette habe ich einem Kunden, der nicht zahlen wollte, die Tür eingerannt.
Sie hat mich angerufen, dass sie fertig ist, und ich sie abholen soll. Ein paar Minu-
ten später hat sie wieder angerufen: „Kannst du bitte kommen zu Tür, oben?"
Die Adresse war in einem alten Gemeindebau im 20. Bezirk.
Ich laufe hinauf, sie steht da und zerkratzt dem Kunden mit ihrem Schlüssel seine
Wohnungstür.
„Was ist los?"
„Kunde nicht zahlen!"
Ich klopfe, klingle, telefoniere mit Sissy und sage ihr, dass sie ihn anrufen soll. Ich
höre sein Handy drinnen läuten, sonst nichts. Keine Reaktion. Zwischendurch
lasse ich mir von Juliette erzählen, was passiert ist. „Wie kann denn das passieren?
Warum hast du nicht vorher kassiert?"
„Er macht so, ich glaube, er ist Stammkunde. Er sagen, er zahlen mit Computer,
Banktransfer."
Ich kapiere zwar nicht, wie sie auf so was reinfallen kann, ein erfahrenes Mädchen
wie Juliette. Aber jetzt ist es eben so. Ich hämmere mit der Faust gegen die Tür.
Eine Nachbarin beugt sich im oberen Stockwerk übers Geländer und schreit:
„Wolln S' die Tür aufbrechen?"
„Das kann schon sein."
„Da wer'n ma die Polizei holen. A Ruah hat zu sein zu Mittag!"
„Tuan S' ihna nix an, die Polizei hol'n ma gleich selber!"
„Ist er alt, jung, groß, klein?" frage ich Juliette.
„Er nicht groß. Kleiner als du!"
Ich gehe ein paar Stufen hinauf, springe hinunter und werfe mich mit der Schulter
gegen die Tür. Im Fernsehen geht die Tür immer beim dritten Mal auf. Ich mache
es vielleicht zu zaghaft, es ist ja auch das erste Mal, dass ich so etwas probiere,
aber ich merke, dass meine Schulter noch ein bisschen mehr aushalten würde.
Außerdem schaut mich Juliette mit aufgerissenen Augen und voll Erstaunen an.
Also gehe ich ein paar Stufen höher und probiere es noch einmal. Jetzt schauen
auch die Nachbarn zur Linken und zur Rechten aus ihren Türen.
„Die Herr ist mir Geld schuldig", erkläre ich. „Und ich will ihm ersparen, dass die
Polizei kommen muss!"
Die beiden Nachbarn ziehen sich achselzuckend zurück, ich schmeiße mich noch
einmal gegen die Tür. Aber ich mache es falsch. Ich treffe die Tür genau in der
Mitte, da, wo sie vom Schloss gehalten wird. Vielleicht sollte ich unten dagegen
treten.
Aber jetzt höre ich ihn hinter der Tür rumoren.
„Na kommen S', machen S' auf, man kann ja über alles reden!" sage ich durch die
Tür.
Die zehn Minuten Krawall haben ihn anscheinend mürbe gemacht. Ich höre den
Schlüssel im Schloss und drücke gegen die Tür. Jetzt bin ich drin.

Der Kunde ist ein junges Bürscherl von zwanzig Jahren und schaut mich unsicher an. Die Wohnung ist armselig und schmuddelig, auf dem Boden liegt eine Matratze mit einem nicht sehr frischen Leintuch drüber, ein tragbarer Fernseher auf einem Stockerl dudelt vor sich hin, Schmutzwäsche liegt auf dem Boden. Im Regal und auf dem Boden türmen sich Video- und Spielekassetten, Brettspiele, Fantasy-Sammelkarten, auf dem Schreibtisch steht ein PC.

„Wie viel ist er schuldig?"

„Zweihundert!"

„Also, was is damit?"

„Ich hab's net."

„Ausweis!"

Er kramt aus dem Schrank seinen Reisepass heraus, gibt ihn mir. Ich schlage den Pass auf, starre die Seite mit dem Bild an. Ich mache hier den bösen Zuhälter, aber in Wirklichkeit bin ich so aufgeregt, dass ich dreimal hinschaue und mir trotzdem den Namen nicht merke. Juliette merkt gleich, dass der Pass vor ein paar Wochen abgelaufen ist.

„Das macht nix. Damit kann er noch fünf Jahre in halb Europa herumfahren. Wenn er einen anderen hätte, dann hätte der da ein großes Loch eingestanzt."

Ich stecke den Pass ein.

Juliette durchstöbert gnadenlos sein Glumpert, Ordner mit Papieren, Wäsche, ein Umschnalltäschchen voll mit Sammelkarten.

„Also, wann kannst du zahlen?"

„Am achten!"

„So lang könn ma net warten. Und i hab ka Lust, dass i den Fernseher da als Pfand mitzah. Kannst du's dir von irgendwem ausborgen?"

„Ja, vielleicht."

„Dann ruf an!"

„Ich hab kein Guthaben."

Ich zücke mein Handy. Er holt seins, sucht die Nummer raus. Ich wähle, warte bis sich jemand meldet.

„Weißt du, ich denken, er Stammkunde. Er kennen Sabrina, kennen Tatjana, sagen, ah, die ist auch aus Polen, deswegen ich denken, er ist ok. Wie ich rausgehe, ich rufe an Büro, Sissy nix weiß. Und wie ich zurück, er schon zugemacht die Tür!"

Ein Rolfi meldet sich. Ich sage „Hallo, ich geb dir gleich den Oliver. Pass auf, der Oliver hat ein kleines Problem, der braucht dringend 200 Euro. Er hat a bissel an Blödsinn g'macht und du kannst ihm hoffentlich helfen, weil sonst hat er a ärgeres Problem!"

Dann gebe ich Oliver das Telefon.

Oliver erklärt dem Rolfi die Sache, und der erklärt sich bereit, ihm die 200 Euro zu borgen. Aber er kann sie erst morgen früh auftreiben.

„Na von mir aus. Ich nehm deinen Pass mit. Das blöde Schwert da auch. Und dein Handy."

Juliette hat noch ein Fernglas gefunden. Ich schaue mich noch auf seinem Schreibtisch um, aber da sind nur stapelweise Ausdrucke von Internetseiten diverser Escort-Agenturen.
„Na gut, gehen wir. Aber pass auf, Oliver, wenn du morgen das Geld net hast, dann kommen drei solche wie ich, gell!"
Beim Rausgehen zieht Juliette den Wohnungsschlüssel, an dem der ganze Schlüsselbund hängt, aus dem Türschloss.
„Mein Schlüssel könnts mir aber net wegnehmen. Da kann ich ja net aus der Wohnung raus!"
„Das ist deine Problem", sagt Juliette.

Nachdem ich Juliette nach Hause gebracht habe, schaue ich mir Olivers Handy genauer an. Viele Nummern sind da nicht gespeichert:

Arbeit 01 ....
Asiamassage 01 ....
Gratis Sex 0930 ....
Nicole Sex 0664 ....
Partnerbörse 05122 ....
Sandra Sex 0664 ....
SpanierinSex 0676 ....
Stute 18+Sex 01 ....
Tante Hn 0676 ....
Tante V. 01 ....
Rolfi 0664 ....

Na schön, wenn er Zicken macht, kann ich ja auch Tante Hn oder Tante V. anrufen oder in der Arbeit. Beziehungsweise ihm damit drohen.

– Nur diese kleine Sache –

Am Abend habe ich wieder einen Job mit Juliette gehabt, zum Baron hinaus nach Ebreichsdorf.
„Was ist das? Kontaktlinsen?" Ihre blauen Augen sind diesmal grün gewesen.
Sie hat Schokolade gegessen und mich auch damit gefüttert.
„Nein, ich soll das nicht, ich bin sowieso zu dick!"
„Ich auch. Wie ich noch war bei meine Mann, ich war so!" Sie deutet ihren zweifachen Umfang an. Eine kleine Anlage zur Fülligkeit hat sie wirklich. Sie ist schlank, aber nicht gertenschlank. Alles an ihr ist kraftvoll, weich und rund. Das muss den Zauber ausmachen, den sie auf so viele Stammkunden ausübt. Diese Wärme, die von ihr ausgeht, diese große Weiblichkeit. Im Sex-News-Forum ha-

ben Kunden von ihr Hymnen geschrieben, wie sanft und zärtlich sie ist. Mutter, Mädchen, Hure, genau so stellt man sich das vor.

„Bei meine Mann, ich jeden Tag Schokolade!" Sie lacht. „Weißt du, bei meine Mann ich habe gehabt alles: Kleider, Wohnung, Essen, den ganzen Tag nur Kosmetik, Fernsehen, spazieren. Geld, Wohnung, alles. Und dann..." Sie legt die Hände zusammen und reißt sie auseinander: „*Rozwód!*"
„Scheidung?"
„Ja, Scheidung. Nix. Wie eine Ballon – puff. Ich arbeit. Normal arbeit, ich 200 Euro in Monat. Ich nehmen auch Kredit, kaufen Wohnung. Jede Monat: 100 Euro Wohnung, 50 Euro Kindergarten, 50 Euro Kredit. Schon ist 200 Euro. Und keine Essen. Zwei Wochen ich habe nix gegessen. Meine Sohn essen Kindergarten. Ich nur bei Freunden, einmal da, einmal da essen. Keine Geld. Und dann, Kredit nix zahlen, und Bank sagen, musst du gehen."

Dann erzählt sie mir eine komplizierte Geschichte, halb auf Polnisch, halb auf Deutsch, die darauf hinausläuft, dass der Mittelsmann, über den sie die Wohnung gekauft hat, auf die Wohnung eine Hypothek aufgenommen hat, von der sie nichts gewusst hat. Sie hat ihm die Wohnung bezahlt, und dann hat sie sie noch einmal bezahlen müssen. Sie hat ihren eigenen Kredit zurückzahlen müssen und den von dem Betrüger.
„Und da ich sagen: Nix! So geht nicht! Und ich arbeiten Bar."
„Und deine Familie?"
„Jetzt ich habe keine Familie. Meine Mutter bjuse auf mir, seit ich *rozwód* mache von meine Mann. Sie: was willst du, bist du verrückt, hast du Geld, hast du alles! Aber Geld ist nicht alles. Ein Jahr und zwei Monat sie nicht sprechen mit mir. Und meine Schwestern auch. Meine junge Schwester ist gut, sie hat sehr schwere Leben, drei Kinder, Mann ist Alkoholik, und eine Kind ist invalid. Aber mein andere Schwester sie hat alles, hat eine Mann, Geld, aber nicht mir helfen. Zwei Wochen ich habe keine Cent, ich anrufen, sprichst du mit meine Mutter, ich brauche Hilfe, Nichts. Nur ihre Mann, meine ..."
„Schwager."
„Ja, Schwager, er mir bringen Geld. Aber jetzt er gehen nach Russland, er leben in Odessa. Er sagt, das nicht für mich. Weißt du, meine Mutter ist gutes Leute, wirklich, sie hat große Herz. Wann ich bin junger, sie machen alles für mich. Aber dann... Wie heißt *święty, Boże Narodzenie?*"
„Weihnachten"
„Weihnachten ich machen zwei Karten – nichts."
„Keine Antwort?"
„Nein. Aber jetzt ist egal. Ich schon – gewöhnen."

Ich fahre von der Autobahn ab, auf immer kleineren Straßen. Jetzt kenne ich den Weg schon, nach der Doppelkurve kommt ein Bahnübergang, und nach dem

Bahnübergang geht rechts ein Feldweg hinein, dann kommt zuerst die Pferdekoppel und dann ein Maschenzaun mit einem Tor. Aber am Tor hängt heute ein Vorhängeschloss.

Ich rufe Iris an, eine neue Telefonistin: „Kannst du den Baron anrufen, wir sind schon da!" Nach drei Minuten ruft sie zurück: „Er hat sich verspätet. Ein, eineinhalb Stunden, sagt er. Er fahrt hin, wir rufen dich an, wenn er da ist."

„Na super!"

„Komm, wir fahren auf einen Kaffee!" Ich drehe um und fahre zurück auf die Autobahn, zum *Oldtimer* bei Guntramsdorf. Juliette kippt die Lehne zurück und streckt sich aus. Wie ich vor der Raststätte einparke, ist sie eingeschlafen. Ich bin bei ihr sitzen geblieben.

„Sag einmal, was is mit dem Baron? Wir warten jetzt schon eineinhalb Stunden und der kommt nicht daher!"

Sissy ist dran. Inzwischen war Schichtwechsel.

„Ich ruf ihn gleich an, ciao, bis gleich."

Eine Minute später ruft mich Sissy an: „Er sagt, ihr sollts gleich kommen, er wartet schon eine Stunde!"

„Des gibt's ja net. Die Iris hat g'sagt, sie ruft mich an, wenn er da ist!"

Ich fahre los. Juliette wacht auf, zündet sich eine Zigarette an und fragt: „Was ist los?"

„Er wartet schon längst und die Iris hat vergessen, mich anzurufen, und ist nach Hause gegangen."

Das Gatter ist jetzt offen und ich fahre hinein, bis zum Fischteich mit der Jagdhütte. Sein silberner Mercedes steht da. Der Baron kommt uns in Schlapfen und Badehose entgegen, so um die sechzig, mit einem kahlen Eierkopf, einem spitzen Schnurrbart und einem Spitzbauch über den mageren Beinen.

„Zwei Stunden!" sagt er zu mir. Dann macht er Juliette die Tür auf, hilft ihr heraus und geleitet sie am Arm zu dem Gartentisch, wo Flasche und Gläser stehen.

Für zwei Stunden zahlt es sich nicht aus, nach Wien zurück zu fahren. Ich esse einen Salat im Oldtimer und trinke zwei Cola. Unten vor den Klos in der Spielecke für die Kinder singen ein paar Grottenbahnvögel: „Es wollte ein Vogel Hochzeit halten in dem grünen Wahalde" und nicken dazu stupid mit den Köpfen.

Ich fahre zurück und warte vor dem Gatter auf Juliette. Die Nacht ist warm. Ich finde noch einen Apfel auf dem Rücksitz und füttere das Pferd damit.

„Und wie bist du nach Österreich gekommen? Hast du gleich gewusst, wo du hingehen musst?"

„Eine Chauffeur von Belvedere , eine Pole, ist gekommen Urlaub zu diese Bar. Hat gesagt, hab ich gute Verbindungen, kannst du kommen Österreich, ist besser. Aber ich mache nur bis Dezember. Dann Schluss."
Jetzt, wo ich das schreibe, ist schon März. Und Juliette ist immer noch dabei. Und etwas hat sie ausgelassen bei ihrer Geschichte, das habe ich von Jolanta erfahren: Sie hat dem Mann, der sie nach Österreich gebracht hat, 5.000 Euro abzahlen müssen.

„Ja, diesen Job kannst du nicht ewig machen", sage ich zu ihr.

„Weißt du, oft ich komme von Job, ich lachen, tralala, aber da drinnen, ich bin so nerv. Und das ist *accumulation*. In meine Psychik, ich habe groß Problem."

„Weißt du, die anderen Mädchen, die reden, wenn sie vom Job kommen. Die sagen: Das war gut, das war ein Scheißkunde. Du sagst nie etwas."

„Ich habe nur dreimal, viermal gehabt Problem mit Kunde. Eine einmal zu mir hat gesagt: Ich geben dir 100.000 Euro, dafür eine Jahr du gehörst mir: Ficken, Wohnen, alles. Ich habe gesagt: Bist du deppat, kannst du gehen!"

„Und nach all diesen Männern – willst du überhaupt noch einen Mann für dich?"

„Weißt du, ich will nix eine Modelmann von Zeitung. Meine Mann – meine Freund sagen: was das, was für eine Mann für dich? Weißt du, ist 11 Jahre älter, nicht groß, nicht schön. Aber ist gute Mann."

„Aber warum dann die Scheidung?"

„Weißt du, ist gute Mann, aber ist ein bisschen *pyszny*. Hat Nase da oben. Wenn er sagen, so ist, dann ist so. Und ich immer: ja, ja. Aber einmal: nein."

„Und was war das?"

„Nix Große Sache. Ich nie *oszukuję* meine Mann. Nie mit andere Männer. Nur diese kleine Sache. Und er: Wenn du das machst, ist aus. Und ich: No, werden sehen." Dabei grinst sie. „Und ich machen – und aus!"

„Aber was? Was hast du gemacht?"

„Nix. Kleine Sache. Aber *nigdy nie rozumiesz!*" Das wirst du nie verstehen. Aber was das war, das habe ich nie aus ihr herausbekommen.

„Meine Priorität ist Herz. Und Intelligenz. Weißt du, meine Mann, er mich alles gelernt. Ich haben, wann wir uns kennen, ich haben 15 Jahre. Ich nix lesen Bücher, ich mich interessieren nix. Er mich lernen, das ist das, das ist das. Das ist gut, das ist schlecht. 12 Jahre wir zusammen."

„Du liebst diesen Mann immer noch!"

„Ich haben probiert andere Männer. Zum Beispiel Siggi. Aber nein. Jetzt ist so. Aber ich hoffe, später anders."

„Du willst wieder mit ihm zusammen sein?"

„Ja."

– An dem Abend hab ich's anscheinend so nötig gehabt –

Am Abend habe ich mir von Jacqueline Olivers E-Mail Adresse geben lassen und ihm noch eine kleine Erinnerung geschickt:

Nicht vergessen:
Morgen Samstag
Offener Betrag: EUR 200,-
Spesen: EUR 30,-
Gesamt: EUR 230,-
Jeder Tag Verzögerung bedeutet eine Erhöhung der Spesen um EUR 20,-.

Das ist bös gewesen. Aber ich habe eine echte Wut gehabt auf den kleinen Dreckskerl. Am nächsten Tag hat er schon in aller Früh angerufen und gesagt, dass er das Geld hat. Ich habe ihn noch zwei Stunden warten lassen, bevor ich hingefahren bin. Mir ist alles mögliche durch den Kopf gegangen, ob er jetzt ein paar Freunde bei sich hat oder vielleicht Polizei. Was ich gemacht habe war ja ziemlich illegal. Bevor ich in die Wohnung gegangen bin, habe ich Vera angerufen und habe mit ihr geplaudert, während ich die Tür aufgemacht habe, zur Sicherheit. Aber er war allein und hat das Geld dagehabt, auch meine 30 Euro Spesen. Ich habe kein schlechtes Gewissen gehabt deshalb, er hat mir ja wirklich unnötige Arbeit gemacht. Ich habe ihm das Billa-Sackerl mit seinen Sachen gegeben, er hat reingeschaut und gesagt: „Gut, es ist alles da."
„Nein, es ist nicht alles da!" Aus der Hosentasche habe ich seinen Pass geholt.
„Sag, was is dir denn da eing'falln? Hast des schon öfter g'macht?"
„Nein."
„Hast es denn so nötig g'habt?"
„An dem Abend hab ich's anscheinend so nötig gehabt", sagt er frech.
„Aber wie kannst denn glauben, dass d' mit so was durchkommst? Du hast ganz schön was riskiert. Es is net jeder so freundlich wie ich. Hast denn nix anderes im Kopf? Computerspiele und Pudern! Sonst nix, was?"
Übrigens hätte sich kein anderer Fahrer so benommen wie ich. Und Jolanta wäre das auch nicht recht gewesen, wenn ich sie gefragt hätte. Auf die 70 Euro, die sie verloren hätte, wäre es ihr nicht angekommen. Lieber keine Probleme haben, jedes Aufsehen vermeiden. Und Juliette – hätte eben Pech gehabt.
Ich habe Juliette ein SMS geschickt: *Ich habe dein Geld. Liebe Grüße. Martin.*
Sie ruft zurück: „Hast du wirklich?"
„Ja, ich hab's kassiert."
„I can't believe it!"
Sie hat sich wirklich gefreut. Nicht nur wegen dem Geld.

Ein paar Tage später ist Gosia vom Urlaub zurückgekommen und hat mir erzählt: „Du bist unser Stern, weißt du. Juliette hat gesagt, du bist so klug und so anständig. Und sie war überrascht, dass du so stark bist. Du bist so ein ruhiger Mensch."

– In der Nacht bin ich aufgewacht und habe geschrieen –

Es ist ein Sonntag gewesen. Es war ihr erster Tag nach dem Urlaub, und sie hat mich angerufen, ob ich für sie eine offene Apotheke finden kann, sie braucht Gleitgel. Und ob ich vielleicht mitkommen kann, es kaufen. Die Apotheke ist gleich bei ihr um die Ecke gewesen. „Es ist gut, dass du mitgekommen bist. Wenn ein polnisches Mädchen so etwas kauft, wissen alle gleich, was sie macht."
„Weißt du, Frau in Apotheke nicht denkt nach über so was. Ist egal."
„Ich brauche Gel. Andere Mädchen werden so feucht, aber ich nicht."
„Na ja, alle Frauen sind verschieden."
„Willst du Kaffee?"
„Gern, danke!"
Gosia hat mir Kaffee gemacht und ich bin in der Küche auf dem Boden gesessen, weil es in der ganzen Wohnung keinen Sessel gibt. Tatjana und ihre Schwester Elżbieta haben im Zimmer mit Damjan gespielt, dem kleinen Buben von Natascha, der dritten Schwester.
„Es sind meine besten Freundinnen" sagt Gosia. Sie holt Gläser heraus und gibt in jedes zwei Löffelchen gemahlenen Kaffee. „Wir waren zusammen im Kinderheim. Weißt du, dass Tatjana schon seit sieben Jahren so arbeitet? Sieben Jahre! Seit sie siebzehn ist. Aber sag nichts zu ihr, dass ich dir das gesagt habe, ja? Du weißt nichts, okay? Ich war entsetzt damals, als ich das erfahren habe. Und dann hat Natascha auch angefangen. Gleich nach dem Kinderheim. Für 60 Złoty die Stunde. Das sind 15 Euro. Hier kriegen wir 60 Euro. Das sind, warte, 240 Złoty . Ich habe damals auf ihr Kind aufgepasst. Elżbieta und ich, wir haben bei ihr gewohnt. Wir haben die ganze Arbeit im Haus gemacht und sie hat die große Dame gespielt, ist ins Kaffeehaus gegangen und ins Restaurant. Wir haben nur das Essen bekommen. Aber ich habe dort wohnen können und bin in die Schule gegangen am Abend. Das war schön. Mathematik und Polnisch, das waren meine Lieblingsfächer. Ich habe immer Fünfen gehabt, das ist die beste Note. Am liebsten habe ich Gedichte interpretiert, dafür habe ich ein Gefühl. Und ich habe einen Freund gehabt, nur ein guter Freund, weißt du, aber er hat mich gemocht, er hat mich sehr gern gehabt, und ist immer mit dem Auto gekommen, hat die Fenster aufgemacht und Radio gespielt. Und alle in der Klasse haben gesagt: Ah, Diskothek! Das war eine schöne Zeit. Die Erzieher vom Kinderheim, die haben mich in so eine Berufsschule geschickt. Ich wollte aufs Gymnasium, aber sie haben gesagt, ich soll Gärtnerin lernen. Na ja, ich bin Gärtnerin, aber ich habe da nie eine Arbeit gehabt. Und dann nachher, dann habe ich gesagt, ich will aufs Gymnasium gehen, ich will

die Matura machen. Es war eine schöne Zeit. Aber einmal war ich sehr krank, und Natascha, weißt du, sie wollte die Wohnung frei haben, weil ein Typ zu ihr gekommen ist. Und da hat sie mich weggeschickt, mit vierzig Grad Fieber. Es war Winter, 20 Grad unter Null, ich habe einen Freund angerufen, er hat mich mit dem Auto abgeholt, ich kann mich erinnern, wie ich gezittert habe. Weißt du, ich liebe sie wie eine Schwester, aber das kann ich nicht vergessen. Ich habe es ihr verziehen, ich verzeihe allen Leuten, aber vergessen kann ich es nicht. Und Elżbieta , weißt du, die hat auch ein Baby gehabt, mit 17, aber sie hat es verloren. Aus demselben Grund, weil Natascha sie im Winter weggeschickt hat, mitten im Winter auf die Straße. Es war schrecklich. Sie haben ein Jahr lang nicht miteinander gesprochen. Aber jetzt hat sie sie nach Wien geholt, damit sie auf Damjan aufpasst, denn sie will Damjan nicht in Polen lassen. Sie gibt ihr Geld, vierhundert im Monat, das ist nicht schlecht. Tatjana hat auch ein Kind, aber er ist in Polen beim Vater. Tatjana ist verheiratet. Sie sagt oft, wenn sie zwei Wochen hier war und dann nach Hause fährt zu ihrem Mann, hat sie gar keine Lust auf Sex. Das geht ihr alles nur auf die Nerven. Schrecklich, nicht wahr?"
Gosia gießt aus der Pfanne heißes Wasser auf das Kaffeepulver in den Gläsern.
„Ich habe mich lange gewehrt. Ich wollte nie so arbeiten. Willst du Zucker? Milch? Aber dann, weißt du, ich habe kein Geld gehabt, da hat mir Tatjana einen Sponsor verschafft. Na ja, mit dem hab ich mich getroffen, und er hat mir Geld gegeben, 200 Złoty jedes Mal. Er war nett, ein Universitätsprofessor. Und später habe ich noch einen zweiten gehabt, durch ihn. Aber ich habe sie nicht zusammen getroffen, was denkst du, nein, einmal den einen, einmal den anderen. Sie waren beide sehr nett, haben mir immer zu Essen gemacht, ein Bad, haben mit mir geredet. Und sie haben immer gesagt, ich soll nicht so arbeiten, in einer Agentur oder Bar, das ist nichts für mich. Und dann habe ich mich verliebt, und ich wollte mich nicht mehr mit ihnen treffen. Und wie es dann aus war, dann habe ich gar nichts mehr gehabt. Und Tatjana war schon hier bei Belvedere und Natascha auch, aber ich wollte das nicht. Ein ganzes Jahr fast habe ich mich gewehrt, aber ich habe keinen Ausweg gehabt.
Weißt du, ich bin ein Mensch, der sich von niemandem sagen lässt, was gut ist und was nicht. Wenn mir jemand was sagt, höre ich zu, aber dann denke ich selber. Das sind die guten Seiten, das sind die schlechten Seiten, und dann entscheide ich. Ich habe mir nie etwas vorschreiben lassen. Und bevor ich hierher gekommen bin – ich habe fast ein ganzes Jahr lang überlegt, ja oder nein, soll ich oder soll ich nicht. Aber was hätte ich tun sollen. Ich habe kein Geld gehabt, keine Arbeit, keine Wohnung, gar nichts. Soll ich herumsitzen und nichts tun?
Ich habe mir gedacht, was bin ich, was mache ich da. In der Nacht bin ich aufgewacht und habe geschrien. Wie ich hergefahren bin mit Tatjana habe ich die ganze Nacht nicht geschlafen, die ganze Nacht bin ich wach gelegen im Zug und habe gedacht, wer bin, ich, was mache ich!
Und gleich am ersten Tag habe ich gearbeitet. Ich war gar nicht müde. Das waren die Nerven.

Jolanta versteht mich. Sie ist gut zu mir. Als ich geweint habe, hat sie gefragt, was los ist, und sie hat mich verstanden. Sie hat gefragt, ist etwas passiert? Ich habe gesagt, nein, aber der war so hässlich. Und sie hat gesagt, no ja, so ist das halt. Hast du geglaubt, du kommst hier auf Ferien zu lauter Gigolos? Aber sie hat mich verstanden." Gosia bringt Tatjana und Elżbieta ihren Kaffee hinein. Ich halte mein Glas an der oberen und unteren Kante, es ist immer noch heiß. Wenn ich den Zucker umrühre, wirble ich das ganze Kaffeepulver wieder auf und muss warten, bis es sich setzt. Etwas davon kriegt man immer in den Mund. Damjan kommt zur Tür und schaut mich neugierig an, dann rennt er zurück zu Elżbieta . „Nein!", sagt sie, „du bekommst kein Bonbon, du hast Strafe, weil du schlimm warst!" Damjan rennt zu Gosia und haut mit seiner Patschhand auf ihre Beine: „Du hast Strafe, du hast Strafe!" Gosia nimmt ihn auf den Arm und kommt wieder zu mir in die Küche. „Ich mag Kinder. Ich kann mit Kindern viel besser umgehen als Elżbieta . Tobias auch, der Bub von Tatjana, wenn er mich sieht, kommt er schon zu mir, Gosia, Gosia, ich muss die ganze Zeit mit ihm spielen. Mit Paweł habe ich auch immer gespielt. Er war unten bei den Kleinen, und ich war oben, aber er ist immer zu mir heraufgekommen und ist bei mir gesessen und hat Autos und Flugzeuge gezeichnet. Immer nur Autos und Flugzeuge. Zu Hause habe ich eine ganze Sammlung von seinen Zeichnungen. Und ich habe ihm immer alles erklärt. Wenn die anderen Kinder zu ihm gesagt habe, er soll doch rauchen, habe ich ihm erklärt, dass es nicht gesund ist. Ich habe ihm nie gesagt, du darfst das nicht machen, ich habe ihm alles erklärt. Ich habe ihm gesagt, wenn du mich anlügst, dann kann ich dir nichts glauben, auch wenn es stimmt. Und er hat es begriffen. Man muss Kindern die Sachen erklären, sie sind nicht dumm, sie können das verstehen."

– Ich hasse diese Mann, ich hasse ihn. –

Es hat geklopft und ich habe aufstehen müssen, damit ich die Tür nicht in den Rücken kriege. Es ist Natascha gewesen. Sie ist gekommen um Damjan abzuholen.
„Na, warst du brav, mein Kleiner?"
„Er war nicht brav, er hat Strafe", sagt Elżbieta .
„Ich habe keine Strafe", sagt Damjan, „ich habe sie Gosia gegeben!"
Alle lachen, nur Natascha nicht. Natascha ist wegen irgend etwas aufgebracht: „Warst du bei Hendricks gestern?" faucht sie Tatjana an.
„Nein, vorgestern."
„Gestern, vorgestern, ist ja egal. Was hast du ihm erzählt?"
„Ich? Ich weiß nicht. Keine Ahnung. Ich war fünf Stunden bei ihm, wir haben etwas geraucht, ich habe keine Ahnung mehr, worüber wir geredet haben."

„Warum erzählst du ihm von Damjan? Was geht ihn das an, ob ich ein Kind habe oder nicht?"

„Na komm, das kann dir doch egal sein."

„Ist es nicht. Das ist meine Privatsache. Ich halte es nicht aus, wenn ein Kunde sich um mein Privatleben kümmert. – Diese Scheisehund" sagt sie zu mir auf Deutsch. „Diese Scheisehund, er ist in mir verliebt, weisdu. Jede zweite Tag er bestellt mich fünf Stunden, acht Stunden. Er hat Charakter wie – Wolf. Er machen mit Psyche – wie soll ich sagen auf Deutsch …"

Sie macht mit den Händen krumme Klauen und saugt Luft ein.

„Ein Vampir? Ein Psychovampir?"

„Ja. Und will immer alles wissen. Von mich, von meine Familie, von meine Kinder. Ich weiß nicht, wer ihm erzählt, Tatjana ist meine Schwester. Ich nicht. Er bestellt meine Schwester, er bestellt meine Freundin, nur zu fragen über mich. Ich will das nicht. Kunde ist Kunde und privat ist privat. Ja, und dann sagt, tu das, tu das… Weißt du, er ist Boss von Firma, und er meint, er ist immer Boss. Ich bin so eine Charakter, ich kann das nicht, wenn einer sagt, tu das. Ich weiß selber, was ich mache. Ich hasse diese Mann, ich hasse ihn. Ich sage ihm, ich gehe nicht mehr zu ihm. Aber was soll ich machen, ist gute Geld, auch für Agentur, Agentur schicken mich. Wann ich sagen, nein, ich gehe nicht zu Kunde was zahlen für acht Stunden 600 Euro, was glaubstu, Agentur macht mit mich. Glaubstu sie geben mich Jobs?"

„Hört auf damit!" sagt Elżbieta auf Polnisch. „Ich kann diese Sachen nicht hören. Ich bin so froh, dass ich diesen Job nicht mache. Nie werde ich das machen, nie!"

„Willst du Kaffee?" fragt Gosia Natascha.

„Ich will gar nichts. Ich will meine Ruhe haben." Sie schmeißt ihre Tasche auf den Boden, schlüpft aus den Stöckelschuhen und lässt sich aufs Bett fallen. „Was ist das für ein Leben!"

„Ich mach dir auch Kaffee", sagt Gosia.

„Nein, ich will Tee. Kräutertee."

Da sitzen die drei Schwestern auf dem ungemachten Bett, rauchen und schauen vor sich hin. Alle drei sind blond. Tatjana, zierlich und quirlig, schon ein bisschen spitz im Gesicht, Natascha mit ihrer klassischen Sanduhr-Figur und dem ein bisschen faden Porzellanpuppengesicht, und Elżbieta , pummelig, in ihren Jeansanzug gezwängt wie die Wurst in die Wursthaut. Man muss genau hinsehen, um zu sehen, dass sie Schwestern sind.

„Wo hast du die Handtasche gekauft?" fragt Tatjana.

„Bei D'Orsay."

– Das ist eine Mann unter tausend –

Der Frieden ist wiederhergestellt. Die Mädchen reden über Handtaschen, Kleider
und Schuhe, vergleichen die Preise. D'Orsay und Pimkie sind hier sogar ein kleines bisschen billiger als in Polen. Gosia bringt Natascha ihren Tee und setzt sich
zu uns. Sie kramt in ihrer Handtasche und fängt an, die Kondome zu überprüfen,
quetscht jedes einzelne Päckchen, um zu sehen, ob es unverletzt ist, ob der Luft-
polster Widerstand leistet. Das Päckchen darf sich nicht zusammendrücken lassen,
es darf keine Luft herauskommen. Und sie entfernt alle spitzen Gegenstände aus
dem Fach in der Tasche, Haarnadeln, die Nagelfeile. „Ich will nicht, dass mir ein
Kondom zerreißt. Juliette ist schon ein paar Mal ein Kondom geplatzt und dir
auch, Tatjana, stimmt's?"
„Um Gottes Willen, hör auf davon!" schreit Elżbieta und hält sich die Ohren zu.
„Man muss achten, dass nicht ist Luft in Kondom", sage ich. „da vorn, in – auf
Deutsch heißt Reservoir."
„Hast du Zeit?" fragt Natascha, „führst du Damjan und mich nach Hause?"
„Na klar", sage ich.
„Geb ich dir zehn Euro."
Aber bevor wir noch gehen, läutet Nataschas Handy und sie kriegt einen Job.
„Keine Problem", sagt Natascha ins Telefon, „Martin kann mich fahren, sind wir
gleich da." Sie horcht. „Nein, bin ich in Ottakringerstraße, nicht zu Hause,
brauchst du nicht schicken Miroslav, weil Martin ist hier."
Im Auto schaut sie auf die Uhr, murmelt vor sich hin, rechnet. „Kannst du zuerst
fahren zu mir zu Hause? Muss ich etwas holen."
Wir müssen in den Achtzehnten, da liegt der Achte nicht ganz auf dem Weg, aber
wir haben Zeit. Sonst hätte ich sie ja erst abholen müssen, und heute ist Sonntag,
da ist sowieso nicht viel Verkehr. Sie kommt aus der Wohnung mit einem Plastiksack. „Muss ich mitnehmen normale Kleider." Sie trägt ein schwarzes, enganlie-
gendes Cocktailkleid und High-Heels. In dem Plastiksack hat sie Jeans und Pullover und Turnschuhe.
„Hast du dann einen anderen Job?"
„Nein. Hab ich neuen Mann. Er soll nicht wissen, welche Arbeit ich mache."
„Oh je", sage ich, „das wird schwierig! Wenn er dann später draufkommt, dann ist
erst recht die Katastrophe da."
„Das ist eine Mann unter tausend. Schöne Mann, gute Mann. Und akzeptieren
meine Sohn. Ich will geben diese Mann keine Schmerz."
Er ist 27, erzählt sie, studiert Medizin, will Kinderchirurg werden.
„Und wo hast du ihn kennen gelernt?"
„Normal. Im Park. Damian ist gefahren mit *rower* – weißt du *rower*?"
„Fahrrad? Dreirad!"
„Ja, Fahrrad. Und ich mit Inline-Skates. Und Damjan, er fahren so." So macht eine
Pantomime: Da war ein Hügelchen, und Damjan ist bergab gefahren und immer
schneller geworden. „Und ich kann nicht ihm halten. Und Damjan schnell schnell,

und ich – und er kommen und nehmen Damjan, so – und dann natürlich Kaffee trinken, und..." Sie lächelt.

„Schön!"

„Ich will nicht verlieren diese Mann."

Ich bin wieder zurück in die Ottakringerstraße gefahren und habe Gosia geholt. Für den Job hat sie einen bordeauxroten Hosenanzug getragen, dazu eine altrosa Bluse mit weiten Spitzenmanschetten, bordeauxrote Stöckelschuhe und rote Netzstrümpfe. Ich habe sie ins Orient gebracht und bin wieder in den Achtzehnten. Natascha hat Jeans und Adidas angezogen, das kleine Schwarze hat sie bei mir im Auto gelassen. Sie ist ganz nervös gewesen.

„Überleg dir, was du machst", sage ich, als ich sie beim Volksgarten absetze. „Das Schlimmste ist, wenn er es irgendwo hinten herum erfährt."

Sie nickt krampfhaft mit dem Kopf, starrt vor sich hin und zündet sich eine Zigarette an.

– Ich bin eine Philosophin, das sagen alle –

Ich habe einen Parkplatz am Tiefen Graben gefunden und auf Gosia gewartet.

„Komm, gehen wir auf ein Eis", habe ich zu ihr gesagt.

„Ich mag kein Eis. Aber gehen wir einen Kaffee trinken."

Wir sind im Eissalon vor dem Palais Ferstl gesessen und haben den Touristen zugeschaut, die in Fiakern vorbeigefahren sind.

„Das ist schön", sagt sie. „Das möchte ich auch einmal machen. Das war ein schöner Mann. Er war ganz elegant, und sportlich, weißt du, kein Gramm Fett an seinem Körper. Und er wollte nichts von mir, nur Massage. Und er war sehr freundlich, sehr angenehm. Ich habe ihn massiert, und wir haben geredet, und ich habe gesagt, dass er sehr schön ist, und er hat gesagt, ich bin auch sehr schön. John ist auch ein sehr eleganter Mann, weißt du, der wollte mich für zwei Wochen nach Malta einladen. Aber ich war ja in Polen. Der hat sogar ein Wörterbuch gekauft, weil er mit mir Russisch reden wollte, wo ich doch angeblich aus Litauen komme. Und dann habe ich ihm die Wahrheit gesagt, dass ich Polin bin, aber er hat mir versprechen müssen, dass er niemandem sagt, dass ich das gesagt habe."

„Mach dir nicht Sorgen. Alle Kunden wissen, das ist nicht wahr, Litauerin, Italienerin, Französin. Das ist nur Spiel."

„Und dieser Mann jetzt, er hat gesagt, er wird es nicht der Agentur sagen, dass ich ihn nur massiert habe. Damit ich keine Schwierigkeiten bekomme."

In Polen ist es ihr gut gegangen, sagt sie. Immer in der Disco, im Restaurant. Einen Freund hat sie jetzt dort auch. Sie zeigt mir seine SMS, in denen von Sternen die Rede ist. Was er macht, weiß sie nicht. Aber er hat viel Geld.

„Du bist fröhlicher jetzt", sage ich. Ich suche das Wort im Wörterbuch: „Lebhafter!"

„Aber er sollte mich anrufen. Um 5 Złoty kann er eine *Telegroszik*-Karte kaufen, weißt du, was das ist, *Telegroszik*? Damit kann man 10 Minuten ins Ausland telefonieren, um 5 Złoty! Aber er ruft mich nie an!"

Die Pille nimmt sie nach der Uhr, erzählt sie, ganz genau, sie stellt sich immer den Wecker. Aber sie verträgt sie schlecht, sie wird schläfrig und müde davon eine Stunde, nachdem sie sie genommen hat, nach drei Stunden vergeht das wieder. Ich meine, dass das vielleicht psychisch ist, weil sie sie eben nicht nehmen will.

„Ich habe nie Geld. Ich gebe immer alles aus. Ich kaufe mir Sachen zum Anziehen, oder Essen, oder ich verschenke es. Ich kann dieses Geld nicht behalten. Meiner Mutter habe ich 1000 Złoty gegeben, damit sie die Wand in der Küche reparieren kann. Aber die Maurer haben es schlecht gemacht, es sind keine wirklichen Maurer gewesen, halt Bekannte. Aber wenigstens sieht es jetzt sauber aus, es war alles schon ganz schwarz. Aber ein bisschen bucklig haben sie es gemacht, den Verputz. Ich habe Hunger. „

„Was willst du denn? Hier gibt es Eis und Kuchen."

„Nein. Einen Kebab oder so was."

„Schauen wir. Hast du überhaupt schon gesehen etwas von Wien?"

Beim Anker hat sie ein Stück Pizza gekauft, und wir sind über den Stephansplatz spaziert. Der Stephansdom hat ihr gefallen. Auf dem Pflaster vor der Kirche hat ein Straßenkünstler mit einer Gasmaske vorm Gesicht Lackbilder gesprayt, Planeten und kosmische Landschaften.

„Dieses Bild, es zeigt nichts Wirkliches, aber man kann sich so viel darunter vorstellen. Man kann soviel denken dabei. Weißt du, ich bin Humanistin. Ich bin eine Philosophin, das sagen alle."

Mit dem Fiaker sind wir nicht gefahren, das kostet 40 Euro für 20 Minuten.

– Und morgen wird wieder alles meine Schuld sein! –

Jeden Montag, Mittwoch und Freitag ist Gosia in den Deutschkurs gegangen, zusammen mit Sabrina, von neun bis eins. Das ist einer dieser Kurse für Einwanderer gewesen, die die notwendigen Deutschkenntnisse für die Aufenthaltsbewilligung nachweisen müssen. Fünf Wochen lang drei Vormittage zu vier Stunden. Um 240,- Euro. Sabrina hat sich aufgeregt: Aber die Lehrerin spricht kein Polnisch, kein Englisch, alles nur Deutsch. Wie will sie mir zum Beispiel erklären, was heißt: Es regnet."

„Ich weiß nicht. Vielleicht Foto!"

„Oder: Kontakt, oder: Ich bin hier."

„*No, to jest problem*", sage ich. „Aber weißt du wenn du warst eine Kinder, du auch hast gelernt. Du warst ein kleine Mädchen, und du hast gelernt, was ist das:

Zeit, oder: kaputt, ohne Dolmetsch. Erst du hast nicht verstanden, und dann, auf irgendein seltsame Art du hast verstanden. Das ist natürlich Method."
„Na, ich weiß nicht, wie das gehen soll. Du kannst wenigstens Polnisch, dich kann ich fragen, wenn ich was nicht verstehe."
„Klar, ich kann schon ein bisschen helfen!"

Wenn ich Zeit gehabt habe, bin ich in der Ottakringerstraße gesessen und habe Gosia bei ihren Hausaufgaben geholfen. Ihre Tonbänder mit der Spezialbrille sind ihr lieber, hat sie gesagt. Da legt sie sich hin und hört sich das an. Aber sie hat alles sehr genau genommen. Jedes Wort habe ich ihr zehnmal vorsprechen müssen und sie hat sich die Aussprache auf Polnisch aufgeschrieben: Haus – haos, Schule – szule.
„Und: gähän?"
„Nicht: gähän! Gehen!"
„Gihän?"
Das Polnische hat kein langes e. Und die Polen hören den Unterschied zwischen e und ä nicht, so wie wir den Unterschied zwischen den verschiedenen sch und tsch nicht hören.
„Gee-hänn! Wenn du gähän sagst, jeder hört, dass du aus Polen kommst."
„Und das, was soll das heißen: trübgrauer Nebeltag?"
Seltsame Vokabel für die dritte Lektion sind das. „Ich kann nicht übersetzen, das ist Poesie."
Gosia ist zwar sehr pedantisch gewesen, aber sie hat nie lange durchgehalten und immer gleich von etwas anderem geredet. „Elżbieta hat heute frei, weil Natascha noch die Regel hat und nicht arbeitet. Wir wollen in die Disko gehen. Kommst du mit?"
„Ich weiß noch nicht. Wann wollt ihr denn gehen?"
„So um 11. Kannst du in der Agentur anrufen und sagen, dass ich heute nur bis 23 Uhr arbeite?"
„Mach ich."
Ich rufe Sissy an: „Die Maja lässt sagen, sie ist heute ab 11 abgemeldet, ok?"
„Gut is. Kannst du mir die Bernardette abholen und in den Zwanzigsten bringen?"
„Ist das eine Neue? Von der hab ich noch keine Daten. Sagst du mir die Adresse und die Nummer durch?"

Um 11 ruft mich Gosia an. Ob ich sie beide abholen komme? Sie muss sich nur noch die Haare trocknen. Als sie mir die Tür aufmacht, sagt sie: „Was sagst du, jetzt hat mich die Agentur erst wieder auf Job geschickt! Du hast doch gesagt dass ich mich abmelde?"
„Ja sicher, du warst doch dabei."
„Ruf bitte an und sag das."
Ich rufe Jacqueline an, aber die weiß von nichts. „Die Sissy hat mir nix aufge-schrieben. Und die Andrea weiß auch von nichts."

„Also ich hab heut am Nachmittag angerufen und der Sissy gesagt, dass die Maja sich abmeldet. Ab 23 Uhr. Jetzt ist es 23.40."

„Na was soll ich machen. Ich hab a Bestellung und ich brauch sie. Ich ruf einmal die Jolanta an."

Nach 20 Minuten rufe ich wieder an.

„Also die Jolanta hat gesagt, die Maja muss fahren."

„Na schön, ich sag's ihr."

Ich bin nach Hause gefahren und habe mich vor den PC gesetzt.

Um halb eins ruft mich Gosia an: „Du, ich fühle mich so schlecht. Wir fahren irgendwohin außerhalb, aber der Fahrer ist neu, er versteht mich nicht. Ich weiß nicht, wohin der Job geht, wie lang er dauert, wie viel ich verlangen muss. Und plötzlich ist mir so schlecht, das kommt wahrscheinlich von der Pille."

Ich versuche sie zu beruhigen: „Das sind wohl Nerven. Weil du willst nicht gehen, weil du ärgerst dich, weil du nicht ins Diskothek kannst gehen."

„Nein, das sind nicht die Nerven. Ich fühle mich so schwach, weißt du."

„Höre, ich werde in Agentur anrufen und mich erkundigen, in Ordnung?"

Ich rufe Andrea an: „Hör einmal, die Maja hat mich grad angerufen, der geht's irgendwie nicht gut und sie versteht den Fahrer nicht und er versteht sie nicht. Wohin geht denn der Job überhaupt?"

„Nach Brunn am Gebirge."

„Ah so, das ist nicht so weit. Und weißt du, für wie lang?"

„Nein, das weiß ich nicht."

„Na gut, ich ruf sie an und sag ihr das. Danke, pah pah!"

„Gosia, das ist nicht so weit, nur ein bisschen außerhalb von Wien."

„Ja, aber der Fahrer kennt sich nicht aus. Er sucht schon die ganze Zeit herum. Er ist eh nett, er ist ganz lieb. *The driver is very good driver!*" Sie lacht unter Tränen.

„*No, driver is Scheise!*" höre ich den Fahrer.

„Ich fühl mich jetzt ein bisschen besser. Aber weißt du, das ist nicht fair, dass sie das einfach nicht aufschreiben, und dann sagen, ich muss fahren."

„Armes Mädchen, Kindchen, es tut mich leid für dir."

Ich lege auf, da klingelt es wieder. Jolanta ist selber dran: „Du, was is denn das da mit dir und der Gosia?"

„Na nix, was soll sein. Sie ruft mich immer an, wenn sie mir was *przetłumaczyć* soll."

„Gibt's da kein Schechtelmechtel mit euch?"

„Was soll's da für ein Schechtelmechtel geben? Ich bin zu Haus und sie sitzt im Auto. Hör einmal, ich bin mit ihr heut Nachmittag auf Job gefahren, und dann hat sie mir gesagt, ich soll anrufen, dass sie ab elf abgemeldet ist. Na, das hab ich gemacht, ich habe die Sissy angerufen und ihr gesagt, bitte sag's der Andrea. No, und jetzt ruft sie mich an, sie haben sie doch auf Job geschickt und ich soll fragen warum."

„Na, weil's die Sissy vergessen hat aufzuschreiben."

„No, hab ich wieder angerufen und der Jacqueline gesagt, dass ich sie bei der Sissy abgemeldet habe. Und ob sie fahren muss. No und hat sie gesagt, sie muss fahren, als hab ich ihr wieder gesagt, dass sie fahren muss. Na und jetzt hat sie mich angerufen, weil der Fahrer sie nicht versteht, in Brunn am Gebirge herum-sucht und sie nicht weiß, wie viel sie verlangen soll."

„Die is aber auch ganz schön frech, dass sie dich um halb eins anruft. Du musst ja auch einmal schlafen."

„Na ja, weißt eh, wie das ist. Was soll ich machen!"

„Und da is nix mit euch?"

„Puh, alles was ist, ist, dass ich a bissel Polnisch kann und sie kann ka Deutsch!"

„Na das will ich hoffen. Weil ich hab schon genug von die ewigen Fahrer-Mädchen-Geschichten. Die Gosia könnt aber auch schon weiter sein. Wie ich einen Monat da war, da war ich mit Deutsch sicher schon so weit wie du mit Pol-nisch. Also entschuldige, dass ich dich so spät gestört hab."

„Is schon recht, ciao pah pah, gute Nacht!"

„Gute Nacht!"

Ich bin schlafen gegangen. Um zwei hat mich das Telefon wieder geweckt. Auf dem Display hat *Gosia* geblinkt: „Martin, Kannst du mit dem Fahrer sprechen. Er versteht nicht, dass ich siebzig Euro kriege für die erste Stunde, er will mir nur sechzig geben."

„Gib Telefon zu Fahrer, damit ich kann sprechen mit ihm. Hallo, grüß ich. Du, es gibt ein paar Mädchen, die haben Spezialpreise, die kriegen siebzig Euro für die erste Stunde. Die Gosia auch."

„Andrea mir hat gesagt, Gerd sagt, sie heute nur 60 Euro. Ich bin neue Fahrer, ich weiß nicht, wer ist Wolfgang."

„Das ist unser Chefchauffeur. Na gut, gibst mir wieder die Maja."

„Hör zu, Gerd hat gesagt, du hast heute nur 60 Euro. Das ist wohl irgend eine...?"

„Strafe?"

„Ja. Strafe. Ich verstehe nicht, warum, und auch nicht weiß, ob *heute* oder *ab* heute. Höre, ruf morgen Jolanta an, sprich mit Jolanta, nicht mit Gerd, das hat keinen Sinn. Heute schlaf ruhig, nicht dich ärgere, und morgen rede mit Jolanta. So wird besser sein."

„Und wieder bin ich schuld. Ich verstehe das nicht. Die Telefonistinnen wollen keinen einzigen Job verlieren. Sie bekommen für jeden Job Geld."

„Ja, sieben Euro."

„Aber sie sitzen da und riskieren nichts. Wir machen das Geld für alle, wir riskie-ren unsere Gesundheit. Sie sitzen da und ja, sie arbeiten schwer, sie sind nervös, müde, aber was riskieren sie? Nichts! Warum müssen sie da auch noch lügen und betrügen? Und morgen wird wieder alles meine Schuld sein!"

„Ja, sogar Jolanta hat mich angerufen und hat gefragt, was los ist. Ich habe ihr gesagt, dass ich dir immer alles übersetze und helfe, aber wozu müssen sie über-haupt Jolanta anrufen, bloß weil ich für dich rede."

„Ich habe schon genug, ich habe wirklich schon herzlich genug von dieser Agentur. Immer gibt es solche Geschichten und immer bin ich dann die Schuldige. Ich habe herzlich genug!"

„Hör zu, ärgere dich nicht, das ist nicht gut für dich. Lass es heute gut sein, schlaf ruhig, und rede morgen mit Jolanta, gut?"

„Ja gut. Entschuldige, dass ich dich gestört habe, und danke."

„Du musst nicht entschuldigen."

– Das kriegen wir schon irgendwie hin, sicher –

Am Vormittag ruft sie mich wieder an, entschuldigt sich noch einmal, dass sie mich gestört hat. „Sie geben mir sicher Strafe, drei Tage Jobverbot oder so was."

„Wenn ich bin in Büro, ich werde herausfinden."

Die Vera fängt gleich davon an: „Was hör ich da von dir? Die Jolanta muss dich mitten in der Nacht anrufen, weil du dauernd mit der Maja z'sammsteckst?"

Ich erzähle die ganze Historie. „Weißt du, weil dann hab ich auch was mit der Connie, weil der hab ich die Waschmaschine repariert, und mit der Lilli sowieso, weil der hab ich ein Kind angehängt, und mit der Juliette, weil der hab ich die Jalousien montiert, und mit der Tatjana auch, weil der hab ich auch die Jalousien montiert, und mit dem Gerd auch, weil dem hab ich auch die Jalousien montiert."

„Mit dem Gerd, na des is aber arg!"

„Na klar, was mach ich denn sonst in seiner Wohnung."

Jolanta kommt herein, hält mir die Hand hin und grinst, als ich sie küsse.

„Das war wieder eine Aufregung gestern Nacht."

„Und für was, bitte?"

„Na, ich weiß nicht. Der Gerd sagt mir, du steckst dauernd bei der Maja in der Wohnung?"

„Aber dass ich bei ihm in der Wohnung war, davon hat dir nix g'sagt, schönste aller Chefinnen! „

„Also passts auf: Ich habe den Vertrag jetzt unterschrieben für den Umbau. Jetzt geht's los."

„Na, gratuliere!"

„Das heißt, wir müssen jetzt dreißig Jobs am Tag machen!"

Vera zuckt die Achseln, aber Sissy nimmt Jolanta um die Schultern: „Das kriegen wir schon irgendwie hin, sicher!" Als ob es ihr Hotel wäre.

„Aber so wird das nicht gehen, wenn ihr nur wartets bis die Kunden anrufen", sage ich. „Aktive Telefonwerbung, das ist angesagt: Guten Abend, gnädige Frau, könnte ich einmal kurz ihren Gatten sprechen?"

Alle lachen. „Na wie is das jetzt", frage ich Jolanta, „die Gosia hat mich heut schon wieder angerufen, ich soll fragen, was mit diesen zehn Euro ist und ob sie jetzt eine Strafe kriegt oder was?"

„Ich hab eh schon mit ihr telefoniert. Es ist schon okay, die zehn Euro kriegt sie, das war wieder einmal eine Überreaktion vom Gerd, und für heute hat sie schon wieder eine Vorbestellung, sie braucht sich nicht fürchten. Aber das hab ich ihr eh g'sagt."
„Na, dann passt's ja. Will wer Kaffee?"
„Ja bitte", sagt Sissy.
„Ich hab noch meinen kalten von heut in der Früh", sagt Vera.
„Mir auch einen", sagt Jolanta. „Und wer ruft beim Pizza-Mann an, es is scho Mittag!"
„Ich ruf an", sagt Sissy. „Eine Romana, wie üblich?"
„Ja. Bestellts euch auch was!"
Ich studiere den Prospekt. „Na bitte, das richtige Menü für uns: Ich krieg an griechischen Salat mit französischem Dressing!"
„Na geh, jetzt verdirbt er mir den Appetit!"
„Na was soll ich machen, da steht's! Aber wenn dir vorm griechischen Salat graust, dann sag halt, an kalten Bauernsalat!" Jolanta fällt fast von ihrem Drehstuhl vor Lachen. Ich gehe in die Küche Kaffee machen.

– Diese rumänischen Madln, was si die einbilden –

„Da is ein Lars in der Pension Claudia in Vösendorf, der hat ka Internet. A Dunkelhaarige will er. Wen soll ich ihm denn schicken?" sagt Vera, als ich mit drei Häferln Kaffee zurückkomme.
„Na eine aus'm Zehnten natürlich, wenn er in Vösendorf ist. Oder soll i eine aus Essling holen?"
„Wen ham ma denn im Zehnten? Na, schick ich ihm die Lilli!"
„Die Lilli?" Jolanta dreht sich um. „Die is doch jetzt mit'm Chris von Sweet z'samm. Und der lasst s' arbeiten?"
„Der lasst immer seine Madln arbeiten", sagt die Vera. „Auf seiner Homepage is sie aa drauf."
Ich esse meinen Salat, der inzwischen gekommen ist, dann fahre ich los. Lilli habe ich schon lange nicht mehr gesehen.
Sie ist schmollend und grantig daher gekommen.
„In three days I only have one Job from this agency. Is no goood!" hat sie gejault.
„Aber du musst doch Jobs haben von Sweet?"
„Nein, ich habe nur Boyfriend von Sweet."
„Und er gibt dir keine Jobs?"
„Nein. Er sagt: Du meine Freundin, du ficken mit andere Männer?"
„Aber er weiß, dass du bei anderen Agenturen fickst. *This is crazy boyfriend!"*
„For me is no good. My study is in Romania."
Aus Lilli schlau werden ist nicht einfach.

Nach dem Job in Vösendorf kriegt sie einen im Zweiten. Wenn ein Mädchen einmal auf Job ist, dann kriegt sie auch Anschlussjobs. Die Telefonistinnen geben die Jobs lieber einem Mädchen, das schon bei einem Fahrer im Auto sitzt.
Ich fahre über den Praterstern und biege hinter dem IBM-Komplex ein, in die Leopold-Moses-Gasse.
Wie Lilli die Adresse erkennt, schreit sie auf: „*No, is not possible! I cannot go to this client!*"
„Warum denn nicht?"
„*He has XXXL! You understand?*"
„Hat er dir wehgetan?"
Sie nickt.
Ich rufe Vera an, erkläre ihr die Sache.
„Pass auf, die Lilli kann nicht zu diesem Kunden geh'n. Der hat ihr das letzte Mal wehgetan. Übergröße, weißt du!"
„Ich versteh was du meinst. Na, ich werde den Kunden einmal anrufen."
Während wir warten, versuche ich Lilli klar zu machen, dass sie das besser schon gleich beim letzten Mal hätte sagen sollen, dann wäre sie gar nicht erst zu dem Kunden geschickt worden.
Vera ruft zurück: „Na, der hat si aufg'regt. Diese rumänischen Madln, was si die einbilden, kommen daher und scheißen auf alles, und was des haßen soll, er hat an zu großen, so a Frechheit. Na, i hab eahm g'sagt, dass er sich vielleicht geehrt fühlen soll. Andere ärgern si, wann ma ihnen sagt, dass s nix in der Hosen haben. Also des hab i eahm natürlich net mit diesen Worten gesagt. Na ja, jedenfalls hat er g'meint, dass er sich des morgen mit der Anastacia ausmachen wird. Heute nimmer."
„Na kannst dir vorstellen, wann der so red't, wie der sich den Mädchen gegenüber aufführt. Also bring ich die Lilli jetzt z'Haus."
„Is recht!"

– Und dann, nächstes Jahr, kommt Polen in die EU –

Sally ruft mich an, ich soll zurückrufen. Ich brauche eine Weile, weil ich in meinem neuen alten Handy ihre Nummer nicht gespeichert habe.
„Vor fünf Minuten ich wollte dich etwas fragen, aber jetzt ich brauche es nicht mehr. Aber warum rufst du nie an? *I think you forget me.*
„*You know why I don't call you:* Das letzte Mal, wo du bei mir warst, hast du mich ziemlich dreckig behandelt."
„Aber du weißt, warum ich dich schlecht behandle: *Because I am crazy!* Ich muss ins Spital gehen, meinen Kopf untersuchen. Kennst du einen guten Psychiater? Ich will wirklich zu einem Psychiater gehen. Aber er muss von Polen sein."

„Es gibt viele polnische Ärzte in Wien, es sollte kein Problem sein, wenn du wirklich glaubst, dass du einen brauchst."

„Ja, ich glaube das wirklich. Ich will jemand, der für mich *hypnosa* macht. Weißt du was ist *hypnosa*?"

„Ja, ich hab das gehabt, um mit dem Rauchen aufzuhören."

„Und hat es funktioniert?"

„Ja."

„Und glaubst du es hilft mir?"

„Kann schon sein."

„Was machst du gerade? Du arbeitest, ja?"

„Ja. Aber ich habe eineinhalb Stunden bis zum nächsten Job. Sollen wir uns treffen?"

„Warum nicht."

Ich hole sie vom Internetcafé bei der U-Bahnstation Längenfeldgasse ab. Das ist auch so ein Schwarzen-Treffpunkt.

„Ich brauch was zu Essen Bist du hungrig?"

„Nein", sagt sie.

„Dann schaust du mir beim Essen zu?"

„Sure, why not."

Ich bin zum Kaisergarten gefahren und habe mir Eierblumensuppe und Lammfleisch mit Jungzwiebeln bestellt.

„Really I want to go to hospital. Weißt du warum? Ich habe keine Lust, mit meinem Boyfriend Sex zu machen. Ich habe vielleicht drei Jobs am Tag und dann komme ich zu ihm und sage: Oh nein, ich bin müde!"

„Aber das ist normal, denke ich."

„Ist nicht normal. Als ich war mit dem Vater von meine Kind, hatte ich zehn Jobs, und dann bin ich nach Hause gekommen, und zwei-, dreimal! Aber jetzt. Vielleicht ist es nicht Liebe."

„Na da haben wir's. Wenn es nicht Liebe ist, ist es kein Wunder, dass du keinen Sex mit ihm willst. Da brauchst du nicht deinen Kopf untersuchen lassen."

„Aber ich will *hypnosa*. Kannst du das?"

„Du wirst lachen, ja. Ich hab's schon mal gemacht. Aber es wäre nicht gut, wenn ich das mit dir mache."

„Warum?"

„Na, unser Verhältnis ist ein bisschen kompliziert. Man sollte das nicht mit jemandem machen, der nicht neutral ist. Da könntest du dich nicht entspannen. Du musst der Person, die dich hypnotisiert, vertrauen können."

„Aber ich vertraue dir! Du bist der einzige Mensch, dem ich vertraue. Glaubst du, es gibt irgend jemanden, mit dem ich so reden kann wie mit dir? *No way, believe me!"*

„Ja, du misstraust den Menschen. Und das macht dich einsam."

„Ja, ich bin einsam. Aber wie soll ich jemandem vertrauen? I habe diesem Mann vertraut und er hat mir das Herz gebrochen. Ich habe geglaubt, ich lebe mit ihm für immer. Denn das ist, was ich will. Ich will mit meiner Familie leben, immer zusammen sein. Nicht nach drei Jahren geschieden werden. Wie könnte ich! Aber ich werde ihn leiden lassen! Denn dieses Mädchen, sie wird ihn nicht heiraten. Und dann, nächstes Jahr, kommt Polen in die EU. Und dann wird er zu mir kommen. Weil er die Papiere will. Und ich werde sagen, ich vergebe ihm. Und dann, wenn er sagt, er will mich heiraten, ich sage: „Tut mir leid, aber mein Mann kommt heim aus Spanien, schnell, geh weg, bevor er dich umbringt! *Zemsta*, you know!"

„Du meinst Rache?"

„Ja, ich will Rache. Glaubst du ist nicht gut?"

„Weißt du, das hört nie auf. Du nimmst Rache an ihm, er nimmt Rache an dir, du nimmst Rache an ihm. Es hört nie auf."

„Aber ich brauche das. Wenn er leidet, werde ich glücklich sein."

„Und was ist mit deinem Kind? Es ist nicht gut für sie, wenn ihre Eltern sich bekämpfen."

„Aber sie kann das nicht sehen. Sie kann nicht dabei sein, wenn ich das tue. Vielleicht, wenn er nach Polen kommen will um sein Kind zu sehen, kann er das tun. Ich werde meine Security haben, meine Bodyguards. Er kann sein Kind sehen, aber sie weiß nicht, dass er ihr Vater ist. Sie hat meinen Namen. Als sie geboren wurde, habe ich ihn nicht unterschreiben lassen. Wenn er kommt, kann ich sagen: Wer bist du? Du bist nicht Vater von meinem Kind. Weißt du: Für schwarzen Mann Kind ist sehr wichtig. Eine Freundin von mir, sie hatte ein Baby mit schwarzem Mann und er hat es weggenommen. Es ist jetzt in Afrika. Weißt du, was das bedeutet?"

Sie hat mein Essen bezahlt und ich bin zum nächsten Job gefahren.

– Ich ihm habe gesagt –

Inzwischen hat der Abendverkehr begonnen. Das ersparen sich die Nachtchauffeure. Die verdienen mehr Kohle, einfach weil sie schneller vorankommen. Ich kriege Stress, weil ich erst Natascha vom Neunten in den Neunzehnten bringen muss und dann Juliette vom Sechzehnten in den Zwanzigsten. Vera muss den Kunden sagen, dass es länger dauern wird, in der Stoßzeit geht's eben nicht so schnell.
Ich parke mich vor Nataschas Haus ein, rufe sie an: „Ich bin da!" Natascha wohnt im Parterre. Durchs offene Fenster höre ich Damjan weinen und schreien. Die Mama soll nicht weggehen. Er kreischt und ist wütend.
„Kannst du bitte nicht vor Haus parken", sagt Natascha genervt. „Nachbarn sie schauen. Wo ist diese Job?" Sie klappt sich den Damenspiegel herunter und fängt an sich zu schminken.
„Im Neunzehnten. Das ist nicht so weit. Vorsicht!" Ich drücke ihre Hand mit dem spitzen Kajal-Stift von ihrem Auge weg, weil ich bremsen muss. „Mach das an der

Kreuzung, wenn ich stehe. Nicht beim Fahren. Hast du geweint? Tu ein bisschen Puder unter die Augen!"

Sie pudert sich das Gesicht, trägt mit dem Pinsel Lip-Gloss auf.

„Was ist denn passiert?"

„Er ist da." Sie macht eine Kopfbewegung nach hinten, in Richtung ihrer Wohnung.

„Und?"

„Ich ihm habe gesagt."

„Und er ist noch da? Das ist doch wunderbar!"

„Er aufpassen auf Damjan. Aber er weinen. Er sagt, er kann nicht ertragen das. Aber was ich soll machen?"

Kaum, dass ich vor dem Haus halte, ruft Sissy an: „Seid ihr schon da? Der Kunde ist schon ungeduldig."

„Was soll ich machen, es ist Stoßzeit. Sag ihm, er soll schon einmal ohne sie anfangen, sie kommt dann nach!"

– Ich werde nie, nie schlecht über ihn sagen –

Juliette isst schon wieder Schokolade.

„Früher ich habe am Tag fünf Tafeln Schokolade gegessen. Meine meiste war sieben."

„Da musst du so gewesen sein."

„Damals ich gehabt 60 Kilo."

„Und wer hat dich so verwöhnt?"

„Was ist das: verwöhnen?"

„Mama ich will Schokolade! Gut, da hast du Schokolade. Mama kauf mir dieses Kleid! Gut, da hast du das Kleid."

„Aha. Jetzt ich verstehen."

„Und wer hat dich so verwöhnt? Deine Mama?"

„Nein, meine Exmann."

Pause.

„Er hat dich wie ein Kind behandelt."

„Weißt du, ich meine Vater nie gekannt. Ich gehabt 16 Jahre wie ich – *jak jest poznać?*"

„Ich glaube: kennen lernen."

„...wie ich hab kennen lernen ihm. Und weißt du wie? Mit Stop." Sie macht das Daumenzeichen. „Aber zwei Jahre ich nicht geredet, ich geschaut Fuß, Wand. Zwei Jahre nicht so." Sie tupft mich an. „Nicht geküssen, gar nichts."

Das erzählt sie lachend, mit vielen Gesten ihrer weichen Hände.

„Was ist eigentlich sein Beruf?"

„Weißt du, was ist Meliorator."

„Hat das was mit Agrikultur zu tun?"
„Ja. Aber er hat nie in dem Beruf gearbeitet. Er hat das studiert, weil diese Fach-
richtung eben Plätze frei hatte. Aber er hat immer gehandelt. Mit 20 hat er schon
sein eigenes Geschäft gehabt und studiert. Er mir viel – gehelft?"
„Geholfen."
„Geholfen. Ich werde nie, nie schlecht über ihn sagen."

Der Verkehr lässt nach und ich bin schnell wieder bei Natascha. Sie ist noch ner-
vöser als vorher.
„Diese Mann, weißt du, er ist von Ägypten. Für ihn das besonders schwer. Aber er
hat keine Geld. Er arbeiten in U4-Disco in Garderobe. Bei Nacht. Bei Tag studieren und bei Nacht arbeiten. Sieben-, achthundert Euro in Monat. Er kann nicht
ernähren eine Frau und Kind dazu."
„Wenn er dich liebt und du ihn, dann werdet ihr eine Lösung finden!"
Sie nickt nachdenklich. Wenn sie sich lieben, werden sie eine Lösung finden.

– Er benutzt sehr schwere Wörter –

„Ich will rauchen!" stöhnt Juliette, als sie aus dem Job kommt.
„Was ist, hat er dich nicht rauchen lassen?"
„Weißt du, wann Kunde nicht rauchen, dann sitzen, schauen so:" Sie stemmt das
Kinn in die Hand, trommelt ungeduldig mit den Fingern und schneidet gelang-
weilte Grimassen. „Und ich, so:" Sie zieht hektisch an einer imaginären Zigarette.
„Das nicht gut."
Dann zündet sie sich eine echte an. Die meisten Mädchen rauchen einfach, um
Zeit zu schinden.
„Diese Kunde... Weißt du, manche Kunde mir passt, und andere nicht. Und ich
denke, diese Kunde nicht meine. Er fragen: Diese Job, das ist Spaß? – Und ich:
Spaß? Was Spaß? – Na warum machst du diese Job? – Na für Geld. Und ich sage
noch: Das ist nicht meine Hobby! – Aber manchmal, es ist Spaß? – Weißt du, sage
ich: Erste Mal mit eine Kunde, das ist nur Stress: Was willst du, was machst du,
bin ich gut? – Und später, er fragen: Und wenn du aufstehen und gehen, du den-
ken: Ach, diese Kunde! – Und ich: Ja genau! Und er..." Sie macht ihn nach, wie er
gekränkt das Gesicht verzieht.
„Na ja, so hat er wenigstens etwas von der Realität erfahren", sage ich.
„Aber ist doch gut: Morgen um neun, ich habe wieder Job bei ihm."
„Du nimmst den Job ernst, was?"
„Wie meinst du?"
„Dir ist nicht egal, was der Kunde denkt. Andere Mädchen sagen: Kunde ist Kun-
de, schnell weg und aus."

„Nein, ist nicht egal. Für mich ist auch Mensch, mit seine Fühlen, seine Denken. Manche Kunde denken: Alle Prostitut ist dumm. Aber ich nicht, ich korrekt. Nein, andere: Komm ich zu Kunde, Kunde so." Sie spielt mir vor, wie sich der Kunde im Lehnstuhl fläzt, lässt eine imaginäre Zigarette lässig im Mundwinkel baumeln. „Ich fragen: wie lange? – Er schauen mich an, so: Na, eine Stunde. Er fragen: Du gut? Naturfranzösisch du machen gut? – Na, ich denken: du so, ich auch so! Ich sagen: Du haben große, Naturfranzösisch ich machen gut. Du haben kleine, ich machen nicht gut! – Er so." Sie macht sein langes Gesicht nach. Dann grinst sie. „Ich sagen: Du so, ich auch so! – Dann er, auf einmal: Na, okay, was willst du trinken? Ganz nett, plötzlich. Und andere fragen: Welche Buch du zuletzt gelesen? Ich: *Szachista* von Waldemar Łysiak. Kennst du?"
„Nein, von dem hab ich nie gehört."
„Ist international schon. Bestseller. Er sehr – was ist *używać* in Deutsch?
„Benützen."
„Er benützen sehr schwere Wörter. Ich erste Mal lesen mit 17. Verstehe kein Wort. Ich denken, gut, noch einmal. Und ich lesen sechs *tome*, sechs Buch mit *encyklopedia*. Und ich sagen zu Kunde, diese Buch von Waldemar Łysiak. Und er: Was, Prostitut lesen Łysiak!"

Die Pasettistraße ist im Zweiten, und an ihrem Ende hat sie einen Wurmfortsatz, der nur ein Fußweg bis zur Adalbert-Stifter-Straße ist. Woher soll ich wissen, dass auf der anderen Seite der Adalbert-Stifter-Straße noch ein Wurmfortsatz vom Wurmfortsatz ist, der auch noch Pasettistraße heißt, und wo die Hausnummern 1 und 3 zu finden sind? Irgendwann haben sie hier diese Durchzugsstraße vom Gürtel zur Floridsdorfer Brücke schnurgerade durchgezogen, und dabei das Stückerl Pasettistraße abgeschnitten. Die Sucherei macht mich ganz nervös. Man muss die Adalbert-Stifter an der Kreuzung Leystraße überqueren und dann in die Lorenz-Böhlergasse einbiegen und dann den Fußweg zurück gehen Richtung Adalbert-Stifter. Das Gebäude ist ein Pflegeheim für Behinderte. Als Juliette endlich bei Stiege 2 anläutet und in der Tür verschwindet, hätte ich mir gern ein Kaffeehaus gesucht, aber in dieser öden Gegend ist weit und breit kein Lokal und wegfahren mag ich auch nicht. Nicht einmal die Tankstelle ist noch offen. Ich schalte das Radio um auf Ö1 und warte im Auto. Ein Stückchen Debussy kann ich noch aufschnappen, dann kommen die 22-Uhr-Nachrichten. Die brauche ich jetzt auch nicht. Ich steige aus und setze mich auf den Heckspoiler. Der hält das aus.

– Mir ist schade –

Als Juliette nach einer Stunde herauskommt, dreht sie sich um und schaut ganz lange zu einem Fenster hinauf. Ich schaue auch hinauf, aber da ist nichts zu sehen. „Er hat nicht gewinkt?" sage ich grinsend, als wir einsteigen.

„Er kann nicht. Nur liegen. 20 Kilo. Nur Kn ... ?"

„Nur Knochen."

„Alles Apparat. Aber sehr nett. Fünf Jahre."

„Fünf Jahre schon?"

„Ja. Er habt gehabt Unfall."

„Scheiße."

„Ja."

„Wie alt?"

„32. Er hat gehabt 27, wie habt gehabt Unfall."

Sie ist ganz still.

Ich fahre los. Die Adalbert-Stifter entlang, auf die Gürtelbrücke, Bahnhof Spittelau, Müllverbrennung, Fernheizwerk.

„Weißt du, andre Mädchen, die sagen: Brr, schrecklich, grauslich. Du hast ein großes Herz."

Sie sagt ganz leise: „Mir ist schade."

Ich bringe sie in die Piaristengasse, warte im Chinarestaurant auf sie. Die Wirtsfamilie spielt Karten, die Kinder sind noch auf.

Und nach der Piaristengasse noch in die Khevenhüllerstraße. Es ist 00.15.

„Ich werde bald Schluss machen."

„Noch mich abholen!" bittet sie.

„Gut, ich warte!" Es gibt keine Vorbestellung mehr für Juliette, und während ich auf sie warte, kommt auch nichts mehr herein.

Wir fahren schweigend. Juliette hat nichts dagegen, wenn ich Klassik höre oder Jazz. Sie fährt sich mit der Hand übers Gesicht.

„Müde?"

„Weißt du, was ist *dziwne*?"

„Seltsam. Komisch. Nein, seltsam."

„Es ist seltsam: Gestern ich arbeiten von fünf Uhr."

„Bis fünf Uhr."

„Ja, bis fünf Uhr, und ich aufstehen acht Uhr. Aber nix müde. Und jetzt, auch nix müde. Aber morgen..."

„Morgen bist du tot."

„Ja, morgen ich sicher bin tot!"

Wir fahren wieder schweigend. Kurz vor ihrem Haus frage ich: „Na, machst du weiter oder gehst du schlafen?"

„Weißt du, manchmal es ist mir schade. Heute ist guter Tag, was ist morgen, ich weiß nicht. Jetzt ich mache ein halbe Stund Dusch, denn ich brauche warm. Egal was, warm!"

sechs

– Nein, ich mach das nicht –

Es ist schon fast halb drei gewesen, als ich nach Hause gekommen bin. Kurz vor halb sieben hat mich Sissy aus dem Schlaf geklingelt.

„Tut mir leid, wenn ich dich aufweck, aber ich hab keine Fahrer mehr. Kannst du mir die Cleo aus der Leipzigerstraße abholen?"

„Was Besseres hast net für mich in aller Früh? Die wohnt in Brunn am Gebirge, da soll ich jetzt für 10 Euro hin? Dafür musst mir heut noch an Job mit fünf Anschlussjobs vermitteln, nur halbe Stunden!"

„Wenn ich das schaff' bis neun, gern." Die Telefonistinnen haben Schicht von neun bis neun. „Beeil dich, die Cleo is um sieben fertig!"

Ich fülle meinen Starbucks-Thermosbecher mit Tee an und zische in die Leipziger. Das ist auch nur an einem Samstag oder Sonntag in einer halben Stunde zu schaffen.

Die Cleo ist eine kleine, drahtige Brasilianerin, ein bisschen über dreißig, denke ich. Sie lebt seit zehn Jahren hier, ist mit einem Österreicher verheiratet.

„Dieser Dreckskerl! Weißt du, was er gemacht hat? Er wollte mit mir griechisch machen. Ich sage: Nein, ich mach das nicht, kannst du anderes Mädchen bestellen. Aber er is betrunken, packt mich so, weißt du, meine Arme, siehst du die Stellen, da? Na, ich mich gewehrt, er nicht so stark, betrunken, weißt du, aber deppat, gibt keine Ruhe, na, fast es ist ihm gelungen."

„Sissy, den von der Leipzigerstraße auf die Sperrliste bitte, absolut, drei X! Der hat die Cleo fast vergewaltigt."

Um sieben Uhr früh erzählen die Mädchen oft solche Geschichten. Die Kunden, die um fünf, um sechs ein Mädchen bestellen, sind angesoffen, zugekifft, vollgekokst. Oft können sie nicht und werden deswegen rabiat. Andere Agenturen machen um vier Uhr Schluss. Belvedere hat rund um die Uhr geöffnet.

– Süße 18, alles ohne –

Um halb neun bin ich wieder zu Hause gewesen und habe mich noch einmal hingelegt. Um eins habe ich Gosia in den Wohnpark Donaucity gebracht. Sie ist zwei Stunden geblieben, und ich bin inzwischen auf die Copa Cagrana gegangen, auf einen Bauernsalat bei der türkischen Disco. Sally hat mich angerufen, und als ich gesagt habe, wo ich bin, hat sie gesagt, sie kommt vorbei.

„Ich war bei einer Wahrsagerin, die hat mir die Wahrheit über den Vater von meinem Baby gesagt. Sie hat sich das Foto angesehen und hat gesagt, er wird nie mehr zu mir zurückkehren. Ihm geht es nur ums Geld, um die Papiere. Mein zweiter Freund ist besser, hat sie gesagt. Der versucht seinem Leben ein Ziel zu geben."

Gestern war sie mit Angelica bei einem Kunden, der sie gefilmt hat. Er hat eine Garage, die mit allem Komfort ausgestattet ist, Anlage, Fernseher, Drinks. Dort darf nur er hinein, das ist sein Paradies. Seine Frau und die Kinder dürfen nicht hinein. Dort hat er sie als kleines Mädchen hergerichtet, wollte ihr sogar einen Schnuller geben.

„Aber ich wollte das nicht. Ich habe ein Baby!" So hat sie dann für ihn getanzt, mit sich gespielt etc., und er hat sie gefilmt. Er hat ihr für eineinhalb Stunden 100 Euro gegeben.

„Er wollte ohne Gummi", sagt Gosia, als ich sie abhole. „Er wollte mir viel Geld bezahlen, aber ich habe ihm gesagt, dass das ein Risiko ist, dass man das nicht tun soll, und ich es auf keinen Fall mache. Er wollte mir hundert Euro geben, aber ich habe ihm gesagt, nein, das ist nicht gut, das darf man nicht. Da habe ich es eben nur mit der Hand gemacht. Gestern der auch, der hat sicher kein Viagra genommen. Ich habe es wirklich probiert, dreimal habe ich es probiert, und mich abgemüht, und immer wieder geblasen, aber es ist nicht gegangen. Der war aber auch betrunken. Einmal wollte einer, dass ich ein Präservativ über zwei Finger ziehe und ihm die Finger, weißt du, in den Hintern stecke. Na, das habe ich gemacht, weil, das macht mir nichts, ich bleibe sauber dabei.

Aber wenn einer nicht kann, das ist nicht mein Problem, oder? Das ist vielleicht eine Krankheit oder ein psychisches Problem. Wenn ich sitze und nichts tue, oder nur dusche, dann ist das nicht gut, dann kann er sich beschweren. Aber wenn ich mich bemühe und er kann nicht, dann ist das nicht meine Schuld, nicht wahr?"

„Nein, das ist nicht deine Schuld. Ich glaube, vierzig oder fünfzig Prozent sie können nicht."

„Woher weißt du das? Von den Mädchen?"

„No ja!"

„Ich mache immer etwas, dass sie sich wohl fühlen. Ich gebe ihnen eine Massage, ich küsse sie da und da, streichle sie, damit sie nicht ihr Geld umsonst ausgegeben haben. Weißt du, die Klienten sind ja nett, und wenn ich nicht ficken und blasen muss, bin ich glücklich. Da mache ich alles, was sie wollen, massieren, tanzen, Finger hinten hineinstecken, das ist egal."

Gosia breitet die Arme aus und tut so, als ob sie sich im Tanz drehen würde.

„Martin, wenn man hier normal arbeitet, weißt du, manuelle Arbeit, mit den Händen, wie viel bekommt man da für, sagen wir, acht Stunden?"

„Na ja, zum Beispiel für Putzen, sieben, acht, vielleicht neun Euro auf die Stunde. Acht Stunden: 50 bis 70 Euro, 250 bis 350 auf die Woche."

„Soviel mache ich in ein paar Stunden. 70 Euro eine Stunde..."

„Na, 70 Euro, normal das ganze Tag Arbeit"

„Mit Extra 100 Euro in einer Stunde. Das ist schon schnell verdientes Geld. Weißt du, ich muss wissen, was ich sagen soll, wenn sie mich zu Hause fragen, wie viel ich verdiene. Aber ohne würde ich nie arbeiten, und wenn sie mir noch so viel zahlen. Arbeiten viele Mädchen ohne Gummi?"

„Ja, mehr und mehr. Die Betsy, die Madonna, die Marina, die Josefine auch, die Timmi..."

„Alles rumänische Mädchen?"

„Nein, Polinnen auch: die Sally und die Judy, die Connie, das sind Polinnen. Und vergiss nicht die Kitty, die in der Spinne arbeitet. Und die Lissy."

„Das ist die, die mit ihrem Mann immer im Büro sitzt, weil sie glaubt, dass sie dann mehr Jobs kriegt?"

„Na ja, so die Telefonistin nicht vergisst auf sie."

„Aber warum arbeiten die ohne? Warum denken die nicht an das Risiko?"

„So sie haben mehr Jobs. Sie sehen: Ah, die Betsy, die ist nicht schön, aber hat viele Jobs, weil sie macht ohne Gummi. Erst, sie machen nur mit Gummi. Dann, wenn sie nicht haben viele Jobs, weil sind viele Mädchen in Agentur, sie denken, vielleicht mehr Jobs ohne Gummi. Und Jolanta, sie sagt nicht: Du musst. Sie zwingt nicht die Mädchen. Aber was sie macht: Sie gibt Inserate in Zeitung: *Süße 18, alles ohne!* Jolanta immer sagt: Ich verstehe nicht, wie kann Mädchen ohne arbeiten. Ich nie gearbeitet ohne. Aber sie gibt Inserat, verstehst du. Und sie nicht sagt Mädchen, was ist Risiko. Ich sage immer zu Mädchen: In Wien, 8000 Männer hat AIDS, hat Infektion, aber noch nicht krank. Kannst du nicht sehen. Halbe diese 8000 ist schwul. Aber 4000 ist nicht schwul. Ist in Wien ein Million erwachsene Männer. Von 1000, vier hat AIDS. Von 250, einer hat AIDS. Sag ich zu Mädchen: Wie viele Jobs machst du in ein Monat? Machst du jeden Tag zwei Job, fickst du in vier Monat mit 250 Männer. Einer hat AIDS. Musst du nicht anstecken, aber kannst du. Mach, was du willst, aber musst du wissen das Risiko."

„Und blasen, ist das auch gefährlich?"

„Schau, hab ich erkundigt. Gibt es Organisation für Kranke von AIDS, hab ich nachgesehen auf Internet. Sagen so: Ganz gefährlich ist griechisch. Weil Popo ist nicht gemacht für das, deswegen immer gibt Wunde. Normal Sex ist auch gefährlich, weil Virus ist in Sperma. Blasen alleine ist nicht sehr gefährlich, wenn kein Sperma in Mund. Vor dem Ende es kommt auch ein bisschen was, aber in diese Tropfen nur ganz wenig Virus. Wenn du hast Problem in Mund, wenn du warst bei Zahnarzt, wenn du hast Wunde oder Entzündung, dann das auch gefährlich. Aber Risiko ist immer. So, ich bin kein Doktor, ich sage das, was ich habe gelesen."

„Oh Gott, ich habe Angst. Ich will auch nicht mehr ohne blasen."

„Ich sage dir einen Trick. Warte, muss ich nachsehen ein Wort." Ich suche *Hoden* in meinem Mini-Langenscheidt. „Wenn du dem Mann die Hoden leckst, das ist nicht gefährlich. Und für den Mann es ist sehr angenehm. Vielleicht für dich das ist nicht so angenehm, aber es ist nicht gefährlich. Und er vergisst, dass du nicht

seinen Schwanz in den Mund nimmst, verstehst du? Machst du das, und den Schwanz mit der Hand, und er ist im Himmel."
Sie schaut mich an: „Du hast das auch gern?"
Ich habe wohl ziemlich dämlich gegrinst. „Ja, ich mag das. Auf jeden Fall du musst immer gehen zu Doktor. Gibt auch noch andere Krankheit. Syphilis, Tripper. Aber das kein Problem, wenn man schnell weiß. Ist nicht gut, aber kann man heilen. Nur AIDS man kann nicht heilen."
„Ich habe solche Angst. Und wenn ich mich schon angesteckt habe?"
„Du bist doch sehr vorsichtig, du passt doch auf. Aber wenn du willst, ich zeige dir, wo du kannst gratis untersuchen."
„Wirklich? Warum gratis?"
„Na, das ist von, wie sagt man, von Regierung, von Staat. Kann jeder gehen und untersuchen für, wie sagt man Krankheit von Sex?"
„Venerische Krankheiten."
„Ja, venerische Krankheiten. Prostituierte muss dort hingehen jede Woche. Wenn legal arbeitet, dann muss dort hin. Aber kann jeder Mann und jede Frau dort Untersuchung machen. Und sagen nicht Polizei oder so. Wenn du willst, ich gehe mit dir."

– Du bist mein Engel, mein Schutzengel –

Am Montag ist sie wirklich mit mir in die Neutorgasse gefahren. *Ambulatorium für sexuell übertragbare Krankheiten.* Man muss einen Zettel mit Namen und Adresse ausfüllen, aber wenn keine schriftliche Auskunft gewünscht wird, wird der Ausweis nicht kontrolliert, ist die mürrische Auskunft der Schalterdame im weißen Kittel. Gosia schreibt *Mariana Paderewska* auf den Zettel. Wir setzen uns in den Warteraum mit den orangen Plastikstühlen.
„Wenn ich wieder nach Hause fahre, werde ich meiner Schwester sagen, was ich hier mache. Ich meine, sie muss es einfach wissen, sie ist meine Schwester."
„Warum willst du das machen? Damit sie schlecht fühlt, damit sie sagt: Meine Schuld, arme Gosia, warum habe ich nicht um sie gekümmert?"
Gosia lacht.
„Martin, sag mir, gibt es irgend eine Organisation, die Leuten hilft, die AIDS haben? Ich möchte gerne Geld spenden. Du hilfst mir so viel, Martin. Du bist mein Engel, mein Schutzengel!"
Das sagt sie immer wieder, und macht mit den Händen Flügelchen, damit ich sie verstehe.
Ach Baby, ich bin eigentlich nur eine neugierige Nase und ich bin nett zu dir, weil ich deine Geschichte haben will. Ich bin ein Psychovampir wie der Natascha ihr Hendricks, nur ein bisschen geschickter. Teilnehmende Beobachtung.

Neben uns sitzen zwei junge Mädels, vielleicht 15, 16, pummelig, mit Tattoos, Piercings, nabelfreien Shirts, aufgeschlitzten Jeans.

„Bei meiner Frauenfifi komm ich aber gleich dran. Wie erkennt man eigentlich, ob man Kopfläuse hat?"

„Frag die Mausi, die weiß das!"

Eine abgemagerte, verfallene Säuferin taumelt vorbei und deutet kopfschüttelnd auf ihren riesigen, aufgeblähten Bauch. „Wia wann i schwanger war!" sagt sie zu einer kleinen zerbrechlichen Blonden, die auch schon ihre fünfzig Jahre hat und einen schmutzigen Verband um die Hand trägt. Zwei junge Rumäninnen reden leise miteinander und eine füllige Schwarze blättert in einer Zeitschrift. Viel ist nicht los, anscheinend.

Gosia wird zur Sozialarbeiterin hineingerufen. Die Sozialarbeiterin sieht aus wie eine Sozialarbeiterin: kurzgeschnittene graue Haare, weiter bunter Faltenrock. Und Gosia sagt, als sie herauskommt, dass sie sehr freundlich gewesen ist. Auch die Ärztin ist lieb und freundlich, nimmt ihr Blut ab und verschreibt ihr eine Scheidenspülung, weil das da ein bisschen gereizt ist.

– Was glaubst, nur der Aufzug kost mich 18.000 –

Im Büro ist der neueste Klatsch gewesen, dass gegen den Mirko wegen Versicherungsbetrug ermittelt wird. Er verkauft neben seiner Fahrerei auch noch Versicherungen. Der Andrea hat er eine Haushaltsversicherung verkauft, und wie sie kürzlich einen Glasbruch meldet, kommt einer von der internen Fahndung sie besuchen und fragt sie aus wegen dem Mirko. Bei ihr war alles in Ordnung, aber anscheinend gibt's bei den Kunden vom Mirko öfters Schadensfälle, die vielleicht gar keine sind.

„Und habts g'sehn, die Carlotta hat ihm Silberschmuck g'schenkt!"

„Na, sag i zu eahm: Hörst, des sollt' aber schon Gold sein! Sagt er: Des kommt schon noch!"

Und die Jolanta sagt zu mir: „Weißt, was die Carlotta zu mir g'sagt hat, wie ich sie wegen dem Mirko zur Rede g'stellt hab: Ich verdiene mein Geld mit meinem Popo und ich geb es, wem ich will. Chefin hin oder her! Na, was soll ich sagen." Die Jolanta duckt sich vor einer imaginären Carlotta und hält schützend die Arme vors Gesicht. „Geh, was will die denn mit dem Mirko. Die Jugomänner, die san eh alle nix. Die brauchen nur zwaa Minuten." Sie zählt unsere jugoslawischen Fahrer auf: „Der Mirko zwaa Minuten, der Miroslaw zwaa Minuten, der Daniel zwaa Minuten, der Richie zwaa Minuten, komm ma auf acht. Na, da werd i grad warm. Feucht net, aber warm. Da brauch i a Glaserl Glyzerin. Naa, des andere, wie haßt des?"

„Vaseline."

„Ah ja. Mit Glyzerin, da explodier i."

„Naa, des is Nitroglyzerin. Aber Glyzerin kannst aa nehmen. Des is a Frost-schutzmittel."
„Wozu brauch ich a Frostschutzmittel?"
„Bei vier Jugos? Dass d' net einfrierst."
„Hahaha!! Habts des g'hört? Bei vier Jugos brauch i a Frostschutzmittel, dass i net einfrier!!!"
Sie blättert in der Homepage von ihrem Bad-Einrichter. Marmorfliesen, barocke Armaturen, Dusch-Nischen mit wasserspendenden Brunnen-Nymphen sind da zu sehen. Vom Nobelpuff ist nicht mehr die Rede. Ein Wellnesshotel soll es werden, mit einer Ordination für plastische Chirurgie.
„230.000 hab i schon investiert. Davon 30.000 eigenes Geld. Was glaubst, nur der Aufzug kost mich 18.000. Ich hab eh nur zwei Stock, aber ich kann ja ka Well-nesshotel mit Ordination haben, wo die Leut die Stiegen raufgehen müssen. Dabei is's eh der kleinste, vier Personen. A Rollstuhl, na, a Rollstuhl passt rein, aber a Bett net. Drum kommt neben der Ordination ein Aufwachraum hin. Mit die Zu-bauten is das Ganze jetzt schon für 200 Personen ausg'legt."
Sie hat inzwischen 80 Mädchen auf der Homepage.
Ein Mädchen kommt aus der Wohnung, eine neue. Sie gibt dem Marek, der sie gefahren hat, 20 Euro und will Vera die 60 für die Agentur geben.
„Nein, des gib dem Chauffeur, der rechnet dann ab mit mir!"
„Also alles für dich!" sagt sie zu Marek.
„Alles für ihn?" schreit Jolanta. „Und was ist mit mir?"
„Was soll mit dir sein?" sage ich.
„Ich will auch was!"
„Warum?" sage ich. „Wer bist du? Was hast du gemacht für das Geld?"
„Hörts ihr, was der sagt: Was hab ich gemacht für das Geld? Weißt du dass ich jeden Tag 570,- Euro für Inserate ausgeb?"

– Die is aber komisch –

Vera preist gerade am Telefon ein neues Mädchen an. Sie hat das Foto vor sich auf dem Bildschirm, ein braunhaariges kleines Mädchen im Leoparden-Bikini: „Brandneu: Camilla, absolute Anfängerin! 153 cm, Kleidergröße 36."
„Wo is die Anfängerin? Bei Belvedere?" sage ich zu Jolanta.
„Naa, die is gestern aus der Slowakei gekommen, hat noch nie gearbeitet und heut fangt sie an. Die und die Gabriella."
Vera hat den Job abgeschlossen und hält mir den Zettel hin: „Camilla ins Thalia bitte."
Sie steht schon unten auf der Straße und wartet, als ich hinkomme. Grell ge-schminkt, der rosa Minirock ein absolutes Minimum, der Busen vom Push-Up-BH hochgequetscht. Sie hat ein kleines Schulwörterbuch mit, in dem sich nicht einmal

Wörter wie *anmelden* und *abmelden* finden. Polen und Slowaken sollen sich angeblich verstehen, aber mein Polnisch versteht Camilla schlecht und ich ihr Slowakisch fast überhaupt nicht.

Ich erkläre ihr noch einmal die Preise: *Jedna hodine* 140,-, *dwe hodini* 200. Die Zahlen schreibe ich auf.

Wir sind schon um 16:00 beim Thalia. Der Job ist erst um 16:30, also lade ich sie auf ein Cola ein. Ob sie noch – ich suche das Wort *Fragen* aus dem Wörterbuch – hat?

Sie sucht *Zuschläge* heraus.

Sie sucht das Wort *Zuschläge* aus dem Wörterbuch.

„*Francuski bez gume*, 30,-! Küssen ist kein Extra! Französisch mit Gummi, das ist auch kein Extra, das ist normal.“

Dann schärfe ich ihr noch ein, nicht vor dem Hotel auf mich zu warten, sondern drinnen. *Czekać* heiß *cakat*.

„Wartest du nicht unten auf mich?“

„Heute schon, aber nicht immer!“

Dann gehe ich mit ihr rüber zum Hotel.

Ich fülle einen Parkschein aus, aber Vera schickt mich mit Lilli in die Sobieskigasse. Ich schaffe es gerade, nach einer Stunde wieder zurück zu sein.

Vera: „Du, erstens, kannst du sie fragen, ob sie noch weiter solche Jobs machen will. Und dann, ob sie die Nummer hat von dem Mario, von dem Jüngling, der sie hergebracht hat. Sie hat nämlich gemeint, sie muss nur Begleitungen machen, Striptease und so.“

„Na geh!“

„Na, der Kunde hat angerufen und gesagt, sie will keinen Sex machen.“

„Und?“

„Na, sie hat sich dann doch bereit erklärt.“

„Also gut, ich frag sie.“

Ich rufe sie an und sage ihr, dass ich da bin. Sie kommt genau so ruhig aus dem Hotel, wie sie hineingegangen ist. Sie setzt sich zu mir ins Auto und gibt mir das Geld.

„Also, du nicht gewusst, um was hier geht, dass du hier Sex machen sollst?“ sage ich auf Polnisch.

„Nein, sie haben mir nichts davon gesagt. Mario hat für mich angekreuzt: Sex nein, Striptease ja, Tanzen ja, Massage ja... Und der hat dann wollen Sex without Condom. Aber ich habe nein gesagt, nur mit Kondom.“

„Gut. Nur mit Kondom! Also: Ich soll dich fragen, ob du weiter diese Arbeit machen willst.“

Sie nickt: „*Ano!*“

„Bist du sicher, ja? Hier geht's darum, dass du Sex machst! Es ist deine Entscheidung.“

„Ja, ich mache es.“

„Und deine Freundin Gabriella auch?“

Sie zuckt die Schultern.

„Ruf sie an und frag sie."

Sie konferiert kurz mit Gabriella: „Nein. Sie will nicht. Sie fährt wieder nach Hause."

Na gut. Dann hat dieser Mario also nicht die Hand auf ihr, ist nur ein Vermittler.

„Und die Agentur braucht die Nummer von Mario."

„Die hab ich nicht."

Ich rufe die Agentur an: „Also sie macht weiter. Die Nummer von dem Mario hat sie nicht. Aber ich weiß nicht, ich glaub es wär g'scheiter, wenn sie noch einmal in die Agentur kommt und mit der Jolanta redet."

Vera gibt den Apparat Jolanta und ich wiederhole meinen Vorschlag. „Die hat doch überhaupt nix begriffen. Ich weiß nicht, was der Strizzi ihr übersetzt hat."

„Die is aber komisch", sagt Jolanta. „Sex oder net, des kommt ja gar net vor, des is ja selbstverständlich. Da fragt ma sie, ob sie mit zwei Männer ins Bett geht, und sie glaubt, sie muss kan Sex machen!"

„Ja, was waaß i, was ihr der vorübersetzt hat."

„Ich hab sie selber auf Polnisch g'fragt, ob sie Naturfranzösisch macht"

„Ja, aber hast ihr g'sagt, dass des Blasen is?"

„Mit Vollendung im Mund. Na, sie hat g'sagt, im Mund. Ich weiß nicht, was sich die denkt!"

„Na, sie hat nix verstanden. Pass auf, ich bring sie in die Agentur und du red'st noch einmal mit ihr."

„Nein, nein, du machst das schon, du bist der Agentur-Papa!"

So, jetzt bin ich der Agentur-Papa.

Ich parke den Wagen, hole ein Vertragsformular aus dem Kofferraum und gehe den ganzen Fragebogen noch einmal mit ihr durch: Küssen? Ja. Blasen ohne? Nein. Blasen mit Vollendung in den Mund? Nein. Schlucken. Nein. Gesichtsbesamung. Nein. Lecken lassen. Ja. Vibratorspiele. Mm-ja. Anal? Nein. Natursex ohne Kondom? Nein. Natursekt aktiv? Mm-ja. Natursekt passiv? Nein. Kaviar aktiv? Nein. Kaviar passiv? Nein. Domina? Nein. Striptease? Ja. Massage? Ja. Mit Männergruppen? Nein. Mit Frauengruppen? Nein. Fotografieren? Nein. Filmen? Nein. Gruppensex gemischt? Nein. Swingerclub? Nein. Lesbisch (mit Mädchen von uns). Ja. Lesbisch (mit Kundin)? Nein. 2 Männer? Nein. Faustfick? Nein. Sandwich? Nein. Sklavin? Nein. Reisen in Österreich? Ja. Reisen Europaweit? Nein. Reisen weltweit? Nein.

Natursekt und Kaviar ist leicht zu erklären. Pipi und kacka versteht sie. Aber wie erklärt man Faustfick mit einem Schulwörterbuch? Ganze Hand in deine Muschi? Ganze deine Hand in Popo von Kunde? Sie schaut mich ungläubig an, schüttelt den Kopf. Na ja, das gibt's. Und noch mehr.

– Verstanden und akzeptiert –

Die *Richtlinien,* die sie unterschrieben hat, erkläre ich ihr auch noch einmal. Sie sind das Werk von Gerd, mitsamt der Computer-Übersetzung:

> **Wir meinen es nicht böse! Wir sind die Besten und möchten die Besten bleiben. Wir danken für Dein Verständnis!**
> *We do not mean it bad! We are the best ones! We would like to remain the best ones. We thank for your understanding!*
> *(1)* Wir **bestehen darauf,** dass Du Dich **immer an- und abmeldest,** auch, wenn es nur für 1 Stunde geschieht! Es ist sehr unangenehm, einem Kunden Märchen zu erzählen, wieso, weswegen und warum Du gerade jetzt nicht kannst! Für Jobs die dadurch verloren gehen verrechnen wir eine **Straffgebühr von 60 Euro.**
> **We insist on the fact** *that you always* **announce yourself and log out,** *also, if it happens only for 1 hour! It is very unpleasant to tell a customer fairy tale, why, why and why you cannot do straight now! For Jobs thereby we are lost to charge a* **taut fee of 60 euro.**
> *(2) Urlaub* **muss mindestens 5 Tage vorher** *angemeldet werden, damit auch die Änderung auf der Webseite vorgenommen wird!*
> *Vacation* **must be announced at least 5 days before,** *so that also the change on the web page is made!*
> *(3) Das zur Verfügung Stellen von der Wohnung/ Studio geschieht aus gutem Willen und auf unsere Kosten, um auch Dir das Geld verdienen zu erleichtern. Wir verlangen jedoch, dass es nach der Benützung* **sauber hinterlassen** *wird (Bett gemacht, benützte Leintücher und Handtücher weggeräumt, Aschenbecher geleert und ausgewaschen, Gläser gewaschen etc). Anderes Falls* **werden DIR 10 Euro Reinigungskosten** *verrechnet.*
> *At the order places of the apartment/ Studio happens from good will and at our expense in order also you the money make to facilitate. We require however that it will leave* **cleanly after the use.** *(Bed made, used flax cloths and towels cleared, ashtrays emptied and washed, glasses washed and more). Other* **case YOU 10 euro cleaning costs** *are charged,*
> *(4)* **Wir haben fixe Preise!** *Bitte komm nicht auf die Idee, mehr zu verlangen! Wenn Du Dir nicht sicher bist, frag uns! Dafür sind wir da.*
> **We have fixed prices!** *Please do not come on the idea to require more! If you are not safe, ask us!*
> *(5) Uns ist klar, dass der Job nicht einfach ist und Kunden nicht immer OK. Aber: oft sind unsere Girls an der Unzufriedenheit des Kunden alleine Schuld! Sollte es vorkommen, dass ein Kunde* **alleine durch Dein Benehmen** *(die halbe Zeit duschen, versprochene Leistung nicht einhal-*

*ten etc) unglücklich ist und bei uns eine Beschwerde einlegt, wird Ihm ein anderes Girl geschickt, **auf Deine Kosten (80 Euro).***
*Us it is clear that the Job is not simple, and customers not always OK. But: often our Girls at the discontent of the customer are debt. It should occur that a customer by **your behaviour** (shower the half time, promised achievements do not keep) is unfortunate, and with us a complaint inserts, we send to it another Girl, **at your expense (80 euro).***
*(6) Wir stecken monatlich -zig Tausender Euro in die Werbung ein und haben nicht vor, durch unsere Mädchen Kunden zu verlieren. Aus diesem Grund **verbieten** wir **jegliche Privatkontakte zur Kunden** (AUCH die Weitergabe Deiner Privatnummer). Kommen wir drauf (z.B. durch Testkunden), verrechnen wir eine **Verlustgebühr von 350 Euro!** Bedenke: wer korrekt arbeitet, wird korrekt behandelt.*
*We put monthly many thousand euro into the advertisement, we would not like to lose customers by our girls. For this reason we forbid **any private contacts to customers**. (ALSO the passing on of your private number). If we* experience *of it (e.g. by test customers), we **charge a loss** fee **of 350 euro!** Consider: If you work correctly, by us correctly one treats.*
*(7) Auch **unsere Fahrer** sind nur Männer und werden bei so vielen hübschen Mädchen weich. Jeglicher privater/ sexueller Kontakt ist **strengstens untersagt** und hat eine **Kündigung** beider Personen zur Folge.*
*Also **our drivers** are only mens and become soft with so many pretty girls, Any private sexual contact is strictly forbidden, **both persons are quit immediately.***
*(8) Bei Kreditkarten bitte **nicht vergessen,** 10 % mehr zu verlangen! Nicht verrechneter Aufschlag **wird Dir** abgezogen!*
*Job with credit cards: please **do not forget** to require 10 % more. If you charge too few, you must pay!*

BEDENKE: unsere Kunden erzählen uns ALLES.
CONSIDER: our customers tell us EVERYTHING.

Verstanden und akzeptiert

Understood and accepted

Unterschrift/ Signature

Dann bringe ich sie nach Hause.
„Alles klar? Alles in Ordnung? Kein Problem?"
Sie schüttelt den Kopf. Nein, sie hat kein Problem, alles klar.

– Aber wirklich ein netter Bursche, spricht sogar etwas Englisch –

Vera schickt mich, Tatjana abzuholen. Vom Heim in der Pasettistraße.
Sie kommt heraus und überschüttet mich mit einem Wortschwall: „Ich möchte ja
gern etwas für ihn tun, aber ich kann ihm nicht helfen. Ich sage ihm, es ist besser,
wir bleiben Freunde. Nein, er ist ein feiner Bursche, aber was soll ich machen. Er
hat fünf Jahre keinen Sex gehabt und jetzt ...! An der Vorhaut hat er lauter kleine
Wunden, aus denen Blut geflossen ist, ich habe gar nicht hinschauen können.
Gestern war Juliette auch noch bei ihm, das war zuviel für ihn. Erst Juliette, dann
ich. Und heute wieder. Wie ich gekommen bin, war sein Schwanz geschwollen
wie ein Ballon. Ich habe zu ihm gesagt, kurier dich erst einmal, drei, vier Tage,
und dann komme ich wieder. Aber wirklich ein netter Bursche, spricht sogar etwas
Englisch."
Wir rätseln, warum er jetzt plötzlich damit angefangen hat, Mädchen zu bestellen,
nach fünf Jahren. Vielleicht hat er bis jetzt prozessiert, um endlich Schadenersatz
und Schmerzensgeld zu kriegen. Oder er hat eine Erbschaft gemacht. Oder er hat
einfach fünf Jahre gebraucht um draufzukommen, dass sich auch ein Querschnitt-
gelähmter ein Mädchen kommen lassen darf.
Ich habe noch öfter Mädchen zu ihm gebracht. Manchmal haben sie ihm, bevor sie
weggegangen sind, erst noch Sauerstoff geben müssen.

– Drei Jobs und lauter schöne Männer –

Ich bin ins Studio in der Davidgasse gefahren und habe Gül abgeholt. Ich habe sie
in den Elften gebracht, zu einer Frau. „I bin net lesbisch, aber hin und wieder
macht's Spaß." Die Gül arbeitet am Tag im Studio. Sie hat sicher ihre 100 Kilo,
ein breites, dicklippiges Vollmondgesicht und wildes schwarzes Haar, das nach
allen Seiten wegsteht, besonders, wenn man sie gerade aus dem Schlaf geholt hat.
„Vor drei Jahren hab i no Kleidergröße 36 g'habt. Dann hab i mein'n Alten mit
einer Fuffzigjährigen derwischt. Zwei Jahr hab ich ein Alkoholproblem gehabt.
Und du, bist verheirat?"
„Nein. Ich hab mich von meiner Freundin getrennt. Sie ist ein lieber Mensch. Aber
ich mach manchmal Sachen, bei denen kommt sie nicht mit, die verkraftet sie
nicht."
„Was denn zum Beispiel?"
„Schau, plötzlich fällt mir ein, ich muss nach Afrika fahren oder nach Indien. Und
dann geh ich net in ein Urlaubshotel, sondern ich will die Leut kennen lernen. Ich
geh auch in die Slums, zu die Kulis, zu die Arbeitslosen."
„Da wirst net bald a Frau finden, die da mitmacht. Ich, wann ich auf Urlaub fahr,
das muss luxuriös sein. Vor zwei Jahr hab ich mir einen Brasilienurlaub geleistet,
der hat mich 200.000 Schilling 'kost. Und jetzt, weißt, jetzt will ich eine Woche in

dieses Hotel in Dubai. Das mit den sieben Sternen, das einzige auf der Welt. So was g'fallt mir. Da ist man wer! Ich brauch nur noch einen Mann, der mit mir fahrt.“

Bei der Rückfahrt habe ich noch ein Mädchen vom Reumannplatz abgeholt und gleich ins Studio mitgenommen.
„Lisa!“ hat sie sich vorgestellt. Bei einer Fahrt doppelt verdienen, das ist dann ein Ausgleich für die Doppeljobs, wo man zwei Mädchen von verschiedenen Stellen abholen muss und nur einen Job bezahlt kriegt. Während die Lisa mit dem Kunden im Zimmer gewesen ist, hat die Gül auch noch einen Kunden bekommen und ist mit ihm ins zweite Zimmer. Ich habe mir einen Eiskaffee aus dem Kühlschrank geholt und den Fernseher aufgedreht. Die Greta ist zur Abendschicht gekommen.
„Hoffentlich ist das Zimmer nachher in Ordnung. Die Mädels von der Agentur versauen mir immer die Zimmer und ich kann dann aufräumen. Ich bin doch ka Putzfrau. Oder die Jolanta zahlt mir an Reinigungsbeitrag. I wasch eh immer die Handtücher und alles, bitte, des in die Waschmaschin schmeißen ist net so viel Arbeit. Aber die Mädels können wenigstens den Aschenbecher ausleeren und die Gummis in Mistkübel schmeißen und net unters Bett! Soll ma die Jolanta 5 Euro geben pro Kunden, dann putz i halt!“
Die Gül und die Lisa sind fast gleichzeitig fertig geworden. Ich habe noch eine Viertelstunde Zeit gehabt, bevor ich die Lisa ins Orient habe bringen müssen.
„Wow!“ hat die Gül gesagt, „Wow, also der hat küssen können!“
„Gratuliere!“ sage ich.
Und die Greta: „Also ich kann da gar nichts mehr empfinden. Für mich sind das gesichtslose Wesen, die vorbeigehen.“
„Na, beim Sex empfind ich auch nix mehr, aber wenn ein Mann wirklich zärtlich küssen kann, also wow! Auf das steh ich halt, da kann ich schwach werden.“
„Das war ein guter Tag für mich“, sagt die Lisa. „Drei Jobs und lauter schöne Männer.“
„Na wirklich, 90 % sind alt und fett. Das ist schon ein Glück, wenn einmal ein fescher dabei ist.“
„Aber meiner war besser als deiner!“
„Also mir wär er zu klein gewesen!“
„Aber er war auch gut!“

– Mit Handschuh, natürlich –

„Wir kennen uns aber schon“, sagt Lisa, als wir im Auto sitzen. Sie ist eine Slowakin, schon in den Dreißigern, klein, schlank und hübsch.
„Ja, wir sind einmal miteinander um den Häuserblock gefahren. Das war ein Flop.“

„Ich bin so gestresst, ich habe gar nicht Zeit zum Essen gehabt.“
„Magst du Obst?“
„Ich rauche lieber eine Zigarette! Hast du da immer Obst?“
„Nein, ich war gerade einkaufen!“
„Wie alt bist du?“
„Willst du's wirklich wissen?“
„Ja.“
„Warum?“
„Bei dir ist das schwer zu schätzen.“
„52!“
„Du bist sehr nett!“
„Meinst du? Danke!“
„Ja, ich spüre das. Ob ein Mensch nett ist. Das spüre ich gleich!“
„Ich glaube, du bist auch sehr nett!“
„Na sicher. Aber nicht immer. Wenn jemand zu mir nicht nett ist, bin ich's auch
nicht. Wo fahren wir hin?“
„Hotel Orient, zwei Stunden.“
„Weißt du Name von Gast?“
„Nein.“
„Denk ich an einen, weißt du. War in Orient letzte Woche. Der wollte Popo-
Massage. Erst mit kleinem Vibrator, dann mit großem, und dann mit ganze Hand.
Mit Handschuh, natürlich.“
„Na, du hast kleine Hände.“
„Ja. Aber weißt du, mir ist so schlecht geworden. Wie ich herausgenommen habe,
das war voller Blut. Ich habe das zum ersten Mal gemacht.“
Ich schüttle mich angemessen.
„Aber der, ganz gemütlich: Das macht nix, ich bin's gewohnt, ich hab keine
Schmerzen!“
„Du, aber wir haben einen Callboy, der ist einsfünfundachzig groß und so breit,
und der hat Hände wie ein Holzfäller, und der hat mir erzählt, dass er das auch
gemacht hat bei einem Kunden. Wirklich, solche Hände!“
„Und du, fahrst du selber auch auf Job?“
„Ich? Nein!“
„Aber du könntest! Du siehst sympathisch aus.“
„Na, ich glaube nicht, dass viele Damen mich buchen würden.“
„Na warum nicht. Wann werden wir da sein?“
„Dreiviertel sieben!“
„Dann ruf ich jetzt Chauffeur von andere Agentur, er soll mich um dreiviertel
neun abholen. Weil ich hab dann Job von andere Agentur.“
„Dann brauch ich dich nicht abholen?“
„Doch, Geld musst du abholen. Weil ich will nicht fremdes Geld mit mir herum-
tragen. Das mach ich nie. Ich hab auch jetzt kein Geld mitgenommen!“
„Wieso?“

„Weißt du was: Mir haben schon dreimal Kunden das Geld aus der Tasche gestohlen."
„Na geh, gibt's das?"
„Wirst du nicht glauben, was? Dreimal! Und meine Freundin auch. In Hotel, gell, sie geht in Dusche, nimmt Handtasche mit, aber weißt du, wenn das Wasser läuft, hört man nicht so! Ist Gast, ich weiß nicht, ganz still in Badezimmer gegangen, und hat alles genommen, Geld. Pass, alles."
„Was hat sie gemacht?"
„Na nichts kann sie machen. Was soll sie machen, ohne Papiere."

– Sollen wir ewig in der kleinen Wohnung bleiben? –

Um acht Uhr weckt mich mein Handy. Ich taumle aus dem Bett, gehe dem Geräusch nach. Bis ich es gefunden habe, ist der Anruf vorbei. Ohne Brille kann ich nicht sehen, wer angerufen hat. Die nebelhaften Buchstaben könnten Viktoria bedeuten. Auf gut Glück drücke ich die Tastenkombination für den Rückruf. Eine verheulte Stimme sagt auf Polnisch: „Martin, ich habe eine Bitte an dich. Kannst du mich um 9:00 zum Bahnhof bringen? Ich muss nach Polen fahren."
Es ist Tatjana.
„Ja, ich kann das machen. Um neun musst du auf Bahnhof sein?"
„Nein, der Zug geht um 9:40."
„Also um 9:00 auf Ottakringerstraße. In Ordnung, ich gehe."
„Ich danke dir. Du bist ein Schatz!"
Ich krieche in die Küche, fülle den Kocher mit Wasser und stelle, während ich warte, bis es kocht, einige dreckige Joghurtbecher und Weingläser in den Geschirrspüler. Mit dem Tee gehe ich noch mal ins Bett. Ich bin völlig groggy. Im Wörterbuch schlage ich „geschehen" nach. *Co się stało?* Was ist passiert?

Zwei nach neun schiebe ich rückwärts in den Hof in der Ottakringerstraße. Tatjana kommt aus dem 1. Stock heruntergelaufen, in einem grauenhaft hässlichen Hosenanzug aus einer graubraunen Wolle mit irgendwelchen Knötchen oder Knollen. Ich lade ihren riesigen Koffer ins Auto und wir fahren los.
„Was ist passiert?"
Aus ihrem Wortschwall reime ich mir zusammen, dass ihr Mann verschwunden ist. Er hat das Kind zu ihrer Mutter gebracht und ist abgehauen. Sie deutet auf ihr Handy. „Gestern habe ich halb Polen nach ihm abgesucht. Nichts. Der Mann ist einunddreißig Jahre alt und lässt sein Kind im Stich. Ich weiß nicht, was mit ihm los ist. Kürzlich habe ich ihn angerufen und plötzlich sagt er, er aus unserem Haus wird nichts. Dann sagt er wieder: Wenn du das nächste Mal kommst, fährst du mir nicht mehr weg. Wie stellt er sich das vor? Sollen wir ewig in der kleinen Wohnung bleiben?"

„Was macht denn er?"

„Er hat eine Transportfirma." Anscheinend fährt er mit dem Lastwagen.

„Nichts als Sorgen habe ich mit diesem Mann. Einmal hat er eine Geliebte gehabt. Dann hat er sich von ihr noch eine Krankheit geholt und sie mir angehängt. Und jetzt das! Gestern war Sabrinas Geburtstag. Ich habe den ganzen Geburtstag geheult. Kaufst du mir die Fahrkarte?"

Beim Bahnhof finde ich nur eine schmale Parklücke, die eigentlich von einem Moped besetzt ist. Ich stelle den Wagen vor das Moped, bekomme die Fahrertür nur halb auf und muss mich hinauszwängen."

„Du musst abmagern!" sagt sie und zwickt mich in den Bauch.

Vor den Fahrkartenschaltern stehen überall Schlangen, also gehe ich ins Reisebüro. Dort kriegt man auch Fahrkarten. Ich lasse ihr eine Karte nach Białystok ausstellen. Vor dem Bahnsteig fällt ihr noch ein, dass sie keine Zigaretten hat. Ich laufe hinunter, sie ruft mir nach: Noch ein Feuerzeug. Ich kaufe ihr ein Paket Marlboro Ultra Light und das billigste Feuerzeug. Sie schaut es missbilligend an, als ich es ihr bringe. Ich vergesse immer, dass die Mädchen eigentlich ordentlich Kohle haben.

Dann Wagennummer suchen, Sitzplatz suchen. Ich hebe ihr den Koffer ins Gepäcknetz und umarme sie: „Ich wünsche dir alles Gute!"

„Danke! Ich hoffe es wird gut!"

„Sicher!" sage ich.

– *Dschumm-dschumm-dschumm* – *dschumm-dschumm-dschumm* –

Ich bin wieder nach Hause gefahren und habe mich noch einmal hingelegt. Gegen Mittag bin ich dann in die Agentur gefahren. Der neueste Klatsch ist gewesen, dass Natascha morgen in die Agentur kommen wird, putzen. „Aber die Stromrechnung von ihrer alten Wohnung geht immer noch auf meinen Namen", regt sich Jolanta auf.

An der Tür ist ein neuer Zettel angeklebt gewesen:

Nach 20 Uhr darf außer den Telefonistinnen niemand im Büro sein – Gerd.

Keine Ahnung, warum.

Und an der Pinwand:

Joy 3 Tage Jobverbot!

Sie hat einen Job geschmissen wegen eines privaten Rendezvous.

Und noch ein paar so Zettel. Der Gerd hat wieder einmal ein großes Aufräumen veranstaltet.

Ich habe mir einen Kaffee geholt und mich zum Mirko gesetzt, weil die Vera keine Zeit für mich gehabt hat. Es ist so ein Tag gewesen, wo die Telefone dauernd läuten, aber trotzdem keine Jobs gehen. Ein Wichsertag. Der Mirko hat von der Anfangszeit erzählt. Er ist eine Zeitlang mit Natascha zusammengewesen. „In der Langobardenstraße der Koller, der hat immer nur wollen: Langsam, langsam! Und die Juliette: Dschumm-dschumm-dschumm – dschumm-dschumm-dschumm! 20 Minuten und fertig. Zu der Zeit, du, da war ma nur drei Fahrer, da hab i mir die Juliette und die Natascha ins Auto g'setzt und gemma! Die eine da zum Job bracht, die andere da, dann wieder die erste abg'holt und zum nächsten Job. Da hab i zwanzig Jobs g'macht in aan Tag, da hab i mi deppat verdient. So bin i dann mit der Natascha z'sammkummen. Aber bei dem Koller: Langsam langsam! Und die Juliette: Dschumm-dschumm-dschumm – dschummdschumm-dschumm!" Der Mirko lacht sich kaputt. Der Mirko ist früher Vorarbeiter bei Opel Austria gewesen, hat da hochkomplizierte Maschinen bedient. Dann ist bei Opel Austria abgebaut worden, man hat ihm die doppelte Abfertigung geboten und er hat angenommen. So hat er plötzlich 200.000 Schilling in der Tasche gehabt. Wie die ausgegeben waren, hat er sich etwas Neues suchen müssen. So ist er zur Agentur gekommen.

Zwischendurch haben wir der Vera beim Telefonieren zugehört: „Wie soll ich wissen, welche von den zweien besser ist? Ich habe mit den Damen nicht gevögelt!"
Der nächste Kunde hat auch seine Abfertigung bekommen: „Ja wenn du pädophil bist, wende dich an den Psychosozialen Dienst, da bist du bestens aufgehoben."

– Ich bin der gute –

Dann ist der Quiqui ist zur Tür hereingekommen mit Topfenkolatschen und Erdbeerschnitten. „I bin grad aus Frankfurt hergedüst. Gestern ruft mi mei Bruder an, waaßt eh, dass heute Familientreffen ist. Na, bin i glei ins Auto g'hupft."
Und der Mirko: „Soll i dir die Livia bringen? Mir ham eh nix z'tuan."
„Die Livia is net da!" sagt die Sissy.
„I bring dir die Samantha, die wohnt gleich ums Eck!" sage ich.
„Geh bitte!"
„Na gut, von mir aus die Sibylle!"
„Die Sibylle kannst schmeißen!"
„Wieso, die is doch lieb?" Ich mag die Sibylle, eine freundliche Ungarin, die jeden Tag ins Fitnessstudio geht.
„Total professionell. Zu professionell!"
„Na gut, dann die Arielle!"
„Die schon gar net!"

„Na dann waaß i net. Mehr hamma net, die in Favoriten wohnen."
„Des interessiert mi doch net, wo die wohnen."
„Aber mi. Für mi is des nur a Frage der Entfernung."
„Du bist'n Aasch!" macht er auf Piefkisch.
Und die Sissy: „Ja, wenns d' mit nix zufrieden bist, dann musst mit mir vorlieb
nehmen."
„Aaargh!" macht der Quiqui.
„Also i waaß net, ihr passts doch guat zusammen!" sage ich. Sie haben beide Wal-
fischdimensionen.
Darauf lenkt der Quiqui ein: „Na gut, warum net!"
Jetzt macht die Sissy: „Aaargh! Naa, wann wir zwei aufs Zimmer geh'n täten, wir
täten die ganze Zeit nur diskutieren!"
„Was is'n mit der Ramona?" frage ich. „Die sagt immer nur nette Sachen über
dich!"
Vor kurzem war sie einmal vier Stunden mit ihm in der Spinne, eine freundliche,
rundliche Slowakin. „Sehr normal Kunde!" hat sie gelobt. „Hat alles mitgebracht,
Kerzen, Wein, Chips. Nur vier Stunden ist zu lang."
„Was machst du vier Stunden lang?"
„Na nix. Ficken – halbe Stunde. Sonst – reden. Alles, meine Familie, meine Kin-
der."
„Also die Ramona, nie wieder!" sagt der Quiqui, „na, pass auf: Es wird, sag ma,
endlich intim, sagt sie auf einmal: Ich hasse diese Job, ich will nach Hause. Du
zahlen, du machen, was du wollen."
„Na gut", sage ich, „das hätt sie vielleicht lieber ihrem Fahrer erzählen sollen. Sie
hat mit dir als Mensch g'redt hat und net als Kunde. Des is doch nett."
„Du bist halt für sie der große weise Vertraute!" sagt die Vera.
„Nein", sagt der Quiqui, „so was törnt mich total ab!"

Der Gerd ist mit der Sabrina hereingekommen. Und hinter ihm Scarlet und Lisa,
um neue Fotos zu machen. Wenn sie zu wenige Jobs bekommen, probieren die
Mädels, ob neue Fotos helfen. Neue Frisur, neue Klamotten, anderes Make-Up.
Das macht die Jolanta gerne. Sie hat dann auch neue Fotos für die Fotogalerien,
die nur die VIP-Kunden mit Passwort sehen können. Die beiden haben vorher
angerufen, sich erkundigt, wer alles da ist, und haben je eine Rose und eine
Schachtel *Merci* mitgebracht für Jolanta und die drei Telefonistinnen. Es ist wich-
tig für die Mädchen, dass die Telefonistinnen nicht auf sie vergessen.
„Jetzt bin ich wieder schönste Chefin!" sagt Jolanta zu mir und wedelt mit ihrer
Rose. In der letzten Zeit nenne ich sie zweitschönste Chefin, wenn ich ihr die
Hand küsse, weil der schönste Chef der Gerd ist. Sie schickt die Mädchen hinüber
in die Wohnung, sich fertig machen.
„Hätten die nicht an Kebab mitbringen können statt die Rosen?" sagt sie.
„Ja, wo wir alle schon so hungrig sind", sagt Jacqueline eilfertig.
„Hast dein BMW schon verkauft?" fragt der Mirko den Gerd.

„Naa, no net."

„Willst ihn net hergeben, was? Großes Auto, kleiner Schwanz!"

Der Gerd rennt dem Mirko nach.

„Noch nix von Paragraph sieben g'hört?" sag ich. „Jolanta, Paragraf sieben gilt auch für Fahrer und Fahrer. oder net?"

Gerd bleibt hinter Vera stehen und holt einen Zettel von der Pinwand. Sally hat 100,- Euro Schulden bei der Agentur, bei jedem Job sollen ihr 20,- abgezogen werden.

„Den Zettel kannst wegschmeißen!" sagt er zu Vera. Und zu Mirko und mir: „Und die Nummer von dera Schralln könnts vergessen!"

Dann gibt er Sabrina ein Zeichen, und die beiden verschwinden. Die Vera hat hörbar aufgeatmet.

„Na, bist froh, dass er draußen ist?"

„Und wie!"

Und die Jacqueline: „Alle beschweren sich schon über den Gerd!"

Da sagt die Jolanta: „Weißt du, wie im Film: Guter Polizist – böser Polizist. Ich bin der Gute!" Und sie dreht eine neckische Pirouette. Dann geht sie rüber, die Mädels fotografieren.

– Und all die Zeit habe ich mich gesorgt –

Am nächsten Montag bin ich mit Gosia wieder in die Neutorgasse gefahren. Sie ist sehr nervös gewesen. Weil sie ihre Ambulanzkarte nicht mitgehabt hat, hat es eine Rüge von der Schalterdame gegeben und wir haben eine halbe Stunde warten müssen. Gosia hat von Natascha erzählt. Natascha arbeitet jetzt, sie schält Kartoffeln für ein Restaurant, aber sie tut sich sehr schwer. Sie hat ja auch noch nie gearbeitet. Gosia weiß, was schwere Arbeit ist. In der Berufsschule hat sie Gärtnerin gelernt, da mussten sie ein Praktikum machen, pflanzen und hacken und jäten und pflücken und ernten, in der heißen Sonne, das war schwere Arbeit.

Und dann hat sie auch für Natascha gearbeitet. Die hat ja schon in Polen das gemacht, und sie hat für sie auf das Kind aufgepasst und die Wohnung geputzt und gekocht und alles. Und Natascha hat sich schön angezogen und ist ins Kaffeehaus gegangen und hat nur befohlen. Und Elżbieta hat auch für sie gearbeitet. Aber sie hat ihnen kein Geld gegeben, nur das Essen und dass sie da schlafen konnten, und Gosia konnte in die Schule gehen.

Und dann ist sie zur Ärztin hineingerufen worden. Mir ist mulmig gewesen. Wie sie herausgekommen ist, hat sie immer noch nervös und zweiflerisch dreingeschaut: „Sie hat gesagt: *Alles gut!* Das heißt: Alles ist in Ordnung, nicht wahr?

Ich habe sie in die Arme genommen: „Ja, alles ist in Ordnung!"

Und da ist es aus ihr herausgesprudelt: „Jetzt sage ich dir, warum ich vorige Woche geweint habe: Mein Sponsor, weißt du, den mir Tatjana damals vermittelt hat,

mit dem habe ich ohne Präservativ geschlafen! Er war sehr nett, sehr klug auch,
aber er wollte mit mir nur ohne Präservativ schlafen. Er hat mir immer 200 Zloty
gegeben – 50 Euro. Und er hat in seinem Leben viele Frauen gehabt. Und all die
Zeit habe ich mich gesorgt. Denn jetzt, jetzt weiß ich ja, dass nichts sein kann.
Aber bei ihm eben nicht. Ach Martin, du bist der beste Freund, den ich habe. Besser als meine Mutter, meine Schwester!"
„Sag nicht so was!"
„Du kümmerst dich um mich, du hilfst mir. Meine Mutter hat mir nie geholfen,
meine Schwester auch nicht. Du bist unser Stern, weißt du. Juliette hat gesagt, du
bist so klug und so gut. Wie du zu uns gekommen bist, und sie hinauf gegangen
ist, die Wäsche zu waschen, ist Elżbieta heruntergekommen und hat gesagt: Juliette hat angeordnet, dem Martin Kaffee zu machen. Nicht gesagt – angeordnet,
befohlen!"
„Na komm, fahren wir!"

– Ja. Aber es ist mein Bruder –

„Martin, sprichst du gut Französisch?"
„Ja. Ich kann unterhalten auf Französisch."
„Besser als Polnisch?"
„Ja, auf jedes Fall."
„Weißt du, ich hatte diese Idee: Ich möchte nach Paris fahren, meinen Bruder
besuchen. Er ist jetzt 16 und ich habe ihn schon seit 8 Jahren nicht gesehen. Aber
ich spreche kein Französisch und er spricht nicht mehr Polnisch. Und da habe ich
gedacht, ich könnte dich mitnehmen nach Paris, ich würde dir die Reise und alles
bezahlen."
„Das wird teuer."
„Ja. Aber es ist mein Bruder."

Nein, wir sind nie zusammen nach Paris gefahren. Gosia hätte sich das nicht leisten können, auch wenn sie weiter angeschafft hätte. Sie hat nicht viele Kunden
gehabt, weil fast keiner sie ein zweites Mal bestellt hat. Ihr hat es genügt, denn für
polnische Verhältnisse hat sie viel verdient, auch wenn sie nur jeden zweiten Tag
einen Kunden gehabt hat. In Frankreich wäre sie mit dem, was sie sich erspart hat,
nicht weit gekommen. Dann, nachdem sie von der Polizei erwischt worden ist, hat
sie natürlich überhaupt nichts gehabt. Paweł lebt auch gar nicht in Paris, sondern
irgendwo in Südfrankreich. Ich habe mir den Ort im Internet angesehen, ein ro-
mantisches mittelalterliches Städtchen mit allerhand Brunnen und Radwanderwe-
gen. Sehr hübsch. Gosia hat seine Adresse gehabt, aber die hat ihr nichts gesagt,
Frankreich, das ist für sie einfach Paris gewesen.

Gosia ist brav jeden zweiten Tag in den Kurs gegangen und am Nachmittag hat sie ihre Hausaufgaben gemacht. Gelegentlich habe ich ihr dabei geholfen. Als ich gekommen bin, hat sie gesagt: „Es ist heiß, nicht wahr? Willst du dir die Füße waschen? Das erfrischt dich!" Ich habe meine Sandalen ausgezogen und mir in der Dusche die Füße gewaschen, und dann ist sie mit einer Fußcreme dahergekommen, mit der ich sie einschmieren sollte – „Das tut dir gut!" – und dann hat sie gemeint, es wäre gesünder, wenn man in Sandalen Socken trägt. Da ist mir erst klar geworden, dass meine Füße gestunken haben.

Gelegentlich habe ich sie zu einem Ausflug ins Grüne eingeladen oder abends einmal auszugehen, aber sie hat immer abgelehnt: „Danke, aber ich kann nicht. Ich muss mich heute ausruhen, weil ich morgen wieder Schule habe. Aber ich danke dir vielmals, dass du an mich gedacht hast. Vielen, vielen Dank" und so weiter, sehr steif, sehr förmlich. Sie hat Angst gehabt wegen Paragraf sieben. Immer wieder hat sie mich gebeten, ich soll Jolanta sagen, dass wir nur Deutsch lernen, wenn ich bei ihr bin.

Wenn ich Juliette nach Hause gebracht habe, hat sie mich immer hereingebeten. Sie ist dann meistens nach oben zu Sabrina gegangen und ich war mit Gosia allein. Der Gerd hat gelegentlich zum Fenster hereingeschaut und mit dem Finger gedroht. Manchmal ist die Sabrina heruntergekommen, wenn sie was wissen wollte. „Was heißt *Spatzi*?" hat sie mich einmal mit ihrer Kreischstimme gefragt.
„Na, ist so ähnlich wie *Schatzi*! Eigentlich ist ein kleiner Vogel. Kann man sagen zu jemand, was man gern hat."
„Oder wenn man ihn liebt?"
„Ja auch. Aber muss nicht sein. Ist einfach so Spaß."
Die Exfrau von Gerd hat ihm ein SMS geschickt: Wie geht's, Spatzi? Sabrina hat es gesehen, na ja, nicht zufällig. Die Ex telefoniert in der letzten Zeit auffallend oft mit Gerd. Ich sage ihr lieber nicht, wie der Gerd manchmal über sie redet. Als er mit ihr in den Urlaub gefahren ist, war es schrecklich heiß. Und er hat extra noch ihre Sitzbeheizung eingeschaltet, ohne dass sie es gewusst hat. So was erzählt er dann gern im Büro.

Der Deutschkurs ist zu Ende gewesen und Gosia ist wieder nach Hause gefahren auf vier Wochen. Ich habe sie zum Bahnhof gebracht. „Ich habe meine Grenzen", hat sie gesagt. „Andere Mädchen gehen auf *les*, ich nicht. Ich war schon einmal mit Juliette auf Job, aber nur *duet*, nicht *les*, verstehst du? Ich lasse mich nicht küssen von den Klienten. Ich mache ihnen alles, aber ich lasse sie nicht meinen Busen küssen oder meine intimen Stellen, dann würde ich mir wie ein Putzfetzen vorkommen." 1.500,- Euro hat sie mit nach Hause gebracht diesmal.

sieben

– Na was glaubst: Natürlich blond!" –

Jede Woche sind neue Mädchen gekommen. Je größer Jolantas Agentur geworden ist, um so mehr Mädchen haben bei ihr arbeiten wollen. Belvedere hat inzwischen bis zu 50 Jobs am Tag gemacht. Im ganzen Jänner waren es nur 280. Im Juli 1100. Mit 80 Mädels. Die, die gerade auf Urlaub gewesen sind, schon mitgerechnet, aber immerhin. Keine andere Agentur in Wien hat so viele Mädels gehabt. Und Jolanta hat verdient. Bei 1100 Jobs im Monat muss sie einen Umsatz von mindestens 66.000,- gehabt haben. Wir anderen haben auch verdient. Sie hat uns das gerne vorgerechnet, die Datenbank hat alle Statistiken geliefert, die sie wollte.
„Mir haben schon 2000 Kunden g'speichert, die mindestens zweimal gebucht haben", hat sie zu mir gesagt. „Du bist auch dabei!" und hat gelacht.
„Bald wirst halb Wien drin stehen haben", habe ich gesagt. „In Österreich geht jeder zweite Mann zumindest gelegentlich zu einer Hur."
„Da schauts: Die Carlotta hat in 17 Tagen 4.000,- Euro verdient!"
Die Juliette hat das manchmal in einer Woche gehabt.
Mir hat sie auch meine Umsätze gezeigt: Im Juni 1.800,-, da war ich noch Aushilfsfahrer, im Juli 2.500,-, da war ich zweiter Tagfahrer. Kleine Fische. Der Mirko hat im Monat seine 5.000,- bis 6.000,- gemacht. Der hat aber auch im Auto geschlafen. Der hat die Mädchen nicht nach Hause gebracht, sondern im Auto sitzen lassen bis sie den nächsten Job bekommen haben. Zwei, drei auf einmal. Die Carlotta hat ihn dafür sogar bezahlt, hat es geheißen. Die Telefonistin wird den Job, wenn es geht, einem Mädchen geben, das schon im Auto sitzt, dann ist sie schneller beim Kunden.

So was gibt dann auch wieder Stunk. Da kriegt dann die Telefonistin ein SMS: *Mirko vögelt gerade mit Carlotta und Mimi.* Die ruft gleich den Gerd an und der Gerd veranstaltet eine hochnotpeinliche Untersuchung, weil wieder einmal der Paragraf sieben verletzt worden ist. Herausgekommen ist, dass die Carlotta oft beim Mirko im Auto sitzen bleibt nach dem Job.
„*The Gerd he is* deppat", hat die Carlotta geschimpft. „*He must go to hospital to get trattament for his head. Then he can come back for to work in agentura. I am good girl, I must to working, why go home* schlafen fünf Minut, *then Telefonist she call me you have job, must get up again, make* Dusch, *dress. Why not stay in* Auto *and go to next job. I am special girl for agentura, I make good money for agentura, I am not girl who have one job in the day. Why the Gerd he say to me I fucking with Mirko?*"
Und die Jolanta hat gelacht.

Dann hat sie mich geschickt, zwei neue Mädels zum Fotografieren abzuholen. „Die finden den Weg nicht mit der U-Bahn. Ich hab ihnen gesagt, sie sollen dir 10,- Euro geben." Also bin ich zum Cineplex gefahren und habe sie mit dem Handy zum Parkplatz gelotst. Die beiden sind so blond gewesen, dass es in den Augen weh getan hat. Silber und Gold in der Nachmittagssonne.

„War ma Kino, Kaffeetrinken, bissel relaxen."
„Und was habts ang'schaut?"
„Na was glaubst: Natürlich blond!"
„Normal, ja!" Sie lachen beide. Cindy, die größere von den zweien hat auch noch rosa Jeans an. Und natürlich ist ihr Lippenstift pink.
„Bin ich heut ausm Haus gangen, hab ich gedacht, hab ich irgendwas vergessen. Weiß aber nicht was. Hab ich vergessen mich schminken!"
„Schaust doch so auch gut aus!"
Cindy ist groß und kann mit gutem Gewissen ihren flachen Bauch mit dem gepiercten Nabel zeigen. Unter der Platinmähne hat sie ein lustiges Kindergesicht mit einem Stupsnäschen.
„Aber wegen Foto. Aber mach ma eh ohne Gesicht, weil sonst hab ich ka Hochzeit!"
„Kieberer!" sagt die Kleinere, die sich hinten hingesetzt hat.
„Ah, Kieberer is egal. Glaubst du die Kieberer schauen ins Internet und machen sich Fahndungsfotos?"
„Naa, net wegen dem", sagt Wendy. „Aber ihr Verlobter is Kieberer!"
„Ah so!"
„Dabei, wenn i denk, dass i den auf Job kennen g'lernt hab!" Cindy lacht.
„Aber jetzt darf sie nimmer!"
„Wir hab'n auch normale Beruf, weißt du!"
„Ah so, was denn?"
„Wir sind Tänzerinnen und Barkeeperinnen. Auf der Donauinsel."
„Und wo seids ihr her?"
„Bulgarien. Aber i bin schon zwei Jahr da und sie drei. Kannst bissel Energy aufdrehen?"
Ich schalte von FM4 um auf Energy und die zwei fangen an auf ihren Sitzen mitzushaken.
„Wir sind erwachsene Kinder, sagt mein Verlobter immer, erwachsene Kinder!"
„Große Kinder! Na ja, man kann aa net immer alles ernst nehmen!"
„Jetzt bin ich noch Kind, aber spätter..."
„Was ist später?"
„Spätter nimmer!"
„Ach, ich bleib immer Kind!" sagt Wendy.
„Kannst du lauter drehen?" sagt Cindy. Aus dem Radio kommt die Charlies Angels-Filmmusik. Ich drehe auf, was meine armseligen Boxen hergeben, und die

beiden shaken und tanzen im Sitzen zu der dröhnenden Musik. Ich muss vor einer Ampel halten und trete im Rhythmus auf die Bremse, dass das Auto zur Musik schaukelt. Wendy schüttet sich aus vor Lachen. Dann kriegt sie ein SMS. Ruft wütend zurück: „Du, lass mi in Ruh mit die Bludsinn! I habe was zu tun, ja, i habe a Arbeit, i sitz mit meine Freundin in Auto und wir haben was zu tun, und i muss di das net sagn! Hör auf mit diese Bludsinn, i sag da's! Du darfst niemanden toten! Bistu wahnsinnig oda was? Gib a Ruh und her auf mit die Bludsinn! I bin net deine Freundin, verstehst du des net? Wem willst du Pfote brechen, da is niemand und das geht di gar nix an. Lass mi in Ruh mit dem!" „Der glaubt i bin sei Freundin. Aber i bin von niemandem die Freundin. I bumse mit wem i will und wann i will, aber i will ka Beziehung!" „Sie is ka Beziehungsmensch." bestätigt Cindy. Die Jacqueline hat angerufen und gesagt, ich soll zwei Döner mitbringen für sie und die Vera. Also bin ich bei MekBey stehen geblieben und habe die Döner gekauft. Die beiden Mädels wollten mir jede einen Zehner geben. „Ich krieg nur einen", habe ich gesagt. Ich habe ich Döner und Mädchen im Büro abgeliefert und habe mich abgemeldet, weil ich bei meiner Tochter und ihrem Mann zum Essen eingeladen gewesen bin. Es hat Rotwein gegeben und Thailändisches aus dem Wok. „Jetzt erzähl!" haben sie gesagt, „wir sind doch schon schrecklich neugierig." Und ich habe ihnen von Belvedere-Escort erzählt und von den Mädchen, von Carlotta und Lilli und Gosia und Sally. Ein paar Sachen habe ich weggelassen. Und dann hat meine Tochter ein Ultraschallbild vor mich auf den Tisch gelegt. Mit einem glücklichen Lächeln. So ein Bild, wie das, das sie von Lillis Bauch gemacht haben.

– Aber er hat probiert, immer wieder –

In der Früh habe ich mich nicht angemeldet, weil mir der Schädel gebrummt hat. Ich bin ziemlich betrunken gewesen am Abend vorher. Man wird nicht immer Opa. Aber es hat mir nichts genützt. Vera hat mich aufgeweckt, ich soll Isabella abholen. Ein neuer Fahrer hat sie zum Job gebracht, und gleich hinterher ist ihm ein LKW hineingefahren. Ist bei Rot einfach in die Kreuzung hineingefahren, Totalschaden, gleich am ersten Tag. Ich muss aufpassen, dass ich nicht auch einen Unfall baue, gleich am ersten Tag. „Ich habe geglaubt, du kommst nie!" sagt Isabella auf Englisch und legt den Arm um mich. „Dieser Mann, er war zuviel für mich. Er ist heftig geworden, hat mich hier gepackt und hier, meine Arme, meine Hände, hier. Er wollte eine Stunde mehr, aber ich sage nein, ich gehe. Und er sagt: Ja, du bleibst hier. Ich sage nein, und wenn nicht, kriegst du Probleme. Wie du angerufen hast, hat er mich endlich

gehen lassen. Weißt du, er hat Champagner und Wein getrunken und Marihuana geraucht. Er hat nicht gefickt, er konnte nicht. Aber er hat probiert, immer wieder. Und ist böse geworden. Ich hasse es, wenn ein Mann so heftig ist. Ich sage zu ihm, ich will das nicht, eine Frau ist wie eine Blume. Aber der, pah!"
Es ist immer dasselbe in der Früh. Ich bringe Isabella nach Hause, lasse den Kunden auf die Sperrliste setzen. Aber was nützt das. Das nächste Arschloch kommt bestimmt.

– Und ich habe erst vorgestern alles aufgeräumt –

Ich will nach Hause fahren und weiterschlafen, aber ich bekomme einen Job mit Judy. Die wohnt wenigstens nicht weit von mir. Judy ist froh, dass sie endlich wieder einen Job hat. Vier Tage hat sie keinen einzigen Job gehabt, nichts. Und gestern war die Polizei bei ihr. Sie ist mit zwei von ihren schwarzen Freunden im Internetcafé gewesen, und wie sie herauskommen, werden sie von der Polizei angehalten und auf Drogen untersucht. Und dann haben sie sie mit Handschellen nach Hause gebracht und die Wohnung durchsucht.
„Und ich habe erst vorgestern alles aufgeräumt. Aber ich habe mir gedacht, bitte, sucht nur, ich habe nichts. Aber wie eine Verbrecherin haben sie mich behandelt: Und das T-Shirt, das gehört ihm, nicht wahr? Und woher hast du das Geld? Was denken sich die Nachbarn, wenn ich mit den Händen auf dem Rücken von der Polizei gebracht werde? Ich bin noch immer so nervös. Aber was kann ich tun? Und die beiden Schwarzen haben sie in Ruhe gelassen, nur mich haben sie mitgenommen, weil sie gedacht haben ich hebe das auf für sie. Und der Kunde, bei dem ich war, der hat geschnupft, und ich sollte auch nehmen, und ich habe mich so gefürchtet, dass er von der Polizei ist."
Nein, es geht ihr nicht gut, sie kriegt kaum noch Jobs. Und wenn, dann Ohne-Jobs. Wenn sie nicht Ohne machen würde, hätte sie überhaupt nichts. Na, sie geht jede Woche zur Kontrolle, ihr Freund auch. Und der letzte Job, den sie gehabt hat, war mit Sally. Ein Lesbenjob. Die Jacqueline hat die Sally angerufen und die Sally hat gewusst, dass Judy schon lange keinen Job gehabt hat und hat zur Jacqueline gesagt: Ich will mit Judy fahren.
„Aber sie ist deine Schwester, sagt die Jacqueline. Und die Sally: Entweder mit Judy, oder ich fahre nicht. Na gut, wir haben gespielt. Wir haben nichts wirklich gemacht, nur so getan."

– Na ja, der Hendricks –

Jetzt ist es zu spät gewesen um noch nachzuschlafen. Also bin ich ins Büro gefahren. Die Vera und die Andrea sind verzweifelt gewesen. Der *Sobig*-Virus ist gerade losgebrochen und hat von allen Seiten Emails an Belvedere-Escort geschickt. Praktisch jede Sekunde ist eine Mail gekommen und die Firewall hat angefragt, was damit zu tun ist. Die Andrea hat gelöscht und gelöscht und gelöscht.
„Da siehst, in wie vielen Adressbüchern Belvedere-Escort g'speichert ist. Lass mi einmal hersetzen!"
Ich habe die *Norton-Firewall* nicht gekannt und habe eine Weile gebraucht bis ich durchschaut habe, wie sie konfiguriert wird.
„Waaßt scho des Neueste?"
„Was'n?"
„Die Jolanta hat den Mirko g'feuert."
„Und weg'n was?"
„Er hat ein Mädchen, na sag'n wir, genötigt."
„So a Oarschloch is der? Wen denn?"
„A neue. Er hat zwaa neue Mädchen bei sich im Auto g'habt und die eine zum Job 'bracht. Dann hat er si hintere g'setzt zu der anderen, derweil s' g'wart hab'n. Na, und hat ihr den Kopf abedruckt und g'sagt, sie muass eahm an blasen. Und hinterher hat's ang'rufen und hat si beschwert."
„Find i aber guat, dass die Jolanta ihn glei ausseg'haut hat."
„Ah, wirst sehn: Nach aaner Wochen is er wieder da."
„Na, i bin g'spannt."
Die Firewall hat die Virus-Mails in einen Ordner gespeichert und es war wieder Ruhe.

Am anderen PC haben die Vera und die Andrea die Mädels von Intim-Escort durchgehechelt. „Die, die war auch bei uns vorstellen. Na, also unmöglich. An Vertrag hamma ihr schon geben, aber keine Fotos gemacht, nix, weil des hat kan Sinn. Das is schon mehr ein Fall fürs Hotel Bauer." Die Vera war früher bei Intim, aber sie hat rechtzeitig den Absprung geschafft. „I bin da g'sessen mit aan Job die ganze Nacht, und a Freundin hat mir g'sagt, dass Belvedere zwanzig macht. Aber der Chef durt, der Andi, der kümmert si ja um nix. Der is so gutmütig. Der hat a slowakische Telefonistin g'habt, und die slowakischen Madeln haben sich mit der z'sammtan und haben Jobs schwarz g'macht und hab'n sich die Kohle geteilt. Alle haben's g'wusst, die Madeln, die Fahrer, die Telefonistinnen, nur der Chef net. Und was soll i dir sagen, der hat's net amal ausseg'schmissen, die wohnt sogar noch dort in der Agentur."
Die Elżbieta ist hereingekommen zum Putzen, und die Vera schaut nur so aus den Augenwinkeln und sagt: „Es is ein Job für dich um 14:00 Uhr!"
„A-ah", sage ich, „ich glaub net, dass der für sie is."

Da dreht sich die Vera um und sagt: „Entschuldige, jetzt hab ich glaubt, die Juliette. Aber weißt eh: Der Hendricks, der weiß ja, dass sie die Schwester is von der Natascha. Sagt der zur Juliette: Wirst seh'n, die Elżbieta , wann s' vom Urlaub zurückkommt, fangt s' auch als Mädchen an. Na ja, der Hendricks! Da hast an Job für dich, die Cindy und die Wendy in die Spinne!"

Der Mirko war schon nach drei Tagen wieder da.

– Aber für Collagen hat er ka Lizenz –

Ich hole Cindy und Wendy von der Bürgergasse ab, von einem großen Gemeindebau. Heute sind sie beide in Weiß, die Cindy in Jeans, die Wendy in einem Rockerl, das sowieso nur knapp über den Hintern reicht und dann auch noch auf der Seite geschlitzt ist.
„Du sag amal, wo is das in aaner Wohnung, wann ma kan Strom hat?"
„Normal hast a so a Kastel irgendwo bei der Eingangstür. Je nachdem, da hast Sicherungen zum Schrauben oder so an Schalter. Aber bei die alten Gemeindebauten is manchmal draußen am Gang."
„Aha. Weil mir ham neue Wohnung, und heut die Wendy steckt den Stecker rein vom Föhn, und wumm! Is des ein Mann oder zwei?"
„Einer!"
„Scho wieder. Jetzt hamma dreimal schon so an g'habt. Mir sind schon ganz lesbisch."
„Aber die ficken net", sagt die Wendy.
„Naa?"
„Nur zuschau'n und wichsen."
„Aber der letzte, der hat wollen Natursekt", sagt die Cindy, „aber i hab net können. I hab an halben Liter Wasser trunken aber es is net gangen."
Und ich: „Wann i nervös bin, kann i aa net pinkeln."
„Na, sagt der, er will Natursekt, und i denk mir, warum sagst des net vorher, jetzt bin i grad gangen. Aber bei mir is dann gangen, halt a bissel."
Als sie aussteigen, hat die Cindy einen Fleck auf der weißen Hose.
„Dein Auto!" sagt sie anklagend
„Kann net sein!" Ich kontrolliere den Sitz, aber der ist sauber.

Wie sie wieder aus dem Hotel kommen, schütteln sie die Köpfe und wedeln mit den Händen. „Na, der war ja verruckt, der war ja deppat. Immer hu, hu, hu, i waaß net, der is schwul oder was!"
Aber was wirklich mit ihm los war, kann ich nicht herausfinden.
„Hast du Sitz sauber gemacht?"

„Der Sitz *ist* sauber!" Aber die Wendy schlägt ihren Rock hoch und setzt sich sicherheitshalber mit dem nackten Hintern auf die Polsterung.

„Ich muss dir 20 Euro abziehen", sage ich zu Cindy, „weil du am Samstag zwei Jobs g'schmissen hast."

„Na geh, ich muss Miete zahlen. Kann ich net morgen bezahlen?"

Ich rufe Jolanta an und erkläre die Sachlage. „Okay, ab morgen!"

Wegen der Baustelle am Schwarzenbergplatz muss ich über den Rennweg fahren.

„Da is meine Klinik", sagt Cindy. „Da hab ich machen lassen Collagen. Muss i bald wieder machen lassen, weil is schon fast weg."

„Ich brauch ka Collagen, gell?" sagt Wendy. „Ich hab genug Lippen!" Sie hat wirklich volle Lippen und in jeder Hinsicht ein großes Maul. Die Cindy hat eine witzige schmale Oberlippe und die Unterlippe steht schmollend vor.

Ich kriege eine genaue Erklärung: „Das ist schnell vorbei, dauert zehn Minuten. Am Anfang kriegst Spritzen, wie beim Zahnarzt, aber nachher spürst nix. Weißt, der Doktor macht alles, Liposuktion und so, aber für Collagen hat er ka Lizenz. Hat er schwarz g'macht, 180 Euro. Aber nach zehn Monat muss i wieder geh'n. Und i hab des no nie g'macht, und da hab i scho Angst g'habt und bin i g'legen am Operationstisch und hab g'weint."

Und dann sagt sie zu Wendy: „Weißt was, jetzt zahl ma die Miete, und dann in zwei Wochen, fahr ma nach Belgrad, Brustoperation. Die kost tausendachthundert."

„Aber weißt eh, kannst an Monat net arbeiten."

„Aber geh, a Wochen!"

„Aber musst Spezial-BH tragen drei Wochen lang. Und was mach i vier Tag lang in Belgrad?"

„Bleibst bei mir in Klinik. Waaßt wie schön is da!"

Da muss ich mich einmischen: „Geh bitte, zu was! Is doch so viel herziger. Willst mit so an Ballon herumlaufen?"

„Net Ballon, aber a bissel."

„Geh, des brauchst doch gar net!"

„Und i lass mir die Haar verlängern", sagt die Wendy.

Auf dem Gürtel wird eine Ampelanlage repariert und die Polizisten, die die Kreuzung regeln, werden taxiert: „Aber der is net süß!"

„Komm, Schatzi. ich will dich sehen! Naa net dich!"

„Aber der, der is fesch!"

„Geh, der doch net!"

„Waaßt eh, mein Verlobter is Kieberer."

„I waaß, hast erzählt."

„Jetzt hab i mi getrennt von mein Freund. Von mein zweiten Freund."

„Is besser, wanns d' verlobt bist."

„Er hat mir SMS g'schickt, er liebt mich unendlich. Hab ich ihm g'schrieben, das
war Spaß. Weißt, Spaß is Spaß und Liebe is Liebe. Spaß geht nur bis hier", sie
zeigt es an ihrem halben Arm, „und Liebe bis hier!"

– Wenn's klappt, is gut –

Die Gül ist auch verliebt gewesen. Ich habe mit ihr wieder einmal nach Asparn bei
Tulln fahren müssen. Sie hat geflucht: „Zwaa Kunden hab i jetzt wegg'schickt,
400 Euro san im Eimer wegen dem Job, wo i in zwarahalb Stunden 60 Euro verdien! Na, i ruf die Jolanta an, i mach kane Haus- und Hotelbesuche mehr.
Seit einer Woche hat sie einen neuen Freund. „A Türke, aber er denkt sehr modern. Und er akzeptiert, was i mach. I hab ihm g'sagt: Schau, bis 19 Uhr bin i
anderer Mensch, da bin i die Gül, und i fick für Geld. Und am Abend bin i die
Aischa, und wann du mit dem zurechtkommst is gut. Na, wer ma sehn. I mach mir
keine Hoffnungen, wann's klappt, is's gut, wenn nicht, nicht. Aber er hat an Job, er
is Florist, gell, und er will mei Geld net. Wann mir wohin geh'n, zahlt immer er. I
hab g'sagt, geh, i verdien doch mehr, aber er sagt naa, wann mir zusammen sind,
dann zahl i. Weißt, des g fallt mir, weil aan, der nur mei Geld will, des brauch i
net. Soll er verdienen, waaß i, soll er 100 Euro im Monat verdienen, egal, wann er
nur arbeit."
„Und, wann machen wir die Homepage?"
Die Gül redet schon lang davon, dass sie eine eigene Homepage haben will. Sie
will von Jolanta das Studio kaufen und sich ganz selbständig machen.
„Wann i das Geld übrig hab. Jetzt muss i erst amal dem Kredithai, von dem i mir
des Geld fürs Studio ausborgt hab, die 1000 Euro zurückzahl'n, plus 150."
„150 für wie lang?"
„Für aan Monat."
„Fuffzehn Prozent für aan Monat? Des is aber net wenig. Des zahlst bei der Bank
für a Jahr!"
„Da gibt's andere, die verlangen 50 Prozent, 100 Prozent für an Monat. Der hat
des nur g'macht, weil er mi kennt."

– Benvenuti a Vienna –

Am nächsten Tag komme ich in der Früh ins Büro. Vera winkt mir mit langen
Fingernägeln zu. Wendy springt vom Fauteuil auf und fällt mir um den Hals, als
ob sie mich ewig vermisst hätte: „Wo warst du, Schatzi?" schreit sie mit ihrer
kratzigen Quetschstimme

Ich küsse sie links und rechts und drücke sie an mich. „Liebste, willst du mich heiraten?"

„Ja! Wo ist meine Ring?"

In den Lehnsesseln sitzen Corinna und ein neues Mädchen.

„*And nothing for me?*", sagt Corinna und steht auf. Ich drücke auch sie an mich und küsse sie: „*Will you marry me?*"

„*Of course!*" lächelt sie und ihre Stimme klingt warm und tief.

„Was machst du, Schatzi?" kreischt Wendy.

„Ich will euch beide heiraten."

Corinna hat früher mit Lilli zusammengewohnt. Und dann mit Denise. Sie ist schon älter gewesen, 27, und mir ist nie ganz klar gewesen, was sie für ein Verhältnis zu den jüngeren Mädchen hat. Sie hat sie immer ermahnt und kritisiert und darauf geachtet, dass sie ihren Job gut machen. Ob sie das von sich aus gemacht hat, oder weil ihr der Fisch gesagt hat, hab ein Aug auf das Mädel, habe ich nicht durchschaut. Ich weiß nur, dass sie selber einem Fisch 5.000,- Euro hat abzahlen müssen für die Vermittlung nach Wien.

Das schwarzhaarige dünne Mädchen, das da neben seinem Köfferchen sitzt, ist ihre Cousine. Sagt sie. Sie hat in Rumänien in einer Bar gearbeitet, aber da war das anders als hier, da ist die nicht für eine Stunde oder zwei mit dem Kunden gegangen, sondern für die ganze Nacht. Für 150 Euro. Dünn und schlaksig sitzt sie, ein bisschen zusammengesunken, schaut mit großen schwarzen Augen um sich. Sie spricht fast kein Englisch, sagt Corinna, dafür aber Italienisch wie eine Italienerin. Raluka heißt sie.

„*Piacere!*" sage ich und gebe ihr die Hand. „*Io sono Martin.*"

Sie lächelt ein breites Pippi-Langstrumpf-Lächeln und sagt irgend etwas, was ich nicht verstehe. Sommersprossen hat sie keine in ihrem bleichen Gesicht, aber einen zarten dunklen Flaum auf der Oberlippe.

„Ich verstan ein biss Italienisch, aber ist schwierig sprechen!" erkläre ich. Wenn ich einen Satz auf Italienisch sage, sind mindestens drei spanische Wörter dabei, und umgekehrt. Aber ich kann mich verständigen.

Corinna und Raluka werden fürs erste in der Embelgasse wohnen, erzählt Corinna, in der alten Treffpunktwohnung von Belvedere. Jetzt muss sie als erstes eine Telefonnummer für Ralukas Handy beschaffen.

„Okay, kommt mit" Wendy hat einen Job in der Wohnung, ich habe eine Stunde Zeit. Ich packe Corinnas Koffer und Ralukas Tasche ins Auto. Wir kaufen im T-Mobile-Shop ein Starterset. Dann brauchen sie noch ein paar Lebensmittel, morgen ist Sonntag. Corinna erinnert sich nicht, ob in der Embelgasse ein Kühlschrank ist, also kaufen wir nur haltbare Lebensmittel, dazu einen kleinen Kochtopf. Corinna isst gerne Suppe. Raluka trottet hinter uns her, starrt alles an mit ihren riesigen schwarzen Kinderaugen. Hin und wieder gibt ihr Corinna Anweisungen wie einem Kind, nimm das, tu das in den Einkaufswagen, mach die Tür auf. Als wir die Einkäufe beisammen haben, holen wir Wendy ab, die inzwischen fertig geworden ist.

„Ich habe in Wohnung geschlafen!" plaudert sie los, „Cindy hat die Schlüssel gehabt und hat geschlafen, glaubst, ich kann die aufwecken! Hat mich der Mirko in die Agentur gebracht, hab ich da geschlafen!"

„Jetzt habts ihr die Wohnung schon ein paar Wochen und habts immer noch nur einen Schlüssel?"

Wendy zieht eine Schnute und zieht die Schultern hoch.

Vera ruft mich an, Juliette hat den nächsten Job. Ich lade Gepäck und Einkäufe der beiden bei der Embelgasse aus, küsse beide noch einmal auf die Wangen: *„Benvenuti a Vienna!"*

Am Sonntag habe ich zwölf Jobs gehabt, die ersten acht Stunden bin ich ohne Pause durchgefahren. Allein drei Mal bin ich nach Groß-Enzersdorf hinausgefahren und habe einem Typen jedes Mal ein anderes Mädel gebracht, bis er endlich zufrieden war. Am Nachmittag hat mich Corinna angerufen, ob ich morgen wieder mit ihnen einkaufen gehe. Na gut, dann morgen um neun.

Am Montag hole ich sie beide ab. Corinna ist kaputt. Sie ist erst um 7 nach Hause gekommen, jetzt ist es neun.

„Don't look at me!" sagt sie.

Zuerst bringe ich sie zu Interspar, denn Corinna braucht eine Pfanne, einen Suppentopf, Salzstreuer, Messer. Wir bringen die Einkäufe in die Embelgasse, holen Marina ab und bringen sie in die Agentur. Marina ist fast eins achtzig groß. Sie trägt heute ein kurzes dunkelrotes, mit Rosen bedrucktes Minikleidchen und sieht umwerfend aus mit ihren langen Beinen. Sie setzt sich nach hinten. „Marina, Corinna, Raluka!" stelle ich vor. Corinna nimmt sie kaum zur Kenntnis, Marina unterhält sich hinten leise und freundlich mit Raluka. Als sie bei der Agentur aussteigt, schaut ihr Corinna mit gerunzelter Stirn nach.

„Du schaust so kritisch?"

„Diese Schuhe zu diesem Kleid!"

Es sind weiße Riemchensandalen mit hohen Absätzen. Ich finde, sie passen sehr gut.

Raluka streckt den Kopf nach vor und erzählt mir aufgeregt, dass sie sich schon einen Künstlernamen ausgesucht hat: „Giulia!" sagt sie und nickt eifrig mit dem Kopf.

„Und wer wird Romeo sein?" sage ich auf Englisch. Corinna übersetzt es ihr.

„Tu!" stößt Raluka aus und deutet mit ausgestrecktem Arm auf mich.

Dann fahre ich ein Stück weiter, suche einen Parkplatz möglichst nahe der Meidlinger Hauptstraße. Corinna nimmt mich um die Hüften. Wie gehen umschlungen, als wären wir ein Pärchen. Raluka trottet hinter uns drein. Plötzlich entschließt sie sich, läuft vor und sucht meine andere Seite.

„Was willst du mehr?", sagt Corinna.

„Vielleicht noch eine vorn und eine hinten?"

„Ach, mit einer blonden und einer brünetten solltest du zufrieden sein!"

„Bin ich auch."
Bei C&A suchen wir Unterwäsche für Raluka aus, schwarze Stringtangas, gepolsterte BHs. „Sie hat kleine Brüste", sagt Corinna, „sie braucht gepolsterte BHs." Dann suchen wir noch in zwei Schuhgeschäften nach High-Heels für Raluka. So ganz das Richtige findet Corinna nicht, aber sie ist müde, und will nicht weitersuchen, während ich den nächsten Job fahre. Sie gibt mir dreißig Euro und ich bringe sie nach Hause, dann hole ich Juliette ab.

Am Dienstag hat Jolanta endlich Zeit gehabt Ralukas Fotos zu machen. Also habe ich die beiden aus der Embelgasse abgeholt. Raluka ist hüftenschwingend und grell geschminkt aus dem Haus gekommen, die Augen schwarz umrandet, der Mund violett, und hat mir die Hand hingehalten wie eine Diva. Der dunkle Flaum auf der Lippe war auch weg.
Als wir in die Agentur kommen, sagt Jolanta zu Corinna: „Du hilf mir. Wir ham da ein neues Mädchen, die schreibt da, sie macht alles: Kaviar passiv, Sandwich, alles. Aber bei Tabus schreibt sie: Analsex. Die hat gar nichts verstanden. Wie gibt's das, Sandwich, aber kein Analsex? Zwei Schwänze in einer Muschi oder wie?"
Und die Vera : „Des is ja unguat, Wenn die beim Kunden is, dann schaut s' blöd."
Jolanta: „Mir is's auch einmal so gegangen. Ein Kunde will von mir Algierfranzösisch, und ich: Ja, ja! – Und er dann: Na was is! – Und ich: Na, ich blas ja eh! – Ja, aber *Algier*französisch! – Na ja! – Na das is von hinten! Du musst mein Arschloch lecken! – Na bist du deppat! Na nie mach ich das!"
Corinna telefoniert mit dem Mädchen, erklärt noch einmal alles. Ja, sie will alles machen, auch Kaviar passiv!
„Geh pfui, wer macht schon Kaviar passiv!" mault die Vera.
Dann füllt Corinna mit Raluka den Fragebogen aus. Bei jedem Posten nickt die Kleine heftig oder schüttelt empört den Kopf, je nach dem. Und sie spielt uns alles vor, was sie machen wird, wippt mit ihrem kleinen Becken, reißt den Mund auf und schiebt sich mit herausgestreckter Zunge und aufgerissenen Augen einen enormen Schwanz in den Mund.
Was Golden Shower ist, weiß auch Corinna nicht, ich erkläre es: „*Pissing!*"
„*What?*"
„Pipi!"
„*Oh yes.*"
Sie erklärt es Raluka. Raluka reißt die Augen auf und macht einen ernsthaften Mund. Dann stellt sie sich mit gespreizten Beinen über einen imaginären Kunden und macht Pipi auf ihn.
Und Pipi auf dich?
Empört wedelt sie mit beiden Händen vor dem Gesicht.
Striptease? Erst Kopfschütteln, dann Zustimmung. Raluka tanzt im Sitzen.
Massage?

Sie probiert es gleich an meinem Rücken aus. Ihre Hände sind überraschend kräftig. Mir tut sowieso der Rücken weh vom Fahren. Raluka massiert mich fünf Minuten lang, dann sagt sie „*Game over!*" Schade.

Ich bin einen Job gefahren und wieder zurück gekommen um abzurechnen. Raluka und Corinna haben noch immer aufs Fotografieren gewartet. Weil alle Sitzgelegenheiten besetzt gewesen sind, habe ich meine Abrechnung vor dem Couchtisch kniend gemacht.

Raluka deutet mir, ich soll mich zu ihr in den Lehnsessel setzen. Ich versuche es, aber für uns beide ist kein Platz. Also setze ich sie auf meinen Schoß.

„Paragraf sieben!" ruft Vera.

Und Jolanta lacht: „Der Agenturpapa!"

Raluka lehnt sich an mich und flüstert mir etwas ins Ohr. „*Prima volta!*" verstehe ich und „*Paura!*" – „Erstes Mal" und „Angst". Ich weiß nicht einmal, wie ich auf Italienisch „Es wird schon nicht so schlimm", sagen soll. Also drücke ich sie nur tröstend an mich.

Raluka beugt sich zu Vera und fragt: „*Giulia not possible?*"

Vera bestätigt, dass das nicht geht. Wir haben schon eine Julie.

„*Okay: Brenda!*" Ihre Augen leuchten.

„Brenda?" sage ich, „*Very British!*"

Sie sprudelt heraus, aus welchem Film sie diesen Namen hat, aber ich habe den Film nicht gesehen, darum habe ich ihn mir nicht gemerkt.

– Wenn man's erst einmal sieht, ist es eh schon zu spät –

Der Agenturklatsch ist kreuz und quer durchs Zimmer geflogen. Die Juliette, erzählt die Vera, hat gemeint, der Hendricks hat AIDS. Er hat einen Ausschlag, den er vor ihr zu verstecken versucht. Jolanta telefoniert mit ihr, redet irgendwas, dass das nicht AIDS sein kann, weil bei AIDS der Ausschlag nur an den Beinen ist oder nicht an den Beinen, genau kann ich es nicht verstehen, aber es ist auf jeden Fall Unsinn.

„Horch einmal", sage ich zu Jolanta, „AIDS kann man überhaupt nicht sehen. Wenn man's erst einmal sieht, ist es eh schon zu spät. Und das muss kein Ausschlag sein, das kann eine Lungenentzündung sein oder a Pilz in der Speiseröhre oder sonst irgendwas. Wie willst so was sehen?"

„ Weißt du, dass sie in der Neutorgasse noch keinen einzigen Fall von AIDS gehabt haben?" sagt die Jolanta.

„Das kann schon sein", sage ich, „es gehen ja nur die halbwegs Vernünftigen in die Neutorgasse. Schickst du deine Ohne-Mädels dort hin?"

„Aber die machen dort Menschenversuche. Die sagen mir einmal: Sie haben einen Tripper erwischt! – Unmöglich! – Doch! Da nehmen Sie diese Tabletten. Hinterher treff' ich eine Freundin, sagt die zu mir: Du, ich hab einen Tripper erwischt! –

Das gibt's doch nicht, ich auch. Der haben sie auch diese Tabletten gegeben. Na, und nach einer Woche war wieder Untersuchung: Nichts, gar nichts! Menschenversuche!"

In einem polnischen Escort-Verzeichnis im Internet habe ich vor kurzem diese Anzeige gefunden:
Belvedere-Escort Wien sucht Mädchen. Phantastischer Verdienst, mehrere Tausend Euro im Monat, unter der Bedingung, dass du keine Grenzen kennst, gerne schmust, Sex magst und alles ohne machst. Wohnmöglichkeit garantiert.

Der Hendricks will Juliette auf ein paar Urlaubstage einladen, bis zum 11., aber am 10. wollte sie schon nach Polen fahren.
„Ich bin dagegen", sagt Jolanta zu Vera. „Die Juliette braucht dringend Urlaub, die ist schon ganz ausgebrannt! Die ist so launisch geworden, schmeißt Jobs. Da sagt sie einmal, sie geht nicht, dann geht sie doch, dann sagt sie, sie geht aber keine zwei Stunden, nur eine, und dann rennt sie weg."
„Das hat sie mir erzählt", sage ich. „I weiß, weil der Andi si aufg'regt hat. Der soll total ang'soffen g'wesen sein, eine Stunde hätt sie ausg'halten mit ihm, aber er wollt unbedingt zwei, da is sie gegangen!"
„Der war net ang'soffen, i hab ja telefoniert mit ihm!" sagt die Vera.

– Das gibt's beim Bipa, das kann man dann zurechtschneiden –

Vera gibt mir einen Job mit Petra. Super, Petra wohnt im Einundzwanzigsten in der Langobardenstraße und der Job ist in Simmering. Aber ich habe noch eineinhalb Stunden Zeit.
„Pass auf mit der Petra„, sagt Jolanta.
„Wieso?"
„Weißt du net, was der Elfi passiert is?" Seit neuestem haben wir auch eine Fahrerin. „Holt die Petra ab von an Ohne-Job, und die setzt sich neben sie, und wie sie aussteigt, auf einmal sieht die Elfi so einen nassen Fleck auf dem Beifahrersitz."
„Uäh!" macht Vera. „Also ein Minimum kann man doch schon verlangen!"
„So," sagt Jolanta, „entweder zahlst du jetzt 60 Euro an die Agentur oder du lässt die Kleine von deinem Schoß herunter. Weil ich muss die jetzt fotografieren gehen."
„Ja. Ich muss eh arbeiten gehen!"
„Fragt sich nur was für Arbeit!"
Um Petra aus der Donaufelderstraße abzuholen und nach Simmering zu bringen, habe ich eine Stunde fünfzehn veranschlagt. Daraus werden eine Stunde und fünfundvierzig Minuten. Petra bleibt zwei Stunden. Genug Zeit also. Ich rufe Corinna

an, ob sie noch im Büro sind. Ja. Fotos schon gemacht? Ja. Gut, dann bringe ich euch nach Hause.

Als Raluka ins Auto steigt, erklärt sie stolz: „*I'm Ada.*"
„Aha?"
„*Brenda and Ada!*"
„*Oh, wow, anche sei Super-Escort? Congratulations!*"
Jolanta hat sie gleich für Super-Escort genommen. Alle Achtung. Super-Escort, das ist die zweite Homepage von der Jolanta. Auf die sollen nur ausgewählte Mädchen kommen. Das ist jetzt so eine Mode, alle Agenturen haben zwei oder sogar drei verschiedene Homepages mit verschiedenen Agenturnamen. Irgend eine hat damit angefangen in der Hoffnung, dass sie mit zwei Agenturen ein größeres Stück vom Kuchen abschneiden können. Und jetzt machen es fast alle. Und Jolanta hat immer noch Einführungspreise auf Super-Escort, die 20,- Euro niedriger sind als bei Belvedere. Trotzdem will Super nicht richtig zu laufen anfangen.
„*But Jolanta says, if she is not good, it is me who will have problems*", sagt Corinna. Wenn Brenda nicht gut ist, dann ist sie es, die Probleme kriegt.

Mittwoch. Um zwölf muss Cindy in der Spinne sein.
„Nachher musst du mir helfen, das Paket da aufgeben. Das is für mein Freund in Kosovo. Aber ich darf kein Absender draufschreiben."
„Warum?"
„Na, weil der is im Kosovo, verstehst du net!"
Ich verstehe es nicht, dafür verstehe ich, warum sie es sich erlauben kann, anschaffen zu gehen, wo er doch dagegen ist.
Dann kriege ich einen Job mit Brenda. Ich rufe sie an, sie gibt das Telefon an Corinna weiter. Ob ich mit Brenda nachher einkaufen gehen kann, Brot, Zigaretten, sie gibt ihr eine Liste mit. Als ich Brenda abhole erzählt sie stolz, dass sie heute Nacht schon zwei Jobs gehabt hat. Ich bringe sie in die Agentur, zeige ihr die Wohnung, erkläre ihr, wo sie Handtücher findet, was sie mit den gebrauchten Handtüchern tun soll. Sie lässt sich noch dreimal die Preise wiederholen für jede einzelne Tätigkeit und begleitet alles mit den entsprechenden obszönen Gesten.
„*Spero che non e vecchio!*" sagt sie, „Hoffentlich ist es kein Alter!"
Sie spielt einen alten, fetten Mann, der schwerfällig dahergestapft kommt.
„*Non ti piace un vecchio?*" – Magst du keinen Alten?
Sie schüttelt den Kopf, dass die Haare fliegen: „*No!*"
Ich drücke sie noch einmal und lasse sie allein. Hoffentlich ist es kein Alter.
Cindy ruft schon an: „Wo *bist* du?"
„Ich bin im Zwölften und du hast einen Anschlussjob!"
„Ja, aber will ich nicht auf der Straße stehen!"
„Dann geh Kaffee trinken ins Tritschtratsch oder ins Village Cinema!"
Cindy mault noch ein bisschen ins Telefon, dann legt sie auf.

Der Typ in der Spinne hat drei Mädchen nacheinander bestellt. Eine für zwei Uhr, eine für drei, eine für vier. Der macht das immer so. Er kommt irgendwo von außerhalb, am Vormittag hat er irgendwelche Besprechungen und den Nachmittag verbringt er in der Spinne. Nach Cindy kommt Corinna dran. Als sie bei mir im Auto sitzt, läutet ihr Handy. Es ist Brenda. Corinna redet mit ihr auf Rumänisch. Dann sagt sie mir, dass Brendas Klient Griechisch will, und Brenda hat kein Gel mit.

„Meine Güte, hat sie das überhaupt schon einmal gemacht?"

„Ja, aber nicht oft."

„Wenn sie das anbietet, muss sie doch wissen, was sie dazu braucht!"

Ich rufe im Büro an, Vera hebt ab, aber sie spricht nicht mit mir, sondern lässt mich nur zuhören, wie sie mit einem Kunden redet. Ich versuche es noch einmal und noch einmal und noch einmal. Es kann ja sein, dass der Typ es nur mit Spucke versucht. Endlich komme ich durch. „Bitte habts ihr ein Gleitgel für die Brenda?"

„Du, ich hab ihm eh gesagt, nur zwei Minuten, und sie is wieder da. Aber er hat gleich abgewunken und hat gesagt, die Sache hat sich erledigt."

Davon ist sie also verschont geblieben.

Ich warte mit Corinna auf Cindy. Cindy kommt heraus, setzt sich zu uns ins Auto und erzählt grinsend: „Er hat nur eine Minute gefickt! Du wirst es schon schwerer haben. Und Wendy am schwersten!"

Corinna geht hinein und ich fahre mit Cindy zum Postamt am Südbahnhof. Sie schickt das Packerl an eine Feldpostadresse. Dann ruft sie ihn an: „Schatzi, ich hab dir Pullover geschickt. Aber das geht nur mit Absender. Ja, ich hab gesagt. Aber es geht nicht. Ja, Foto schicke ich heute Nachmittag."

Vera ruft an, dass Cindy und Wendy einen Doppeljob in der Spinne haben. Also bleibt Cindy bei mir im Auto. „Aber ich habe Hunger!" Sie ruft Wendy an und keift bulgarisch mit ihr. „Die blöde Kuh, sie will mir meine Sushi nicht mitbringen!"

Ich rufe Wendy an um zu sagen, dass wir in fünf Minuten da sind.

„Sag ihr, sie soll meine Sushi mitbringen!"

„Und vergiss die Sushi nicht!"

„Und die Stäbchen!"

„Und die Stäbchen!"

Wendy bringt Sushi und Stäbchen mit und wir fahren wieder zur Spinne. Corinna kommt heraus und ich fahre mit ihr Richtung Agentur. Sie bekommt einen Anruf von Vera. Dann sagt sie zu mir: „Brenda hat einen Doppeljob mit mir. Aber sie hat die Regel bekommen. Nicht wirklich, nur ein bisschen, von der Aufregung wahrscheinlich."

„Ja", sage ich, „das ist ja ganz normal. Aufregung, Reisen, das bringt alles durcheinander."

„Aber das macht nichts. Ich werde das schon machen. Ich hab auch einmal einen Job mit Tatjana gehabt, und sie auch geblutet. Ich habe zu ihr gesagt, lass mich nur machen. Ich habe alles gemacht, und es war ok."

Aber dann hat die Vera mich angerufen: „Du, die Brenda hat als nächstes einen Doppeljob mit der Anastacia."

„Net mit der Corinna?"

„Nein, i hab eh versucht, ihn auf die Corinna umzupolen, aber er will unbedingt die Anastacia. Jetzt ist aber folgendes passiert. Die Brenda hat die Periode gekriegt. Beim letzten Job hat sie das dem Kunden gesagt, darauf hat der natürlich abgewinkt. Kannst du für sie was besorgen, so Naturschwamm, sagt die Jolanta. Das gibt's beim Bipa, das kann man dann zurechtschneiden."

„Ich hab da so was gesehen, das heißt Softtampons, das gibt's auf jeden Fall im Sexshop. Ich bring einmal die Corinna, und dann schau ich, was ich machen kann."

Nachdem ich Corinna abgesetzt habe, fahre ich erst einmal zum Bipa in der Favoritenstraße. Dort finde ich etwas, das heißt *Instead*. Ich rufe Vera an und frage sie, ob sie das kennt. Immerhin ist sie doch Krankenschwester. „Ich weiß nicht, nach der Zeichnung schaut es aus wie ein Pessar. Angeblich halt das alles zurück." Aber weder sie noch Jolanta kennen dieses Produkt. Vera meint wieder, ich soll nach Naturschwamm suchen. Ich frage eine Regalbetreuerin, aber das führt man hier nicht. Da höre ich, dass sich Iris einmischt, die neue Telefonistin. Sie nimmt das Telefon und sagt: „Du, da gibt's was Neues, das heißt Instead, das..."

„Ja, genau das hab ich in der Hand. Und das ist gut?"

„Ja, das ist gut!"

„Na gut, dann nehme ich das."

Ich kaufe also das rosa Päckchen um 6 Euro und fahre wieder in die Agentur. Gemeinsam mit Iris studiere ich die Gebrauchsanweisung und erkläre Brenda mit wenig Italienisch und viel Pantomime, wie das Ding eingeführt werden muss. Sie lacht, als ich so tue, als ob dich den zusammengedrückten Gummireifen mit dem Plastikhäutchen zwischen meinen Beinen einführen würde.

„*Adesso probare. Nell bagno!*" sage ich.

Brenda verschwindet im Badezimmer, dann kommt sie zufrieden heraus. Es hat geklappt.

Na gut, dann fahre ich jetzt in die Gudrunstraße Anastacia abholen. Anastacia ist eine sehr hübsche kleine Brünette mit Silikonbusen, auch noch sehr jung, vermutlich keine 19. Ich bringe sie ins Büro, stelle die beiden einander vor. Sie reden nicht viel miteinander, bis Corinna aus der Wohnung kommt und die beiden rübergehen.

– Aber bei ihr: viel Blut! Und bei mir: nichts! –

Corinna hat Hunger, und den ganzen Nachmittag ist weder sie noch Brenda zum Einkaufen gekommen.

Ich gehe mit ihr ins Ponte Vecchio auf eine Pizza für sie und einen Hühnersalat für mich. Ihre Mutter ist geschieden, der neue Vater ist ganz okay, aber sie mag ihn nicht besonders. Aber wenn ihre Mutter glücklich ist, dann ist das schon in Ordnung. Ihre Mutter ist herzkrank, aber sie arbeitet in einem Restaurant in der Küche bei vierzig Grad, und ihr fehlen noch fünf Jahre bis zur Pension. Corinna wollte schon einen Arzt bestechen, ihr ein Zertifikat auszustellen, damit sie in Frühpension gehen kann, aber der Arzt hat sich gefürchtet.

„Ich habe ihr gesagt, ich gebe dir jeden Monat Geld zum Leben – das mach ich sowieso – und ich zahle für deine Pension ein. Aber das will sie nicht."

Es wird Zeit, die beiden Mädchen abzuholen.

Corinna bleibt im Auto sitzen, ich gehe ins Büro.

Brenda und Anastacia kommen mit dem Kreditkartenbeleg von Reinhold ins Büro.

„Der hat aber scho wieder 30 Euro zu wenig draufg'schrieben!" empört sich Vera. Die Mädchen haben beide Naturfranzösisch gemacht, er hat aber nur einmal bezahlt.

„Na macht nix, i ruf ihn an!" sagt Jolanta und sieht seine Nummer nach: „Na, du, du hast schon wieder zuwenig gezahlt. – Was für ein Mädchen?"

Und zu uns: „Da draußen sitzt ein Mädchen in einem japanischen Auto?"

Ich: „Ja, die Corinna!"

„Sag ihr, sie soll reinkommen. Vielleicht kriegt sie einen Job."

Ich gehe raus, und erzähle Corinna, dass der Kunde so beeindruckt von ihr war.

Reinhold, ein dürrer Typ, der ein bisschen an Prince Charles erinnert, kommt herein, dreißig Euro zusammengerollt in der Hand. Corinna setzt sich in ihrem Sessel zurecht und lächelt ihn an.

Jolanta sagt lachend: „Das ist die Corinna! Willst du mit ihr ficken? Die Wohnung ist frei!"

„Okay", sagt er, und die beiden verschwinden auf eine Stunde.

Brenda will auf Corinna warten, also bringe ich nur Anastacia nach Hause. Die macht sich Sorgen, ob sie auch alles Geld bekommen hat. „Nein, nein, du hast dein Geld bekommen, sechzig und dreißig, alles in Ordnung! Er hat ja bezahlt!"

„I spreche für mich, extra dreißig Euro. Aber sie nicht sagen. Warum ich sprechen für sie?"

Als ich zurückkomme, ist Essen vom Pizzamann angekommen. Brenda besteht darauf, dass ich ihre Spaghetti mit ihr teile. Gemeinsam essen wir aus einem Teller.

Sie erzählt mir auf Italienisch, dass Anastacia auch die Periode hat. „Aber bei ihr: viel Blut! Und bei mir: nichts! Gar nichts!" sagt sie strahlend.

Ich trage die Jobs in meine Tagesliste ein, und sie lässt sich genau erklären, was jede Rubrik bedeutet.

„Hier die Geld für Agentur!" erkläre ich. „*Una hora, sessanta Euro! Ma se e Super-Escort, solo quaranta!*"

Wie ein Kind zählt sie von 1 bis 100, erst auf Italienisch, dann auf Englisch, *„Uno,*
due, tre, quattro, cinque, sei, sette, otto, nove, dieci... – *one, two, three, four, five,*
six, seven, eight, nine, ten, eleven..." und hält dabei meine Hand. Ich zähle mit ihr,
denn manchmal überspringt sie ein paar Zahlen.

Vera kriegt schon wieder einen Job für Corinna herein, in Simmering. Der Kunde
will Griechisch.
Corinna schaut in ihrer Handtasche nach, ob sie alles dabei hat. Brenda nimmt ihr
die riesige Tube Gel aus der Hand, tanzt damit durchs Büro, dann bückt sie sich,
spreizt die blauen Jeansbeine, wackelt mit ihrem kleinen Hintern und drückt die
große Tube dagegen.
Ich fahre Corinna hinaus nach Simmering und dann Brenda in die Embelgasse. Es
ist schon zehn Uhr und dunkel. Am Matzleinsdorferplatz läutet mein Handy.
„Martin, can you come back please! Ich kann bei diesem Kunden nicht bleiben."
„Okay, ich komme, so schnell ich kann." Während ich in die Embelgasse einbie-
ge, erkläre ich Brenda, was los ist. Wir umarmen uns kurz und sie steigt aus. Dann
fahre ich zurück.
In der menschenleeren Lorystraße steht Corinna verlassen vor dem Haus.
„Das war jetzt sehr unangenehm. Es waren zwei Männer, Araber, betrunken, und
sie haben gleich angefangen, mich überall anzufassen. Ich habe gesagt, gut ja, aber
nur einer nach dem anderen, und erst müssen wir alles besprechen und sie müssen
zahlen. Aber sie haben nicht aufgehört, mich anzufassen, und so bin ich gegangen."

– Weil ich's im Kopf nicht mehr aushalte –

Am Sonntag um halb acht ruft wieder einmal Tatjana an. Sie muss schleunigst
zum Bahnhof, aber vorher muss noch Elżbieta kommen, weil sie die Schlüssel
braucht, und dann fahren wir zu Natascha, weil sie Nataschas Kind mitnimmt nach
Polen, aber Natascha weiß noch gar nicht, dass sie heute fährt, sie hat sie angeru-
fen, aber Natascha hat nicht abgehoben, also fahren wir einfach hin und holen
Damjan, und darum muss ich so schnell wie möglich kommen.
Ich kapiere im Halbschlaf nur die Hälfte, vermute wieder einmal eine Katastrophe.
„Aber warum, was ist passiert?"
„Weil ich's im Kopf nicht mehr aushalte, weil ich hier verrückt werde!"
„Okay, sag mir nur, wann soll ich kommen, jetzt gleich?"
„Ja, das wäre das Beste."

„Fahr nicht weg!" ruft Elżbieta ihr nach, als sie mit mir zum Auto geht. „Ich liebe
dich!"
„Was?"

„Ich liebe dich!"

Natascha umarmt mich lange. Als ob sie sagen wollte, ich bin ja jetzt so glücklich.
Damjan schläft noch auf dem großen Bett. Sie wohnen zu dritt in einem Raum, ein
großes Bett, zwei Sitzsäcke, ein Kindersessel, ein Couchtisch, Fernseher, Regal,
Schrank, Bilder an der Wand.
Tatjana redet ihm lange zu, aufzuwachen.
„Ich hab keine Zeit" murmelt er immer wieder. Dann will er plötzlich nicht nach
Polen fahren. Hat Angst, dass ihn die Mama nicht mehr abholen wird.
„Du wirst immer Mamas Baby sein", sagt ihm Natascha. „In zwei Wochen komm
ich dich abholen."
„Warum fährst du nicht mit?"
„Weil ich arbeiten muss."
„Warum musst du arbeiten?"
„Alle Leute müssen arbeiten."
„Warum?"
„Wenn ich nicht arbeite, haben wir nichts zu essen, keine Spielsachen..."
Tatjanas Sohn kommt morgen in die Schule, ihre Mutter braucht Geld für Bücher
und Hefte. 4000 Euro hat Tatjana in den letzten zwei Wochen gemacht, nicht ganz
zwei Wochen, das ist nicht schlecht, aber trotzdem, es ist nichts los, warum hier
sitzen und darauf warten, einen Job am Tag zu bekommen. Zu Hause braucht sie
neue Fenster, eine neue Küche.
„Wenn's mir nicht gut geht, muss ich Geld ausgeben. Hier kauf ich mir Kleider,
und zu Hause neue Fenster."
Nataschas Mann kommt nach Hause von der Arbeit, ist ein bisschen überwältigt
von den vielen Leuten. Er ignoriert mich, bis ich mich vorstelle. Ich spüre, ihm
wär's lieber wenn Natascha gar keinen Kontakt mehr mit der Hurenwelt hätte.
Außerdem scheint er ziemlich müde zu sein. Er erkundigt sich gleich, ob Damjan
gegessen hat.
„Nein, er wird im Zug etwas essen."
„Dann werden wir beim Anker etwas kaufen", beschließt er. Ein bisschen so, als
ob er Natascha auch solche Selbstverständlichkeiten nicht zutrauen würde. Natascha und er kommen mit zum Bahnhof, aber ich kann sie nicht zurückbringen,
weil ich einen Job mit Cindy habe.

– *Wenn ich von ihm red, blitzen meine Augen* –

Cindy hat gerade auf einen Anruf von ihrem Schatz im Kosovo gewartet: „Jetzt
wenn anruft, bitte keine Wort. Sagst du nix! Na komm, ruf schon an. Weil, wenn
später anruft, und ich heb nicht ab, hab ich Problem. Aber ich sag dir, wann ich

bin bei Kunde und er mich anruft, ich hebe ab. Weil das is mir egal. Wenn meine Schatz anruft, ich muss abheben."
Das Telefon hat aber noch rechtzeitig geläutet.
„Ja? In Taxi. Mit die Wendy sitz ich in Taxi, ja. Na, hat sie gestritten mit ihre Mutter und jetzt wir fahren raus zum Flughafen sie abholen. Und nachher ich fahre zu Tierheim. Triesterstraße. Naa, ich will aber Hund haben. Wenn du nicht da bist, will ich ein Hund haben... Und soll Peter heißen, wie du. Schrei mich nicht an, du, ist schöner Name, Peter. Naa, ich will aber ka Hündin. Cindy is auch keine Hundename! Was is mit Pullover, passt er dich? Na ja, bist du große, hab ich genommen *large*. Na gut, schickst du zurück, ich tauschen ihm um. Naa, warum? Schickst du zurück, keine Problem, hast du nächste Woche neue. Hier is wieder warm geworden, hab ich angezogen Pullover und Jacke, aber ist zuviel. Na wenn is kalt bei dich, ziehst du an Pullover. Schaltest du bitte dein Handy ein so um neun Uhr, dass ich dich kann sagen, was ist gewesen bei Untersuchung. Ich weiß willst du Kind, aber jetzt gleich. Vielleicht soll ma noch warten. Aber wenn du willst, ich werde schwanger von dir. Aber sag ich dir am Abend. Ciao, ciao, hab dich lieb! – Ich hab ihm ja so lieb. Die Wendy sagt, wenn ich von ihm red, blitzen meine Augen!" Sie nimmt die Sonnenbrille ab und schaut in den Spiegel. „Wirklich. Werd ich keine Pille nehmen, werd ich schwanger. Schau da, schaut gut aus, das ist der neue Smart. Aber will ich Jeep, große, wie heißt der jetzt, weißt, das schaut schön aus, ein zartes Mädchen in ein großen Auto. Weißt wie ich schön ausschau in so ein Jeep?"

Am Nachmittag habe ich Brenda abgeholt um sie ins Orient zu bringen und sie hat einen Plastiksack mit Tomaten und Gurken aus Rumänien angeschleppt. Für mich. Denn die bei uns hier, die sind ja nichts. Als sie aus dem Orient herausgekommen ist, war sie auf einmal ganz ernst. Sie hat sofort in eine Apotheke wollen, eine Pille danach besorgen. Der Gummi ist geplatzt.
„*Non e si facile. Tu debe andare in clinica!*"
Ich habe am Fleischmarkt angerufen, wo sie die Danach-Pille verschreiben, aber da ist keine Ärztin mehr gewesen. Morgen wieder.
„*Domani andiamo, va bere?*"
Dann habe ich Corinna angerufen und ihr alles auf Englisch erklärt.
Als ich Brenda am nächsten Morgen abholen will, sagt mir Corinna, dass Brenda alleine dorthin fährt. Warum, hat sie mir nicht erklärt.

acht

— Meine Freundin hat es mir erzählt —

Und wieder sind neue Mädchen gekommen.
„Hello, I'm Martin."
„Hi, I'm Adriana", sagt sie lächelnd und gibt mir die Hand. *„Do you like sweets?"*
Sie holt aus der Tasche ihres weißen Daunenjäckchens eine Handvoll Karamell-
bonbons und hält sie mir hin.
„Oh danke, das ist lieb!"
Sie ist schlank und mittelgroß, mit dunklem Haar und einem offenen, klaren Ge-
sicht.
Ich lege die Bonbons in die Ablage zwischen den Sitzen. Eins wickle ich aus und
stecke es in den Mund. Ich biete ihr dafür ein *Eclipse* an, das sind diese kleinen
Gelatineblättchen, die gleich auf der Zunge zergehen und man hat nichts im Mund
als den reinen Pfefferminzgeschmack.
„Oh, wo bekommt man die? Ich hab die schon einmal gekostet, aber ich weiß
nicht, wo man sie bekommt."
„Ich kaufe sie immer bei der Tankstelle", sage ich, während ich starte. „Wie lange
bist du schon in Wien?"
„Zwei Wochen."
„Und? Gefällt es dir?"
Sie schaut mich an mit ihren großen braunen Augen, dann schaut sie in ihren
Schoß und sagt still: „Mir gefällt nicht, was ich mache."
„Und warum machst du's dann?"
„Geld!"
„Na sicher, klar. Und wofür brauchst du das Geld?"
„Ich will eine Wohnung kaufen. Ich habe die Schule für ein Jahr unterbrochen,
damit ich Geld für eine Wohnung verdienen kann. Das kann man. Man kann die
Schule unterbrechen und dann wieder zurückkommen."
„Wie alt bist du denn?"
„Achtzehn. So wie es auf der Homepage steht. Die meisten, bei denen achtzehn
steht, sind in Wirklichkeit zwanzig, aber ich bin wirklich achtzehn."
„Du schaust auch nicht aus wie zwanzig."
„Danke!"
„Wie bist du auf die Idee gekommen, dass du hierher kommen kannst? Woher hast
du von der Agentur gewusst?"
„Meine Freundin hat es mir erzählt. Die hat mich hergebracht."
„Und was machst du mit dem Geld, schickst du es nach Hause?"
„Nein. Meine Freundin hebt es für mich auf."

„Du solltest aufpassen. Es sind schon Mädchen ohne einen Cent wieder nach Hause gefahren."

„Sie ist meine beste Freundin!"

„Sicher. Ich sage ja nicht, dass du ihr nicht vertrauen sollst. Aber es kann ja auch ihr etwas zustoßen. Du solltest vorsichtig sein. Wenn du gescheit bist, kannst du schon eine Menge Geld machen hier. Aber du musst aufpassen. Deine Freundin, ist das die Samantha? Die mit der du auf dem einen Foto bist?"

Auf dem Foto sind die beiden Mädchen fast nackt und küssen sich. Es sieht sehr zärtlich aus.

„Nein. Samantha ist dumm. Ich mag sie nicht. Sie weiß nichts. Sie kann nicht Englisch. Nicht einmal richtig Rumänisch. Wir wohnen nur zusammen. Hast du meine Bilder im Internet gesehen?"

„Ja."

„Welches gefällt dir am besten?"

„Sie sind alle sehr hübsch. Du kniest in einer Netzstrumpfhose auf dem Bett."

„Mir gefällt das eine, wo man meine Brüste sieht. Ich mag meine Brüste! Mein Gesicht mag ich nicht. Ich wollte, ich hätte die Bilder auf Papier gedruckt. Ich war vorher bei einer anderen Agentur, bei Mirage-Escort, aber dort haben sie nicht so gute Fotos gemacht. Der Chef hat mich zwei Stunden lang fotografiert, und kein Bild war gut. Aber Jolanta hat gute Bilder von mir gemacht."

„Ja, sie ist ganz gut. Wie gefällt sie dir sonst, unser Chefin?"

„Ich glaube, sie ist nett. Kannst du bei einer Tankstelle stehen bleiben? Ich habe kein Guthaben mehr."

„Hinterher, okay? Wir sind gleich da."

Ich sehe ihr zu, wie sie klingelt, wie sie den Kopf zur Gegensprechanlage neigt. Sie könnte jetzt wirklich gerade von der Schule heimkommen, in ihren weißen Jeans, weißem Jäckchen, Mutti stellt gerade eine Tiefkühlpizza in die Mikrowelle. Dann verschwindet ihre schmale Gestalt in der Tür.

– Vier *Mal, musst dir vorstellen,* vier *Mal!* –

Bevor ich noch den Startschlüssel umdrehen kann, läutet das Handy. Cindy in den Achtzehnten. Heute hat sie enge Khaki-Jeans angehabt, ganz tief auf Hüfte geschnitten, und dazu ein rosa Top, bauchfrei. Und Armani-Sonnenbrillen. Sie ist ganz verschlafen und raunzt komisch: „Ich will Kaffää!"

Bei der Tankstelle hole ich ihr einen Kaffee aus dem Automaten. Und einen Eiskaffee in der Dose für hinterher.

„Pass auf, schau mich an!" sagt sie.

Sie nimmt die Armani-Sonnenbrille runter.

„Na Wahnsinn, ich hab's immer gewusst: Du bist der Teufel!"

„Is a Wahnsinn, gell, schaut gut aus! Kontaktlinse!"

Cindys Pupillen sind senkrechte, gelb umrandete Schlitze. Alligatoraugen.
„Der Kunde wird sich fürchten vor dir!"
„Aber naa, war ich gestern auch schon so bei Kunde!"
Sie grinst sich eins und klimpert mit den Wimpern. „Nächsten Monat lass ich
wieder meine Lippen aufspritzen. Man sieht gar nix mehr. Du, gestern ich habe
gekriegt 120 Euro Trinkgeld. War ma auswärts, in Baden, Elfi war meine Chauffeur. Wie ich geh in Auto, ich zähle Geld, seh ich, er hat mir gegeben zuviel. Sag
ich, müss ma zurückfahren. Du hast mir gegeben zuviel! – Aber er: Ist schon gut."
„Na, ist doch super!"
„Hundertzwanzig Trinkgeld! *Und* gute Sex. Hab ich gehabt *vier Mal* Orgasmus.
Eine schöne Mann. Aber wie ich reinkomm, hab ich Schock. Weil schaut er, ungefähr, aus wie meine Verlobte. Sagt er: Hallo, komm rein! Und ich denk ich: Was
ist das? Gibt's von meine Peter noch eine Bruder? Aber *gute* Sex! Ich sag zu Elfi:
Bitte, ich will noch einmal, ich will wieder zurück! – Hat sie *so* gelacht! *Vier Mal*,
musst dir vorstellen, *vier* Mal! Aber nachher dafür, eine Arschloch, *zwei* Stunden,
und er: bummbummbumm, weißt du wie tut weh? Und *so* eine Schwanz. Ich sagen: Hör auf, du tust mir weh! – Aber er: Das muss sein. Schmerz gehört dazu."
„So ein Arschloch!"
„Sag ich: Gummi ist kaputt! – Aber er: Macht nix. Dreimal ich hab aufgehört.
Weißt du wie weh tut? Einmal ich sitzen in Büro, so, weil das Arschloch mich hat
so weh getan, mit meine Hand so, weil ich nicht kann mich bewegen!"
Sie dreht das Radio so laut auf, dass mir die Ohren weh tun und shaket mit: „Und
ich sag: Ab geht die Party und die Party geht ab! Ich sag: Hee, ab in den Süden!
Der Sonne hinterher – Heio was geht! – Der Sonne hinterher – Heio was geht!"
Wenn sie auf Energy etwas spielen, was sie für die Donauinsel einstudiert haben,
dann tanzt sie es mir immer vor mit Armen, Kopf und Oberkörper und hüpft mit
ihrem kleinen Hintern auf dem Sitz herum.

– Schau, es ist so: Du musst das nicht machen –

Der Nachmittagsstau hat noch nicht begonnen, also bin ich rechtzeitig wieder im
dritten Bezirk, um Adriana abzuholen. Gerade als ich mich einparke, klingelt sie:
„Hi, I'm finished!"
„Okay, I'm here!"
„Zu diesem Kunden möchte ich nicht mehr gehen!" sagt Adriana.
„Mhm. Warum denn nicht?"
„Er war – nicht sauber."
„Ja, Mist! Solche schick ruhig unter die Dusche! Oder, wenn du es nett machen
willst, dann sagst du, du willst mit ihm unter die Dusche gehen, dann wascht ihr
euch gegenseitig. Die meisten mögen solche Dusch-Spielchen und du hast einen
gewaschenen Kunden. Und für den Notfall nimm dir Erfrischungstüchlein mit."

„Wenn man etwas nicht tun möchte, muss man es vorher sagen?"
„Ja", sage ich. „Du hast den Fragebogen ausgefüllt, nicht wahr? Die Telefonistin hat eine Liste, wo steht, welches Service du anbietest. Und das verspricht sie natürlich den Kunden. Und wenn du es dann nicht machst, gibt es Ärger. Wenn du was nicht machen willst, dann lass es aus der Liste streichen."
„Ich will nicht mehr Französisch ohne machen."
„Schau, es ist so: Du musst das nicht machen. Aber ich sage dir, was sie dir sagen werden. Sie werden sagen, alle Mädchen machen es. Und die meisten Kunden wollen es, außer, sie sind besonders geizig. Sie werden sagen, du musst es nicht machen, aber du wirst nicht viele Jobs haben, wenn du es nicht machst. Sie zwingen dich nicht wirklich zu etwas in dieser Agentur. Sie sagen dir nur: Wenn du das und das machst, kriegst du viele Jobs und kannst viel Geld verdienen."
„Aber sie können mich nicht zwingen."
„Nein, sie zwingen dich nicht. Aber manche Mädchen werden von ihrem Fisch gezwungen, Sachen zu machen, die sie nicht machen wollen. Die müssen dann zum Beispiel ohne ficken, weil sie damit mehr verdienen."
Sie ist zusammengezuckt, wie ich *fuck* gesagt habe. Darum habe ich das Wort dann nicht mehr verwendet.
„Ich weiß. Können wir zu einer Tankstelle fahren? Bitte!"
Sie singt es richtig: „*Pleeease!*" und lächelt mich an. Ich fahre über die Salztorbrücke und zur BP am Kai.
„Willst du etwas?" fragt sie mich.
Ich schüttle den Kopf: „Danke!"
Sie kommt mit einer Handy-Wertkarte und einer riesigen Schnitzelsemmel zurück. Ich wundere mich immer, was diese Mädchen essen können.
„Willst du?" Ich muss abbeißen. Dann tippt sie den Aufladecode in ihr Handy.
„Ich habe nur eine 20-Euro-Karte gekauft, denn wenn ich eine um 40 kaufe, ist sie genau so schnell weg. Ich rufe meinen Freund an in Rumänien, das ist teuer, aber ich muss ihn einfach hören."
„Weiß dein Freund, was du machst?"
Sie schüttelt den Kopf.
„Was sagst du ihm?"
„Dass ich in einem Restaurant die Teller wasche."
Sie wählt die Nummer und stößt mit ihrer Piepsstimme heraus: „*Ce faci?*"
Sie flötet, zirpt und singt ins Telefon wie eine kleine Nachtigall. Ich habe nur einmal eine gehört, vor vielen Jahren, aber es hat sich mir eingeprägt, wie sich lustige Triller und klagende Flötentöne und munteres Gezwitscher ganz unvermittelt ablösen, und genau so klingt Adrianas Geplauder. Ich höre „*Eclipse*" und „*benzina*", dann erzählt sie ihm anscheinend gerade, dass man die Eclipse an der Tankstelle kriegt, und der Rest wird genau so wichtig sein. Und zwischendurch seufzt sie immer wieder mit ersterbender Stimme: „*Te iubesc! Te iubesc!*"
Es ist nicht so leicht, etwas, was man nur gehört hat, im Wörterbuch nachzuschlagen. Ich habe zuerst *besc* gesucht, aber so ein Wort gibt es nicht, auch nicht *teju*.

Ich habe nachgeschaut, was lieben heißt: Lieben heißt *iubi*, und die erste Person Singular von Verben auf *–i* wird mit *–esc* gebildet. Und *te* heißt *dich*.

Und jedes Gespräch endet so: „Bussi! Bussi-bussi-bussi! Ciao! Ciao! Ciao-ciao! Bussi!" und dabei küsst sie das Telefon und drückt es an sich. In Rumänien sagen sie auch *Bussi*.
Danach führt sie mir die verschiedenen Klingeltöne auf ihrem Handy vor.
„Ich habe einen für Familie, einen für Freunde, einen für Kollegen, einen für Geschäftspartner und wo weiter. Und das ist deiner:" Sie klingelt mir meinen Klingelton vor.
„Ich habe eine Gruppe ganz für mich allein?"
„Ja. Ich weiß nicht, in welche Gruppe ich dich tun soll."
„Trag mich unter Freunde ein", sage ich.
Bevor sie ausgestiegen ist, hat sie mir einen kleinen orangen Stein gezeigt, so einen Halbedelstein, ich weiß die Bezeichnung nicht.
„Willst du ihn haben?"
Ich habe genickt.
„Aber du darfst ihn nicht verlieren!"
Den Stein habe ich in meine Geldbörse getan. Ich habe ihr dann noch nachgeschaut, in welches Haus sie hineingeht. Herbststraße 42 hat sie als Adresse angegeben. Aber sie ist um die Ecke, bei Fröbelgasse 6 hineingegangen.

– Na gut, soll er morgen zahlen –

Danach habe ich Cindy nach Hause gebracht.
„Mich bumst keiner zweimal in zwei Stunden. Weil ich kann deutsch reden. Der hat mich vier Minuten gebumst. Der hat keine Freundin, schon eineinhalb Jahre, und der will nur reden, reden, reden. War ich auf Job mit Corinna und der Kunde hat wollen zuschauen, aber haben wir keine Lust gehabt, dass wir was machen. Er gesagt, er schleckt uns. – Okay, okay, wir machen, wir machen! Dann er ist nach hinten gegangen, damit er sieht, und er ist von Bett gefallen. Und hat mich mit Fuß getroffen bei Kinn, dass ich bin knock out gewesen. Lustige Sachen erlebt man schon in dem Beruf. Elfi hat so gelacht, halbe Stunde hat gelacht mit Stimme. Oder wie ich erzählt hab gestern von dem wo ich gehabt hab viermal Orgasmus, sie gesagt: Ich will auch dorthin, ich will auch dorthin!"

Die Elfi hat später erzählt, dass die Cindy geschrieen hat: „Das war der Fick meines Lebens!"

Das nächste waren zwei Jobs mit Betsy. Die Betsy wird von Tag zu Tag blasser und fetter. Sie ist eines von unseren Ohne-Girls. Sissy preist sie am Telefon immer noch *als hübsche schlanke Dunkelhaarige mit einem süßen Stehbusen* an, aber das war einmal. Die Fotos auf der Homepage sind vielleicht drei Monate alt, da gucken ihre Brüstchen noch frech nach oben, wenn sie auch um die Hüften schon ein bisschen breiter ist. Auf den Fotos, die Jolanta für Salzburg gemacht hat – der Gerd wird bald mit ein paar Mädchen auf eine Woche nach Salzburg fahren, probeweise, vielleicht macht die Jolanta da eine Filiale auf – da hängen ihre Brüste schwer herunter und die Hüften gehen ins Rubenshafte. Wenn ich sie begrüße, leuchtet immer noch so ein liebes spitzbübisches Lächeln auf, aber dann sitzt sie meistens apathisch neben mir ohne etwas zu sagen. Und an der Tankstelle kauft sie sich Bonbons und Chips und Erdnusslocken und Zigeunerräder und stopft sich damit voll.

Ihr zweiter Job ist im Grandhotel gewesen. Sie hat dann angerufen, sie bleibt bis zum nächsten Tag. Ich bin in die Agentur gefahren zum Abrechnen.

Als ich ins Büro gekommen bin, hat Vera gerade mit Betsy telefoniert. „Der Kunde will morgen zahlen", hat sie zu Jolanta gesagt. So was gibt's nicht, normalerweise. Nur gegen Vorauskasse, das ist die Regel. „Er sagt, er hat jetzt kein Bargeld bei sich, und seine Bankomatkarte geht nicht. Er geht morgen auf die Bank und dann zahlt er."

„Die Betsy war doch schon einmal bei dem?" hat die Jolanta gesagt.

„Ja, letzte Woche. 14 Stunden."

„Da hat er doch gezahlt, net wahr?"

„Ja ja. Und er war dann noch mit ihr einkaufen, für 3.000 Euro Klamotten."

Die Jolanta hat derweil die Homepage angeschaut von der Immobilienfirma, die dem Kunden gehört. Da waren zwei Schlösser zum Verkauf angeboten und die Villa XAIPE direkt neben dem Schloss Schönbrunn und noch ein paar so Millionendinger.

„Na, dann soll sie halt dort bleiben. Der wird schon zahlen!"

Die Vera hat auf dem Tischrechner herumgeklopft. „Für 16 Stunden sind das immerhin 1980,- Euro."

„Na gut, soll er morgen zahlen!" hat die Jolanta gesagt, und die Vera hat es der Betsy weitergesagt.

„Das meiste was ich gekriegt hab für eine Nacht", hat die Jolanta erzählt, „waren einmal 136.000 Schilling. Fast 10.000 Euro. Oder einmal, da hab ich mich benommen wie ein Schwein – kennst du meinen goldenen Fisch, den großen? – den hab ich von einem Kunden gekriegt. 34.000 Schilling. Hab ich mir von meiner Kusine eine ganz dicke Goldkette ausgeborgt und hab ich dazu getragen. Sagt er, ich hätt dir eh eine Kette auch gegeben, sag ich, na ja, jetzt hab ich schon gekauft, 22.000, aber wenn du nicht zahlen willst.... Nein, nein, morgen überweis ich dir. Na, hab ich die Kette zurückgegeben, weil die schaut ja Scheiße aus, so dick, und das Geld hab ich gehabt. Und einmal, da war ein Stammkunde, der hat mir 100.000 geborgt. Und ich hätt's ihm auch zurückgegeben. 50.000 hab ich ihm schon zurückgegeben gehabt. Und den hab ich einmal erwischt, wie er eine Transe gefickt hat, was bei mir im Studio gearbeitet hat. Er hat gesagt, er hat nicht gewusst, dass es ein Mann ist. Hörst bitte, wenn du die Eier in der Hand hast, wirst du nicht wissen, dass das ein Mann ist. Und da hab ich mir gedacht, bitte, wenn du mich so verletzt hast, kriegst du dein Geld nicht wieder. Bitte, ich bin mit dem nach Italien gefahren zum Selbstkostenpreis, nur, was ich Verdienstausfall gehabt hab, ich glaub 5.000 Schilling am Tag. Und dann macht der so was. Mir hat so gegraust vor ihm, dass ich gesagt hab, nein, du nicht."

Dann ist der Gerd hereingekommen.
„Na, warst im Swingerclub gestern?" fragt ihn die Jolanta. „Wie war's denn? Hast du auch was abgekriegt, oder nur die Sabrina?"
„Na, weißt du, bei einem Verhältnis von 25 zu 4... 25 Männer und vier Frauen..."
„Ah so. Bist dann überhaupt drangekommen bei der Sabrina?"
Alle haben gelacht.
„Hast Schlange stehen müssen?" setzt die Jolanta noch nach.
Noch mehr Gelächter.
Der Gerd versucht, Boden wettzumachen: „Na, da war ein Pärchen, mit denen treff' ma uns vielleicht die Wochen."
Der Gerd ist wirklich der treue Ritter von der Jolanta, aber sie macht sich nichts draus, ihn vor allen bloßzustellen: „Und, hast du die Frau ausgesucht oder die Sabrina?"
Ich hab dann noch einen halben Job bekommen. Die Pia auch noch hinbringen zum Herrn Bauernfeind ins Grandhotel.

In der Früh habe ich im Büro angerufen und gefragt, was mit den beiden im Grandhotel ist. Jacqueline war dran, die den Nachtdienst gemacht hat. Sie hat in der Liste nachgesehen und hat gesagt: „Ja, die werden in einer halben Stunde fertig." Also bin ich zum Grandhotel gefahren. Vom Karlsplatz aus hab ich die Betsy angerufen und gesagt, dass ich gleich da bin. *„No, we stay longer, we stay 12 o'clock"* sagt sie. Na wunderbar. Ich frage sie, warum sie nicht vorher angerufen hat, aber er hat es sich gerade erst überlegt, sagt sie. So ist das oft.

– Trag's in ihre Verträge ein –

Mein erster Job ist dann gewesen, die Samantha in die Wohnung bringen.
An der Pinwand war ein Zettel:

Adriana und Samantha sollen dringend ihren Pass mitbringen.

Ich habe dann die Samantha nach Hause gebracht. Ich bin gleich bei ihrer wirklichen Adresse stehen geblieben und habe zu ihr gesagt: *„I come with you, I must see your passport!"* Ich habe sehen wollen, wie die Mädchen leben und ob da jemand ist, der auf sie aufpasst. Die Samantha hat nicht gewusst, wie sie verhindern soll, dass ich einfach neben ihr ins Haus reingehe. Sie hat keinen Schlüssel mitgehabt, sie hat läuten müssen, Pöllinger ist auf dem Klingelknopf gestanden. Ich bin ihr in die Wohnung nachgegangen bis ins Wohnzimmer, dann ist die Samantha in einer Türe verschwunden. Es hat ganz nett ausgesehen, modern eingerichtet. Ein Mädchen, das ich nicht gekannt habe, ist gerade verschlafen aus einem Zimmer herausgeschlurft und hat mich erstaunt angesehen. Dann ist ein anderes, zierliches Mädchen von vielleicht 27 gekommen, in einem roten Overall. „Was ist los, gibt's ein Problem?" hat sie auf Deutsch gesagt.

„Ich muss die Pässe von der Adriana und der Samantha kontrollieren", habe ich gesagt. „Die Jolanta braucht die Passnummern."

„Das geht jetzt nicht. Ich war heute mit sie auf Bezirksamt, Meldezettel machen, und Pässe sind noch dort. Ich schicke heute Nachmittag."

„Na gut, ich wird's ausrichten!"

So habe ich wenigstens einmal eine Zuhälterin gesehen. Kein Bezirksamt behält den Pass da. Den Meldezettel hat man in fünf Minuten, wenn man erst einmal drangekommen ist.

Danach habe ich die Mädchen im Grandhotel angerufen, ob es bei 12 Uhr bleibt. „Er ist gerade weggegangen, Geld holen", hat die Pia gesagt. „Er kommt um eins!"

Kurz vor eins hat mich dann die Vera angerufen: „Holst du bitte die Mädchen vom Grandhotel ab. Der Bauernfeind hat gerade angerufen, er ist jetzt verhindert, wir sollen die Mädchen um 5 wieder hinbringen, dann wird er zahlen und mit ihnen einkaufen gehen."

„Na, ich bin gespannt", habe ich gesagt. Ich bin zu den Mädchen hingefahren, aber sie haben gesagt, ich soll zu ihnen raufkommen. Sie wollen dableiben, bis er zurückkommt, sie wollen nicht weggehen ohne Geld. Ich bin auf Zimmer 211 gegangen, und da sind sie gesessen in den flauschigen Hotelbademänteln, in den Barocksesseln mit den vergoldeten Füßen und der imitierten Petit-Point-Polsterung, haben geraucht und Coca Cola getrunken und auf dem riesigen Breitwandfernseher irgend eine Soap angeschaut. Ich habe ein Cola mit ihnen getrunken und habe gesagt, ich komme um 5 wieder und dann werden wir sehen, wie wir zu dem Geld kommen.

„Die Jolanta kann leicht sagen, ihr sollt ihm vertrauen. Sie riskiert ja nichts. Wenn er zahlt, kassiert sie mit, und wenn er nicht zahlt, habt nur ihr eure Zeit verschwendet."

Ein paar Klamotten von ihm sind an den Kleiderbügeln gehängt, ziemlich modisches Zeug für einen alten Herrn. Aber nichts, was 5.700,- Euro wert gewesen wäre. Soviel war er bis dahin schon schuldig.

Um 4 hat die Vera dann angerufen, dass ich die Mädchen jetzt abholen soll, der Bauernfeind hat überraschend nach Graz müssen, er kommt morgen früh wieder. Aber da habe ich gerade die Silvana ganz draußen in Neuwaldegg abgesetzt gehabt, und um die Uhrzeit hätte ich es nie in einer Stunde zum Grandhotel und wieder zurück geschafft. Also hat der Miroslav sie abgeholt.

Die Silvana hat dann noch einen Job in der Wohnung gehabt. So bin ich gerade im Büro gesessen, als die Vera ein SMS gekriegt hat. „Wer ist Nathalie?" hat sie gefragt.
„Die ist doch der Fisch von der Adriana und der Samantha,„ sagt die Jolanta.
„Ach so. Die schickt da ein SMS mit den Passnummern von den beiden."
„Gut", hat die Jolanta gesagt, „trag's in ihre Verträge ein."

– Bitte nicht, ich mag mein Gesicht nicht –

Am nächsten Tag habe ich wieder einen Job mit Adriana bekommen. Wir waren zu früh dran und ich habe sie auf einen Kaffee eingeladen. Sie hat wieder lange mit ihrem Boyfriend telefoniert, und danach war sie ganz still.
Dann hat sie zu mir gesagt: „Es wäre nicht so schwer, von ihm fort zu sein, wenn ich nicht diesen Job machen müsste."
Ich habe zuerst gar nichts gesagt. Aber dann habe ich sie gefragt: „Schämst du dich?"
„Ja."
Da habe ich wieder lang nichts gesagt. Erst nach einer halben Minute oder so habe ich geredet: „Schäm dich nicht. Du tust doch nichts Böses. Das ist doch was Natürliches, und es hat es seit Tausenden Jahren gegeben. Ich meine, diese Arbeit ist nicht angenehm, die Klienten sind nicht immer nett, aber *du* tust niemandem weh, *du* nimmst niemandem etwas weg, du stiehlst nicht, du bringst niemanden um. Du gibst diesen Männern Freude, du machst sie glücklich, das ist alles. Die Arbeit ist nicht schön, aber denk nicht, dass du ein schlechtes Mädchen bist."
Sie hat mich nur angeschaut. Dann hat sie von etwas anderem geredet. Und ich habe mir gedacht, vielleicht ist es ja falsch. Vielleicht *muss* sie sich ja schämen, damit sie vor sich selber bestehen kann. Wenn sie sich nicht einmal schämen würde, dann wäre sie ja ganz verdorben, ganz verloren.
Es ist Zeit gewesen, ich habe unsere Kaffees bezahlt und wir sind wieder losgefahren.

Nach dem Job sind wir wieder zur Tankstelle gefahren um eine Telefonwertkarte.
„Soll ich dir etwas sagen? Aber sag niemandem etwas: Miroslaw hat gestern gesagt, ich soll mit ihm schlafen."
„Miroslaw? So was kenn ich nur vom Mirko."
„Ja, Miroslaw. Aber sag niemandem etwas."
„Ich glaube, er probiert es bei einer jeden. Den anderen Mädchen macht es nichts aus."

Bei der Tankstelle habe ich sie gefragt, ob ich sie fotografieren darf, nur für mich. „Bitte nicht!" hat sie gesagt, „ich mag mein Gesicht nicht!" und hat den Arm vor den Kopf gehalten. Aber dann hat sie den Arm weggenommen und ich habe sie fotografieren dürfen.

„Zeig her!" hat sie gesagt. „Ich bin sicher hässlich!"

Ich habe den Display eingeschaltet. Das erste, was einem auffällt an ihrem Gesicht, ist die hohe Stirn, von dunkelbraunem Haar umrahmt. Dann die großen braunen Augen unter feingeschwungenen Augenbrauen. Ein gerades Näschen, feine Backenknochen, ein schmales Kinn, ein lieblicher Mund. Und ein langer, zierlicher Hals.

„Da siehst du", hat sie gesagt, „ich kann nicht lächeln."

„Du schaust ein bisschen traurig drein, das stimmt."

An dem Tag habe ich sie zu drei Jobs gebracht. Nach dem zweiten hat sie gesagt: „Der Kunde will mich morgen wieder bestellen."

„Na das ist doch gut."

Sie hat den Kopf geschüttelt.

„Warum? Was ist mit ihm?"

„So!" sie deutet mit den Händen die Länge an. „Und so", sie macht mit den Fingern einen Ring, um die Dicke anzudeuten.

„Ich verstehe!"

„Bei dem Kunden davor habe ich geweint."

„Warum denn?"

„Dieser Kunde hat gesagt ich bin so wie – kennst du dieses chinesische Porzellan, dieses sehr kostbare, kennst du das? – und ich bin wie so eine chinesische Porzellanpuppe, so fragil. Und wenn ich diesen Job weitermache, werde ich zerbrechen. Da habe ich geweint."

„Ich finde das beschissen", habe ich gesagt. „Er bestellt dich, er geht mit dir ins Bett, und dann sagt er dir du sollst diesen Job nicht machen. Wenn er meint, du sollst diesen Job nicht machen, dann soll er dir die 140 Euro geben und sagen: Danke, geh nach Hause. Er sollte dir sagen: Danke, dass du diesen Job machst, danke, dass du mit mir altem, fettem Sack ins Bett gehst, danke, dass du mich so glücklich machst. Das sollte er sagen. Nicht solchen Unsinn."

„Morgen soll ich wieder zu ihm kommen."

„Na, da siehst du's."

– Kannst du nie sein privat –

„Gestern war ich besoffen. Hab ich geschimpft meine Freund", erzählt Wendy. „Jetzt er melden nicht. Aber weißt du, hab ich keine Ahnung was ich habe gesagt. Schreib ich SMS, anrufen, er nicht melden sich. Na, zwei Wochen, ist wieder normal."

Er ist Profifußballer bei der Nationalmannschaft, sagt sie.
„In Bulgarien, wann ich geh aus mit meine Freunde, bin ich ang'soffen, er sofort
mich anrufen: Kommst du gleich nach Hause! Weil sonst steht morgen in Zeitung.
Oder wemma auf Urlaub fahren, fahr ma nicht in Bulgarien, oder nur in ganz
kleine Dorf und bleib ma immer im Haus, weil sonst immer: Saitseff, kannst du
unterschreiben bitte! – Und: Levski gute Mannschaft! Kannst du nie sein privat.
Jetzt er hat verkauft Auto, hat gekauft neue. Ich gesagt: Warum verkaufst du diese
Auto, ich liebe diese Auto. Eine Audi 8 Kombi. Na hat mir nicht mehr gefallen,
aber ich: Ich liebe diese Auto. Na, was soll ma machen. Er gesagt zu mir: Nimmst
du Führerschein, ich kaufe dir Auto, welche du willst. Aber ich will nicht. Weil
ich immer schaue links, rechts, oben, unten, nie schaue geradeaus, ich immer
gleich in Spital. Nein, ich Leber sitzen, lassen mir fahren, keine Probleme.
Einmal in Sofia, ich gehen aus, einkaufen, zehn Minuten, halbe Stunde, ich mich
verlassen. Verloren. Ich anrufen, aber er haben Telefon nicht bei sich, muss spielen. Ich sitzen, warten, warten. Er anrufen: Wo bist du! (verzieht das Gesicht)Ich
weiß nicht! Na, du lesen, wo ist Straße, ich dir holen in fünf Minuten! Na, so bin
ich!
Er will mir schon heiraten, aber ich weiß noch nicht..." Sie schickt einen Blick
zum Himmel. „Jetzt, meine Leben ist hier. Alle meine Freunde sind hier. In Bulgarien hab ich fast keine Freunde, zwei, drei, sind schon verheiratet, kann ich
nicht mit sie weggehen. Vielleicht er gehen nach Deutschland. Sie wollen ihm
kaufen. Aber seine Verein wollen zu viele Geld, glaub ich 10 Million Euro. Weil
sie wollen nicht verlieren."

Den FC Levski gibt es. Soviel kann ich bestätigen.

– Aber ich mache das nicht –

Zu Hause hab ich meine Fotos von Adriana auf den PC übertragen und ausge-
druckt. Und die von der Agentur-Homepage habe ich ihr auch ausgedruckt. Auf
Hochglanzkarton, die von der Agentur im A5-Format und eines von den meinen in
A4.
„*I have a present for you*" hab ich am nächsten Tag zu Adriana gesagt und hab ihr
das Kuvert mit den Fotos gegeben.
Sie hat richtig gejubelt: „*I have pictures!*" hat sie immer wieder ausgerufen. Und
ich habe einen Kuss auf die Wange gekriegt.

Dann habe ich ihr erklären müssen, dass ich sie zum Motherfucker bringe.
„Er wird dir nicht wehtun. Du brauchst keine Angst vor ihm haben. Er hat seine
eigene Art von Perversion, aber er tut dir nicht weh. Er wird dich betrunken machen wollen. Ich habe schon viele Mädchen hingebracht, und fast jede habe ich

hinterher zum Auto tragen müssen, weil sie nicht mehr hat gehen können. Er bucht für drei, vier Stunden, und dann verlängert er vielleicht noch. Und dann trinkt er mit dir. Er wird dir Cocktails machen. Am liebsten macht er Motherfucker, der besteht hauptsächlich aus Tequila. Deswegen nennen wir ihn so. Er wird mit dir Musik hören und Videos anschauen und saufen. Wenn du nicht trinken willst, wird er sauer. Er will keinen Sex machen. Er will nur, dass du total betrunken bist. Und dann gibt er dir Stöckelschuhe mit ganz spitzen Absätzen, und du sollst ihn damit treten und auf ihm herumtrampeln. Und dann will er, dass du ihm in den Mund pinkelst."

„Aber ich mache das nicht. Die Agentur weiß, dass ich das nicht mache."

„Er sagt das auch nicht, wenn er ein Mädchen bestellt. Und darum sagen sie es dir nicht. Ich sage es dir. Ich sage dir, was ich von den Mädchen weiß. Wenn du nicht hinfahren willst, sag's mir. Dann regle ich das mit der Agentur."

„Ich werde nicht trinken. Ich trinke keinen Alkohol. Und das andere werde ich auch nicht machen."

Also habe ich sie zum Motherfucker gebracht. „Aber verlier meine Bilder nicht!" hat sie zu mir gesagt.

– Fuck everything! –

Es gibt einen Doppeljob für Mimi und Carlotta. Ich kenne die Adresse. Das letzte Mal habe ich zwei große, vollbusige Blondinen dort hingebracht. Heute hat er sich zwei zierliche kleine Dunkelhaarige ausgesucht.

Mimi ist aufregend angezogen in weißen Hosen und einem weißen Top, das vorne geschnürt ist und den Blick auf ihre trotz ihrer Kleinheit wogenden Brüste freigibt. Ihr Haar ist streng nach hinten gezogen und betont ihr Adlergesicht.

„*Hello, ce faci?*" sagt sie zu mir.

„*Bine, foarte bine!*"

„*You know*, Carlotta sie mich rufen, wer ist der Chauffeur, und ich sagen, ich weiß nicht. So sie sagen, ich rufen Agentur, und wenn ich sie rufen, sie schreien: Martin!" Und dabei breitet sie die Arme aus. „Weißt du noch, wie ich war so besoffen?"

Wir kauen ein bisschen den Motherfucker durch, während wir zu Carlotta fahren. Sie zeigt mir ihre neuen Armani-Sonnenbrillen, die anderen hat sie damals beim Motherfucker vergessen. „Und ich war so besoffen. Ich weiß nicht mehr. Ich weiß nur mehr, ich machen Pipi in seine Mund!" Und dabei schüttet sie sich aus vor Lachen.

Carlotta wartet schon unten. Die beiden Mädchen plappern und plaudern auf Rumänisch miteinander und ich kann nichts verstehen.

„*Excuse me!*" Ich schiebe Mimis kleinen prallen Hintern zur Seite und ergreife ihre Sonnenbrille: „Ich fürchte, du bist auf deiner Sonnenbrille gesessen!"

„Wisst ihr, ich haben sicher schon tausend Euro für Sonnenbrille ausgeben. Ich vergesse, ich zerbreche, ich verliere."
Nach dem Job sind die beiden weniger lustig.
„*Problems, problems!*" seufzt Mimi.
„*What problems? Love?*"
„*Ah, love!*" sagt Carlotta wegwerfend. Vor vier Monaten hat Carlotta nur Englisch gesprochen. Inzwischen hat sie eine Menge Deutsch gelernt und mischt beides durcheinander, dass man schwindlig wird. Nein, das Problem ist ein anderes.
„Meine sister she musst go Germany bald, und meine Mama she musst go to Hospital. And I don't know who look after meine Kind. Vielleicht meine sister she kann stay longer. Sonst ich muss gehen Romania."
„Und welches Problem hat deine Mutter? Herz? Krebs?" Warum ist es so leicht, diese Dinge zu erraten?
„Cancer!"
Also Krebs. Carlottas kleines Gesicht trübt sich.
Und dann bricht es aus ihr heraus: „Meine Leben is Katastrophe! Jetzt ich bin *five months in Austria.* Zwei Jahre ich mache diese Job. *Never* ich trinken Alkohol, rauchen diese..., *In this week everything* Katastrophe, *I drink, I smoke* andere Zigarett! Jolanta *she give me four stars!* Ich gewesen *five stars* Mädchen. *Why? I am bad girl? In one month I make 98 jobs! I make so much money for* diese Agentur. *What is my life? Fucking and sleeping, fucking and sleeping! How can I always be nice, smile! Why the Gerd say I give not good service?*"
Ich: „*Forget Gerd! Gerd is* Arschloch! Er versteht nichts! Gerd denkt nur an Geld."
„*Okay, Jolanta she do this job for thirteen years, but I do it for two years!*"
Sie kommt nach vorn und legt mir die Hand auf die Schulter, und ich streichle ihr Köpfchen.
„*It is just too much for you.* Das ist ein harter Job und ihr seid alle tapfere Mädchen. Aber das ist zu viel für dich, fünf Mal, sechs Mal am Tag ficken. Ich kann diesen Job nicht machen, aber ich kann es mir vorstellen in meinem Kopf."
Mimi schreit: „*This is fucking job! Fuck everything!*"
Und Carlotta: „Manchmal ich fragen die Gott, warum sie gibt mir solche Leben. *I am 22 years and already* meine Leben *is* Katastrophe!"
„*Look, why don't you go for a holiday?* Warum machst du nicht Urlaub? Du hast Geld, du hast Zeit."
„Ja, habe ich Geld. Aber was ich kann kaufen für Geld? Ich kann kaufen BMW. Aber nicht ich brauche BMW. Alles was ich will von Leben ist eine Mann was lieben mich und meine Kind!"

– Die beste von allen, die ich bis jetzt hatte –

Obcc:
Carlotta: Die beste von allen die ich bis jetzt hatte! die 2 std in der spinne waren die 180.- wirklich wert! ein traum diese frau! ich habe mich verliebt!!

Moonx:
Morgen!
Geht das etwas genauer bitte?
Was war so traumhaft?
Was macht sie alles?
Danke

Obcc:
Tja Sie ist ein wahnsinn! glatt rasiert, meiner meinung nach die schönsten lapperl der welt! Geiler stehbusen! das küssen mit ihr wie wenns die eigene freundin wär sogar noch besser! ein wenig verspielt! sie gab mir das gefühl als ob es nicht ums geld geht! der liebes akt hat einfach wahnsinnig spass gemacht! Tipp von mir probiert sie mahl aus und macht euch ein eigenes bild von ihr!! Ehrlich ein Traum! Grüsse an alle!

Schurli:
SUPER EIGENWERBUNG!!!!!!!!!!!!

Obcc:
Schurli du kannst mich mal kreuzweise!!!! vollidiot! das war und ist keine eigen-werbung! das war eine reine feststellung bzw tatsache! Sie ist einfach irre GEIL, und da wollte ich sie allen empfelen! ach was, denk dir doch was du willst! mfg an alle!

Schurli:
Sorry war nicht so gemeint, bitte sag uns was Sie alles macht!
m.f.G.

Obcc:
Ich habe sie als erstes ca ne halbe std geschleckt diese muschi ist soetwas von geil! fingerln hat sie sich auch lassen! der busen ist natur!! ich will nicht zu viel erzählen und als wichs vorlage für die cyberwichser da zu stehen! Wollte sie heute wieder buchen doch sie ist leider ne woche auf urlaub!

Giovanni976:
Hallo
WOW Diese nutte ist der reinste wahnsinn läst sich richtig gut ficken!! Sie ist sehr

eng gebaut und glatt rasiert! Mich hat sie voll und ganz überzeugt werde sie bestimmt wieder buchen! Grüsse an alle!

OdMu:
Hallo Leute!
Habe Carlotta auch gebucht. Kann sie aber nicht weiterempfehlen. War sehr träge, desinteressiert, launisch und abwesend. Bisher die größte Escort-Enttäuschung.
Figur top, Optik top, Zähne schlecht.

Golfer:
Ich war vorige Woche mit Carlotta 2 Stunden in einem Hotel. Zuvor hatte ich bei der Agentur meine Wünsche sehr genau beschrieben und Carlotta wurde mir als TOP-Mädchen   empfohlen.
Das Aussehen von Carlotta ist TOP, ihr Service war jedoch mittelmäßig. Sie beschwerte sich gleich zu Beginn über ihren Job. Sie sei komplett ausgelaugt, weil sie bis zu 6 Buchungen pro Tag habe. Und so „ausgelaugt" vergingen die zwei Stunden. Das Vorspiel unterbrach sie für eine Rauchpause. Sie „ließ" küssen, ohne dabei aktiv mitzumachen, Naturfranzösisch dauerte gerade mal 2 Minuten und das war eher grob und lustlos mit viel Handunterstützung. Beim GV hatte Sie es am liebsten von hinten, um ja nicht in Verlegenheit zu kommen, küssen zu müssen.

– Aber das weiß nur mein Freund –

Adriana ist nüchtern gewesen, als ich sie vom Motherfucker abgeholt habe.
„Ich habe nur ganz wenig getrunken. Das, was er wollte, kann ich nicht tun. Ich tu das nicht. Und die Agentur weiß das."
„Es ist schon in Ordnung. Du wirst keine Schwierigkeiten haben. Ich bin froh, dass ich dich nicht nach Hause tragen muss."
„Wo sind meine Bilder?" Sie hat sie vom Rücksitz geholt und an sich gedrückt.
„Weißt du was: Ich freue mich. In zwei Wochen fahre ich nach Hause. Aber das weiß nur mein Freund. Und du! Und für Mirage-Escort arbeite ich überhaupt nicht mehr. Ich habe Zahnweh gehabt, und sie haben es mir nicht geglaubt. Die Telefonistin hat zum Chef gesagt, ich soll einfach mehr Blowjobs machen, dann wird der Zahn schon gut werden!"

Der Bauernfeind war am nächsten Tag natürlich nicht im Hotel. Er war gar nicht mehr eingecheckt. Ich bin bei Vera im Büro gesessen und habe zu ihr gesagt: „Weißt du was: Der Mann ist pleite. Der hat sein letztes Geld schon vorige Woche mit der Betsy durchgebracht. Der hat absichtlich so auf den Putz gehauen, dass

man ihm abnimmt, er wird zahlen, und dann hat er sich noch einmal einen schönen Tag mit zwei Mädchen gemacht, weil's eh schon wurscht ist."
„Der Gerd is zu seinem Büro hingefahren, aber da hat's geheißen, er ist nicht da. Da is er wieder weggefahren. Der Gerd is ja feig."
Ich gebe „Johann Bauernfeind„ in alltheweb.com ein, und der taucht tatsächlich auf einer Seite vom Kreditschutzverband von 1804 auf: Konkurs mit 150 Millionen Schilling. Aber vielleicht ist es ja nicht derselbe Johann Bauernfeind.

Die Marina hat derweil in der Wohnung gefickt. „*This client he is crazy!*" hat sie nachher gesagt. „*He think he can make griechisch two hours non stop. If he do that, three days me not sit.*"
Marina macht fast alles. Auch griechisch ohne. Dabei ist sie so hübsch mit ihren langen Beinen, sie ist fast eins achtzig groß und schlank und hat dabei ein liebes Kindergesicht und ein süßes Lächeln. Sie würde auch so genug Jobs kriegen, sag ich ihr immer wieder, und griechisch ohne ist überhaupt das Gefährlichste.
Sie braucht viel Geld für ihren vierjährigen Sohn, sagt sie.
„Und dein Sohn braucht dich. Willst du SIDA kriegen?" Auf Rumänisch sind die Buchstaben ein bisschen vertauscht, aber es ist dieselbe Krankheit.
„*For girl is not good, anal sex. For man I don't know. Why like this?*" sagt sie mit ihrem süßen Lächeln. Sie lächelt immer.
„Ich zeig's dir!" Ich nehme ihre Hand, nehme ihren Zeigefinger in die Hand und drücke ihn leicht: „*Normal sex.*" Dann drücke ich etwas fester: „*Anal sex!*" Sie kichert und sagt „*Aha, virgin!*" Dann erzählt sie mir, wo sie gestern war.
„*This man, he no walk. His legs is* kaputt!"
„Im zweiten Bezirk? Im Invalidenheim?"
„Ja."
„Ich weiß, wen du meinst. Ich war mit Juliette und Tatjana auch schon dort. Er ist ganz dünn, ja, ganz abgemagert, und hängt überall an Maschinen?"
„Ja. Nach drei Stunden mich sagen, drei Stunden um, mich müssen gehen. Er geweint. Er gesagt, nicht gehen, erst du müssen mir Oxygen geben. Er geraucht Marihuana. Mich machen ihm Blowjob und ficken, sein Penis ist stark, aber kein Erektion. Aber mich sitzen auf ihm und so ficken."
Sie schüttelt sich.
„Was ist los?"
Sie zeigt auf die schwarze Frau auf dem Gehsteig, die gerade ins Rinnsal gespuckt hat.
„*Black people! Me not like!*"

– Ich heute Sklavin –

Es ist der heißeste Tag des Jahres gewesen. 38° im Schatten. Wer können hat, ist im Büro gesessen, denn die Jolanta hat eine Klimaanlage einbauen lassen. Wozu hat ihr Mann eine Firma für Heiz- und Kühltechnik. Alle sind aufgeregt und überdreht gewesen und haben durcheinandergeredet und geschrieen.

„Heut san s' deppat", sagt die Mona. „Hat aaner ang'ruafen, I soll in Latex kommen, Latextop, Latexrock, Stiefeln, bei dem Wetter! hab i g'sagt: Naa, a anders Mal."

Die Jolanta ist im Zimmer herumgehüpft: „Darf ich's laut sagen? Mich juckt die Muschi!" und hat sich in ihren schwarzen Stretch-Leggings gekratzt. „Frisch rasiert!"

Ihr Mann ist im Motorrad-Outfit hinter ihr gestanden, und wie sie einen Schluck Kaffee nimmt, hält er ihr die Nase zu, dass sie den Kaffee einen Meter weit spuckt. Und sie lacht.

Die Wendy hat von ihrem ersten Mal erzählt: „Wann ich das erste Mal ficken für Geld, ich geweint. Der hat mich verkauft, von Bulgarien, aber ich bin ihm weggerannt."

Und die Carlotta hat Sitzstreik gemacht: „Ich bin gute Mädchen, ich machen in *July ninety-four job*, bin ich schlechte Mädchen, bin ich Viersternmädchen? Ich bleiben hier *all night, all day, Jolanta give me* fünf Sterne, *I go home.*"

„Ja, da musst du dir ein zweites Mädchen aussuchen!" sagt die Vera ins Telefon. Sie hält die Hand vor den Hörer und sagt kopfschüttelnd zu uns: „Der will a Lesbenshow und nur ein Madel bestellen!"

„*Lesbishow with Gerd!*" schlägt die Lilli vor. „*With Gerda!*"

Der Gerd grinst blöd.

„*Lesbishow with Gerd and Mirko!*"

„Glaubst mir graust vor gar nix!"

Und die Carlotta: „Ich heute Sklavin! Ich ficken mit Hund, alles!"

– Betsy –

„*Pia speak with Bauernfeind today*", sagt Betsy

„Was, wirklich. Hat sie ihn ans Telefon gekriegt?"

„Ja. Sissy ihr Nummer gegeben und sie den ganzen Tag anrufen."

„Und? Hat er gezahlt?"

Betsy lacht spöttisch.

„Ich umbringen diese Mann, ich sage dir! Er sagen, er ist in Hospital. Eine Unfall. Ich umbringen diese Mann. Zwei Mädchen nehmen, zwanzig Stunden, und nicht zahlen! Pia siebzehn Stunden, ich zwanzig Stunden. Ich zwei Tage nicht verdient keine Geld. Warum Jolanta sagen, ich muss gehen? Erst zahlen, dann ich bleiben.

Nur weil hat Zimmer in Grand-Hotel ich muss glauben diese Mann? Immer sagt, später zahlen, später ich gehen auf Bank, ich zahlen. Morgen ich gehen auf Bank, ich zahlen."

„Wenn du mich fragst, muss Jolanta dir dein Geld geben. Sie hat gesagt, du sollst bleiben, also soll sie dir dein Geld geben. Sie denkt sich, wenn er zahlt, ist gut, dann nimmt sie ihren Anteil. Wenn er nicht zahlt – sie verliert nichts, nur ihr habt eure Zeit verloren."

„Ich nicht will Geld von Jolanta. Aber wieso ich habe keine Jobs? Gestern ich habe eine Job. Heute zwei. Gestern ich nicht einmal habe Geld für Zigaretten, für Essen."

„Aber du warst doch vorige Woche auch so lange bei ihm, und da hat er doch gezahlt?"

„Ja, auch zahlen später, nächste Tag. Und dann hat mich Kleider gekauft, 3000 Euro!"

„Aber sag, das Geld von vorige Woche, wo ist das?"

„Ich schicken meine Mutter."

„Sicher?"

„Ja."

„Musst du nicht irgendwem noch etwas geben?"

„Nein. Ich schon alles bezahlen. Diane sagen mir, ich soll hier kommen arbeiten. Ich sagen, aber ich habe keine Geld. Sie sagen macht nichts, ich zahlen. Aber jetzt, ich sie bezahlen 1.000 Euro und fertig. Nicht mehr zahlen. Sie ein paar Mal anrufen Agentur ohne Nummer, sagen: „Hallo, ich Betsy, ich heute nicht arbeiten!" damit ich habe keine Job. Weil ich nicht will bei sie wohnen. Aber jetzt ist fertig."

Die Diane ist bei Belvedere-Escort schon vor drei Monaten rausgeflogen, weil bei ihr eine Stunde prinzipiell nur 20 Minuten gedauert hat. Aber ihren Namen höre ich immer wieder von Mädchen. Mit Wucher verdient sie anscheinend mehr als mit Anschaffen.

– *Sie lassen mich vielleicht nicht über die Grenze* –

„*I must talk to you*" hat Adriana zu mir gesagt, „ich muss mit dir reden. Ich habe ein Problem. Ein großes Problem."

„Was denn?"

„Ich will nach Hause fahren."

„Und Nathalie lässt dich nicht?"

„Ja."

„Okay. Red nicht zuviel. Wir finden schon was."

Sunny ist hinten im Auto gesessen. Sie spricht zwar kaum Deutsch oder Englisch, nur Ungarisch, aber man weiß nie.

Als wir Sunny abgesetzt haben, erzählt sie weiter. „Meine beste Freundin, von der ich dir erzählt habe...“

„Ja?“

„Sie ist nicht mehr meine beste Freundin. Sie kommt nach Wien. Sie will nicht, dass ich nach Hause fahre. Sie hat Nathalie gesagt, sie soll mir meinen Pass wegnehmen. Und mein Boyfriend, weißt du, er vertraut ihr. Er weiß nicht, was sie wirklich macht. Er sagt, ich soll hier bleiben. Er weiß ja nicht, was ich arbeite.“

„Wie viel musst du ihr geben? Die Hälfte?“

„Ich gebe Nathalie die Hälfte, und sie teilen es sich. Ich will nach Hause fahren. Dann komme ich wieder und wohne irgendwo anders.“

„Das wird nur gehen, wenn dir Jolanta hilft. Du brauchst einen neuen Namen und musst eine Zeitlang ohne Fotos arbeiten. Sonst finden sie dich gleich wieder.“

„Meine schönen Fotos! Aber meine Kunden nehmen mich doch wegen meiner Fotos!“

„Das geht schon, wenn Jolanta den Telefonistinnen sagt, sie sollen dich besonders empfehlen. Von den Telefonistinnen hängt viel ab.“

„Wenn ich nicht teilen müsste, hätte ich das Geld für die Wohnung schon bald zusammen.“

„Wie viel brauchst du eigentlich?“

„Dreitausend Euro. Dafür kann ich eine Wohnung mit zwei Zimmern, Bad, Küche, WC und allem bekommen.“

„Ich kann Zuhälter nicht leiden. Aber es kann sein, dass es länger dauert, bis du das Geld beisammen hast, wenn du davonläufst.“

„Aber ich will meinen Freund sehen!“

„Ich helfe dir ja! Wie willst du denn nach Hause fahren?“

„Mit der Bahn. Aber ich weiß nicht, ob ich mit der Bahn wieder zurückkommen kann. Vielleicht ist es besser, ich nehme ein Flugzeug.“

„Warum?“

„Sie lassen mich vielleicht nicht über die Grenze.“

„Warum das?“

Sie zuckt die Schultern.

Ich schaue sie an: „Wie alt bist du, hm?“

„Bitte, sag es niemandem!“

„Nein, ich sag nichts. Ich sag sicher nichts!“

„Sechzehn.“

„Oh verdammt, Baby, verdammt. Du bist zu jung!“

„Bitte, sag es niemandem!“

„Nein, natürlich nicht. Aber, verdammt, Baby, es ist ein Wahnsinn. Jolanta kann ins Gefängnis gehen. Deine Kunden können ins Gefängnis gehen. Ich kann ins Gefängnis gehen. Weil ich dich zu den Kunden bringe. Zeig mir deinen Pass!“

Sie gibt ihn mir. „Cristina Baiculescu, 8. 2. 1987, Timisoara“

„Du hättest es niemandem sagen sollen. Nicht einmal mir!“

„Elfi weiß es auch!“

„Du hättest es auch Elfi nicht sagen sollen. Ich kann jetzt mit dir machen, was ich will. Wenn ich es Jolanta sage, muss sie dich wegschicken."
„Bitte, sag es ihr nicht!"
„Nein, natürlich sag ich es ihr nicht. Aber du bist zu vertrauensselig! Pass auf, du wirst eine gute Geschichte brauchen. Sie wird dir drohen. Wenn du nicht tust, was sie sagt, wird sie deinem Freund sagen, was du machst."
„Ich kann dasselbe machen. Der Harry von Mirage-Escort hat mir eine CD gegeben mit den Fotos von seiner Homepage. Weil ich mein Foto haben wollte. Ihres ist auch dabei. Ihr Mann weiß, was sie macht, aber sie hat auch Verwandte."
„Hast du noch einen Ausweis außer dem Pass?"
„Ja, ich habe einen Personalausweis."
„Du solltest mir deinen Pass zum Aufheben geben. Dann können sie ihn dir nicht wegnehmen. Und dein Geld solltest du schnell nach Rumänien schicken."
„Das ist teuer."
„Ja, aber sicherer. Für 1000 Euro kostet es 47,50."
„Ich überlege es mir."
Sie hat in ihrer Tasche gekramt und ihr Geld gezählt. „Wenn ich nicht teilen müsste, hätte ich heute schon 260 Euro verdient."
„Wie viel hast du denn schon beisammen?"
„Ungefähr 1000. Ich muss Nathalie ja auch noch Miete zahlen."
„Miete auch noch, obwohl dir sie dir ein Viertel abnimmt? Kann sie kontrollieren, wie viel du verdienst?"
„Nicht genau. Ich sage ihr nicht alles."
„Kontrolliert sie deine Tasche, wenn du nach Hause kommst?"
„Nein."
„Ich hab für ein Mädchen Geld nach Rumänien überwiesen, die hat sich das Geld, das sie vor ihrem Fisch versteckt hat, ins Futter von ihrer Handtasche eingenäht. Auf jeden Fall musst du mit Jolanta reden."

Ich bin dann noch einmal mit Adriana gefahren.
„Hast du mit Jolanta geredet?"
„Ja. Sie hat gesagt, sie schickt mich mit nach Salzburg, nächste Woche. Da sind wir nur sechs Mädchen, und ich kann viel verdienen."
„Aber das ist nur für zehn Tage."
„Vielleicht verdiene ich in der Zeit das Geld, wenn ich nicht teilen muss. Und Nathalie sage ich, ich fahre nach Hause."
„Aber du fährst jetzt nicht nach Rumänien?"
„Nein. Mein Freund hat gesagt, ich soll hier bleiben. Das Geld für die Wohnung zusammenbringen."
„Und was tut eigentlich er für die Wohnung?"
„Er kann nicht viel tun. Er hat keinen Job, er geht in die Schule. Wenn er fertig ist, wird er in Italien arbeiten."
„Und warum ist die Wohnung so wichtig?"

„Er hat nur eine ganz kleine Wohnung. Nur ein Zimmer.“
„Und du wohnst bei deiner Familie?“
„Bei meinem Vater. Aber wir wohnen bei seiner Freundin. Und sie will Geld von
mir, dafür, dass ich da wohnen kann. Aber ich will ihr kein Geld geben.“
„Und deine Mutter?“
„Ich hasse sie.“
„Warum?“
„Wenn sie mich wollte, hätte sie mich ja besuchen können in vierzehn Jahren.“
„Sie hat euch verlassen?“
„Ja. Eine Weile haben wir dann bei Großmutter gelebt. Dann hat mein Vater eine
Frau kennen gelernt, die so lange mit ihm gelebt hat, bis er ihre Schulden abge-
zahlt hat.“
„Was arbeitet er eigentlich?“
„Jetzt macht er meistens nichts, er ist krank. Sein Beruf ist Schuhmacher. Er ist
auf die Dörfer gegangen und hat den Leuten die Schuhe repariert. Eine Zeitlang
war er auch in der Fabrik. In unserer Familie sind alle Schuhmacher, auch meine
Onkel. Die Frau hat einen Sohn gehabt, den hat er nicht anrühren dürfen. Aber *sie*
hat mich geschlagen. Dann sind wir wieder zur Großmutter gezogen. Damals hat
er viel getrunken, und mich geschlagen.“
„Und jetzt?“
„Es ist besser. Er trinkt, aber nicht mehr so viel. Er mich heute angerufen, dass er
krank ist. Sein Rücken. Er hat oft solche Schmerzen, dass er nicht aufstehen kann.
Ich werde ihm Geld schicken. Er hat mich geschlagen, aber er ist mein Vater. Ich
werde ihm 50 Euro schicken, das ist viel in Rumänien. Ich hab nichts, um meine
Haare zusammenzubinden.“
„Deine Haare sind okay.“
„Ich hasse es, wenn die Kunden meine Haare angreifen. Ihre Hände sind schmut-
zig und riechen, und dann greifen sie meine Haare an.“
Nach einer Viertelstunde war sie schon wieder zurück.
„Der Kunde war sehr nett zu mir, sehr sanft. Er hat mich nur hier geküsst.“ Sie
zeigt auf ihre Schulter. „Nach zehn Minuten hat er sich angezogen und hat gesagt:
Für dich brauche ich mehr als eine Stunde! Aber er hat mich für eine Stunde be-
zahlt.“
Einer von denen also. Mit dem nächsten Kunden hat sie eine Polsterschlacht gemacht.

– Der angerufene Teilnehmer ist im Moment nicht erreichbar –

Tags darauf bin ich mit Juliette ins Waldviertel gefahren. Zu einem Pärchenjob.
Juliette hat die ganze Fahrt kein Wort mit mir geredet. Keine Ahnung, warum.
Zwei Stunden ohne ein Wort zu reden. Während der Mann und die Frau sich mit

Juliette vergnügt haben, bin ich im Wald spazieren gegangen. Es ist langsam A-bend geworden.

Da hat mich Adriana angerufen.: „Freu dich! Ich bin ausgerissen. Ich fahre nach Hause!"

„Wo bist du?"

„Ich bin unterwegs zur Agentur. Gestern ist der Mann von der Nathalie gekommen. Er wollte mein Geld wegnehmen. Aber es ist ihm nicht gelungen."

„Gut. Und was machst du jetzt in der Agentur?"

„Ich treffe Berta. Ich habe Berta meinen Pass gegeben. Sie ist mit Elfi auf Job, aber nachher kommt sie in die Agentur und gibt ihn mir. Dann bringt mich Elfi zum Bahnhof."

„Wann geht dein Zug?"

„Um 20:01. Am Nachmittag waren Nathalie und ihr Mann weg, da habe ich meinen Koffer gepackt und unten im Haus versteckt. Und als sie zurückgekommen sind, habe ich gesagt, ich habe einen Job. Und bin gegangen."

„Und willst du zu Hause bleiben?"

„Ich komme nächste Woche wieder und fahre nach Salzburg."

„Dann sehe ich dich ja. Wie kann ich dich erreichen, wenn du in Rumänien bist?"

„Sobald ich eine Nummer habe, rufe ich dich an."

„Gut. Ich will wissen, ob es dir gut geht. Alles Gute. Alles, alles Gute!"

„Danke."

Zehn nach acht habe ich sie angerufen. Ich war mit Juliette schon wieder auf dem Heimweg.

„Hallo Martin. Ich bin im Zug! Ich fahre nach Hause!"

„Na Gott sei Dank. Ich habe mir Sorgen gemacht, ob es klappt."

„Aber Martin, ich habe ein Problem!"

„Was denn?"

„Meine Freundin wird auf dem Bahnhof sein. Sie wird auf mich warten. Sie hat mir ein SMS geschickt, dass sie alles meinem Boyfriend sagen wird. Er wird auch auf dem Bahnhof sein. Aber er wird *mir* glauben, nicht ihr."

„Vielleicht kannst du den Zug wechseln. Der Zug hält in Budapest. Steig in Budapest aus und warte auf den nächsten."

„Ich weiß nicht. Ich kenne mich nicht aus. Ich weiß gar nichts."

„Dann denk dir wenigstens eine gute Geschichte aus."

„Ja. Ich werde sagen, dass Nathalie diesen Job macht und dass sie wollte, dass ich es auch mache aber dass ich nicht wollte. Und deswegen ist sie böse auf mich. Und die Fotos, die du für mich ausgedruckt hast, da sage ich, dass Nathalie sie aufgenommen hat um sie der Agentur zu zeigen."

„Ja, das klingt ganz gut."

Wenn der Boyfriend bisher nicht kapiert hat, was sie macht, dann will er es nicht kapieren. Er wird jede Geschichte schlucken. Und wenn ich ihr das sagen würde, würde es ihr Herz brechen.

„Ach, ich habe solche Angst. Aber ich bin im Zug! Ich fahre heim!"

„Schau, hab keine Angst. Das Schlimmste, was passieren kann..."
„Sag's nicht! Bitte sag's nicht!"
„Wenn er dich liebt, wird er dir glauben. Wenn er dich liebt, dann wird er dich
verstehen."
„Danke! Danke, dass du mir das sagst!"
Es fiept im Hörer.
„Ich muss auflegen, jemand ruft mich an!"

Gleich darauf piepst mein Handy wieder: „Martin, kannst du bitte in der Agentur
anrufen, sie sollen schnell meine Fotos von der Homepage nehmen. Sie hat mir
gedroht, sie sagt ihm die Internetadresse."
„Verdammt. Das kann nur Jolanta machen, das kann sonst niemand. Ich werde
tun, was ich kann."
Ich rufe Jolantas Privatnummer an. Das sollte man nicht zu oft machen. Aber
Jolanta sagt, sie hat die Bilder schon von der Seite genommen.
„Hi Adriana. Ich habe Jolanta angerufen und sie hat gesagt, deine Bilder sind nicht
mehr auf der Seite."
„Danke. Danke dir! Wenn keine Bilder von mir auf der Homepage sind, wird er
mir glauben. Und weißt du, sie kann nicht viel tun, denn ich habe ja die CD mit
ihrem Foto. Oh nein, hab ich nicht."
„Warum? Hast du sie liegen lassen?"
„Nein, es ist nur ein Foto von Nathalie drauf, nicht von ihr! Aber ihr Bild wird bei
Mirage-Escort sein."
„Wie heißt sie dort?"
„Melissa."
Wie ich zu Hause war, habe ich nachgesehen. Keine Melissa mehr bei Mirage-
Escort. Außerdem ist mir noch ein Verdacht gekommen. Ich gebe ein:
http://www.belvedere-escort.at/allegirls/adriana.htm, und da ist die Seite noch.
Jolanta hat nur den Link gelöscht, aber die Seite ist noch da. Wenn man ein biss-
chen clever ist, kann man sie finden. Also rufe ich noch einmal Jolanta an:
„Entschuldige, dass ich dir noch einmal auf die Nerven gehe. Schau, wenn man
halbwegs g'scheit ist, dann findet man die Seite auch ohne Link. Ich muss mir ja
nur anschauen, wie die Adressen von den Seiten der anderen Mädchen ausschau-
en. Und wenn ich dann ihr Pseudo- weiß, kann ich mir's leicht ausrechnen."
„Na und du glaubst, dass irgendwer so g'scheit ist?"
„Ihr Boyfriend sitzt den ganzen Tag vorm Computer."
„Na dann hat er's ja sowieso schon gefunden. Ich kann jetzt eh nix mehr machen,
weil ich schon zu Hause bin."
„Na dann hoffen wir halt, dass der nicht so g'scheit ist wie ich. Dank dir jeden-
falls. Gute Nacht."
Ich rufe wieder Adriana an:
„Sei vorsichtig mit dem was du sagst. Melissas Bild ist nicht mehr bei Mirage-
Escort.

„Was kann ich dann tun? Und meine Bilder? Hast du nachgesehen?"
„Ja, die sind weg." Dass sie trotzdem zu finden sind, sage ich ihr nicht.
„Was kann ich tun? Ich hab solche Angst!"
„Sag mir alles, was du über Melissa weißt. Wie ist ihr richtiger Name?"
„Mariana Dogaru"
„Kannst du mir das buchstabieren?"
„D-O-G-A-R-U"
„Und ihre Telefonnummer?"
Ich habe sie auf ihrem Handy herumklicken gehört. Und dann war es auf einmal still.
Das war um 22:00 Uhr. Danach, wenn ich angerufen habe, habe ich nur mehr gehört: „Der angerufene Teilnehmer ist im Moment nicht erreichbar. Bitte versuchen Sie es später wieder. Der angerufene Teilnehmer ist im Moment nicht erreichbar."

Am nächsten Abend hat dann mein Handy geläutet, einmal, zweimal, dann ist aufgelegt worden. Auf dem Display war eine Nummer, die mit 0040 angefangen hat.
„Adriana, geht's dir gut, alles in Ordnung?"
„Ja. Es geht mir gut. Ich bin zu Hause! Ich bin bei meinem Boyfriend!"
„Gott sei Dank. Ich hab mir schreckliche Sorgen gemacht."
„Mir geht es gut. Nur mein Geld ist gestohlen worden."
„Alles?"
„Ja."
„Bist du eingeschlafen?"
„Ja. Zwanzig Minuten. Aber ich bin zu Hause!"
„Ach Baby!"
„Und Melissa hat meinen Pass gestohlen. Sie hat sich auf meine Tasche gestürzt auf dem Bahnhof, sie wollte die CD finden. Vielleicht kann ich jetzt nicht so schnell zurückkommen. Ich muss irgendwas machen, dass ich meinen Pass von ihr kriege. Einen neuen Pass beantragen, das dauert lange. Aber ich bin zu Hause! Zu Hause!"
„Ach Baby!"
„Was hast du?"
„Nichts. Ich bin froh, dass du okay bist."
„Weinst du?"
„Ach Baby!"
„Hör auf! Du sollst nicht weinen, hörst du? Du sollst nicht weinen! Hör auf!"
Adriana im Glück.

neun

– Wo habt's denn den Deppen her? –

Das ist Mitte September gewesen.
Es wird Zeit für mich, aufzuhören, habe ich mir gedacht. Ich bin jetzt mehr als vier Monate dabei gewesen. Am Anfang hätte es nur ein Monat werden sollen. Aber ein Monat hat nicht gereicht. Ein Monat hat gereicht, um zu wissen, wie der Laden läuft. Das hätte gereicht, um eine Serie für eine Illustrierte zu schreiben. Aber zu nicht mehr. Auch viereinhalb Monate sind nicht genug gewesen. Aber es ist Zeit geworden, mit dem Schreiben anzufangen. Als erstes habe ich einmal zehn Tage Urlaub genommen und gesagt, dass ich nachher nur mehr am Wochenende fahren kann, als Aushilfe, weil ich wieder Webdesign-Aufträge habe. Ich habe den Kontakt nicht ganz verlieren wollen, habe wissen wollen, wie es weitergeht. Ich bin ins Tennengebirge gefahren. Am Vormittag habe ich geschrieben, am Nachmittag bin ich auf die Berge hinaufgelaufen. Als erstes habe ich Adrianas Geschichte geschrieben.
Dann bin ich nach Wien zurück gefahren.

Gosia ist wieder da gewesen und wir haben uns auf einen Kaffee getroffen. Sie ist mit Elżbieta gekommen: „Kannst du uns nicht helfen, Arbeit zu finden? Normale Arbeit? Putzen oder so was? Ich hab genug von dieser Arbeit, ich mag nicht mehr!"
„Na klar", habe ich gesagt, „ich werde schauen, was man machen kann!"

Am Abend bin ich in meiner Pizzeria an der Ecke gesessen, da hat mein Handy geläutet: „Guten Abend? Sind sie der Herr Ecker?"
„Nein, hier spricht Auer."
„Dann entschuldigen Sie. Hier spricht die Polizei."
Ich habe die Achseln gezuckt und weitergegessen.
Kurze Zeit später läutet es wieder. Das Display zeigt *Gerd*.
„Ja seavas, was gibt's?"
Aber Sabrina war dran: *„Tu Wanda mówi. Słuchaj: Gosia jest aresztovana."*
„Verhaftet? Wozu? Ich mein, wofür, warum?"
„Bist du in Wien?"
„Ja."
„Kennst du den Chinesen, wo wir damals waren?"
„Chinesische Restaurant meinst du?"
Mein Gestotter ist ihr zu blöd geworden, und sie hat den Apparat weitergegeben. Die nächste Stimme, die ich gehört habe, ist die von Jolanta gewesen.

„Kommst du bitte zum Chinesen am Eck, wo wir immer sind? Jetzt gleich!"
Geheuer war mir die Sache nicht. Ich bin immer noch nicht sicher gewesen, was
passieren wird, wenn Jolanta draufkommt, dass ich ein Buch über ihr Business
schreibe. Ich habe meine Tochter angerufen, ihr Neuigkeiten von meinem Urlaub
erzählt und bin telefonierend in das Lokal getreten. Sicher ist sicher.

Am letzten Tisch hinten ist ein aufgeschreckt durcheinander quatschender Haufen
gesessen, Jolanta, Gerd, Sabrina, Lissy und ihr Mann, Andrea und noch zwei
Mädchen, die ich nicht gekannt habe.

„Also die Gosia is verhaftet worden", sagt Jolanta, „und hat ausgesagt, du bist ihr
Freund und sie wohnt bei dir. Jetzt musst du des bestätigen."

„Ach so? Na bitte, ja, des is schon ok. Und wie is des passiert, bitte?"

„Bitte, das musst dir vorstellen, der Flossi kommt in eine Kontrolle, Planquadrat,
und sagt zum Polizisten, er is Fahrer für Escort-Agentur und er bringt das Mädchen zum Job."

„Was? Des gibt's ja net. Naa, wie kann aaner so deppat sein, bitte?"

„Na, des is doch a Trottel. Statt dass er sagt, des is mei Freundin!"

„Na bitte, gibt's des?"

„Und sie ruft noch den Gerd an und er nimmt ihr des Handy aus der Hand und
sagt: I glaub, zu dem Job musst a anders Madl schicken! *Vor* dem Kieberer!"

„Des derf ja alles net wahr sein! Wo habt's denn den Deppen her?"

Ich habe den Flossi noch nie getroffen, er hat erst angefangen, kurz bevor ich auf
Urlaub gefahren bin. Wir sind dreizehn Fahrer gewesen, aber die Hälfte habe ich
gar nicht gekannt.

„A Bundesheerler im Hauptberuf."

„Na guat, aber trotzdem! Wie heißt die Gosia denn mit Familiennamen?"

Das hat die Jolanta nicht gewusst, auch nicht die Sabrina. Aber ich habe es aufge-
schrieben gehabt. Ich habe in meinem Handheld nachgeschaut. Ich habe mir Gosias Daten von ihrem Vertrag abgeschrieben gehabt, so wie noch von einigen Mädchen, aber ich hätte den Namen ja gut von Gosia selber haben können. Schließlich
ist Jolanta sowieso überzeugt gewesen, dass wir etwas miteinander haben.

Sabrinas Handy hat geläutet. Gosia war dran.

„Gib sie mir!" habe ich zu Sabrina gesagt. Und zu Gosia: „Ich bin's, Martin. Es ist
in Ordnung, ich werde sagen, du wohnst bei mir. Weißt du, wo du bist?"

„Auf der Polizei."

„Aber wo?"

„Das weiß ich nicht."

„Ist ein Polizist da?"

„Ja."

„Gib ihn das Telefon, ich will mit ihn sprechen. – Guten Tag, hier ist Auer. Ich bin
der Freund von der Frau Kaminska. Wo ist sie denn, bitte?"

„Am Kommissariat 10, Van-der-Nüll-Gasse."

„Aha. Und was g'schieht jetzt mit ihr?"

„Na ja, sie ist vorläufig festgenommen worden. Die Nacht über muss sie hier blei-
ben und morgen wird sie dann einvernommen."
„Wissen Sie, wann?"
„Na ja, voraussichtlich um 8 Uhr früh."
„Und ist es möglich, dass ein Anwalt bei der Einvernahme dabei ist?"
„Ja, das wird schon gehen."
„Ich dank Ihnen sehr. Kann ich noch einmal die Frau Kaminska sprechen? –
Horch. Leider, die Nacht du musst dableiben. Morgen früh sie dich fragen. Du
weißt nix, ja? Wenn ist möglich, ich komme morgen mit Advokat. Ich sage, du
bist meine Freundin und wohnst bei mir, so wie du gesagt hast. Pass auf, mit Fa-
milienname ich heiße Auer, *Auer*, ich schicke noch SMS mit meine Name und
Adresse."
Ich habe schnell meine Adresse ins Handy getippt. Es ist ein Wunder gewesen,
dass sie sie noch telefonieren haben lassen.
„Sag einmal, der Flossi, heißt der vielleicht Ecker?"
Das hat der Gerd gewusst, der hat ihn ja gerade erst eingestellt.
„Des san doch Trotteln bei der Kieberei. Mi hat vorhin einer von die ang'rufen und
hat g'fragt, ob ich der Herr Ecker bin. Na hab i g'sagt, nein. Die Gosia hat denen
mei Nummer geben, damit s' mi fragen können, und der Trottel hat die Namen
verwechselt. Also morgen um acht wird sie einvernommen. Kannst du deinen
Anwalt erreichen?"
„Ich hab's schon probiert", sagt die Jolanta, „er ist net da. Normalerweise kommt
er erst um neun ins Büro."
„Des is zu spät. Wo kriegen wir jetzt einen Anwalt her?"
Ich habe bei meinem Anwalt angerufen, aber da war auch nur ein Band, das ver-
kündet hat, dass die Kanzleistunden um neun Uhr beginnen.
„Na, und weißt du, was noch passiert ist?"
„Na?"
„Den Mirko und die Jacqueline hab ich rausg'schmissen."
„Die hab'n mich beschissen. Die hab'n schon ich weiß nicht, wie lang, in der
Nacht nur die halberten Jobs g'schrieben! Acht- bis zwölftausend Euro müssen
des sein, was die sich unter die Nägel g'rissen hab'n."
„Und was machst jetzt mit ihnen?"
„Na nix. Fristlos entlassen hab i 's. Und was glaubst, schickt der doch glatt SMS
herum an die andern Agenturen, ob sie ihn als Chauffeur brauchen, er bringt die
Adressen von achtzig Madeln mit. Na, da hat er si aber g'schnitten, wenn er glaubt
hat, i erfahr des net."
Sie zeigt mit das SMS, dass ihr der Chef von Intim weitergeleitet hat.
„Der kriegt nirgends an Job als Fahrer, dafür sorg ich schon, und sie braucht aa net
glauben, dass sie noch wo als Telefonistin arbeiten kann."
Na gut. Jetzt habe ich auch keine Angst mehr, dass mir die Polen-Mafia auf den
Leib rückt, wenn ich mein Buch veröffentliche. Die Jolanta würde schon Leute
kennen, die sie nur anrufen braucht, und die beiden hätten mindestens eine blutige

Nase. Aber das ist nicht ihr Stil. Nur kein Aufsehen. Sie will Geschäftsfrau sein, keine Unterweltkönigin.

Und eine Klatschtante ist sie auch. Hundert Mal wird die Blödheit vom Flossi durchgehechelt und die Abgefeimtheit von der Jacqueline und dem Mirko. Was man unternehmen könnte, um der Gosia zu helfen, davon ist nicht die Rede. Schließlich sperrt das Lokal.

„Kommst noch mit ins Büro?" sagt Jolanta zu mir. Ich gehe mit ihr und Andrea hinüber, setze mich vor den zweiten PC und fange an, zu suchen. *Anwalt, Rechtsanwalt, Nachtdienst, Journaldienst.* Na, bitte: *Rechtsanwaltskammer Wien, anwaltlicher Journaldienst, Montag bis Freitag von 18 h bis 8 h, Samstag, Sonn- und Feiertag rund um die Uhr.*

„Zahlst du den Anwalt?" frage ich die Jolanta. Sie nickt. Ich klingle einen hörbar jungen Dr. jur. aus dem Bett. Na klar, den Nachtdienst machen die Anfänger, die reißen sich wahrscheinlich drum. Aber besser als gar keiner. Ich erkläre ihm die Sachlage, ein bisschen verblümt, unnötigerweise. Dem Rechtsanwalt sagt man die Wahrheit, sagt die Jolanta, und da hat sie recht. Er verspricht, morgen um dreiviertel acht da zu sein. Ich versuche noch einmal Gosia anzurufen, aber es läutet nur lange und dann meldet sich die Mailbox. Jetzt haben sie ihr das Handy doch noch abgenommen.

„Na gut, ich geh jetzt."

„Du wirst a Geld brauchen", sagt die Jolanta, und holt fünf Hunderter aus der Schublade. Sie wird jetzt auch nach Hause fahren. Draußen drückt sie mich an ihren riesigen Busen und küsst mich auf beide Wangen. Man könnte sie gern haben, die Jolanta. *Mamusia*, sagen die polnischen Mädchen zu ihr, Mamatschi. Na ja.

Um sieben Uhr rufe ich den Anwalt an, ob er nicht ein bisschen früher kommen kann, damit wir noch alles in Ruhe besprechen können. Ich höre zwei verschlafene Kinder und eine junge Frau im Hintergrund. Morgenritual vor dem Kindergarten. Aber er bleibt dann im Stau stecken und wir müssen alles am Telefon bereden. Schließlich kommt er daher, ein schlaksiger, schlecht gekämmter schwarzlockiger Bursch von eins neunzig, in einem zerknitterten blauen Anzug und sogar ein Schuh ist hinten zerrissen. Du meine Güte. Viel Vertrauen flößt er mir nicht ein. Die ganze Hektik war umsonst, der Vernehmungsbeamte wird zu einem Außenfall gerufen, die Einvernahme kann erst um zehn Uhr stattfinden. Der junge Anwalt will wiederkommen, ich gehe inzwischen Kaffee trinken. Vom Kaffeehaus aus rufe ich Jolanta an. Die meint, für den Fall, dass jemand nachschauen kommt, sollte man doch Gosias Sachen zu mir in die Wohnung schaffen. Okay, sage ich, Tatjana soll die Sachen packen und mit dem Taxi zu mir bringen, ich komme dann auch hin, das sollte sich ausgehen.

Um halb zehn bin ich wieder auf dem Kommissariat. In dem Gang, wo das Vernehmungszimmer ist, beschwert sich ein ein wenig zu kurz geratener hübscher Blonder in einem blauen Brokatgilet: „Mit die Absenzen, was der hat, kann i die

Hack'n nimmer bewältigen. Bitte, i hab jetzt um elfe a Sitzung, um halbe ans wieder aane, wann soll i die Akten bearbeiten. I kann net no die Arbeit von an KK-Leiter übernehmen, wann i mei eigene Hacken net amal schaff."
Und auf der Treppe: „... a Vergewaltiger! Den hab'n s' auße lassen, hat er wieder siebene hergstraat, weil der Therapeut zwaa Monat auf Urlaub war. Gesprächstherapie!"
Der Anwalt kommt wieder, der Vernehmungsbeamte ist auch da. Ich gehe im Gang auf und ab. Ein dicker Uniformierter bringt Gosia. Sie geht wie ein Roboter. In ihrem Bordeauxfarbenen Hosenanzug und der rosa Bluse mit den Spitzenmanschetten sieht man ihr auf 100 Meter an, was sie macht, auch wenn sie keinen knapp unterm Hintern endenden Minirock trägt.
„*Wszistko w porządku*", sage ich, als sie vorbeigeht. „*Nic nie wiesz!*" – Es ist alles in Ordnung, du weißt von nichts.
Die Einvernahme dauert eine halbe Stunde. Und dann, es ist nicht zu glauben, geht der Vernehmungsbeamte an mir vorbei in ein anderes Zimmer, um zu telefonieren, und brüllt so laut, dass ich alles hören kann: „Da hamma aane, aufgegriffen beim Planquadrat, wohnt angeblich beim Freund, waaß aber net amal den Familiennamen oder die Adress. ... Telefonnummer. ... ja, der is da. ...Ausreisestempel vom 26. April und aan von 12. August, aber die Einreise am 27. lasst si net belegen! ... Ja, mit an Bekannten, von dem s' en Namen net waaß, aa net den Grenzübertrittsort. ... Weil's g'schlafen hat.... hat sicher g'arbeit... Fahrer hat s' abg'holt von der Ottakringerstraßen 23, hat g'sagt sie haaßt Maja, und des steht aa auf ihr'n Handy drauf ... Des Handy hat's vom großen Unbekannten. ... is wahrscheinlich ihr Arbeitsname. Sie waaß aa net, wia s' in des Auto kummen is."
Dann kommt er zurück und sagt zu mir: „Ihnen brauch i dann aa no, als Zeuge!"
Als ich ins Zimmer komme, sagt er: „Ihr Freundin hat an Blödsinn g'macht, an riesengroßen Blödsinn!"
Die Dolmetscherin schreibt die Zeiten für ihr Honorar und plaudert darüber, was sich für sie ändern wird mit der EU-Erweiterung: „Verbrechen wird zunehmen, aber die fremdenpolizeiliche Sachen wird weniger werden. Na, ich mache auch Russisch, Ukrainisch, Weißrussisch, dann sind da noch die Moldavier, ich kann nicht klagen, für mich gibt genug zu tun."
Ich bestätige alles genau so, wie ich es von dem Vernehmungsbeamten am Telefon gehört habe. Ich erzähle, dass ich Gosia in Polen kennen gelernt haben, dass sie mich am 27. September besuchen gekommen ist, dass sie bei mir wohnt und ich sie immer im Auto geführt habe und sie sich deswegen meine Adresse nicht gemerkt hat. Die Schriftführerin tippt ein Protokoll und ich unterschreibe. Dann werde ich hinausgeschickt.
Nach einer Weile kommt die Dolmetscherin heraus und sagt: „Sie hat ein Riesenglück gehabt, ein Riesenglück! Sie geht nach Hause! Wir waren sicher, dass sie in Schubhaft kommt, aber die Fremdenpolizei hat gesagt, sie geht nach Hause."
Dann führt der fette Polizist Gosia vorbei. Sie breitet schlafwandlerisch die Arme aus und will mich umarmen, aber der Polizist lässt es nicht zu. Ich warte unten mit

dem Anwalt auf sie. Sie wird auf freiem Fuß angezeigt, wegen Verstoß gegen das Aufenthaltsbewilligungsgesetz, nicht einmal wegen Geheimprostitution. Nach ein paar Minuten kommt Gosia. In einem türkischen Café bezahle ich den Anwalt mit Jolantas Geld. Er verlangt nur den halben Stundensatz, sagt er, das macht geradeaus 500 Euro. Mit Rechnung 600. Ich rufe Jolanta an: „Brauchst du eine Rechnung?"
„Zu was, wem soll ich die zeigen?"
Dann bringe ich Gosia zu mir nach Hause. Sie erzählt, wie sie den Polizisten traurig angeschaut hat, damit er ihr das Handy lässt.
„Du warst sehr stark!" sage ich. „Stark und klug!"
Ich klappe das Sofa in meinem Wohnzimmer um. „Du wirst hier schlafen!"
„Und wo schläfst du?"
Mein Gott, sie glaubt, weil ich sie aus den Fängen der Bullen befreit habe, muss sie jetzt in meinem Bett schlafen.
Ich zeige ihr mein Schlafzimmer: „Ich schlafe hier!"

– Wien is ja warm –

Gosia hat sich ausgeschlafen nach dem Schreck, dann bin ich mit ihr aufs Bezirksamt gegangen und habe sie bei mir angemeldet. Am Abend sind wir in die Agentur gegangen. Jolanta ist drüben beim Chinesen, hat es geheißen, also sind wir hinüber. Sie ist am letzten Tisch gesessen mit Gerd und einigen Leuten, die ich nicht gekannt habe. „Des is der Martin, mein Fahrer, und des is die Gosia, die was s' hopsg'nommen haben. Des is der Fritzl, der Chef von die Sex-Hexen, des is der Harry von Intim, des is der Peter, dem g'hört Hearts-Escort."
Jolanta hat die Wiener Agenturbosse zusammengetrommelt. Sie werden ab jetzt Informationen austauschen, schwarze Listen führen über Fahrer, Mädchen, Telefonistinnen und Kunden. Damit so Leute wie der Mirko und die Jacqueline nicht wieder anderswo Unheil stiften können. Na, die Jacqueline, die kann jetzt wieder als Mädchen arbeiten.
Gosia bedankt sich bei Jolanta dafür, dass sie ihr den Anwalt bezahlt hat. Sie will nicht mehr weiterarbeiten, sagt sie, sie hat Angst. Sie wird sich normale Arbeit suchen, irgendwie wird sie schon durchkommen.
„Heirat doch den Martin!" sagt die Jolanta, „dann bist du deine Sorgen los!"
„Das kann ich nicht machen", sagt Gosia. „Er ist mein Freund."

Die Agenturchefs sind schon beim geselligen Teil. Prahlen damit, wie sie mit den Behörden auskommen.
„Na bitte, was soll sein: Kannst di erinnern, is eh in der Kronenzeitung g'standen, wia ma des AIDS-kranke Madl g'habt haben?"

„Da bin i ja no bei dir g'fahrn! Na bitte, i fahr mit ihr auße, Vösendorf wo, net, und der ihr Haberer war a so eifersüchtig, net. Und is uns nachg'fahrn. Na i siech schon, dass uns der verfolgt, aber i bin eahm net losg'wurdn, und denk ma, was soll schon sein. I park mi ein, wia ma durt warn, und der aa. Und wia sie aussteigt und zu der Tür hingeht, stürzt er auße und auf sie zua. Na, hin und her, i glaub nach aaner Viertelstund hat er si ins Auto g'setzt und sie läut't an und geht eine. Na, wollt' i scho fahr'n, auf amal stürzt er si hin und läut't an und fahrt den an, was er si denkt und überhaupt ob er waaß, was er da für aane hat und dass sie AIDS hat. Der hat natürlich Schiss kriagt und glei die Polizei g'ruafen."
„Na, bin i hin zur Polizei, hab no die Visitenkarten von der Agentur aufn Tisch g'legt und g'sagt: Mir wissen eh alle, was g'spielt wird! I vermittel nur die Beglei-tung, und alles andere geht mi nix an. Was die dort machen, waaß i net, und dass die AIDS hat, woher soll i des bitte wissen. Na und was war? Nix war!"

„I mach jetzt a Zweigstelle in Salzburg auf."
„Salzburg is guat. Da is a Geld. In Innsbruck san die Behörden zu scharf, da kannst nix machen. Die san katholisch. Und Graz is zu g'fährlich. Des is auf'teilt. Die san aanfach arg in Graz. Aber Wien..."
„In Italien, die Zuhälter, die kummen alle aus Graz."
„...Wien is ja warm! Heute, geh! Kannst di erinnern, früher, wie der Alte no war, am Gürtel? Wann der einekummen is, da samma stramm g'standen! Aber heute... Wien is ja warm!"

„Schau, a Kapital muasst ham. Ohne Kapital geht gar nix."
„Und net glaub'n, es Werk'l rennt von alanich. Du muasst immer dahinter sein, des is des Geheimnis."
„Na, a Fahrer von mir, net, am Gießhübel hätt' er fahr'n soll'n, bitte, des is 4 Kilo-meter außerhalb Wien. Sagt er, dreißig Euro is eahm z'wenig. Sag i, waaßt was, du kriagst aan Euro für jeden Kilometer außerhalb. Des san vier Kilometer, also kriag i no sechse von dir! Na, war er stü! So maßt des machen."
„Waaßt, wann a Firma guat geht: Wanns du einekummst, und alle so den Kopf abetuan und still san. Und wanns d' außegehst, schimpfen s'."
„Hast g'hört den Chris: 25.000 macht er im Monat Reingewinn! Des möcht' i sehn!"
„I glaub, mir können uns alle net beschwer'n."

– Das ist gar nicht wirklich, das bin gar nicht ich –

Und jetzt haben wir eben zusammengelebt für eine Weile. Ich bin zu Jolanta ge-gangen und habe ihr gesagt, dass ich ganz aufhöre.
„Jetzt hast du ja endlich, was du wolltest!"

„Du wirst lachen: Sie schlaft auf der Couch!"
Gosia habe ich gesagt, sie kann bleiben, bis sie weiß, wie es mit ihr weiter gehen soll. Am Anfang habe ich sie verhätschelt wie eine Kranke. Wenn sie zu Mittag aufgestanden ist, habe ich ihr Kaffee gemacht und Semmeln zum Fertigbacken ins Rohr gestellt. Ich habe ihr Obst und Schokolade und Nüsse gebracht, und sie ist in der Küche gesessen und hat Nüsse geknackt. Und sie hat stundenlang gebadet. Mein Badezimmer hat keine Tür, wozu, ich habe einen Einpersonen-Haushalt. Wenn Gosia in der Badewanne war, habe ich nicht einmal in mein Schlafzimmer kommen dürfen, das ans Badezimmer grenzt. Schon dass ich ihre Stringtangas und Spitzenhöschen mit in die Waschmaschine getan habe, wenn ich meine Wäsche gewaschen habe, hat sie ungehörig gefunden. Am Abend habe ich für uns beide gekocht und ihrem Redefluss zugehört.
„In dem Zimmer ist es so warm, so angenehm! Die letzten Tage schlafe ich so gut, ich träume gar nichts Schlimmes. Sonst habe ich geschrieen in der Nacht. Als ich nach Österreich gekommen bin, habe ich immer nur daran gedacht, wie lange es noch dauert. Am ersten Tag habe ich schon angefangen, die Tage zu zählen. Das Schlimmste war, wenn sie mich angefasst haben. Lieber habe ich etwas mit ihnen gemacht, als dass ich mich von ihnen habe anfassen und überall küssen lassen. Ich habe einfach an etwas anderes gedacht. Ich habe mir vorgestellt, das ist gar nicht wirklich, das bin gar nicht ich. Das hat mir Borys gesagt, der Mann von Tatjana. Der hat auch so gearbeitet, früher, weißt du. Er hat mir gesagt: Denk dir einfach, das bist nicht du. Ich habe ihnen nie viel erlaubt, deshalb hat mich nie einer ein zweites Mal bestellt. Nein, das stimmt nicht, drei, vier haben mich auch ein zweites Mal bestellt. Du wirst sicher kein Mädchen mehr bestellen, jetzt, wo du soviel darüber weißt.
Gestern habe ich mit Tatjana geredet, aber furchtbar, sie redet immer nur von Geld: Wie viel sie Geld sie hat und wie viel sie noch braucht und wie viel sie heute verdient hat und wie reich der Kunde ist, bei dem sie war. Nichts anderes. Für sie zählt nur Geld, Geld, Geld. Ich glaube, wenn ihr ein Kunde 1000 Euro zahlen würde, würde sie es mit einem Hund machen. Ihr ist alles egal. Sieben Jahre macht sie schon diesen Job. Und immer wieder sagt sie zu mir, mach dir nichts draus, wenn du nach Polen kommst, ich weiß eine Arbeit für dich. Da ist ein Mann, der hat dein Bild gesehen, der will sich mit dir treffen. Ich sage zu ihr, Tatjana, ich will einfach nicht mehr, für mich ist Schluss, ich mache diese Arbeit nicht mehr. Und sie sagt, du wirst schon sehen, wenn du kein Geld hast, nichts zu essen, dann wirst du es schon machen.
Wie ich hergefahren bin, war der schlimmste Gedanke, dass mich jeder haben kann, egal wie alt, fett, hässlich, schmutzig er ist. Der einzige war John, der war in Ordnung, der hat mit mir ein bisschen Deutsch gelernt, hat mir die Wörter erklärt. Der wollte mit mir auf Urlaub fahren, aber ich war nicht da.
Wie ich in Polen war, habe ich zu Gott gebetet, lass irgend etwas passieren, damit ich nicht mehr so arbeite. Ich allein bin zu schwach dazu. Und dann ist es passiert.

Weißt du, für mich sind alle Typen *ciota*. Ich hab gestern zu Elżbieta gesagt, Martin ist kein Typ, Martin ist ein Mann. Die Typen, die sind für mich nur Unterhaltung, Spielzeug. Für mich ist jeder Typ *ciota*. Ein Typ kann jeder sein. Ein richtiger Mann sein, das ist schwer.

Adam ist auch *ciota*. Der war ein halbes Jahr lang mit einer Prostituierten zusammen, er hat ihr das erlaubt. Und das war eine richtige Prostituierte, nicht eine, die so hineingerutscht ist, wie ich, die hat alles gemacht, auch mit Frauen auf *les*, vielleicht sogar mit Hunden. Darum hat der Adam auch gleich gewusst, was ich gemacht habe, weil er das gekannt hat. Er hat das an dem erkannt, wann ich angerufen habe. Jemand, der putzen geht, ruft nicht um diese Zeiten an. Und darum hat er mich stehen gelassen. *Ciota*!

Ciota? Das ist das Schlimmste, was man von einem Mann sagen kann. Es heißt Menstruation. Du weißt, was Menstruation ist? Wenn man das von einem Mann sagt, dann heißt das, er ist ein Schwächling, kein richtiger Mann. Wenn man das zu einem sagt, zum Beispiel im Gefängnis, im Knast, nicht, dann muss er kämpfen.

Bei dem Campingurlaub mit ihm war alles sinnlos. Die Typen haben immer nur gesoffen und gekotzt. Ein Zelturlaub, das ist doch etwas, wo man zusammensitzt, Gitarre spielt, singt, plaudert, am Feuer etwas grillt, aber immer nur saufen, das ist doch sinnlos. Da bin ich oft den ganzen Tag im Auto gesessen, weil es geregnet hat, und er ist nur ganz selten zu mir gekommen um mit mir zu reden. *Ciota*!

Einmal bin ich mit Elżbieta und Agnieszka unterwegs gewesen und wir haben einen Freund gesehen. Und der war mit einem Mädchen zusammen, die hat so einen riesigen Hintern gehabt. Und wir haben zu lachen angefangen, denn er war ja ein hübscher Kerl und war mit so einer zusammen. Und er ist auf uns zugekommen und hat gleich gewusst, warum wir lachen, und ich habe schon gedacht, er haut mir eine rein. Aber er hat mir und Elżbieta nichts getan, aber der Agnieszka hat er mit der Faust eine ins Gesicht gegeben und ist weitergegangen. Na sie hat sich gleich das Gesicht gepudert, zentimeterdick Puder aufgetragen, so hat man nichts Rotes gesehen. Aber es war natürlich geschwollen, und so ist sie dann mit uns in die Disko gegangen. Und wenn sie wer gefragt hat, hat sie gesagt, sie hat Zahnweh. Das war vielleicht witzig. Mit ihr haben wir überhaupt viel gelacht. Weißt du, sie war vom Dorf, sie hat keine Manieren gehabt. Wenn sie in einer Disco einen Typen kennen gelernt hat, und sie hat nicht einmal seinen Namen gewusst, dann hat sie überall herumtelefoniert, in allen Dörfern, und hat gefragt, hat ihn beschrieben, so und so schaut er aus, kennst du ihn. Und die haben ihr dann vielleicht die Nummer von einem anderen Nachbarn gegeben, der ihn vielleicht kennt. Und dann hat sie ihn gefunden und hat angerufen: Hallo, ich bin's! Und wenn er nicht mit ihr reden wollte, ist sie einfach zu ihm nach Hause gekommen. Sie hat immer gefunden, was sie gesucht hat.

Elżbieta hat gesagt ich muss mich schön machen. Ich habe gesagt, warum. Na, damit du einen Mann findest. Aber was will ich mit einem Mann. Ich will lieber ganz hässlich sein, damit mich keiner anredet.

Ich bin manchmal schon sehr kindisch. Einmal habe ich zu Adam gesagt, dass ich Drogen nehme. Er hat mich gefragt, warum ich so seltsam bin, so anders, und ich habe zu ihm gesagt, dass ich Heroin gespritzt habe. Ich wollte nur sehen, ob er sich um mich Sorgen macht."

– Ich glaube, es wird Zeit für uns –

Nach und nach habe ich ein paar Stellen zum Putzen für sie gefunden. Bei Freunden und Bekannten und Bekannten von Bekannten. Viel war es nicht, 15 Stunden in der Woche. Zu sieben bis neun Euro die Stunde, je nach dem, wie viel ich für sie habe herausschlagen können. Wenn der Job am Vormittag war, habe ich sie geweckt und ihr Frühstück gemacht und dafür gesorgt, dass sie rechtzeitig aus dem Haus kommt.

„Heute habe ich schlecht geschlafen. Ich habe geträumt, dass ich wieder diese Arbeit mache. Und dann habe ich geträumt, dass ich mit meiner Mutter gestritten habe."

„Wegen was?"

„Ich weiß nicht. Meine Mutter schafft es, wegen nichts zu streiten. Und wenn sie schreit, hört man es bis ans andere Ende der Stadt."

Sie gähnt, sie hat so lange nicht einschlafen können, und dann hat Elżbieta noch in der Nacht angerufen, weil sie alleine bei der Bushaltestelle gesessen ist und sich gefürchtet hat vor all den Negern, die sie angeschaut haben.

„Sie war bei Natascha und Ibo und hat Ibo beschworen, dem Mahmud nichts zu sagen von den Typen, mit denen sie vor ihm zusammen war. Das waren nämlich Bekannte von Mahmud, und man weiß ja, wie die Araber sind. Sie wollte ihm zuerst sagen: Wenn du etwas über mich sagst, dann erzähle ich allen, was Natascha vorher gemacht hat, und das ist schlimmer! Aber ich habe ihr das ausgeredet. So kann man es doch nicht machen. Ich habe ihr gesagt: Sei nett, rede freundlich, erkläre es ihm. Sag ihm höchstens: Wenn du etwas sagst, und Mahmud mich verlässt, dann wird mir das so weh tun, dass ich nicht weiß, was ich mache! Erschrecke ihn, aber sag ihm nicht, *was* du machen wirst. Du musst es psychologisch angehen. Denn wenn du ihm drohst, dann tut er's vielleicht erst recht! So habe ich zu ihr geredet. Und das war gut. Er hat gesagt, dass er nichts sagen wird. Na, und jetzt sie glücklich mit ihrem Mahmud. Er ist ja nett, ich habe ihn kennen gelernt, wenn er kein Araber wäre, wäre er ganz sympathisch, lustig, weißt du. Er ist verheiratet, aber seine Frau ist dumm. Nein, nicht dumm, dumm, na gut, dumm, aber sie ist verrückt, sie trinkt, sie ist eine Alkoholikerin. Aber was willst du machen. Er wird Elżbieta nicht heiraten, aber meine Güte, sie ist zwanzig, sie wird andere Burschen haben.

Ich will keine Burschen mehr haben. Ich habe genug."

„Ach, das glaube ich nicht!"

„Nach allem, was mir passiert ist? Was meiner Mutter passiert ist? Sie hat den ersten besten genommen, und er hat sie geschlagen, mich hat er geschlagen. Adam wollte mich einmal schlagen. Ich wollte nicht bei ihm zu Hause bleiben, er hat getrunken, und ich mag das nicht, die ganze Zeit hat er Whisky getrunken und ich habe ihm meine Meinung gesagt. Da wollte er mich schlagen. Zum Glück war sein Schwager da und noch jemand von seiner Familie. Aber weißt du, ein Mann, der die Hand gegen eine Frau aufhebt!

Ein Bursch aus meiner Klasse in der Abendschule der hat dann in einem Bordell gearbeitet, als Security, und der hat mir Arbeit angeboten, weißt du, nur mit den Gästen trinken. Aber ich habe mich gefürchtet, denn der Boss der hat die Mädchen sexuell ausgebeutet, egal, ob sie Prostituierte waren oder nur Bardamen, wenn eine nicht mit ihm schlafen wollte, hat er sie rausgeschmissen. Mein Freund hat dann die Schule aufgeben müssen, denn die ging von vier Uhr nachmittags bis neun Uhr abends, aber er hat dort schon um acht zu arbeiten angefangen. Dann hat er Falschgeld verbreitet, Euroscheine, die waren so gut gemacht, die konnte man nicht erkennen. Aber jemand hat sie erpresst, hat gesagt, sie müssen ihm so und so viel geben, sonst geht er zur Polizei. Da haben sie ihn zusammengeschlagen, einer wollte ihn sogar umbringen, und da ist mein Freund dann gesessen. Aber nicht lange, es hat so was gegeben wie Amnesie und sie haben ihn rausgelassen."

„Ich glaube, es wird Zeit für uns!"

Ich bringe sie zur Bushaltestelle, sie fährt das erste Mal alleine mit dem Bus. Auch mit der U-Bahn ist sie noch nicht oft gefahren, und sie fürchtet sich noch immer davor. Sie hat ja immer einen Chauffeur gehabt. Wie sie in den Bus eingestiegen ist, hat sie wieder einen ganz glasigen Blick bekommen.

– Damals hat es Schokolade auf Karten gegeben –

Es hat über eine Woche gedauert, bis sie endlich den Brief an ihren Bruder geschrieben hat. Und dann haben wir einen Monat auf Antwort gewartet. Mit dem Putzen ist es so leidlich gegangen. Ihre erste Stelle hat sie gleich wieder verloren. Sie war zu langsam. Aber mit den anderen ist es dann gegangen.

„Gestern habe ich zwei Stunden geweint. Ich wollte es dir nicht zeigen, deswegen bin ich immer an dir vorbeigelaufen."

„Und warum?"

„Ach, mein Leben ist so sinnlos. Ich habe niemanden, niemand braucht mich. Ich habe nur Elżbieta und dich. Aber in Polen habe ich niemand, und das ist doch mein Zuhause. Oft habe ich wirklich keine Lust mehr zu leben. Elżbieta hat mir etwas Liebes gesagt. Ich habe zu ihr gesagt, wenn du mich nicht hättest, würdest du eben eine andere Freundin finden, aber sie hat gesagt: Keine wäre so wie du.

Und sie hat gesagt: Lebe zumindest mir zuliebe. Aber ich kann nichts, ich kann nicht singen, nicht tanzen, nicht sprechen, sogar zum Putzen bin ich zu dumm."
„Du bist nicht dumm. Du hast immer gewusst, dass du Ausbildung brauchst, dass du in die Schule gehen musst. Das heißt, dass du nicht dumm bist."
„Meine Mutter hat oft gesagt, wenn ihr zwei nicht wärt, meine Schwester und ich, dann wäre mein Leben nicht zerstört, aber ich habe mir gedacht, das sagt sie nur, weil sie wegen irgend etwas böse ist, und wenn ich gesagt habe, du liebst uns nicht, du meinst, dass dein Leben ohne uns besser wäre, dann hat sie gesagt: Nein, das ist nicht war, ich liebe euch, ich habe das nur gesagt, weil ich böse war. Aber mein Vertrauen in meine Mutter ist zerbrochen.
Wenn ich mit meiner Mutter gestritten habe, dann hat mich Großvater immer getröstet. Er hat gesagt: Na komm, was ist denn los? Und ich habe gesagt: Mama hat mich geschlagen. Und er hat gesagt: Na komm, ich kauf dir was, komm mit, ich kauf dir, was du willst. Und er hat mir Schokolade gekauft. Damals hat es Schokolade auf Karten gegeben, aber es hat auch Geschäfte gegeben, wo man Schokolade ohne Karte bekommen hat.
Ich war ein kluges Kind. Ich erinnere mich, ich bin im Kindergarten gesessen, ich war vier Jahre alt, und habe überlegt: Wo kommt Gott her? Alles kommt irgendwo her, die Kinder kommen von den Eltern, die Eltern von den Großeltern, das ist so eine Hierarchie. Aber wo kommt Gott her? Damals war ich klug. Aber wo ist meine Klugheit hingekommen?
Ich habe einen Onkel, der ist Priester, russisch-orthodoxer Priester. Aber glaubst du, er hätte mir geholfen? Er ist ein Vieh, ein *bydlak*. Was das ist? Ganz etwas Schlechtes. Er glaubt, er ist gut, aber er ist nicht gut. Ein Priester müsste wissen, dass er einem anderen Menschen helfen muss, weil in jedem Menschen Jesus wohnt. Ich kann anderen Menschen helfen, weil ich weiß, dass in ihnen Jesus wohnt.
Ich glaube, du hast einen Geist in deinem Zimmer. Ich habe meine Deutschkassetten gehört, und die Kassette ist rückwärts gelaufen. Ich habe sie umgedreht, und sie ist wieder rückwärts gelaufen. Da habe ich zu dem Geist gesagt: *Bitte nicht machen das*. Auf Deutsch. Mit einem österreichischen Geist muss ich ja Deutsch sprechen."

Spätestens fünf nach zehn läutet ihr Handy. Dann ruft Elżbieta an. Telering *freenight*.
„Wenn ich dir nicht gekaufen Telering, sondern One oder so was, ich könnte jeden Abend in Ruhe mit dir quatschen."
„Unterhältst du dich gern mit mir?"
„Natürlich."
„Tatjana sagt, dass ich nur Unsinn rede!"

Von meiner Eingangstür führt eine Spur von Kupfermünzen in Richtung Wohnzimmer. Alle paar Tage wird sie ein bisschen länger.

– Ich habe mir ein eigenes Alphabet ausgedacht –

Ich habe versucht, sie zu beschäftigen, zu unterhalten. Einmal sind wir ins Polnische Institut gegangen, einen Film ansehen. Jeden Mittwoch ist da Kinotag. Der Film hat ihr gefallen, hat sie gesagt, aber sie hat kein zweites Mal gehen wollen. In Lokalen herumsitzen und trinken gefällt ihr auch nicht, essen gehen mag sie auch nicht.

„Es ist besser, man kocht zu Hause. Da weiß man, was man isst. Wozu viel Geld ausgeben für ein Restaurant und dann spucken sie vielleicht in der Küche ins Essen. Das gibt es. In einem Restaurant in Białystok , einem großen Hotel an der Hauptstraße, da hat man bei einer Kontrolle Sperma im Essen gefunden!"

Zu einem Einkaufsbummel auf der Mariahilferstraße habe ich sie überreden können. Bei Pimkie hat sie eine hellblaue Strickweste gefunden. Ein Pullover darf nicht schlottern, der muss eng anliegen, damit er sie größer macht. Beim Einkaufen habe ich sie fotografiert, unter Pullovern und Handtaschen und Blusen. Die Strickjacke hat sie selber zahlen wollen, von dem Geld, dass sie mit Putzen verdient hat, aber ich habe sie ihr geschenkt.

Wir sind noch auf einen Kaffee ins Ritter gegangen. Elżbieta hat angerufen und ist auf einen Sprung zu uns gestoßen, auf dem Weg zu ihrem Mahmud.

„Kann man im Café Fotos machen?" hat Gosia gefragt. Fotografieren lässt sie sich gerne, sie kann nicht genug davon kriegen. Ich muss ihr die Fotos ausdrucken und sie schneidet sie aus und sortiert sie in ihr Album ein. Wenn man die Kamera zückt, nimmt sie sofort eine Pose an, hält die Zigarette elegant von sich weg, lächelt ins Objektiv. Es ist nicht leicht gewesen, sie in einem entspannten Moment zu überraschen. Ich habe Meuchelfotos von ihr gemacht, von unten in die Nasenlöcher, ganz scheußlich, und dann hat sie mit der Kamera verstecken gespielt, und endlich habe ich ein Foto von ihr gehabt, wo sie unbeschwert und herzlich lacht.

Sie hat die Fotos aus dem Café mit denen verglichen, die ich früher von ihr gemacht habe, wie sie noch so gearbeitet hat.

„Schau", sagt sie, „Was ist das für ein Lächeln. Ich lächle, aber meine Augen sind traurig. Aber auf dem von heute bin ich so schön.

Meine Mutter hat uns hungrig und schmutzig und zerrissen in die Schule geschickt. Ich war das hungrigste, schmutzigste, verwahrlosteste Kind in der Klasse. Sieben Jahre lang habe ich keine Freunde gehabt. Dann habe ich mir gesagt, ich werde die Schönste sein, die am besten angezogene. Mit meiner Schwester war es ähnlich, aber in ihrer Klasse waren andere Kinder, die haben Verständnis gehabt, die haben gemerkt, dass das nicht ihre Schuld ist. Aber in meiner Klasse war das nicht so, da haben die Kinder das nicht verstanden. Ich denke mir oft, wenn sie mich früher ins Kinderheim gegeben hätte, oder mich hätte adoptieren lassen, dann wäre ich ein ganz anderer Mensch geworden."

Mit einem Mal verstehe ich den himmelblauen Pullover, den purpurnen Hosenanzug, die rosa Spitzenmanschetten, die Löckchen und Zöpfchen.

„Ich war so klug. Welches kleine Mädchen denkt sich so etwas aus in der vierten Klasse Volksschule: Ich habe mir ein eigenes Alphabet ausgedacht, nicht ganz neu, ich habe nur neue Vokale erfunden, und ein paar andere Buchstaben geändert, und habe von hinten nach vorn geschrieben. Niemand hat das lesen können, nicht von vorn und nicht von hinten.

Und so habe ich meine Schwindelzettel geschrieben, die sind vor mir auf dem Tisch gelegen und ich habe einfach abgelesen, zum Beispiel in Geschichte, aber niemand hat gewusst, was das ist. Welches Mädchen kann sich so was ausdenken, in der vierten Klasse!

Wera war nie so gescheit, Wera hat immer nur Einser bekommen. Einser sind das Schlechteste in Polen, weißt du, aber jetzt, wo ist sie jetzt? Sie hat einen Mann, ein Kind, und ich: Ich habe nichts.

Ich habe auch zeichnen können, schöne Zeichnungen habe ich gemacht und Püppchen habe ich genäht, weißt du, wie toll? Und Gedichte habe ich geschrieben. Alle haben gesagt, dass ich schöne Gedichte schreibe. Aber ich habe sie nicht mehr. Ich habe sie bei Wera gehabt und die hat sie einmal weggeschmissen."

– Ich möchte so etwas machen, weißt du, etwas Schönes –

Ich habe sie drei Tage lang überreden müssen, bis sie mit mir ins Bastlergeschäft gegangen ist um Material für Puppen auszusuchen.

„Es kommen bald die Weihnachtsmärkte, da kann man so was verkaufen."

„Glaubst du?"

„Ich weiß ja nicht, wie gut du bist, aber wenn du schöne Puppen machst, findest du sicher Kundschaft dafür."

Als wir endlich in dem Geschäft waren, war sie begeistert, hat Filz und Stoff und Glasaugen und künstliches Haar eingekauft und bunte Pfeifenputzer und ganz viele Pailletten in meergrün und ultramarin.

„Vielleicht kann ich ja später auch auf eine Kunstschule gehen. Und du musst mit mir Deutsch lernen. Ich könnte ja auch als Dolmetscherin arbeiten. Dann werde ich dein Buch ins Polnische übersetzen. Aber weißt du, was gut wäre: Wenn es so eine richtige Agentur für Begleitungen gäbe, ohne Sex, weißt du, aber die Mädchen müssten richtig gebildet sein, so dass sich jeder gern mit ihnen unterhält. Die würden auch einen normalen Beruf haben, als Lehrerin oder Ärztin, und gelegentlich würden sie mit einem Herrn ausgehen und ihn unterhalten."

„Du träumst noch immer vom leichten Geld!"

„Na ja, du hast recht."

Und dann sagt sie mit ihrem ernsten, sorgenvollen Gesicht: „Weißt du, du könntest für jede Figur etwas schreiben und ausdrucken, dass das handgemacht ist von jemandem, der das mit seinem ganze Herzen macht, und dass das Glück bringt. Weißt du, ich bringe den Leuten nämlich Glück. Wenn mir jemand etwas Schlechtes antut, bringe ich ihm Pech, aber anderen Leuten bringe ich Glück. Na, ist das eine gute Idee? Ich werde dir auch ein Geschenk machen, weißt du, etwas, das dich immer an mich erinnert, so etwas Schönes, weißt du, was dich in gute Stimmung versetzt, etwas Nettes. Ich möchte so etwas machen, weißt du, etwas Schönes, einen ganzen Wald, einen Märchenwald, aber nicht für Kinder, denn die machen das kaputt, für große Kinder, weißt du, für Erwachsene, mit Bäumen und einem Hexenhaus und Elfen, so, dass jemand, wenn er traurig ist, das anschauen kann und sich wieder in seine Kindheit versetzt fühlt, und wieder gute Laune bekommt."

Die erste Puppe, die sie angefangen hat, ist eine Katastrophe gewesen, eine Nixe mit einem Fischschwanz aus rosa Wolle und einem Wasserkopf aus Styropor. Ich habe ihr Schnittmuster aus dem Internet heruntergeladen, und dann hat sie angefangen, nette Sachen zu machen, nach den Schnittmustern, aber mit eigenen Ideen und Abwandlungen. Aber nichts ist ganz fertig geworden. Ich habe eine Nähmaschine ausgeliehen von einer Freundin, aber sie hat gejammert, dass ihr immer der Faden abreißt. Das Zimmer ist voll mit Stoffresten und angefangenen Puppen und Puppenmöbeln gewesen und sie ist dagesessen und hat in die Luft gestarrt.

– Manchmal muss ich sekundenlang nachdenken, auch minutenlang –

Dann ist sie krank geworden.
„Wie heißt diese Krankheit, an der man ganz schnell stirbt? Diese Lungenentzündung?"
„SARS."
„Vielleicht könnte es ja sein, dass ich SARS habe."
„Du hast ganz sicher nicht SARS."
„Woher weißt du das?"
„Ich weiß das eben. Rede nicht Unsinn."
„Sonst dauert das immer so lang. Wenn ich Schnupfen habe, dann dauert es vier, fünf Tage oder mehr, bis ich wirklich krank werde. Diesmal ist das so schnell gegangen."
„Du hast ganz sicher nicht SARS. In Wien hat es noch nie SARS gegeben."
„Aber es kommen viele Ausländer her."
Ich habe ihr frische Feigen gekauft. Die hat sie gemocht. Feigen und Kiwis. Und Vitamintabletten. Sie hat immer Vitamine geschluckt. Für das Gedächtnis, für die Abwehrkräfte, für die Gelenke.
„Schade, dass es hier in den Geschäften keinen Mohn zu kaufen gibt. Nicht dieses Pulver, Mohn in den Kapseln. Wenn Großvater Mohnkapseln auf dem Dachboden getrocknet hat, im Sommer, das war ein herrlicher Geruch. Großvater war so ein

kluger Mann. Er war auch in Wien. Er hat für Bauwerke auf der ganzen Welt
Pläne gezeichnet. Er hat alles können. Er hat auch Gärten gehabt für Obst und
Gemüse, er hat Fleisch geräuchert. Er ist gestorben, als ich dreizehn war. Aber
seine Krankheit hat schon vorher angefangen. Es war Verkalkung, weißt du, die
Adern, da, wo das Blut fließt, sind verkalkt, die Adern im Gehirn. So hat er langsam das Gedächtnis verloren. Am Anfang hat er sich Zettel geschrieben um sich
an Sachen zu erinnern. Später hat er oft gefragt, welcher Tag ist, welche Stunde, er
hat es sich nicht gemerkt. Er hat zwei Hunde gehabt, einen kleinen, Misiek, und
einen großen, halb Hund, halb Wolf, ganz schwarz, ach war der lieb, und die
Hunde haben ihn nach Hause gebracht, wenn er sich verlaufen hat. Ich habe das
vielleicht von ihm geerbt, ich habe so ein schlechtes Gedächtnis. Alle sagen, ich
habe ein schwaches Gedächtnis, mein Vater hat es gesagt, meine Mutter, meine
Schwester, Tatjana sagt es. Manchmal muss ich sekundenlang nachdenken, auch
minutenlang. Einmal ist mir meine Adresse nicht eingefallen, ich war schon einen
Monat in Wien, und mir ist zwei Minuten lang nicht meine Adresse eingefallen.
Ich habe gewusst, dass mein Großvater sterben wird. Niemand hat mir gesagt,
dass er Krebs hat, aber als er ins Spital gekommen ist, habe ich gewusst, dass es
seine letzten Tage sind, seine letzten Wochen, dass er nicht mehr aus dem Spital
herauskommt. Solche Sachen weiß man. Schade ist nur, dass mein Brüderchen
Großvater nie kennen gelernt hat. Wenn mein Großvater noch leben würde, ihr
hättet euch viel zu erzählen. Ich möchte gern den Geist von meinem Großvater
beschwören, aber das darf man nicht. Manchmal träume ich von ihm, dann sagt er
mir, er ist nicht gestorben, er kommt wieder. So dumme Träume habe ich.
Ich habe nur mit Großvater und Mutter gelebt. Der Vater war nicht da. Der Vater
war immer nur dort, wo er nicht sein sollte. Immer betrunken. Er hat es geschafft,
zu mir zu sagen: Wenn du tot wärst, dann wär' endlich Ruhe. Das hat er zu mir
gesagt. Einmal war er krank, schwer krank, er hat Lungenentzündung gehabt, und
hat zu meiner Mutter gesagt: Bring mir Medizin. Und sie hat gesagt: Ach krepier
doch! In meiner Familie hat es keine Liebe gegeben, keine Herzlichkeit. Nur
Großvater war gut. Einmal war ich krank, und mein Vater hat mir Tee gebracht.
Ich habe zu ihm gesagt, bitte gib mir Zucker. Ich habe Zucker genommen, einein-
halb Löffel habe ich damals genommen. Und dann habe ich getrunken. Und der
Tee war picksüß. Er hat Zucker reingetan, aber er hat es mir nicht gesagt. Nicht
einmal einen Tee hat er mir machen können.
Für meinen Vater haben nur seine Freunde gezählt, lauter Säufer. Wenn einer ein
Säufer war, war er gut. Wenn einer ein Säufer war, hat er alles für ihn getan. Ein
Säufer hat den Ehrenplatz im Zimmer haben müssen. Seine Familie war ein
Dreck. Ich denke nicht oft an meinen Vater. Er tut mir leid, weil er im Gefängnis
sitzt. Aber ich denke nicht oft an ihn. Er ist es nicht wert."
Sie hat auch noch einen älteren Halbbruder nach ihrem Vater, den mag sie gar
nicht. Und eine behinderte Schwester in einem Heim, die immer nur schreit und
weint, wenn sie jemanden sieht. Und eine andere Schwester, die auch adoptiert
worden ist.

Elżbieta kommt uns besuchen. Gosia ist noch immer krank. Ich nehme ihr die Zigaretten weg. „Sie ist so dumm. Sie kann fast nicht sprechen, aber sie muss rauchen!"

„Martin kümmert sich so um mich. Er ist mir näher als jeder aus meiner Familie, näher als mein Vater, meine Mutter, meine Schwester. Mit ihm kann ich über alles reden, über alles. Mit ihnen nicht."

Und hinterher hat sie erzählt: „Elżbieta hat mir einmal etwas sehr Schlimmes angetan. Aber ich habe es ihr verziehen. Ich hasse niemanden, ich verzeihe allen Leuten. Aber das, was sie mir angetan hat, wenn sie das nicht getan hätte, wäre ich vielleicht nicht hier, hätte ich vielleicht niemals bei der Agentur gearbeitet. Ich war mit Marcin zusammen, er war meine große Liebe, wirklich, er war alles für mich. Wenn er arbeiten gegangen ist, haben wir zehnmal am Tag telefoniert. Ach, das war schön damals. Ich war in der Schule, in der Abendschule, und unten war der Mathematiksaal, und wenn er von der Arbeit gekommen ist, hat er mich abgeholt, und ist vor der Schule gestanden und hat ganz laut das Radio aufgedreht. Und alle meine Freundinnen haben gesagt: Ah, Disco! Alle haben ihn gekannt. Ich war damals mit Elżbieta zerstritten, ich weiß nicht mehr warum. Wir haben zu viert in einer Wohnung gelebt, eine Freundin mit ihrem Freund und Marcin und ich. Und dann haben wir die Wohnung aufgeben müssen, und Marcin ist zu seiner Mutter gezogen und ich nach Knyszyn zu meiner Mutter. Er hat mich immer besucht und mir Geld gebracht, damit mir nichts fehlt. Ich hätte nur einen Monat dort bleiben sollen, dann wollten wir wieder zusammenziehen. Aber Elżbieta hat ihm in dieser Zeit irgend etwas über mich erzählt. Ich weiß bis heute nicht, was. Und ich bin zu ihm gefahren und er hat gesagt, es ist nichts mehr, es ist aus. Jetzt ist er verheiratet. Aber ich glaube, er liebt seine Frau nicht.
Elżbieta könnte ja noch immer bei Natascha sein. Natascha ist nicht so schlecht. Aber Elżbieta hat sich sehr schlecht aufgeführt. Natascha weiß nicht, dass sie mit ihrem Mann geschlafen hat, aber sie hat ein SMS gefunden. Elżbieta hat ihm ein SMS geschickt: „Vielleicht bin ich dumm, aber ich liebe dich!" Und das hat Natascha gefunden. Und sie hat natürlich gedacht, dass Elżbieta ihr den Mann wegnehmen will. Deshalb hat sie sie hinausgeworfen. Sonst könnte sie noch immer dort wohnen. Dann hätte sie viel weniger Probleme.
Warum machst du das alles für mich?"
„Weil – ich dich doch nicht einfach rausschmeißen kann."
„Weißt du, du bist für mich schon wie Familie."
„Du auch für mich."
Ich schaue in mein Glas.
„Und wer soll ich sein in deiner Familie?"
Sie schaut irgendwohin.
„Hm?"
„Mein *tatusia*."
„Dein Papa? Okay, dein Papa."

„Aber...“

„Ja?“

„Hör auf zu trinken. Jeden Abend trinkst du.“

„Na ja. Ich bin das so gewohnt.“

„Aber du trinkst eine ganze Flasche Wein. Das ist zuviel. Ich habe Angst vor Leuten, die trinken.“

„Na gut. Ich werde nicht mehr trinken.“

Von da an habe ich am Abend Früchtetee getrunken. Solange sie da war.

– Wie geht es dir? –

Mitte November ist endlich Post von Paweł gekommen. Ein Kuvert und darin eine Karte mit vier kleinen Kätzchen drauf.

Bonjour!
Ich hoffe, es geht dir gut, mir geht es gut. Ich habe deinen Brief bekommen und komm, wann du willst, aber benachrichtige uns vorher, damit wir dich am Bahnhof oder beim Bus abholen können. Küsse von allen.
Paweł

Eine Telefonnummer ist auch dabeigestanden.

„Kannst du eine Uni-Card kaufen beim Zeitungsmann? Ich möchte Paweł anrufen.“

Mit einer Uni-Card kann man um 9 Euro 180 Minuten lang nach Frankreich telefonieren. Eine Stunde lang habe ich vom Polnischen ins Französische und vom Französischen ins Polnische übersetzen müssen.

„Wie geht es dir?“

„Gut.“

„Was machst du immer?“

„Ich gehe in die Schule.“

„Bist du gut in der Schule?“

„Es geht.“

„Was sind deine Lieblingsfächer?“

„Geographie, Geschichte, Englisch...“

„Erinnerst du dich noch, wie du immer für mich Autos und Flugzeuge gezeichnet hast?“

„Ja.“

„Wie ist deine Gesundheit?“

„Gut.“

„Hast du keine Probleme? Mit den Beinen?"

„Mit den Knien, ja."

„Aber jetzt geht es besser?"

„Ja."

„Treibst du Sport?"

„Nicht viel."

„Was machst du am liebsten?"

„Alles mögliche. Computerspiele."

So ist es dahingegangen. Ich habe gestammelt und gestottert, und die halbe Zeit mit Paweł Polnisch und mit Gosia Französisch gesprochen. Er war freundlich, höflich, hat alle Fragen beantwortet und keine gestellt. Aber das ist kein Wunder bei einem 16jährigen Burschen.

„Was lernst du noch in der Schule?"

„Na alles. Mathematik, Deutsch..."

Nach einer Stunde hat sich herausgestellt, dass er Deutsch lernt! Ich habe Gosia den Hörer gegeben und sie haben Deutsch miteinander gesprochen. Die paar Wörter, die sie halt beide können haben.

„Jak jest: Kocham cie! po niemecku?"

„Ich liebe dich."

„Ich liebe dich, Paweł!"

Lieber Paul,
hier sind einige Fotos von Gosia.
Sie sagt, sie umarmt dich
Martin

Wenn ich von einer Lesung gekommen bin, hat sie ein Essen für mich bereit gehabt. Wenn sie sich gelangweilt hat, hat sie die Wohnung geputzt. Sie hat mir Fisch gebraten mit viel zu viel Mehl und Öl. Oder Fleischlaibchen. Ich habe ihr beigebracht, die Kartoffeln in der Schale zu kochen und erst hinterher zu schälen. Dann haben wir fast zu jedem Essen Kartoffeln gehabt, weil sie ihr so gut geschmeckt haben. Nach zwei Tagen Ankündigungen und Vorbereitungen hat sie mir das eine Dessert gemacht, das sie kann, Joghurtgelee mit Früchten. Zwei Schüsseln voll.

Im Essen hat sie herumgestochert, als ob sie jeden Moment damit rechnet, dass ein Wurm unter dem Gemüse hervorkriecht. Wenn sie dabei noch telefoniert hat, habe ich meinen Teller genommen und bin ins Arbeitszimmer gegangen.

Hinterher ist sie zu mir gekommen: „Verzeih mir. Ich kenne das nicht, ich habe mich nie mit der Familie gemütlich zum Essen hingesetzt. Das hat es bei uns nicht gegeben, weißt du. Ich esse immer hektisch. Im Kinderheim habe ich am Morgen 20 Minuten Zeit gehabt für alles: Mich waschen, anziehen, das Kind waschen und anziehen – wir haben jede noch ein kleines Kind betreuen müssen – und Frühstück essen."

Bonsoir!
Wir haben die Fotos von Gosia erhalten. Sie hat sich nicht verändert, wir können
sie gut wiedererkennen. Ich kann keine Fotos schicken, weil der Scanner nicht
funktioniert. Um hierher zu kommen sind die nächsten Bahnhöfe Nimes oder Ar-
les, dort können wir sie abholen. Bis Bald. Küsse von uns allen.
Paweł

Lieber Paweł,
Gosia dankt dir für deine Email. Schade, dass dein Scanner nicht funktioniert,
denn sie wartet ungeduldig auf deine Fotos. Sie will wissen, wie du jetzt aussiehst,
denn du musst dich sehr verändert haben in acht Jahren. Vielleicht kannst du die
Fotos in der Schule einscannen oder sonst irgendwo. Sie fragt, ob du noch Brüder
oder Schwestern hast.
Sie weiß nicht genau, wann sie kommen wird, aber sie wird rechtzeitig schreiben.
Herzliche Grüße
Martin

Natascha hat einen Job als Kellnerin bekommen beim Döner-Imbiss im Do-
nauplex. Wir sind mit Elżbieta zu ihr hingefahren. Natascha hat viel zu tun gehabt,
und zwischendurch hat sie sich auf eine Zigarette zu uns gesetzt. Sie ist glücklich,
hat sie gesagt. Sie werden ihre Schulden abzahlen, und dann wird sie Damjan
wieder zu sich holen. Damjan ist bei ihrer Mutter. Na ja, sie hat ihrer Mutter jetzt
erzählt, was sie hier gemacht hat, Gosia hat ihr dazu geraten, und jetzt versteht die
Mutter, dass sie von ihr jetzt kein Geld mehr verlangen kann, dafür, dass sie auf
Damjan aufpasst.
Gosia hat überhaupt nicht zugehört, was am Tisch geredet worden ist. Mittendrin
hat sie angefangen, über Männer zu reden: „Ich werde nur kalt sein, mit ihnen
spielen. Alle Männer sind für mich nur mehr Spielzeug. Ich werde sie an der Angel halten und in mich verliebt machen, und dann: pah pah!" Und sie hat uns vor-
gespielt, wie sie die große Dame machen und die Typen abservieren wird. Und hat
Gesichter geschnitten damit wir sehen, was für doofe Typen sie meint.
An einem der Tische sind zwei ehemalige Kunden von Natascha gesessen. Sie hat
so getan, als ob sie sie nicht kennen würde.

Lieber Paweł,
Gosia wartet ungeduldig auf deine Email. Sie ist ein bisschen traurig, weil sie
nicht von dir hört. Ich war die letzte Woche im Spital und habe dir nicht schreiben
können.
Martin

Gosia ist mich im Spital besuchen gekommen. Ich habe sie gefragt, ob sie Geld braucht, weil ich doch nicht für sie einkaufen kann. Sie hat nichts genommen. Sie hat mir ihren Rosenkranz aus Plastik gegeben.

„Er hat mir einmal ein Zeichen gegeben. Ich war in Wien und habe gerade angefangen, so zu arbeiten. Und an einem Nachmittag, ein ganz gewöhnlicher Nachmittag, ich habe nicht geschlafen, ich habe nichts getrunken, nichts genommen, ich schwöre es, da haben plötzlich die Augen von dem Christus am Kreuz geleuchtet wie zwei rote Dioden. Es war ein Schock. Dieser kleine Christus aus Plastik. Ein paar Sekunden lang haben die Augen geleuchtet. Er hat mir ein Zeichen gegeben. Er hat mir gesagt, ich soll das nicht machen."

Ich bin aus dem Spital gekommen und habe gesehen, dass sie die ganzen zehn Tage nichts gemacht hat. An keiner Puppe hat sie auch nur einen Stich genäht. Auf dem Mousepad vor meinem PC war mein Name eingeritzt. Hundert Mal nachgezogen.

„So geht es nicht weiter", habe ich zu ihr gesagt. „Du bist dagesessen und hast auf mich gewartet. Du hast nichts gemacht. Das ist nicht gut. Du musst selbständig sein. Du kannst hier bei mir bleiben, so lang es nötig sein wird, aber du musst etwas tun, damit du unabhängig wirst. Wenn du nur sitzt und wartest, dass sich etwas ändert, das geht nicht. Auf jeden Fall werden wir jetzt mit den Deutschstunden wirklich ernst machen. Jeden Tag eine Stunde. Das ist nicht viel. Du kannst hier bleiben, so lange du willst, aber nur, wenn du etwas tust."

„Ist das ein Ultimatum?"

„Ja."

Sie ist zwei Tage lang beleidigt gewesen.

Der Brief von der Polizei ist auch da gewesen, als ich aus dem Spital gekommen bin. „Sie haben sich, obwohl sie mit einem Touristenvisum in Österreich eingereist sind, zum Zweck der Arbeit..." und so weiter. 65 Euro Verwaltungsstrafe habe ich für sie bezahlt.

Salut Paweł!
Ich warte auf deine Fotos. Warum schreibst du nicht ? Das tut mir weh. Ich bitte dich, schick deine Fotos so schnell wie möglich. Ich bitte dich sehr. Ich warte ungeduldig.
Gosia

Einmal hat mir Gosia beim Frühstück eine Geschichte erzählt, die sie sich ausgedacht hat: Da ist dieser junge Mann, weißt du, ein Künstler, und er hat einen Vertrag mit einer Fernsehanstalt und einem Team von Wissenschaftlern. Er wird Tag und Nacht beobachtet, alles, was er macht wird beobachtet, in seiner Wohnung sind überall Kameras. Alles, was er tut, wird aufgezeichnet, aber er muss auch selber berichten, wie es ihm geht und was er denkt und fühlt. Und zwar geht es bei dem Experiment darum, ob ein Mensch seine Gefühle willentlich beeinflussen kann. Und da ist eine Frau, die verliebt sich in ihn, aber er sagt, er will sich nicht in sie verlieben. Da beschließt sie, dass er für sie nur ein Spielzeug sein soll. Und so sind sie zusammen, aber keiner will sich in den anderen verlieben.

– Aber ich werde gut lernen, denn ich liebe dich sehr, sehr –

Liebe Madame Garnier-Kowalski,
ich schreibe Ihnen, weil ich mir Sorgen mache über die Beziehung von Gosia und Paul.
Gosia ist verzweifelt, weil Paul nicht auf ihre Emails antwortet, keine Fotos schickt usw. Ihre Situation hier ist sehr schlecht. Als sie nach Wien gekommen ist, hat sie große Hoffnungen gehabt. Sie hat gehofft Arbeit zu finden und genug zu verdienen, um nach Polen zurückkehren und eine Schule besuchen zu können. Aber als Putzfrau kann sie nicht genug verdienen. Ich habe für sie Arbeit bei verschiedenen Freunden gefunden, aber das reicht nicht.
Nun, und ihre zweite große Hoffnung war, ihren Bruder wiederzufinden. Seit ich sie kenne (einige Monate), hat sie immer von ihm gesprochen. Aber sie hat nicht gewagt ihm zu schreiben. Sie hat mir gesagt, dass sie ihm drei Jahre nicht geschrieben hat. Ich denke, je länger sie nicht geschrieben hat, um so mehr hat sie sich davor gefürchtet. Ich habe sie gedrängt zu schreiben und ihr versprochen, die Briefe für sie zu übersetzen, wie Sie wissen. Und als er geantwortet hat, hat sie sich sehr gefreut, auch wenn die Antwort sehr kurz war. Aber jetzt leidet sie wieder an Depressionen. Sie weiß nicht ob sie nach Frankreich fahren und ihren Bruder besuchen soll.
Ich kann mir vorstellen, dass die Situation für Paul nicht leicht ist. Vielleicht will er nicht an die Vergangenheit denken, an seine Herkunft. Er ist 16 Jahre alt, er hat seine Familie, seine Freunde, alle Probleme eines Jugendlichen in seinem Alter. Vielleicht fürchtet er sich auch vor dieser Begegnung.
Daher würde ich gerne Ihre Meinung hören. Glauben Sie dass diese Begegnung eine gute Sache wäre? Meinen Sie, dass alles leichter wird, wenn sich die beiden erst gegenüberstehen? Wissen Sie, warum Paul nicht schreiben will? Vielleicht hat er etwas gesagt?
Ich wollte Sie heute anrufen, aber Sie waren nicht da. Deshalb habe ich diesen Brief geschrieben. Ich wäre Ihnen dankbar, wenn Sie mir schnell antworten könnten, am besten per Email. Wenn Sie mir schreiben, wann ich Sie erreichen kann, rufe ich Sie auch an.
Nehmen Sie meine besten Grüße entgegen.
Martin Auer

Lieber Martin,

Ich bin froh, dass Sie mir bezüglich Gosia geschrieben haben. Sie kann gerne kommen, es gibt da überhaupt kein Problem. Paul hat einen Strich unter die Vergangenheit gezogen, aber er hat nichts dagegen, Gosia wiederzusehen. Ich fürchte nur, dass Gosia sich zu viele Illusionen macht und meint, dass sie ihn so wiederfindet, wie sie ihn verlassen hat.

Paul hat seit einem Jahr auch Probleme mit Depressionen und Angst-Anfällen. Sein Problem ist, wie bei vielen Kindern aus dem Kinderheim, dass er jedes Gefühl unterdrückt, und sich auf diese Weise stark fühlt. Er hat uns gesagt, im Kinderheim, wenn ein Kind da weint, nützt das gar nichts, weil sie niemanden haben, der sie wirklich tröstet. Er hat darüber gesprochen, weil er gesehen hat, dass die Kindheit unserer beiden kleinen Neffen ganz anders ist als seine.

Er hat seit einigen Monaten psychologische Betreuung und seither geht es ihm besser. Wir haben nie bereut, dass wir ihn adoptiert haben, auch wenn er schon in einem fortgeschrittenen Alter war. Im Gegenteil, wir denken oft daran, was aus ihm geworden wäre, wenn er dort geblieben wäre.

Gosia macht auf den Fotos keinen frohen Eindruck. Wenn es ihr gut tut zu wissen, dass ihr Bruder sie gerne empfangen wird, dass sie jemanden auf der Welt hat, dann soll sie kommen. Aber Paul schreibt nicht, er öffnet sich nicht, auch nicht am Telefon (obwohl, als Sie angerufen haben, hat er sich Mühe gegeben). Kürzlich hat er eine Mail geschickt. Ich habe sie nicht gesehen, aber sie wird sehr kurz sein, nehme ich an.

Im Juli 2002 waren wir auf eine Woche in Polen. Er wollte die Ostsee sehen. Wir sind nach Białystok gefahren, aber Paul wollte nicht aus dem Auto aussteigen. Wir sind nur kurz mit dem Auto am Waisenhaus vorbeigefahren, an seiner Schule und durch sein Dorf.

Er wollte niemanden wiedersehen, nicht einmal Gosia, und wir haben seinen Wunsch respektiert. Ich habe das Gosia nicht geschrieben, sie wäre darüber zu traurig, und ich denke, dass sie die Reaktion von Paul nicht verstehen würde. Aber, ich wiederhole, er ist einverstanden damit, sie in Frankreich zu treffen.

Bei unserer Blitzvisite in Polen sind wir durch das Dorf gefahren, wo er gelebt hat. Er wollte einen kleinen Bach sehen, wo er zum Spielen hingegangen ist, aber als wir an einem Haus vorbeigekommen sind (und wir glauben, es war das Haus, wo er als kleiner Junge gelebt hat), hat er den Kopf weggedreht und seinem Vater gesagt, er soll schneller fahren.

Er sagt uns, dass er sich an nichts erinnert, aber wir glauben das Gegenteil, und sein Arzt auch. Vielleicht wird die Begegnung mit Gosia diese Abwehr etwas lockern.

Also los, wir erwarten Gosia. Aber, ich weiß nicht, ob Sie ihr alles sagen können, was ich heute geschrieben habe. Sie werden das selbst beurteilen. Sagen Sie ihr das, was Sie für richtig halten.

Ich hoffe vielleicht bald von Ihnen zu lesen.

Ach ja, und welche Schule will sie besuchen, was will sie machen?

Bis bald,
Valerie und Georges

Als ich Gosia erzählt habe, dass Paweł an Depressionen leidet, habe ich sie das erste Mal weinen gesehen. Bitter und krampfhaft.

Bonjour Gosia !
Ich habe gerade den Computer eingeschaltet und deine Nachrichten gefunden. Mach dir nichts draus, dass Paul nicht geschrieben hat, er ist so, und darüber hinaus glaube ich, dass er nicht weiß, was er dir sagen soll. Wenn ihr euch seht, wird das besser sein. Weißt du, während sieben Jahren hast du an diesen kleinen Bruder gedacht, der weggefahren ist, während er ganz anders gelebt hat. Gestern habe ich einen Brief an dich abgeschickt mit einem Foto von Paul mit seinen Freunden. Ich denke, du wirst gleich erkennen, welcher von den dreien Paul ist. Weißt du, jedes Mal, wenn Paul geschrieben hat, war das mit meiner Hilfe und nicht allein, aber man darf ihm darüber nicht böse sein.
Bis bald
Küsse
Valerie

Also habe ich gewusst, was ich Gosia zu Weihnachten schenken kann: Eine Fahrkarte nach Nimes.

Hallo Paweł,
eine Freundin hat mir Kassetten und Bücher gegeben um Französisch zu lernen. Ich verspreche dir, dass ich diese Sprache lernen werde. So werde ich ohne Probleme mit dir reden können. Wenn ich zu dir komme, gebe ich dir Kopien, und du wirst Polnisch lernen können. Und dazu werde ich dir Spezialbrillen geben, die das Lernen erleichtern. So wirst du Polnisch lernen und ich Französisch, und das wird uns beiden helfen. Das Lernen mit den Brillen ist angenehmer und geht schneller als mit Büchern. Mit Büchern ist es schwierig und unangenehm. Alles wäre gut, wenn nicht die Sprachbarriere wäre. Im April könnte ich dich nach Wien einladen auf eine Woche oder zwei. Es würde dir sicher gefallen hier. Ich werde dich überall hinführen, wo du willst. Ich habe dir so viel zu sagen, aber die Sprache ist ein Hindernis. Aber ich werde gut lernen, denn ich liebe dich sehr, sehr. Ich liebe dich mehr als alles auf der Welt.
Gosia

Lieber Paweł,
entschuldige bitte die schlechte Übersetzung dieses Briefs. Gosia wird am 20. Dezember, 13:00, auf dem Busbahnhof in Nimes ankommen. Sie hat eine Rückfahrkarte, aber ohne Datum, weil ich nicht weiß, wie lange sie bleiben wird. Man

muss sich bei www.eurolines.fr erkundigen, wann es Busse von Nimes nach Wien gibt.
Viele Grüße und alles Gute
Martin

– Ich will nur mit diesem Herrn da in aller Ruhe reden –

Aber zuerst sind wir noch nach Polen gefahren.
Laut Routenplaner sollte man in sieben Stunden in Krakau sein. Es sind ja auch nur 450 Kilometer, genau soviel wie nach München. Aber wir haben zehn gebraucht. Allein Bratislava zu durchqueren hat eineinhalb Stunden gedauert, im Schritttempo auf der verstopften Stelzenautobahn vorbei an verrosteten Fabrikanlagen und glänzenden neuen Einkaufszentren. Vor und nach der Stadt eine gelegentliche Hure am verschneiten Straßenrand. Verfahren habe ich mich auch einmal, und an dem kleinen Grenzübergang im Gebirge, wo wir gelandet sind, kann man keine Versicherung kaufen. Das hätte ich aber tun müssen, weil ich nicht gewusst habe, dass man in Polen noch immer die Grüne Karte mithaben muss.
Am Abend in Krakau ist mir ein Besoffener auf die Motorhaube gesprungen.
„Shit, shit, SHIT!" Ich ziehe die Handbremse an, ich springe raus, ich laufe ums Auto herum. Ich habe einen Menschen umgebracht, ich komme ins Gefängnis, im Ausland ist alles noch dreimal so schlimm, ich werde mein Leben lang an dieser Schuld tragen, ich werde mein Leben lang an diesen Schulden tragen, ich hätte an dem anderen Grenzübergang doch eine Versicherung kaufen sollen, obwohl mich dort keiner gefragt hat und sie mich einfach durchgewinkt haben, ich bin ein Arsch, ich bin ein Idiot, es ist alles aus.
Der Mann ist neben dem Auto gelegen, bei Bewusstsein, neben ihm ist sein Dackel gesessen, jemand hat dem Mann die Leine aus der Hand genommen. In der Menge waren schon die Handys gezückt, ich bin neben dem Mann niedergekniet und habe auf Polnisch zu den Leuten gesagt: „Bitte Polizei anrufen."
Jemand hat gesagt: „Nein, die Ambulanz."
„Ja, egal", sage ich, „Polizei sagt zu Ambulanz, Ambulanz sagt zu Polizei."
Der Mann auf dem Boden sagt zu mir: „Haben Sie mich überfahren?"
„Ja", sage ich, „das ist mein Auto. Haben Sie Schmerz?" Ich rieche seine Schnapsfahne und das erleichtert mich. Betrunkene tun sich nichts.
„Aber wir brauchen doch keine Polizei", sagt der Mann mit etwas schwerer Zunge zu den Umstehenden, „Nein, nein, wozu denn gleich Polizei. Ich will mit diesem Herrn da ganz in aller Ruhe reden, ganz in aller Ruhe." Ein bisschen Blut rinnt ihm das Kinn hinunter. Aber vielleicht hat er sich nur auf die Lippe gebissen.
Gosia ist jetzt auch da: „Bitte bewegen Sie sich nicht, Sie dürfen sich nicht bewegen, wir wissen nicht, ob Sie verletzt sind!"
Und ich: „Haben Sie Schmerz? Haben Sie irgend einen Schmerz?"

„Ich will nur mit diesem Herrn da in aller Ruhe reden. Wozu Polizei, wozu Ambulanz, wir werden das schon regeln."
Ich fange an zu hoffen, dass alles noch irgendwie gut gegangen ist. Er will anscheinend nur Geld. Aber die Polizei ist schon verständigt. Und außerdem ist er vielleicht zu betrunken oder zu geschockt um zu merken, dass er verletzt ist.
Ein Polizeiauto ist da, in weniger als fünf Minuten. Die Straßenbahn kann nicht weiterfahren, leuchtet uns an mit ihrem einzelnen Schweinwerferauge, ein paar Schneeflocken fallen durch den Lichtstrahl. Die Polizisten untersuchen den Mann, stellen ihn auf die Beine. Dann kommt die Ambulanz und obwohl er sich sträubt, wird er auf eine Bahre gelegt und ins Auto geschoben.
Eine Polizistin befragt mich.
Ich bin ganz langsam gefahren, sage ich, ich habe versucht, die Straßentafel zu lesen um zu sehen, wo ich bin, er ist von links über die Straße gekommen mit seinem Hund und plötzlich ist er auf meiner Motorhaube gelegen und auf der anderen Seite hinuntergerollt. Die Polizistin erklärt mir, dass der Mann jetzt untersucht wird, und wenn ihm nichts fehlt, dann können wir die Sache an Ort und Stelle regeln.
So war es dann auch. Ich habe 600,- Zloty Strafe bezahlt und eine ordnungsgemäße Quittung dafür bekommen, die Polizisten haben mich sogar im Streifenwagen zur Wechselstube gefahren. Dann hat sich herausgestellt, dass ich die Grüne Karte nicht habe. Und das hat bedeutet abschleppen, am nächsten Tag eine Versicherung kaufen, den Beleg bei der Polizei vorlegen und dann das Auto wieder auslösen.
Als wir auf den Abschleppwagen gewartet haben, ist einem der Polizisten aufgefallen, dass wir unmittelbar vor einem Versicherungsbüro stehen. „Gehen Sie hinein und fragen Sie, vielleicht haben die noch offen, es ist noch nicht sechs Uhr."
Ich habe noch eine Versicherung bekommen um 65 Zloty, dann habe ich für den Abschleppwagen, der umsonst gekommen ist, noch einmal 50 Zloty bezahlt und alles war geregelt.
Die ganze Zeit ist der Besoffene dabei gestanden, hat mich am Ärmel gezupft und wollte mit mir unter vier Augen reden. Schließlich habe ich ihm 50,- Zloty gegeben und er ist abgezogen.
„Er hat es absichtlich gemacht", hat Gosia gesagt. „Die Leute da haben ihn gekannt. Er ist ein Säufer, alle kennen ihn hier. Ein paar haben gesagt, er hat es absichtlich gemacht. Er hat eine ausländische Autonummer gesehen und sich gedacht, da ist was zu holen."
Um 50,- Zloty kriegt er zwei Flaschen guten Schnaps. Oder fünf Flaschen Fusel. Oder fünf Mittagessen in einer Milchbar.

Endlich finden wir das nette kleine Hotel nahe der Altstadt, wo ich für uns gebucht habe. Von zu Hause aus, übers Internet. Allerdings hat das Zimmer ein Doppelbett statt zwei einfacher, und noch dazu ein ziemlich schmales, aber Gosia sagt, es ist kein Problem. Wir lassen uns den Weg zu einem Restaurant beschreiben, es heißt „Bauernesser." und ist mit Dutzenden Preisen ausgezeichnet worden. Zum Bier wird einem frisches Brot und Schmalz hingestellt. Ich habe Hering mit Salat gegessen und geräuchertes, mit Zwetschken gefülltes Schweinefleisch, dazu Buchweizengrütze. Nach dem vierten Bier habe ich nicht mehr gezittert. Gosia hat keinen Hunger gehabt.

– Aber du brauchst dich nicht fürchten –

Am nächsten Vormittag haben wir dann doch noch etwas von Krakau gesehen. Gosia war begeistert, wieder in Polen zu sein, „in meiner Heimat, meinem Polen!" Sie ist mit dem Kinderheim einmal hier gewesen in Krakau. Wir sind Richtung Altstadt gegangen und sie hat sich gefreut, den Wawel wiederzusehen, das alte Königsschloss. Aber unterwegs haben wir in jedes Schuhgeschäft reinschauen müssen, denn sie hat unbedingt Schuhe haben müssen für die Disco. Mit Turnschuhen wird man in die Mesa oder in die Apokalipsa nicht hineingelassen. Turnschuhe heißen in Polen einfach *adidasi*, egal welche Marke. Und zu AIDS sagt man auch ADIDAS, aber das nur so nebenbei. Und eine neue Jacke hat sie auch gebraucht. Ich habe ihr das Geld gegeben, das ich für sie aufgehoben hatte, 150,- Euro hat sie sich zusammengespart. Sie hat alles gewechselt, ein bisschen über 600,- Złoty hat sie bekommen. Bei Pimkie in der Floriańska waren die Jacken teurer als in der Mariahilferstraße. Schließlich haben wir rötlichbraune Lederstiefel mit Bleistiftabsätzen um 120,- Złoty gefunden.

Gegen sieben sind wir in Białystok gewesen. Gosia hat mich nach Dziesięciny dirigiert, dem Außenviertel, wo Tatjana ihre Wohnung hat in einem Wohnblock aus sozialistischen Zeiten, im letzten Stock, dem fünften, ohne Lift. Ich habe den Schlüssel von Tatjana gehabt, aber ich habe zur Sicherheit angeläutet. Tatjanas Vater hat uns aufgemacht. Ein kleiner, zarter Mann mit einem Bubengesicht, irgendwo in den Vierzigern. Er ist im Unterhemd gewesen, und seine schlaffen Schultern und Arme sind fast genau so weiß gewesen wie die gerippte Baumwolle. Es ist erst drei Wochen her gewesen, dass Elżbieta zu Gosia und mir gesagt hatte: „Morgen kommt der Papa aus dem Gefängnis."
Janek hat uns Tee gemacht und Brote, uns hat er vor den großen Breitwandfernseher im Wohnzimmer gesetzt. Gosia hat gleich zu telefonieren angefangen, ihre Schwester, Freundinnen angerufen und sich für die Disco zurecht gemacht. Sie hat die neuen Stiefel angezogen zu ihren lächerlichen halblangen Jeans mit dem Spitzenbesatz unten dran. Je mehr Gosia sich zurechtmacht, um so mehr wirkt sie wie ein kleines Mädchen, das große Dame spielt. Ich bin müde gewesen von der Fahrerei und der Aufregung am Abend vorher. Janek hat das Sofa im Wohnzimmer zu einem großen Doppelbett ausgezogen und ich bin schlafen gegangen.

„Alle Burschen haben mich angemacht. Ich weiß auch nicht wieso, ich bin nicht so schön, ich bin gewöhnlich. Dann sind wir in einen anderen Klub gefahren und noch in einen anderen und ich glaube, in einen vierten, aber da war nichts mehr los." Beim Frühstück hat sie nur so gesprudelt.

„Ein Bursch hat mich an meiner Bluse gezogen, und ich habe gesagt, lass das, aber er hat gesagt: Wenn du mit so einer Bluse kommst, musst du damit rechnen. Und ich: Na ja, aber mit Kultur, bitte! Sogar der Barmann von der *Apokalipsa* hat sich an mich erinnert. Er hat gesagt: Sie waren aber lang nicht da, und ich habe gedacht, er erinnert sich gar nicht an mich, denn dort kommen viele Leute hin. Was sagst du zu der Wohnung? Das hat alles Borys selber gemacht, den Wandverbau, die Hausbar, die Schränke im Vorzimmer, sogar das Sofa. Er ist sehr begabt, für alles. Er hat früher auch angeschafft, aber sag niemand, dass du das weißt. Er hat mir auch etwas beigebracht. Wie ich nach Österreich gefahren bin, um bei der Agentur zu arbeiten, hat er mir gesagt: Denk nicht an das, was du machst, denk nur an dein Ziel. Ich habe mir immer vorgestellt, das bin nicht ich, das passiert jemand anderem. Aber in der Nacht habe ich oft geschrieen im Schlaf. Und wenn ich aufgewacht bin, war das erste, was ich gedacht habe: Meine Güte, was bin ich, was mache ich!"

Zwei Freundinnen von Gosia, Grażyna und Justyna, sind gekommen und haben sie abgeholt. Gosia sollte bei Grażyna wohnen.

Ich habe mich mit Janek unterhalten.
„Martin, du weißt, dass ich ein *złodziej* bin?"
Ich habe das Wort nicht gekannt: „Was bist du?"
Er hat das internationale Handzeichen für Stehlen gemacht.
„Ein Dieb, ein Krimineller."
„Ja, ich weiß."
Er legt seine Hand auf meinen Arm: „Aber du brauchst dich nicht fürchten. Von dir würde ich nichts nehmen!"
„Na hör mal, da bin ich sicher. Ich fürchte mich nicht."
„Na, es gibt solche Leute. Süchtige, Alkoholiker. Denen kann man nicht trauen. Die stehlen von jedem. Auch von Freunden, von den eigenen Kindern. Aber ich, ich trinke nicht. Na ja, manchmal."
Wir haben uns übers Gefängnis unterhalten. Ich habe ihn gefragt, was er denn gemacht hat, die ganzen vier Jahre, ob sie ihm irgend eine Arbeit gegeben haben.
„Nein, ich habe im Gefängnis nichts gearbeitet. Weißt du ich eigne mich nicht zur Arbeit. Im Gefängnis, da rennt den ganzen Tag der Fernseher, also schaut man halt. Vier Jahre bin ich jetzt gesessen. Aber vorher bin ich fünfzehn Jahre gesessen. Zur Zeit vom Kriegsrecht, da hast du für Raub auch die Todesstrafe kriegen können. Na ja, mich hat's grad während dem Kriegsrecht erwischt. Ich hab noch Glück gehabt. Aber heute, heute ist das Gefängnis ein Kindergarten. Heute haben wir Demokratie. Nur wir selber machen uns das Leben schwer. Die Gruppen, die

Banden im Gefängnis. Aber sonst... Das Essen, ich hab nie so gut gegessen. Nicht nur viel, weißt du, auch gut. Früher haben sie da so ein eigenes Brot fürs Gefängnis gebacken. Furchtbar. Jetzt kaufen sie's beim Bäcker, dasselbe, was alle haben. Kann man bei euch in Österreich leicht eine Waffe kaufen?"

„Nein", sage ich sicherheitshalber.

„Früher hat man hier leicht was gekriegt. Aber jetzt, ich weiß nicht. Man kriegt sicher was, ich weiß nur nicht wo. Mir fehlen die Kontakte."

„Bei uns, wenn du da was machst, und du hast eine Waffe bei dir, geben sie dir gleich das Doppelte!"

„Ich habe ein halbes Jahr dazugekriegt, nur, weil sie bei mir eine Schachtel mit Munition gefunden haben. Die Pistole, die habe ich bei einer Freundin gehabt, die hat im Finanzamt gearbeitet, kein Mensch hat gewusst, dass sie mit mir was zu tun hat. Aber die Munition, die habe ich vergessen, ich hab nicht daran gedacht. Und bei euch, in den Geschäften, ist da auch kein Geld mehr über Nacht? Früher, da hab ich Kassen gemacht, Safes, weißt du, aber jetzt... Das geht alles gleich auf die Bank. Das hat keinen Sinn. Ich habe das schon ein paar mal erlebt: Du machst eine Kasse – leer! Jetzt mach ich eben Geschäftslokale, Lager, weißt du, Waren. Die kann man verkaufen. Wohnungen mach ich nicht so gern. Da muss man Bescheid wissen. Da braucht man Kontakte. Wenn hier einer einbricht, was soll er nehmen? Den Fernseher, den Computer? Das bringt nichts. Man muss wissen, wo Geld ist, Gold, Schmuck, solche Sachen. Na ja, mit der Zeit... Ich eigne mich nicht zur Arbeit. Meine Mutter, die jammert immer, dass ich stehle. Und, sage ich, du hast dein Leben lang gearbeitet, und, was hast du? Warum soll ich arbeiten für tausend Złoty im Monat, wenn ich das in einer Nacht haben kann?"

Dann hat Janek eine Bohnensuppe mit Fleisch und Kartoffeln gekocht. „Martin, koste das einmal, ob man das essen kann. Ich hab schon so lang nichts mehr gekocht." Die Suppe war gar nicht so schlecht.

– Ein Mädchen muss schlau sein, muss auf sich aufpassen –

Am Abend bin ich hinüber gefahren in die *Mieszka I*, wo Gosia gewohnt hat. Der klapprige blaue Bus der Linie 5 fährt durchs Stadtzentrum, die schäbige kleine Hauptstraße heißt Lipowa. Białystok hat 291.000 Einwohner, habe ich auf *www.bialystok.pl* gelesen. Die 80.000, die Arbeit haben, verdienen im Durchschnitt 437,- Euro im Monat. Auf 1000 Einwohner kommen 193 Autos und 364 Festnetztelefone.

Auch die Wohnung, wo Gosia wohnt, liegt im letzten Stock eines Plattenbaus. Vor der Tür der Nachbarwohnung steht ein Sack Erdäpfel. Gosia macht mir auf, führt mich in die Küche. Marek, dem die Wohnung gehört, ist vielleicht 25, ein fescher, dunkelhaariger Bursche. Er hat ein ganzes Zimmer für sich allein. Dann gibt es noch zwei Kämmerchen, die er vermietet. In jedem wohnen zwei Mädchen. Er verlangt nicht viel, es reicht gerade, dass er selber für Miete, Strom und Gas nichts zu zahlen braucht. Geld bleibt ihm keines über. Essen geht er zu den Eltern, die in der Nähe wohnen, und ansonsten hofft er, dass er bald Arbeit findet. Ich bekomme den zweiten Küchenstuhl, Grażyna und Gosia hocken sich mit eingezogenem Kopf auf die Arbeitsplatte des Küchenschranks. Wir trinken Kaffee und quatschen, bis es Zeit wird für die Disco. Ja, die Arbeitslosigkeit. Und wenn Polen in die EU kommt im Mai, wird es noch schlimmer werden. Die Preise werden steigen und Arbeit wird es doch keine geben. Marek ist gelernter Automechaniker, aber gearbeitet hat er als Vertreter. Da ist er überall herumgefahren, bis in die Ukraine. Grażyna kriegt vielleicht einen Job als Kellnerin im *Exklusiv*. Ich kriege auch Grażynas Fotoalbum zu sehen. Eine Menge Erinnerungsfotos von ihrer Jugendgruppe, Zeltlager, Firmung, Kircheneinweihung, immer mit irgendwelchen jungen Priestern dabei, die Fußball spielen oder etwas segnen.

Die *Mesa* ist gegenüber vom Hotel Gołębiewski, nur wenige Busstationen entfernt. Die Fahrkarten kauft man an der Supermarktkasse oder am Kiosk. „Steck sie in die Jackentasche!" sagt Gosia, „Niemand braucht zu sehen, wo du deine Geldbörse hast!"

Die Biere kosten einen Euro und die Gin Fizz für Wera, Gosias Schwester, zwei. Grażyna ist nicht mitgekommen. Ich tanze mit Wera, Gosia will noch nicht tanzen. Sie sitzt und schaut verloren vor sich hin, wie eine verwunschene Prinzessin. Gelegentlich raucht sie, gelegentlich nippt sie an ihrem Bier. Sie wartet, dass die Typen sie anmachen. Dann lächelt sie und lässt sie abblitzen. Aber nicht gleich. Mit den ärgsten Idioten lässt sie sich auf eine Plauderei ein. Auch wenn sie schon besoffen sind und nicht mehr gerade gehen können.

Weras Konversation beschränkt sich fast ausschließlich darauf, festzustellen wie heiß es ist und zu fragen ob mir das Tanzen Spaß macht. Alle Stunden versorge ich die Mädchen mit Drinks, aber wie es scheint, sind sie es gewohnt, die ganze Nacht mit einem einzigen Bier oder Cola auszukommen. Ein paar Mal kommt Gosia auf die Tanzfläche. Sie tanzt nicht sehr gut. Mit Wera kann ich Boogie tanzen, wenn die Musik passt, aber Gosia hat kein Rhythmusgefühl. Eine halbe Stunde oder so tanze ich mit einem schlanken, hübschen Mädchen mit einer riesigen Hakennase. Wir reden kein Wort miteinander. Um vier macht der DJ Schluss und das Licht geht an. Die Klos und der Treppenabgang von der Straße zur Disco sind vollgekotzt. An der Bar lehnen die letzten, die noch standhalten. Ein paar junge Burschen reden uns an, wollen uns überreden, in irgend einen anderen Klub zu fahren. Gosia versteht nicht, warum ich keinen Drink von ihnen annehmen will, aber die Jungs sind mir eben schon zu besoffen. Gosia und Wera wollen unbedingt mitfahren. „Fahrt ihr mit", sage ich, „ich fahre nach Hause!" Ich habe keine Lust mich als Aufpasser aufzuspielen. Schließlich nehme ich doch einen Drink an. Dann gehen wir hinauf auf die Straße. Jetzt meinen die Jungs, dass der Klub wahrscheinlich schon zu haben wird, aber sie haben zu Hause noch was zu trinken.

„Ich hab's euch ja gleich gesagt", sage ich zu Gosia, „du siehst ja, was die wollen."

„Ach was!" sagt Wera, „ein Mädchen muss schlau sein, muss auf sich aufpassen." Aber jetzt ist den Mädchen doch die Lust vergangen, mit den Burschen zu ziehen. Wir nehmen ein Taxi, ich bringe die beiden in die Mieszka I und fahre dann in Tatjanas Wohnung.

– Weißt du, da, wo die heilige Bernadette war –

Am Nachmittag habe ich Gosia mit dem Auto abgeholt und wir sind nach Knyszyn gefahren. Grażyna und Justyna sind auch mitgekommen. Von Białystok nach Knyszyn sind es 25 Kilometer und mit dem Auto waren wir in einer halben Stunde da. Mit dem Bus dauert es mehr als eine Stunde und kostet 5 Złoty in eine Richtung. Die Straße führt schnurgerade durch den Wald. Es ist schon wieder finster gewesen und hat geschneit.

Das Haus von Gosias Mutter liegt gleich in einer der ersten Straßen, so habe ich von Knyszyn fast nichts gesehen. Es gibt dort auch nichts zu sehen. Die Straße ist finster gewesen und menschenleer, an der Ecke ein kleiner Laden. Alle zehn, zwanzig Meter ein Auto geparkt. Die Häuser fast alle einstöckig oder ebenerdig, und die meisten aus Holz. Ein neunjähriges, übergewichtiges Mädchen hat uns aufgemacht, Sara, die Tochter von Wera.

Das Haus ist genau so traurig und verfallen, wie Gosia es mir geschildert hat. In der einen Hälfte wohnt Wera mit Sara, in der anderen die Mutter von Gosia und Wera. Das erste, was mir Gosia gezeigt hat, war ihr Lieblingskater. Sie hat ihn vor meine Kamera gehalten und ich habe sie beide fotografiert. Im Hintergrund sieht man die alte, Blasen werfende Tapete in Weras Küche. Das nächste Foto zeigt ihre Mutter. Sie war einmal eine schöne Frau, sagt Gosia. Auf meinem Foto sitzt sie mager und abgezehrt auf einem Sessel vor dem eisernen Holzherd, in einem alten blauen Wollpulli, mit der Katze auf dem Schoß, und schaut mit leerem Blick in die Kamera. Ihre grauen Haare sind rot gefärbt.

„Ich werde nach Frankreich fahren zu Paweł!" hat Gosia zu ihr gesagt.

„Weißt du, wenn du nach Frankreich fährst, dann bring mir doch so ein Wasser mit, weißt du, das Wunderwasser von diesem Ort, wie heißt das doch!"

„Ich werde Paweł besuchen!"

„Weißt du, da, wo die heilige Bernadette war, ich habe das im Fernsehen gesehen! Ja, Paweł... Ich habe ihn lang nicht gesehen. Grüß ihn schön von mir!"

Dass ihr die Hälfte ihrer Zähne fehlen, sieht man auf den Fotos nicht.

Dann habe ich ein Foto von Sara, der Kleinen. Sie sitzt am Küchentisch und schneidet bunte Papierstreifen aus, klebt sie zu Girlanden zusammen. Gosia hat sich ihre Schulaufgaben zeigen lassen. Sie ist eine der besten in ihrer Klasse.

„Mich hat die Schule nie interessiert", hat Wera gesagt. „Ich habe nie zugehört, was die Lehrer gesagt haben. Mich interessiert das alles nicht."
Als ich nach dem Klo gefragt habe, hat Wera Sara aus der Küche geschickt. Dann hat sie auf einen Vorhang gezeigt. Hinter dem Vorhang war eine Bank aus Holzbrettern mit einem Loch drin, das von einer Klobrille aus Plastik umrahmt war. Unter dem Loch ist ein Kübel gestanden.
Auf dem nächsten Bild sitzen Grażyna, Justyna und Sara auf dem Bett und spielen Karten. Alle tragen dicke Pullover oder Westen auf diesen Fotos, manche haben ihre Jacken gar nicht ausgezogen. Der eiserne Herd in der Küche ist die einzige Heizung gewesen. An der Resopal-Wohnwand war eine einzige Lampe befestigt, mit einer kleinen Neonröhre, die in dem Zimmer gerade ein graues, mattes Halbdunkel zusammengebracht hat. Auf meinen Fotos sehe ich im Zimmer noch einen Mikrowellenherd, den Fernseher, der ständig gelaufen ist, außer wenn Sara ihre Spielkonsole angeschlossen und Supermario gespielt hat. Irgendwo im Haus muss es eine Steckdose geben. Die Elektrogeräte werden von Kabeln versorgt, die an der Wand hängen oder sich über den Fußboden schlängeln. Eine gläserne Vase mit Plastikblumen steht auf dem Couchtisch, allerhand Nippes, Puppen und Fotos im Regal, Stoffbahnen, die die Wände abdecken. Der Eingang zur Küche kann mit einer Wolldecke zugehängt werden.
Gosia hat mich auch in die zweite Wohnung geführt, wo die Mutter wohnt, auch nur ein Zimmer und eine Küche. Außer einem Bett, einem Stuhl und einem Tischchen mit dem Fernseher waren keine Möbel da. „Alle Möbel sind bei Wera drüben" hat mir Gosia erklärt. Auch der Gaskocher, den Gosia ihrer Mutter gekauft hat, damit sie im Sommer nicht den Herd heizen muss, ist in Weras Küche gestanden.
„Schau, die Wände hab ich herrichten lassen. Da war alles grau und schimmelig. Und solche Löcher im Verputz, dass du die Faust hineinstecken kannst. Aber die Arbeiter, schau, wie bucklig die das gemacht haben. Profis hab ich mir nicht leisten können. Aber wenigstens ist es jetzt wieder hell und sauber. Und Mama hat Blumen auf die Wände geklebt, dass es bunter ausschaut."
Die Mutter hat mir und Gosia Hühnerflügel gekocht, als Beilage hat sie uns gestampfte Erdäpfel gegeben. Dann hat sie noch schnell Sara um ein paar Salzgurken zum Eckladen geschickt, weil Gosia ihr gesagt hat, dass ich gern Salat zum Essen habe. Gosia ist stolz gewesen: „Jetzt kocht sie schon. Das hat sie früher überhaupt nie gemacht." Gosia hat ihre Portion mit Sara geteilt, die vermutlich zu Mittag nur Erdäpfel bekommen hat. Ich als Ehrengast habe meine Portion alleine aufessen müssen. Die Erdäpfel waren kalt.
Die Mutter hat sich mit ihrem Kaffee zu uns gesetzt. Sie redet leise, schnell und undeutlich: „Ich bin froh, dass ich diesen Mann los bin. Ich will nicht, dass er wieder hierher kommt." Dann hat sie mich kokett angeschaut: „Vielleicht findet sich wieder ein Mann, wer weiß? Und wenn nicht, kann man nichts machen. Wissen Sie, er ist nach Hause gekommen und hat gebrüllt, ich soll das Radio abdrehen. Ich habe das Radio mit hinaus genommen und habe es vor seiner Tür laut

aufgedreht. Na ja, ich bin froh, dass er weg ist. Ich bin gesünder jetzt und schlanker. 50 Kilo habe ich!"
Die meisten Fotos habe ich von Gosia und Sara, wie sie miteinander herumlaufen, sich balgen, Tango tanzen. Gosia liebt Sara. Und Sara Gosia.

– Glaubst du, dass es der Teufel war? –

Am Abend sind wir wieder in eine Disco gefahren, diesmal in die Apokalipsa am anderen Ende der Stadt. Justyna und Grażyna waren auch mit. Ich habe für uns alle den Eintritt bezahlt, 5 Złoty für jeden, und natürlich die Biere.
In der Apokalipsa ist unten eine Bar mit Tischen und Stühlen, oben ist die Tanzfläche. Kaum sind wir im ersten Stock, hängt sich ein Bürschchen an Gosia, hält sie umschlungen und flüstert mit weinerlichem Gesicht auf sie ein. Nicht einmal, als ich ihr ein Bier bringe, lässt er sie los.
„Er ist mit mir in die Schule gegangen" hat sie mir nachher erzählt. „Er hat gesagt, dass ich ihm immer schon gefallen habe, dass er in mich verliebt war. Aber er ist in Ordnung, er ist ein netter Junge. Er ist 21, er ist fünf Jahre jünger als ich, was mach ich mit ihm. Er hat immer dasselbe gesagt, er hat gesagt, das macht doch nichts, ich soll ihm meine Telefonnummer geben. Ich, wozu, ich kann doch sowieso nicht mit dir zusammen sein, du bist zu jung. Er: Nein, du magst mich nicht. Ich: Ich mag dich, aber ich bleibe ja nicht da, ich fahre nach Österreich zurück. – Nein, du magst mich nicht. Na ja, ich hab ihm meine Nummer gegeben, er kommt morgen auf einen Kaffee."
Die ganze Nacht ist der Bursche dann an seinem Tisch gehockt, hat mit dem Kopf auf den Armen geschlafen, dann wieder Gosia nachgeschaut mit seinem Hundeblick oder mir. Ich weiß nicht, für wen er mich gehalten hat, ihren Freund, ihren Vater oder sonst was.
In der Apokalipsa ist fast niemand über 25. Die Musik Primitiv-Techno, eintöniges Happy-Gestampfe, und die Strobo-Scheinwerfer nie länger als eine Minute ausgeschaltet. Die Kellnerinnen haben Haarreifen mit Teufelshörnern auf dem Kopf. Die Typen sind lauter *wiśniaky*, Bauernrüpel, wie Gosia sagen würde. Sie begrapschen die Mädchen mit blödem Grinsen, und die Mädchen hauen ihnen auf die Finger und kichern.
Tanzen können die Bursch auch nicht, und die Mädchen tanzen hauptsächlich alleine oder miteinander. Grażyna und Justyna tanzen mit mir.
Gosia ist wieder die verwunschene Prinzessin. Einer findet es besonders lustig, sich den Mädchen auf den Schoß zu setzen. Wenn ich Gosia wäre, würde ich ihm eine runterhauen.
„Aber ich gebe mich gern mit solchen Typen ab. Nicht, um mit ihnen zusammen zu sein, sondern um ihnen zu zeigen, wo ihr Platz ist. Ich werde mit ihnen fertig, weißt du, ich weiß, was ich sagen muss. Einmal bin ich fast vergewaltigt worden.

Ich bin Autostop gefahren, und ein Wagen mit drei Typen ist stehen geblieben. Ich habe gesagt, nein, da steig ich nicht ein. Aber sie haben gesagt: Hab keine Angst, wir tun dir nichts. Dann sind wir gefahren, und der eine hat gesagt: Hast du schon einen Burschen gehabt? – Nein. Ich war siebzehn Jahre. – Und er sagt: Du wirst einen haben. – Warum? – Jetzt gleich, mich! – Aber ich will dich nicht. – Das nützt dir nichts. Wir sind zu dritt. – Aber ich bin zu jung!
So habe ich geredet. Irgendwie habe ich mich herausgeredet. Sie wollten mir sogar Geld geben, aber ich habe gesagt, wozu, was soll ich mit eurem Geld.
Schließlich haben sie gefragt, ob ich eine ältere Freundin habe, und ob ich sie mit ihr bekannt machen kann. Dann haben sie mich aussteigen lassen. Und er hat zu mir gesagt: Du wirst sicher nie mehr Autostopp fahren, oder?"
Irgendwie habe ich das Gefühl, dass ich die Pointe verpasst habe. Wie hat sie sich herausgeredet? Hat sie sich herausgeredet?
„Das andere Mal, das war ein Typ von einer Popgruppe. Ich habe ihm gesagt, wie toll er aussieht, und dass er sicher viele Briefe von Frauen kriegt, dass es toll sein muss, in so einer Gruppe zu spielen und so bekannt zu sein, und da hat er irgendwie gedacht: Na ja, ich bin ja wirklich ein feiner Kerl, ich kann doch so was nicht machen.
Man muss sich herausreden können. Aber wenn man auf einen Psychopathen trifft, dann hat man keine Chance. Weißt du, was mir mit Ali passiert ist?"
„Wer ist Ali?"
„Na einer von Elżbietas Arabern. Mit dem war sie zusammen, aber jetzt nicht mehr. Ich war bei ihm zu Hause. Er wollte mit mir auf einen Kaffee gehen. Ich mag ihn nicht, aber ich habe nichts zu tun gehabt, also bin ich mit ihm auf einen Kaffee gegangen, und dann zu ihm. Und dann wollte er mit mir schlafen. Ich habe gesagt nein. Dann hat er seinen Schwanz herausgeholt und hat gesagt, ich soll ihn wenigstens angreifen. Ich habe zu ihm gesagt: Hör mal, das ist *dein* Schwanz und *dein* Problem."
Solche Sachen hat sie mir zwischendurch erzählt, wenn ich ihr ein Bier gebracht habe und ein bisschen bei ihr gesessen bin.
„Dem einen Typ habe ich gesagt, dass ich verrückt bin: Ich kann mit dir nicht reden, habe ich gesagt, ich bin krank. – Was hast du? – Eine psychische Krankheit. – Von wo bist du? – Ich habe gesagt: Ich weiß nicht. – Dann bist du wirklich verrückt."
Und später dann:
„Grażyna will, dass ich mich mit Adam treffe. Aber sie weiß ja nicht, warum er mit mir Schluss gemacht hat. Er hat schon einmal eine Freundin gehabt, die so gearbeitet hat, und so hat er sich gleich so etwas gedacht. Er hat es sich von Anfang an gedacht. Und so hat er dann gesagt, es muss Schluss sein. Weißt du, damals habe ich oft im Schlaf geschrieen. Und wenn ich aufgewacht bin, war das erste, woran ich gedacht habe: Was mache ich, was bin ich! Wie ich von Wien zurückgekommen bin, hat er mich gleich gefragt: Was ist los mit dir, du bist so anders, du bist kalt. Ja, was sollte ich machen, ich war anders. Ich habe erst eine

Weile gebraucht. Dann war ich wieder normal. Es war meine beste Zeit, die beste
Zeit in meinem Leben. Ich habe Geld gehabt, ich habe gemacht, was ich wollte,
ich bin überall hingegangen. Wir sind auf Urlaub gefahren, Zelten. Aber das war
nichts, dieser Campingurlaub, das war sinnlos. Dieser Campingurlaub, das war
doch sinnlos. Alle haben gesoffen, nur ich nicht. Camping, das ist doch nicht nur
Saufen, das macht man doch ein Feuer, redet, erzählt, singt zur Gitarre... Aber ein
fescher Bursch, der Adam, nicht wahr, ich hab dir seine Fotos gezeigt. Aber für
mich ist er einfach eine männliche Hure!"
Wir waren wieder bis vier in dieser Disco. Diesmal haben Gosia und Grażyna bei
Justyna geschlafen, die dort in der Nähe gewohnt hat. Ich bin wieder in die Wohnung von Tatjana gefahren und habe bis Mittag geschlafen. Ein paar ältere Herren
sind zu Janek auf Besuch gekommen. Einer hat sich ein Messer abgeholt, das ihm
Janek aufgehoben hat, während er sich bei der Polizei gemeldet hat. Mit zwei
anderen hat er in der Küche die Details für einen Einbruch in ein Zigarettenlager
besprochen. Dann haben sie sich im Kinderzimmer von Tatjanas Söhnchen hingelegt, um sich für die Nacht auszuschlafen.
Am Nachmittag wollte Gosia irgendwo hingebracht werden, Bekannte besuchen,
aber sie hat mir nicht gesagt, wen. Ich habe es mir gedacht, dass sie zu Adam geht.
Später am Tag habe ich von ihr erfahren, dass ich recht gehabt habe. Aber sie hat
sich nicht getraut, sie ist vor der Tür umgekehrt.
Die Mädchen haben mich angerufen, ob ich nicht zu ihnen kommen und mit ihnen
gemeinsam in die Disko fahren will. Ich bin im dichten Schneetreiben zu Justynas
Adresse gefahren. Sie hat dort zusammen mit ihrer kleinen Schwester ein Unter-
mietzimmer bewohnt. Justyna ist zwanzig gewesen, so wie Grażyna, und Ela
sechzehn. Alle vier Mädchen sind auf den zwei Betten des Zimmers gehockt oder
gelegen, haben Zigaretten geraucht und an Tassen mit kaltem Kaffee genippt. Ela
hat ein Physikbuch vor sich gehabt. Ich habe Kaffee und Limo bekommen, und
Gosia hat mir erzählt, dass ihnen der Teufel erschienen ist. Zuerst hat es Grażyna
gespürt. Irgendwas hat sie an ihren Füßen gespürt, an ihren Beinen, etwas ist in
ihren Beinen hochgekrochen, hat sich ausgebreitet. Sie hat Angst bekommen, und
dann haben es die anderen beiden auch gespürt, Justyna und Gosia. Sie haben
gespürt, dass etwas da ist, dass etwas im Zimmer ist, sie haben sich alle drei umarmt und gehalten und haben diese Gegenwart gespürt, haben gezittert und geschrieen. „Glaubst du, dass es der Teufel war?"
Ich sehe, dass Grażyna einen Rosenkranz in den Händen hat. Sie ist jetzt noch
ganz bleich.
„Na ja, du weißt, ich glaube nicht an den Teufel."
„Aber was sonst?"
„Na ja, das ist jetzt schwierig für mich das auf Polnisch sagen. Schau, jeder
Mensch fühlt anders. Das was innen ist, meine ich, in der Psyche. Das ist vielleicht eine Angst, ein Schrecken, weißt du. Ich weiß nicht, vor was. Und man sieht
das auf eine Art, wie es zu dem passt, was man glaubt. Früher haben die Leute oft

Geister gesehen. Heute sehen sie UFOs. Das passt in unsere Zeit. Früher waren Leuten von Dämonen – wie sagt man..."

„Besessen."

„Ja, besessen. Heute sagen sie, dass sie von Aliens elektronisch gelenkt werden. Man spürt nicht einfach nur Angst. Man muss ein Bild haben, einen Namen."

„Du meinst, es war nur eine Illusion?"

„Nein, es war schon wirklich. Aber es kommt von innen. Nicht von außen kommt jemand, sondern du siehst die Angst, was du innen hast, wie ein Bild von außen. Oder du spürst, es kriecht in dich hinein, aber es ist deine Angst, es kommt von dir, nicht von außen."

„Suggestion! Es war eine Suggestion."

Justyna bringt Grażyna eine Bibel. Grażyna macht die Augen zu und schlägt die Bibel aufs Geratewohl auf, tippt mit dem Zeigefinger auf eine Stelle. Dann macht sie die Augen auf und liest vor: „*Mein Lieber, folge nicht nach dem Bösen, sondern dem Guten. Wer Gutes tut, der ist von Gott; wer Böses tut, der sieht Gott nicht.*"

„Vielleicht ist es die Strafe, weil wir in der Adventzeit tanzen gehen!"

„Es ist Suggestion. Wir haben uns das eingebildet. Es ist diese ganze Situation, diese Unsicherheit, dieses sinnlose Leben."

Gosia blättert in einem Büchlein von Pater Pio und liest vor:

„*Das **göttliche Gericht wird einschlagen wie ein Blitzschlag**! Haltet eure Fenster geschlossen. Seht nicht hinaus. Brennt eine gesegnete Kerze an, sie wird für viele Tage reichen. Betet . Schließt alle Türen und Fenster. Sprecht mit niemandem außerhalb des Hauses. Kniet nieder vor einem Kreuz, bereut eure Sünden und bittet um Schutz. Seht nicht heraus während des Erdbebens, weil der Ärger Gottes heilig ist! Die Dunkelheit wird einen Tag dauern und eine Nacht, gefolgt von einem weiteren Tag und einer Nacht und noch einem Tag; aber in der folgenden Nacht werden die Sterne wieder scheinen und am nächsten Morgen wird die Sonne wieder aufgehen und es wird **Frühling** sein! In der dritten Nacht werden Erdbeben und Feuer aufhören und am folgenden Tag wird die Sonne wieder scheinen. **Ein Drittel der Menschheit wird umkommen.***

Ja, wenn es endlich Frühling werden würde. Im Sommer geht es mir immer gut, meine Zeit ist der Sommer. Wenn die Sonne scheint, dann bin ich ein anderer Mensch. Ich lache, ich bin fröhlich. Aber wenn es so kalt ist und dunkel... Das ist ja kein Wunder, wenn man da Depressionen hat, wenn man Erscheinungen hat. Es war vielleicht wirklich nur Suggestion."

„Ich bin immer noch ganz schwach", sagt Grażyna, „schau, wie ich zittere. Ich könnte nicht aufstehen jetzt."

Gosia geht zu ihr. „Du musst stark sein. Du darfst dich von so was nicht unterkriegen lassen, egal, was das jetzt war."

Und irgendwie gleitet das Gespräch wieder zu Alltagsdingen, die Mädchen fangen an, an Blusen und Hosen zu denken, borgen sich gegenseitig Kleidungsstücke,

Lipgloss, Eyeliner. Gegen zehn sind alle ausgehbereit, umwerfend gekleidet, perfekt geschminkt. Ela sieht aus wie Mariel Hemingway in *Manhattan*, die war damals genau so alt. Aber die Mädchen kennen den Film nicht. Irgendwelche Burschen rufen an, sie fahren jetzt in die Apokalipsa. Okay, man trifft sich dann. Um halb elf rufen die Mädchen zurück: Wie sieht's aus, ist was los? Total tote Hose. Vielleicht fünf Leute in der Apokalipsa. Soll man dann überhaupt hingehen? Es bringt eigentlich nichts. Oder wo könnte man sonst hingehen? Über den Diskussionen vergeht eine Stunde. Um halb zwölf hat keine mehr Lust, auszugehen.

Gosia erzählt Geschichten aus dem Kinderheim: „Und dann sind in der Nacht immer die Burschen zu uns ins Zimmer gekommen. Nichts besonderes, nur zum Reden, Quatsch machen. Aber natürlich war das verboten. Und wie die Erzieher draufgekommen sind, haben sie die Tür zugesperrt. Das war blöd, wenn wir aufs Klo gemusst haben, dann haben wir klopfen müssen und warten, bis uns eine hört und aufsperrt. Aber wir haben immer ein paar Kannen Tee gehabt im Zimmer. Und da haben wir auf eine ein Zeichen gemacht, damit wir sie nicht verwechseln. Und einmal sind ein paar Jungs zum Fenster hinaufgeklettert, das war zwar vergittert, aber wir haben durchs Fenster geredet. Und einer hat gefragt, ob wir was zu trinken haben für ihn..."

– Ich hab sehr, sehr gelitten –

Wie ich in mein Quartier gekommen bin, waren Tatjana, Borys und Tobias angekommen, Sabrina haben sie auch mitgebracht. Janek war nicht mehr da. Ich habe als Ehrengast das Kinderzimmer für mich bekommen, Sabrina, Tatjana und der Kleine haben auf dem großen Bett im Wohnzimmer geschlafen und Borys auf dem Boden. Sie sind alle ziemlich kaputt gewesen, denn sie sind von Salzburg gekommen, nicht von Wien. Aber Tobias hat unbedingt noch seine neuen Action-Man-Figuren auspacken müssen, irgendwelche schwerbewaffneten Muskelmänner. Er hat ihnen gleich die Hosen ausgezogen. In seinem Zimmer ist eine ganze Schachtel voll solcher Figuren gelegen, und alle ohne Hosen. Mangel an Spielsachen hat er nicht gelitten, das Regal in seinem Zimmer war vollgestopft mit Puppen, Autos, Pistolen, Lichtschwertern und Lasergewehren und sonst allem Möglichen. Jedes Mal, wenn Tatjana nach Polen kommt, bringt sie ihm etwas mit.

Sabrina ist am nächsten Morgen weiter gereist zu ihrer Familie und Tatjana ist mit Tobias zum Arzt gegangen. Borys hat mich gefragt, ob ich nicht für Tatjana auch eine eigene Webseite machen könnte. Jolanta hat so hässliche Fotos von ihr auf der Homepage von Belvedere. Er hat mir auf dem PC die Fotos gezeigt, die er von ihr gemacht und nachbearbeitet hat. Auf den meisten hat er ihrer Haut einen leuchtenden Goldschimmer verpasst, oder er hat sie auf Fantasy-Hintergründe montiert, mit Elfenflügeln, auf Drachen reitend. Die meisten Fotos hätte ich lieber nicht verwendet. Nicht weil sie kitschig sind, aber bei Tatjana mit ihren 25 Jahren muss man schon höllisch aufpassen, wie man sie fotografiert, damit ihre Nase nicht zu spitz kommt, ihre Brüste nicht zu schlaff, ihr Augen nicht zu hervortretend. Fotos von sich selbst hat er mir auch gezeigt. Er hat überlegt, ob er nicht auch wieder als Callboy arbeiten soll in Wien. Mit 33 schaut er recht anständig aus, groß, breitschultrig, sinnliche Lippen, dunkles Haar, aber auf den Aktfotos sieht man um die Mitte schon einen kleinen Schwimmreifen. Er zeigt mir Fotos von sich als 25jährigem. Das war noch was anderes. Marlon Brando in *Endstation Sehnsucht*. Na ja, beinahe.

Grażyna hat angerufen, ob Tatjana da ist. – Nein. Wieso? – Ach, sie braucht etwas von ihr. Sie versucht's später wieder.

Ich bin noch einmal mit Gosia nach Knyszyn gefahren. Gosia hat mir erzählt, dass Grażyna sich von Tatjana Geld ausborgen will. Ihre Miete ist fällig und Marek hat gesagt, ohne das Geld braucht sie gar nicht erst nach Hause kommen. Er muss morgen Gas und Strom bezahlen und hat auch nichts.

Gosias Mama hat Gäste gehabt, ein Nachbars-Ehepaaar, die in Jacke und Wollmütze auf dem Sofa gesessen sind. Gemeinsam haben sie ein Viertelliterfläschchen Wodka getrunken. Gosias Mama hat Kaffee gemacht, einen Teelöffel Kaffeepulver in ein Glas und heißes Wasser darauf. Als die beiden Nachbarn sich verabschiedet haben, hat Gosia gesagt, sie will jetzt das Video für Paweł aufnehmen.

„Aber hier im Zimmer geht es nicht, es ist zu finster."

Also sind wir in die Küche gegangen. Gosia hat ihre Mama vor den Küchenherd gestellt, und so sind auf dem Video hinter ihr die Wäschestücke zu sehen, die über dem Herd zum Trocknen aufgehängt waren.

„Ich habe ihn sehr geliebt", fängt Irena an, „sehr habe ich ihn geliebt!"

„Nein", sagt Gosia aus dem Off, „du musst ihn selber anreden. Stell dir vor er steht da, so musst du zu ihm reden!"

„Pawełku, ich hab dich sehr geliebt."

„Nein, warte, langsam!"

„Pawełku, ich wollt dich bei mir behalten, aber es war nicht möglich. Es war zu schwierig für mich, ich war zu arm, um dich bei mir zu behalten. Ich hab sehr, sehr gelitten. Wie sie dich weggenommen haben, bin ich aus diesem Haus fortgegangen. Ich wollte nicht zu Hause schlafen, weil du mir gefehlt hast. Aber die Nachbarn haben gesagt, sorgen Sie sich nicht, Ihr Sohn wird zu ihnen zurückkehren. Einen ganzen Monat war ich..."

Wieder hören wir Gosia, wie sie ihr ins Wort fällt: „Erzähl doch nicht das! Konkret, Mama. Erzähl konkret, wie du dich wirklich fühlst!"

„Ich hätte gern, Söhnchen, dass du zu mir zurückkommst, damit ich dich sehen kann. So viele Jahre habe ich dich nicht gesehen. Ich denk an dich, wie du wohl ausschaust, wie groß du schon bist, ob du gesund bist. Ich glaube, dass wir uns bald sehen werden. Ich hoffe, dass du herkommst, dass du deine Mama besuchst."

„Sag ihm, dass er hier seinen Platz hat. Dass er hier immer einen Platz findet, dass er hier immer ein Heim hat."

„Hier ist dein Heim, hier ist dein Platz, deine Mama. Immer wirst du den Schlüssel zu diesem Haus haben, hier ist immer Platz für dich. Die ganze Zeit, von klein auf, war er mein Augenstern."

„Sie haben ihm nicht die Wahrheit gesagt im Kinderheim. Er hat geglaubt, dass du ihn weggegeben hast, aber das ist nicht wahr. Du hast nicht die Möglichkeit gehabt, du warst arm."

„Was willst du machen. Es ist so gegangen, dass ich diesen Menschen getroffen habe, der nicht der Richtige war und der mir das Leben ruiniert hat. Aber wozu davon reden. Ich hab ihn lieb und ich würde mir wünschen, dass er zu mir zurückkommt, oder mich wenigstens besucht. Und ich würde auch gern hinfahren zu ihm und sehen, wie es ihm geht dort bei diesen neuen angenommenen Eltern."

„Er wird immer hier ein Heim haben, nicht wahr? Er kann immer hier herkommen und hier wohnen und alles. Alle werden ihm helfen, so lieb haben sie ihn!"

„Er kann immer herkommen, er soll nicht zusammenbrechen so wie ich, denn ich bin auch zusammengebrochen, psychisch, mehrere Jahre lang."

„Wera, komm her! – Paweł, und das hier ist jetzt deine Schwester Wera!"
Ich schwenke auf Wera hinüber. Sie hat Tränen in den Augen
„Servus, Paweł! Ach verdammt, mir fehlen die Worte. Pass auf dich auf! Ich weiß nicht, was ich sagen soll. Ich liebe dich. Ich hoffe, dass ich dich bald einmal sehe!"

„Mehr nicht?"

„Ich glaub, das ist alles."

„Sag ihm noch, wie du dich gefühlt hast, Wera. Hab keine Angst, wir haben Zeit!"

„Paweł, erinnerst du dich, wie ich dich immer umarmt hab? Du warst noch klein. Gosia und ich haben uns immer gestritten um dich. Wenn eine mit dir geschimpft hat, hat dir die andere geholfen. Wenn Gosia mit dir geschimpft hat, hab ich dir geholfen. Ich glaub, daran erinnerst du dich. Noch einmal, ich liebe dich und ich hoffe, dass ich dich bald sehen werde."

Hier kommt Gosia ins Bild, legt den Arm um Wera, mit dem anderen Arm zieht sie die Mutter heran. Sie lächelt in die Kamera, dann übersetzt sie: „Pawełku, horch zu: Mama hat hier versucht zu sagen, was sie fühlt, Wera hat es versucht, aber es fehlen ihnen die Worte. Für sie sind das starke Emotionen, ein großer Schmerz, dass sie dich verloren haben. Denn sie wollten es nicht. Niemand wollte, dass du ins Kinderheim kommst! Die Situation war so, es waren schwierige Bedingungen zu Hause. Das Kinderheim hat nicht erlaubt, dass du hierher zurückkommst, dass du in die Ferien herkommst, sie haben es nicht erlaubt, sie haben dich nicht hergelassen. Ich wollte dich viele Male zu Mama bringen, Mama hat mir immer Geld für dich mitgegeben, damit ich dir etwas kaufe, hat immer nach dir gefragt. Sie hat sehr um dich gelitten, sie hat Depressionen gehabt, sehr lang war sie krank, bis heute ist sie neurotisch. Nicht nur, weil sie dich verloren hat, sondern auch wegen anderen Sachen. Sie hat viele Probleme gehabt. Wera liebt dich auch, ihr fehlen die Worte, sie bringt es nicht zusammen, sie weint, das sind für sie sehr starke Gefühle, sie schafft es nicht, Worte zu finden, aber ich habe mit ihr gesprochen. Ich weiß, was sie fühlt. Sie will dir sagen, dass sie dich sehr liebt, dass du immer einen Platz in ihrem Herzen hast, dass ihr Haus immer dein Haus sein wird, dass du immer den Schlüssel zu ihrem Herzen und zu ihrem Haus haben wirst. Und genau so ist es bei Mama. Mama will dir auch sagen, dass du immer, immer in ihrem Herzen sein wirst. Sie liebt dich sehr und du gehst ihr sehr ab. Das ist nicht ihre Schuld, ich kenne die ganze Situation. Dir hat nie jemand etwas gesagt, aber ich weiß es, ich war schon groß, ich verstehe das alles, ich weiß, was passiert ist, ich weiß, was Mama fühlt, was Wera fühlt. Wie du klein warst, hat sie auf dich aufgepasst, vier Jahre lang, ist mit dir spazieren gegangen, hat dich gefüttert, hat für dich gekocht, sie war für dich wie eine Mutter, sie hat dich geliebt. Mama hat dich auch geliebt, Mama ist arbeiten gegangen und Wera hat sich um dich gekümmert nonstop. Alle haben wir dich verhätschelt, wirklich. Später, wie du im Aufnahmeheim warst und dann im Kinderheim, da ist es dir nicht gut gegangen, ich verstehe das. Im Aufnahmeheim, da haben die Erzieher noch erlaubt, dass wir dich mit nach Hause nehmen, du kannst dich nicht daran erinnern, aber du bist nach Hause gefahren. Aber wie du dann im Kinderheim warst, da haben die Erzieher es nicht erlaubt, sie haben gedacht, dass es besser wäre, wenn du keinen Kontakt mit deiner Mutter hast, weil sie arm ist und dir nichts im Leben geben kann und so weiter. Aber ich weiß, dass du deine Verwandten brauchst, ich weiß, dass du eine wirkliche Mutter haben willst, eine wirkliche Schwester, die dich liebt. Ich weiß, was du fühlst, wirklich. Wir lieben dich wirklich sehr. Ich weiß nicht, jetzt fehlen mir die Worte."

Beim Zurückfahren hat sie mir erzählt, dass sie Polen satt hat, dass sie enttäuscht ist und froh sein wird, wieder wegzufahren. „Weißt du was: In der Nacht habe ich mit Grażyna und Justyna geredet. Und ich habe Grażyna gefragt: Was machst du eigentlich? Du hast keine Arbeit, ich sehe auch keinen Freund, der dir hilft, von was lebst du? Und weißt du, sie macht dasselbe, was ich gemacht habe. Nicht bei einer Agentur, mehr so privat. Da ist ein Frantek, und der ruft manchmal an und sagt, da ist der und der, mit dem kannst du dich treffen. Und da geht sie dann hin, für 50,-. Złoty in der Stunde. Und Justyna auch. Grażyna hat erst lang hin und hergeredet, aber dann hat Justyna gesagt: Ach komm, sagen wir's ihr. Und dann hab ich ihnen erzählt, dass ich in Wien dasselbe gemacht habe. Und wir haben über die Kunden geredet und haben uns lustig gemacht. Ich habe erzählt von einem, so ein Dicker, weißt du, und ich hab ihm nur Massage gemacht und mit der Hand, und er: Ah-ah-aah! Ich hab das so nachgemacht für sie, wie er sich gewunden hat und gestöhnt, und wir haben gelacht. Oder einer, der hat mich ins Hotel bestellt und hat gesagt: Willst du in den Whirlpool, und natürlich wollte er mit mir in den Whirlpool, aber ich habe gesagt, ja, aber alleine. Und dann bin ich die ganze Zeit im Whirlpool gewesen, und wenn er gesagt hat: Kommst du jetzt? hab ich gesagt: Ach, noch fünf Minuten, und hab ihn da alleine sitzen gelassen. Und dann hab ich mich von ihm massieren lassen, statt dass ich ihm was gemacht hätte.

Aber es ist schrecklich, die beiden, sie sind noch so jung, erst zwanzig, und Justyna hat mit der Schule aufgehört und macht jetzt das, damit sie die kleine Schwester unterstützen kann."

Das war der Tag, an dem bekannt gegeben worden ist, dass die Amerikaner Saddam Hussein gefangen genommen hatten. Aber niemand hat darüber geredet, niemanden hat das interessiert.

Ich habe Gosia bei Justynas Haus abgesetzt, habe noch eine Flasche Johannisbeer-Wodka gekauft und bin zu Tatjana und Borys gefahren. Aber Tatjana trinkt überhaupt keinen Alkohol und Borys trinkt eigentlich nichts Scharfes. Er hat zwei Dosen Bier eingekauft, eine für mich und eine für sich. Schon wieder Polen, die nichts trinken. Zum Glück war Janek da, der mir geholfen hat, die Flasche zu leeren. Tatjana hat uns Gemüsesuppe gemacht und überbackene Käsebrote, und Borys hat sich dann doch überreden lassen, ein paar Gläschen mitzutrinken. Grażyna ist vorbeigekommen und hat mit Tatjana geredet und Tatjana hat ihr das Geld für die Miete geborgt.
Am Dienstag hat Gosia Zahnschmerzen bekommen. Sie war halb verrückt vor Schmerzen und hat geweint und Grażyna und Justyna haben sie mit allen möglichen Hausmittelchen behandelt. Ich habe sie zum Zahnarzt geschleppt.
„Aber was das kosten wird!"
„Ja, was soll man machen Ich werd das schon zahlen."
200,- Złoty hat die Wurzelbehandlung gekostet. Am Abend habe ich mir das Video auf meiner Kamera angeschaut und überlegt, wie ich es schneiden soll, damit man nicht so merkt, wie Gosia Regie geführt hat. Als Gosia vorbei gekommen ist, habe ich sie gebeten, mir zu helfen, den Text herunterzuschreiben: „Deine Mama redet so leise. Ich kann sie nicht gut verstehen."
„Lass es nur. Du brauchst die Übersetzung nicht zu machen, ich werde ihm das Video nicht zeigen. Vielleicht später einmal."
„Na ja, vielleicht hast du recht."

– Wer weiß, was sie mit ihm gemacht haben, es gibt solche Leute –

Am Mittwoch sind wir wieder nach Wien gefahren. Ich bin um neun bei Marek gewesen, aber natürlich ist sie gerade erst aufgestanden. Also haben wir noch Kaffee getrunken und irgendwann gegen halb elf sind wir losgefahren. Gosia hat noch unbedingt zu einem Markt wollen. „Der liegt sowieso am Weg, das dauert höchstens eine Viertelstunde." Grażyna ist auch mitgekommen.
Der Markt ist in der Nähe vom Bahnhof gewesen, und Gosia hat alle Kleiderstände abgeklappert, bis sie einen knöchellangen weißen Steppmantel um 120 Złoty gefunden hat. Neben einem Schild, auf dem gestanden ist: *Der Handel mit Alkohol*

und Zigaretten ist verboten, ist eine Frau mit einer großen Plastiktüte gestanden. Die hat Gosia nach Zigaretten gefragt.

„Welche wollen Sie?"

„Pall Mall."

In dem Moment sind zwei Polizisten um die Ecke gekommen und die Frau war verschwunden. Nach zwei Minuten ist sie hinter dem nächsten Marktstand wieder hervorgekommen und Gosia hat ihre Stange Pall Mall gekauft um den halben Preis.

Dann haben wir uns von Grażyna verabschiedet mit vielen Umarmungen und guten Wünschen und sind losgefahren. Ich war ziemlich sauer.

„Wie viel Geld hast du noch?"

„Nichts. Ein paar Złoty."

„Mhm."

Nach einer Weile hat sie gefragt: „Was ist, was hast du? Bist du eingeschnappt?"

„Hör mal, das ist dein Geld, das ist nicht meine Angelegenheit. Aber ich denke, man kann nicht sein ganzes Geld ausgeben. Man muss immer etwas halten. Eine Reserve."

„Aber ich brauche diesen Mantel. Es ist Winter, es ist kalt. Und hier ist es viel billiger."

Wir haben ungefähr 15 Stunden Fahrt vor uns gehabt und es hat keinen Sinn gehabt, sie mit einem Streit zu beginnen.

Nach einer Weile hat Gosia gesagt, ich soll anhalten, sie will etwas aus ihrem Koffer holen. Eine Kassette, *Czerwone Gitary* – die Roten Gitarren. Grażyna hat sie für sie aufgenommen.

„Die habe ich als Kind gehört. Meiner Mutter haben die schon gefallen."

Sie müssen eine der ersten Beat-Gruppen im sozialistischen Polen gewesen sein.

Anna Maria

Traurige Augen, schöne Augen,
traurige Lippen ohne Lächeln.
Ich seh sie jeden Tag von Ferne
Sie steht im Fenster bis zum Dämmern

„Das bin ich. Mit zweitem Namen heiß ich ja auch Anna. Wie ich dreizehn war, da sind wir zum Tanzen gegangen, eine, eineinhalb Stunden zu Fuß."

Diesmal bin ich durchgefahren. Durch Warschau habe ich eineinhalb Stunden gebraucht und als wir durch gewesen sind, ist es schon dunkel geworden. Die Strecke über Kattowitz ist besser als die über Krakau, es gibt mehr Autobahnen, aber ab der slowakischen Grenze bin ich müde gewesen und Gosia auch. Alle Viertelstunden hat sie gefragt, wie weit es noch ist und hat sich jedes Mal, wenn ich überholt habe, krampfhaft am Sitz festgehalten. Kurz vor Bratislava hat sie erklärt, sie fährt nicht nach Frankreich.

„Was soll ich dort tun in diesem Frankreich? Ich spreche die Sprache nicht, ich kenne die Leute nicht. Wer weiß, was das für Leute sind! Warum haben die mir nicht geschrieben? Warum haben sie das Bild nicht geschickt? Und Paweł? Ich kann das nicht glauben, dass man seine Sprache so schnell vergisst. Er war ja schon groß, achteinhalb Jahre, da vergisst man seine Sprache nicht. Wer weiß, was wirklich passiert ist. Vielleicht ist das gar nicht mein Paweł, vielleicht haben die ihn verkauft, man hört solche Sachen. Wer weiß, was sie mit ihm gemacht haben, es gibt solche Leute, die adoptieren Kinder und dann nehmen sie sie mit und verkaufen sie. Elżbieta sagt auch, das ist nicht möglich, dass jemand in sechs Monaten seine Sprache vergisst. Auf jeden Fall fahre ich ganz sicher nicht hin. Warum willst du dich immer in mein Leben einmischen? Warum willst du immer bestimmen, was ich tun soll? Du weißt immer alles besser, ich bin ja dumm, ich weiß nichts. Aber das stimmt nicht, ich bin nicht dumm, ich lasse mir nichts vormachen. Und was ist, wenn ich den Anschluss verpasse? Ich muss umsteigen in einer Stadt, die ich nicht kenne, was ist, wenn ich verloren gehe, dann werde ich auch noch verkauft!"

Ich habe nur gesagt: „Okay, okay, ich kann jetzt mit dir nicht darüber diskutieren, ich muss fahren, und jetzt kommen wir zur Grenze, jetzt sollten wir nicht über solche Sachen reden."

Ich bin todmüde gewesen und nicht imstande, sie zu beruhigen oder zu trösten. Ich habe mich aufs Fahren konzentriert und nur gehofft, dass der Brief endlich da ist. Kurz vor drei sind wir angekommen. Ich habe unsere beiden Koffer genommen, den Briefkasten aufgesperrt und einen Packen Post in die Jackentasche gestopft. Oben habe ich den Packen durchgeblättert. Endlich, der Brief aus Frankreich. Mit einem Foto von drei Jungs.

„Du wirst gleich erkennen, welcher von beiden Paul ist", hat seine Ziehmutter geschrieben, und Gosia hat gesagt: „Wie schön er ist! Er schaut gut aus, nicht wahr? Schaut er mir ähnlich? Er schaut nicht sehr groß aus, aber das kann man nicht wissen bei einem Foto. Ach, mein Pawełek!" und sie hat das Foto geküsst und an die Brust gedrückt.

Den Brief von Pawełs Ziehmutter habe ich ihr zweimal vorübersetzen müssen. Es war schon fast vier Uhr früh. In der Hauptsache ist drin gestanden, dass Gosia ihn nicht zu sehr mit Erzählungen von seiner „wirklichen" Familie bedrängen soll.

– Paweł verbringt viel Zeit mit mir. Wir sprechen Deutsch miteinander –

Die Busse von *eurolines* fahren vom Zentrum Erdberg weg, diesem Zentrum von gar nichts. Das Kartenbüro teilt sich das Lokal mit einem Köstli-Imbiss. Gosia ist schrecklich nervös gewesen, als ich sie hingebracht habe, dreimal habe ich dem

Fahrer erklären müssen, wo sie umsteigt, und dass er ihr ja zeigt, wo sie auf den Bus nach Lille warten muss. Den Halbedelstein-Anhänger, den ich ihr als Glücksbringer geschenkt habe, hat sie in die Tasche gesteckt ohne ihn anzuschauen. Am Vortag habe ich noch ihr Wertkartenhandy auf meinen Namen angemeldet, damit sie im Notfall auch aus dem Ausland telefonieren kann, und 100 Euro habe ich ihr auch noch mitgegeben, damit sie nicht ohne Geld irgendwo hängen bleibt. Natürlich hat sie Samstag früh verzweifelt aus Lyon angerufen: „Ich weiß nicht, ob ich hier richtig bin, ich kann keine Tafel sehen, hier steht nirgends etwas von einem Bus nach Lille!" Ihr Bus ist fast eine Stunde früher als geplant in Lyon gewesen und sie hat warten müssen auf den Anschluss, aber es ist alles gut gegangen, ihr Bus ist gekommen und sie ist zur rechten Zeit in Nimes von Pawełs Zieheltern abgeholt worden.

Ich habe mir eine Uni-Card gekauft und jeden zweiten, dritten Tag mit ihr telefoniert.

Ihre Stimmung ist einmal ganz oben, einmal ganz unten gewesen. Am ersten Tag: „Ach, mein Paweł, er ist so nett, so lieb, er sieht so gut aus, nur ein bisschen zu klein ist er für sein Alter, aber er ist mein aller-, allerliebster, mein aller-, aller-Alles. Ich bin so froh, so glücklich!" Einen Tag später: „Ich weiß nicht, ich glaube, sie sind nicht gut zu ihm Er ist krank, er hat Asthma, mit den Knien ist auch etwas nicht in Ordnung, er hat eine Operation machen müssen. Und das Haus – ich glaube, sie sind arm, es ist so ein armseliges Haus."

Und dann wieder: „Stell dir vor, das Haus, in dem Paweł wohnt, ist 1000 Jahre alt. Und sie haben ein Pferd, einen Esel. Die Gegend ist wunderschön hier! Sie sind sehr nett zu mir, ich schlafe immer bis zwölf, sie geben mir schrecklich viel zu essen und ich darf nichts anrühren im Haushalt, nicht einmal das Geschirr spülen!"

Gelegentlich ein SMS: *Ich rauche hier sehr wenig. Ein Päckchen in drei Tagen. Paweł verbringt viel Zeit mit mir. Wir sprechen Deutsch miteinander.*

Nach dem Weihnachtsfest hat sie plötzlich genug gehabt. „Kannst du herausfinden, wann der nächste Bus fährt? Ich will zurückkommen."
„Warum denn?"
„Es ist langweilig. Ich verstehe nichts, ich kann nur mit Paweł reden, die anderen verstehe ich nicht."
„Der nächste Bus geht am 4. Jänner."
„Was, erst? So lange halte ich es nicht aus! Bist du sicher?"
„Das sehe ich hier im Internet. Aber die Eltern von Paweł müssen fragen, ob ein Platz frei ist, das kann ich hier nicht sehen."
Am 4. war dann auch kein Platz frei, erst am 9.
„Wie hast du mir das antun können, jetzt muss ich so lange hier bleiben, warum hast du mir nicht gesagt, dass man die Rückfahrt so lange vorher buchen muss?"

Und dann ist wieder ein SMS gekommen: *Martin, ich bin sehr glücklich. Paweł hat gesagt, dass hier immer für mich ein Platz ist und eine Familie, dass ich immer hier wohnen kann. Er liebt mich sehr. Das ist wunderbar. Gosia.*

– Das bitte ganz groß –

Liebe Valerie,
mir scheint, dass Gosia bei Ihnen in Frankreich sehr glücklich war. Sie hat ihre schlimmen Momente gehabt, ich weiß. Sie hat sich auch gelangweilt, weil sie die Sprache nicht versteht. Doch im großen und ganze denke ich dass es eine sehr gute und wichtige Erfahrung für sie war. Sie spricht die ganze Zeit von ihrem Bruder, schaut seine Fotos an und erzählt im Detail was er gesagt und was sie geantwortet hat usw. usw. Jetzt ist sie sehr verwirrt und unglücklich. Gestern hat sie so sehr geweint, weil der einzige Mensch auf Erden, der sie wirklich liebt, soweit weg ist. Und sie weint fast nie. Ich weiß nicht, wie es für Paul war. Aber für sie hoffe ich, dass sie bald Gelegenheit haben wird, ihn wiederzusehen. Ihre Situation ist wirklich tragisch. In Polen, wo sie eine Schule besuchen könnte, gibt es für sie keine Arbeit. Ihre Familie – sprechen wir lieber nicht davon. Auf jeden Fall können sie ihr nicht helfen. Hier in Österreich kann sie nur illegal arbeiten, und sie sieht keine Zukunft für sich, weil sie hier keine Ausbildung machen kann. Hier hat sie zwei, drei Freundinnen aus dem Kinderheim, die mehr oder weniger in der selben Lage sind, aber im großen und ganzen ist sie allein. Und ihr Bruder lebt 1000 Kilometer von ihr. Ich weiß nicht, wie ich ihr helfen kann, sie ist so sehr ohne Hoffnung.

Die Fotos habe ich alle einscannen und vergrößern müssen. Paweł und Gosia bei den Pferden, Paweł und Gosia vor der Burgruine, Paweł und Gosia am Meer, Paweł und Gosia vor dem Lichterbaum. Mit den kleinen elektrischen Kerzchen sieht er aus wie ein Sternenhimmel.
„Das bitte ganz groß!"
Das hat sie über ihrem Bett aufgehängt.

Guten Tag!
Wir waren recht bedrückt von Ihrer Mail. Nach der Abreise von Gosia haben wir uns gedacht, dass sie, befreit von der Idee, ihren ‚kleinen' Bruder wiederzufinden, und die Realität erkennend (Ein erwachsener Paul, der seine Familie hat, seine Sprache, seine Freunde), sich von ihrem kleinen Bruder, der verschwunden ist, verabschieden und ihr eigenes Leben beginnen könnte. Nach dem, was Sie uns geschrieben haben, ist es damit nichts, und das ist sehr schade.
Wir haben über unsere Möglichkeiten nachgedacht und wir können für sie nicht mehr tun, als sie gelegentlich in den Ferien bei uns aufnehmen.

Das einzige, was Gosia helfen könnte, wäre ein Arzt, ein Spezialist (Man muss einen guten finden, denn nicht alle sind effizient. Und man muss einen anderes suchen, wenn es mit einem nicht klappt.) Sie hat uns gesagt, dass sie keine Probleme hat, aber leider hat sie sehr große. Man hat mir gesagt, dass in Polen Behandlungen gratis sein können? Wenn sie in Österreich ein paar Groschen sparen kann, kann sie sich vielleicht in Polen in Behandlung begeben? Ich wünsche ihr das von ganzem Herzen.

Freundliche Grüße,
und Küsse für Gosia.

Zehn

– ... –

Carlotta ist immer noch in Wien. Sie ist von Mirko schwanger gewesen, hat in Rumänien abgetrieben und einen Blutsturz gehabt. Jetzt ist sie bei Empire-Escort.

Von Lilli habe ich nichts mehr gehört. Eine Zeitlang war ihr Bild bei Empire und Intim und noch ein paar anderen, jetzt nicht mehr.

Sally ist in Klagenfurt und arbeitet in einer Wohnung. Sie hat einen Freund, einen Nigerianer, der will sie heiraten. Aber sie liebt ihn nicht.

Sabrina arbeitet meistens in Salzburg in einem Hotelzimmer. Sie ist jetzt mit Ali zusammen, der einmal mit Elżbieta zusammen war.

Bei Jolanta arbeiten schon mehr als ein Viertel aller Mädchen ohne. Sie hat sich was mit Miroslaw angefangen. Er ist jetzt ihr Chefchauffeur und sie hat ihm auch eine eigene Agentur eingerichtet.

Gerd ist mit Denisa zusammen, einer Neuen, und hat das Studio von Jolanta gekauft. Denisa arbeitet dort mit noch zwei anderen polnischen Mädchen.

Juliette betreibt einen kleinen Puff in Villach.

Tatjana hat einen Autounfall gehabt und hat vier Monate nicht arbeiten können. Jetzt haben sie 8.000 Euro Schulden, 5.000 hat ihr Jolanta geborgt. Sie arbeitet jetzt selbständig, mit Kontrollkarte, seit Mai ist sie ja EU-Bürgerin. Ich habe ihr die Homepage gemacht und die Narben von ihrem Bauch wegretuschiert.

Natascha geht putzen und hebt für Tatjana das Telefon ab.

Elżbieta krieg vielleicht nächsten Monat Arbeit in einem Restaurant.

Brenda ist angeblich schwanger geworden und hat geheiratet. Corinna ist immer noch bei Belvedere.

Adriana ist in Rumänien und arbeitet in einer Schuhfabrik für 50 Euro im Monat. Ihr Freund arbeitet als Kellner und sie wohnen zusammen in einem Zimmer.

Gosia ist in Białystok . Sie verkauft Sonnenbrillen auf der Straße, für 20 Złoty am Tag. Aber nicht jeden Tag, weil sie ja diese Probleme hat mit den Nieren und den Kniegelenken. Für Herbst hat sie sich in der Abendschule eingeschrieben. Bevor sie weggefahren ist, hat sie eine von den Puppen fertig gemacht: den Teddy für mein Enkelkind. Einmal in der Woche rufe ich sie an. Wenn Tatjana die Periode hat und nach Polen fährt, gebe ich ihr immer etwas mit für sie.

Wien, 7. Juli 2004

Anhang
Zusammenfassung und Schlussfolgerungen

Notwendige Klarstellung

Zunächst muss sich der Autor, der hier eine Feldstudie über Prostituierte vorlegt, der Ehrlichkeit halber als mehrmaliger Kunde von Prostituierten outen. In unterschiedlichen Lebensphasen habe ich angenehme und unangenehme, befriedigende und enttäuschende, beglückende und beschämende Begegnungen mit Prostituierten gehabt.

Alles andere wäre unwahrscheinlich: Nach Kinsey hatten 69% der 1948 in den USA befragten männlichen weißen Männer mindestens eine Begegnung mit einer Prostituierten.[1] Die deutsche Prostituiertenorganisation Hydra geht 2003 von einem Freieranteil von 75 Prozent aus.[2]

Darf und kann ein „Kunde", ein „Freier", ein „Gogl" den Anspruch erheben, die Welt der Huren mit genügender Objektivität betrachten zu können? Ist er nicht von vornherein disqualifiziert?

Die Frage würde sich nicht stellen, wenn es sich beispielsweise um einen Bericht über Friseurinnen handelte und der Autor sich gelegentlich die Haare schneiden ließe. Menschen, die die Inanspruchnahme von sexuellen Dienstleistungen als moralisch verwerflich betrachten, werden diesen Vergleich frivol finden. Doch genau um die Frage der moralischen Verwerflichkeit geht es bei der Beurteilung der Objektivität. Jemand, der etwas Unmoralisches tut, wird über dieses Tun und alles, was damit zusammenhängt, kaum wahrhaftig und objektiv berichten, er wird geneigt sein zu beschönigen und zu vertuschen.

Sieht man von vornherein alle Prostituierten als „Opfer" und alle Freier als „Täter" an, wie es beispielsweise in der schwedischen einschlägigen Gesetzgebung zum Ausdruck kommt, die prinzipiell alle Freier mit Strafe bedroht, dann wird man einem solchen Täter die Befähigung und die moralische Berechtigung zu einer solchen Studie wohl absprechen.

Dass ich einen solchen Standpunkt nicht teile, ergibt sich aus der Tatsache, dass ich dieses Buch geschrieben habe. Doch soll die erfolgte Klarstellung jeder Leserin und jedem Leser die Möglichkeit geben, zu einer eigenen Beurteilung zu kommen.

Methode

Die Methode der Untersuchung kann am besten als „verdeckte teilnehmende Beobachtung" bezeichnet werden. Auf ein Inserat hin, das auf der Website der untersuchten Agentur erschienen ist, habe ich mich als Chauffeur beworben[*]. Ich habe mich mit meinen richtigen Namen und meiner richtigen Adresse vorgestellt. Meinen Beruf als Schriftsteller habe ich verschwiegen und stattdessen angegeben, als unabhängiger Webdesigner nicht mehr genug zu verdienen. Die Gespräche habe ich möglichst bald aus dem Gedächtnis protokolliert (oft unmittelbar, nachdem ich ein Mädchen beim Kunden oder zu Hause abgesetzt habe)[†]. Die Mädchen sahen mich als Kollegen an, der in derselben Firma arbeitet, als einen Insider, vor dem man sich kein Blatt vor den Mund zu nehmen braucht. Vielen war ein Bedürfnis, sich auszusprechen, anzumerken. Obwohl die meisten Mädchen mich für jünger hielten, als ich tatsächlich war, mag auch mein gesetzteres Alter dazu beigetragen haben, dass viele sehr schnell Vertrauen zu mir fassten. Von der Chefin wurde ich – leicht spöttisch – als der „Agenturpapa" bezeichnet.[‡]
Mädchen ist übrigens die in der Agentur übliche gewesene Bezeichnung einer bestimmten Funktion: die Beschäftigten unterteilten sich in *Telefonistinnen, Fahrer, Mädchen* und *Callboys*. Man sagte also zum Beispiel von einer Telefonistin: „Die Jacqueline hat ja bis vor einem Jahr noch als Mädchen gearbeitet." Auch reife Frauen wie beispielsweise Greta[§] wurden so bezeichnet.

Der neue Strich

Der Wiener Strich, wie ihn Roland Girtler Anfang der achtziger Jahre des letzten Jahrhunderts erforscht und beschrieben hat, hat sich bedeutend gewandelt. Statt auf der Straße präsentieren sich die Prostituierten heute im Internet. Auch die Organisation des Geschäfts hat sich verändert. So genannte *Escort-* oder *Begleitagenturen* bringen die Callgirls und Callboys direkt in die Wohnung oder das Hotelzimmer des Kunden. Eine dünne Schutzbehauptung, dass nur Begleitung vermittelt werde, scheint als legale Absicherung zu genügen. Auf der Website der von mir untersuchten Agentur etwa steht zu lesen:
> *1.Die Begleitpersonen werden nicht zum Zweck sexueller Kontakte oder sonstigen Tätigkeiten , welche gegen das Gesetz verstoßen vermittelt.*

---

[*] Seite 6
[†] Seite 16
[‡] Seiten 152, 176
[§] Seite 66

2. Sollten sich aus einem Vermittlungsauftrag zwischen einem Kunden / in und unseren Begleitpersonen eine sexuelle Beziehungen ergeben , so sind dies ausschließlich ihre privaten Angelegenheiten!

Die Preisliste auf der selben Seite enthielt zeitweise unverblümte Angaben über die Kosten von „Extras" wie *Naturfranzösisch* (Oralverkehr ohne Schutz) oder *Griechisch* (Analverkehr). Die Frauen, die von den Begleitagenturen vermittelt werden, sind meist nicht offiziell als Prostituierte gemeldet. Da sie der Prostitution in Privatwohnungen oder Hotelzimmern nachgehen, kann ihnen illegale Prostitution kaum nachgewiesen werden. Rein rechtlich ist es nicht die Agentur, die die Mädchen (und Callboys) beschäftigt, sondern es ist umgekehrt das Callgirl, das der Agentur einen Vermittlungsauftrag[*] erteilt und ihr dafür das vereinbarte Honorar bezahlt. Ebenso bezahlt das Callgirl den Fahrer. De facto ist es natürlich die Agentur, die Preise, Verhaltensnormen etc. festlegt, „Fehlverhalten" mit Jobsperre bestraft, Mädchen aufnimmt und auch feuert[†]. Die meisten Escort-Agenturen vermitteln hauptsächlich Mädchen und zusätzlich ein bis zwei Callboys. Es gibt aber auch spezialisierte Agenturen, die ausschließlich Callboys für homosexuelle Kontakte vermitteln.

In so genannten *Studios* arbeiten meist offiziell angemeldete Prostituierte. *Studios* sind Gassenlokale, die für Prostitution eingerichtet sind. (In Wien ist die Prostitution in Wohnungen verboten, sie darf nur in Räumlichkeiten mit eigenem Eingang ausgeübt werden.) Da Kontrollen dort leicht möglich sind, arbeiten dort nur selten illegale Prostituierte. Die Studios werden in Zeitungsinseraten und im Internet beworben, können daher nach außen oft ganz unauffällig sein. Die Prostituierten arbeiten auf eigene Rechnung und zahlen dem Besitzer oder Mieter des Studios Tagesmiete oder Zimmergeld (also einen bestimmten Betrag pro Kunden). Wartende Kunden bekommen hier vielleicht eine Cola, doch haben die Studios keine Gaststättenkonzession, dürfen also keine Getränke verkaufen.

In Bars arbeiten meist nicht angemeldete Prostituierte. Offiziell gelten sie als Tänzerinnen oder Animierdamen. Dass sie für den entsprechenden Betrag mit dem Kunden im Separée den Geschlechtsverkehr vollziehen, ist auch wieder nur schwer nachzuweisen.

In FKK-Klubs, FKK-Saunen und Swingerklubs sind nicht angemeldete Prostituierte tätig. Offiziell sind sie Gäste genau wie die Männer und zahlen Eintritt. Was die Gäste in den Separées tun, geht die Besitzer des Klubs nichts an.

Dominas und *Sklavinnen* sind meist in eigenen, speziell dafür eingerichteten Studios tätig. Hier sind meist auch „bizarre" Spielformen der Sexualität möglich, also

---

[*] Seite 37
[†] Seite 153

solche, die mit Kot und Urin zu tun haben. Auch *Rollenspiele* sind hier oft möglich, zum Beispiel *Patient und Krankenschwester, Chef und Sekretärin, Lehrer
und Schulmädchen.*

Eine recht skurrile Einrichtung nennt sich *Kabinensex.* Hier kann sich der Kunde
in einer Kabine gegen eine Wand lehnen und Pornovideos sehen. Durch eine Öff-
nung in geeigneter Höhe kann die Prostituierte den Kunden manuell oder oral
befriedigen.

Letzte Reste vom Straßenstrich gibt es auch noch, z.b. auf der äußeren Mariahilferstraße oder im Stuwerviertel. Hier sind legale und illegale Prostituierte tätig,
unter ihnen auffällig viele Afrikanerinnen.

Geheimbordelle gibt es in Wohnungen oder Hinterzimmern von Cafés. Hier sind
Frauen oft gegen ihren Willen und unter der Kontrolle von Zuhältern als Prostitu-
ierte tätig. Diese Geheimbordelle werden nur durch Mundpropaganda beworben.
Kundenkreis, Zuhälter und Mädchen stammen oft aus dem selben Herkunftsland.
In diese geschlossenen Kreise einzudringen ist nur sehr schwer möglich.

Motivation und Zugang

Die Motivation, sich als Callgirl zu betätigen, ist wie zur Zeit von Girtlers Unter-
suchung das Geld. Waren es in den achtziger Jahren noch Frauen aus der österrei-
chischen Provinz, die nach Wien kamen, so sind es heute vor allem Mädchen aus
Osteuropa und Afrika. Das enorme wirtschaftliche West-Ost- und Nord-Süd-
Gefälle ist es in erster Linie, das die Frauen in die Prostitution treibt. Wenn eine
Arbeiterin in einer deutschen Schuhfabrik in Rumänien unter 100 Euro im Monat
verdient, eine Volksschullehrerin gar um die 50 Euro, dann braucht es gar keine
Schlepperbanden und verbrecherischen Zuhälter, um den Nachschub an jungen
Mädchen und Burschen zu garantieren. Unter den Frauen, die ich bei der Arbeit in
der Agentur kennen gelernt habe, war etwa eine Kinderlogopädin aus der Slowa-
kei[*], eine Volksschullehrerin aus Rumänien[†], eine Informatikerin aus Ungarn[‡],
eine Geigerin aus Bulgarien[§]. Die meisten freilich kamen unmittelbar von der
Schule oder waren vorher Verkäuferin, Kellnerin oder dergleichen oder hatten
Arbeit gesucht und keine gefunden.

---

[*] Seite 22
[†] Seite 40
[‡] Seite 91
[§] Seite 167

Der typische Zugang zur Prostitution ist eigentlich der, dass ein Mädchen dem anderen erzählt, wie man im Westen einfach Geld verdienen kann. Natürlich kommen auch die oft in den Medien berichteten falschen Vorspiegelungen vor: einem Mädchen wird versprochen, sie könne einen Job als Tellerwäscherin oder Kellnerin bekommen, wie es Letti passiert ist[*]. Doch die meisten Mädchen wissen von vornherein, worauf sie sich einlassen, wie z.b. Sally[†], auch wenn sie über einen Zuhälter oder eine Zuhälterin in das Gewerbe einsteigen.

Zuhälter und Zuhälterinnen

Am stärksten gewandelt hat sich die Rolle des Zuhälters. Zur Zeit von Girtlers Untersuchung brauchte eine Frau vor allem auf dem Straßenstrich einen Zuhälter, um überhaupt Zugang zum Strich zu bekommen. Der Zuhälter verschaffte ihr den Standplatz, fungierte als Beschützer, regelte Streitigkeiten mit anderen Dirnen oder deren Zuhältern, stellte den Kontakt zu Lokal- bzw. Bordellbesitzern her und war auch der Liebhaber, seelische Bezugsperson und das verwöhnte Aushängeschild für den Erfolg der Prostituierten[3]. Diesem Zuhältertyp bin ich nicht mehr begegnet. Er ist überflüssig geworden.

Um als Prostituierte zu arbeiten, braucht eine Frau heute keinen Zuhälter. Die Agenturen und Studiobetreiber übernehmen Organisation und Bewerbung des Geschäfts. Wenn sie neue Mitarbeiterinnen brauchen, inserieren sie.

Die Rolle der osteuropäischen ZuhälterInnen besteht vor allem darin, den Mädchen den Weg in den Westen zu ebnen. Sie organisieren die Reise, strecken das Geld vor, das die Mädchen bei der Ausreise an der Grenze vorweisen müssen, beschaffen unter Umständen gefälschte Papiere, und bringen die Mädchen zu den Agenturen oder Bars, wo sie sich vorstellen können und beschaffen ihnen eine Wohnmöglichkeit. Dafür bekommen sie entweder einen bestimmten Prozentsatz, meistens 50%, der Einnahmen des Mädchens, oder die Mädchen müssen eine bestimmte vereinbarte Summe abbezahlen. Berichtet wurde von Summen zwischen 700,- und 5.000,- Euro. Zur Zeit meiner Untersuchung waren es vor allem rumänische Mädchen, die unmittelbar unter der Kontrolle eines Zuhälters oder einer Zuhälterin standen. Diese Mädchen wohnten mit dem Zuhälter oder der Zuhälterin gemeinsam in einer Wohnung, mussten also zusätzlich noch Miete an ihre Zuhälter zahlen, und wurden unterschiedlich streng kontrolliert. Wenn sie von einem Job direkt zu einem Anschlussjob fuhren, mussten sie sofort telefonisch Bescheid geben. Die Zuhälter sind so über die Anzahl der Jobs und die Einnahmen der Mädchen informiert. Natürlich können sie nicht genau wissen, wie viel das Mädchen für Extras oder als Trinkgeld bekommen hat und so ergeben sich für die

---

[*] Seite 62
[†] Seite 96

Mädchen Möglichkeiten, etwas mehr für sich selbst zu behalten, wie ich es etwa
von Letti erfahren habe[*]. Das wichtigste Druckmittel, das die Zuhälter gegen die
Mädchen anwenden, ist die Drohung, die Familie über ihre wahre Tätigkeit zu
informieren. Die Mädchen, die als Touristin einreisen, müssen nach drei Monaten
das Land wieder verlassen und sollten eigentlich erst nach drei weiteren Monaten
wieder einreisen dürfen. Meistens ist eine frühere Einreise, z.B. nach einer oder
zwei Wochen, problemlos möglich, während eine Überziehung der Aufenthalts-
frist größere Probleme schafft. So treten also die meisten Mädchen alle drei Monate einen kürzeren oder längeren Heimaturlaub an. Dieser Heimaturlaub bietet oft
eine Möglichkeit, sich der Kontrolle des Zuhälters zu entziehen oder ganz aus der
Prostitution auszusteigen.

Gelegentlich habe ich gehört, dass Agenturinhaber Mädchen geholfen haben, sich
ihren Zuhältern zu entziehen[†]. Auch die Chefin der von mir untersuchten Agentur
wäre dazu bereit gewesen. Eine direkte Flucht ist durchaus auch möglich gewesen,
wie Adrianas Beispiel zeigt[‡]. Nicht untypisch an Adrianas Fall ist auch, dass sie
von zwei Mädchen ausgenutzt wurde. Ihre „beste Freundin", die vorher schon als
Prostituierte in Wien gewesen war, hatte sie an die Zuhälterin vermittelt, der Adriana 50% abliefern musste. Die Zuhälterin gab von diesen 50% wiederum einen
Anteil an die Freundin weiter. Die Zuhälterin arbeitete selbst auch gelegentlich als
Prostituierte. Was sie einnahm wurde allerdings hauptsächlich von ihrem Mann
vertrunken und verspielt. Dieser stand im Ruf, gewalttätig zu sein. Trotzdem ver-
lief Adrianas Flucht letztlich ohne böse Folgen.

Auch Betsy wurde von einer Kollegin angeworben. Dafür, dass sie ihr das Reise-
geld vorstreckte, musste Betsy ihr 1000 Euro zahlen[§]. Der Name dieses Mädchens,
das ich persönlich nicht kennengelernt habe, fiel noch öfter in ähnlichen Zusam-
menhängen.

Einstellung zum Job

Girtler betont immer wieder, dass es „nicht ein sexuelles Triebverlangen ist, welches die typische Prostituierte auf den Strich bringt":
„Der Verkauf von Sexualität und das dadurch hergestellte körperliche Nahverhält-
nis sind Themen, mit denen die Prostituierte nicht so ohne weiteres fertig wird. Sie
empfindet ihren Beruf als eine Tätigkeit, die nicht gerade angenehm ist, die jedoch
ihr bzw. ihrem Zuhälter eine Existenzmöglichkeit schafft."[4]

---

[*] Seite 62
[†] Seite 41
[‡] Seite 207, vgl. auch Seite 202
[§] Seite 203

Diese Feststellung trifft für einen großen Teil der Callgirls, die ich kennen gelernt habe, sicherlich zu. Doch sie kann ein wenig relativiert werden. Eine große Ausnahme war beispielsweise Mona, die *Sklavin*[*]. Eine Sklavin stellt sich für dominante und sadistische sexuelle Praktiken zur Verfügung. Mona, so um die 50 Jahre alt, hätte es gar nicht nötig gehabt zu arbeiten, ihr Mann war Unternehmer. Als Sklavin zu arbeiten ist wohl gar nicht möglich ohne die entsprechende masochistische Veranlagung oder Neigung. Im Gegensatz zu einer Zofe, die nur verbale Demütigungen, Fesselungen und leichte Schläge akzeptiert, lässt eine Sklavin auch wirklich schmerzhafte und (für die meisten Menschen) ekelerregende Praktiken zu. Zu einer solchen Tätigkeit könnte wohl nur unmittelbarer Zwang oder allergrößte Not und Verzweiflung eine Frau bewegen, wenn sie die Neigung dazu nicht in sich verspürt. Mona hingegen sprach selbstbewusst und mit Humor von ihrer Veranlagung und ihrer Tätigkeit, die sie mit Freude ausübte, und war im Alltagsleben eine ganz und gar nicht unterwürfige Persönlichkeit.

Sicher nicht typisch, aber sehr interessant war die Haltung, mit der die 22jährige Manuela an den Beruf heranging, als sie etwa vier Monate dabei war.[†] Man kann sagen, dass sie die Tätigkeit als Callgirl als eine kreative Tätigkeit verstand, die von ihr sehr viel Einfühlung erforderte und die sie auch in zweierlei Hinsicht genießen konnte. Einerseits durchaus sexuell, wie sie mir ausdrücklich bestätigt hat, und zweitens auch in dem Sinn, wie man sich an einer gut getanen Arbeit erfreut. Freilich habe ich später von unserer Telefonistin gehört, dass Manuela angeblich den Drogenkonsum ihres Freundes finanzierte und in der letzten Zeit (nachdem ich schon aufgehört hatte, bei der Agentur zu arbeiten) anscheinend auch selber Drogen konsumiert hätte. So könnte, was sie mir erzählt hat, auch zu einem gewissen Grad Rationalisierung sein. Manuela achtete aber z.B. auch darauf, nicht mehr als zwei, höchstens drei Jobs am Tag zu machen, um sich nicht psychisch zu überfordern, und lehnte darüber hinaus gehende Jobs rundweg ab, auch wenn sie finanziell verlockend waren. Wie Mona war auch Manuela Österreicherin. Sie stammte aus einer Akademikerfamilie, auch darin war sie eher untypisch.

„Ich bereue keine Minute" sagte Greta, die sich selbst als Späteinsteigerin bezeichnete[‡]. Auch sie empfand den Beruf nicht als negativ.

Bemerkenswert war auch ein Gespräch von Greta, Gül und Lisa, in dem zum Ausdruck kam, dass Gül und Lisa auch Positives und Attraktives an den Kunden finden konnten[§], während Greta sich da eher distanziert gab.

Als Gül einmal, was selten vorkam, von einer Frau gebucht wurde, meinte sie auf der Hinfahrt zu mir, dass sie ein solches Engagement als Abwechslung ganz gern hätte[**].

---

[*] Seite 46
[†] Seite 19
[‡] Seite 66
[§] Seite 156
[**] Seite 155

Auch Tatjana, die gelegentlich von Paaren gebucht wurde und mit der ich noch lange nach Beendigung meiner Recherche Kontakt hatte, erzählte mir später einmal, dass sie den Sex mit Kundinnen und auch den mit einer Kollegin im Rahmen einer sogenannten *Lesbenshow* durchaus genießen konnte, obwohl sie sich nie in eine Frau verlieben könnte.

Bemerkenswert ist auch die Episode, in der Cindy freudestrahlend jedem und jeder erzählte, dass sie bei dem Treffen mit einem Kunden vier Orgasmen in einer Stunde erlebt hätte[*]. Bei der Arbeit sexuelle Lust zu empfinden ist also nicht generell verpönt und gilt auch nicht als „Betriebsunfall."

Diese Beispiele sollen nur zeigen, dass es prinzipiell *möglich* ist, dass eine Prostituierte die unmittelbare Arbeit beim Kunden als positiv erlebt und nicht unbedingt als etwas grundsätzlich Ekelhaftes, das man um des Geldes willen eben in Kauf nimmt. Keineswegs will ich behaupten dass das auf mehr als eine Minderheit der Mädchen zutrifft.

Juliette, eine sehr schöne und intelligente Frau von 28 Jahren, nahm den Job sehr ernst[†]. Für sie lag die Belastung darin, die Kundenwünsche richtig wahrzunehmen und entsprechend zu bedienen. Von Kunden wurde sie als sehr zärtlich und einfühlsam gelobt. Ihr geschah es, dass sie sich in einen Kunden verliebte[‡].

Auch der Verlobte von Cindy war ein ehemaliger Kunde[§].

Von den wenigen österreichischen Prostituierten, die ich kennen gelernt habe, kamen vier aus der Krankenpflege. Das mag Zufall sein. Doch auch Girtler berichtet, einen Zuhälter zitierend: „Die meisten Dirnen stammen eigentlich aus drei Berufsgruppen, nämlich aus Friseurinnen, Krankenschwestern und vor allem Serviererinnen."[5] Alles Berufe mit engem – in den ersten beiden Fällen auch physischem – Kontakt zu Menschen. Als ich die Telefonistin Sissy, eine diplomierte Krankenschwester, die vorher auch als Prostituierte in einem Massagesalon gearbeitet hatte, danach fragte, ob sie da einen Zusammenhang sähe, sagte sie: „Na klar, des san meine Patienten. Kunde, Patient, des is des selbe. Die hab'n mi angrufen, weil sie Probleme g'habt hab'n, weil sie reden wollten. Für mich war'n des immer meine Patienten." In seinem historischen Abriss erwähnt Girtler auch, dass bei den frühen Heeren die Krankenpflege zu den Aufgaben der Trossdirnen gehört hatte.[6]

Eine allgemein gebräuchliche abfällige Bezeichnung für den Kunden wie das unter den von Girtler beobachteten Wiener Prostituierten gebräuchliche *Gogl*[7] gab es in der Subkultur zumindest dieser Agentur nicht. Versuche den Kunden abzu-

---

[*] Seite 188
[†] Seite 141
[‡] Seiten 99 und 141
[§] Seite 166

zocken wurden von der Agentur mit Verwarnung, Jobsperre und Rausschmiss geahndet, sofern der Kunde sich beschwerte.

Von allen Mädchen, die ich während der Recherche kennen gelernt hatte, litt Gosia am meisten unter dem Job. Sie ekelte sich vor dem sexuellen Kontakt mit den Kunden[*]. Sie empfand ihre Tätigkeit als entwürdigend und unmoralisch[†]. Und sie fürchtete sich vor Ansteckung[‡]. Immer wieder betonte sie, dass nur äußerste Not sie dazu gebracht hatte, nach langem Zögern in das Gewerbe einzusteigen[§]. Sie war zwar vier Jahre lang im selben Heim gewesen wie Tatjana und Natascha und schon damals mit ihnen eng befreundet, hatte aber sehr unterschiedliche Moralvorstellungen. Da sie ganz allgemein ein sehr ängstliches, geradezu hypochondrisches Naturell hatte – sobald etwa in den Medien von Vogelgrippe die Rede war, befürchtete sie schon, sich damit angesteckt zu haben – war die ständige Konfrontation mit der Gefahr, sich mit AIDS anzustecken, für sie besonders quälend. Um die Arbeit beim Kunden ertragen zu können, spaltete sie sie psychisch ab. Tatjanas Mann, selbst ehemaliger Callboy, hatte sie das gelehrt: „Denk nicht an das, was du machst, denk nur an dein Ziel!" Sie selbst verstärkte die Abspaltung noch: „Ich habe mir immer vorgestellt, das bin nicht ich, das passiert jemand anderem."[**] (Ähnliches berichtet auch Girtler.[8]) Trotz ihrem Abscheu vor dem Job sprach sie immer wieder positiv von Kunden, wenn diese nett gewesen waren, sich zu ihr anständig verhalten hatten, gut aussehend waren, sie hübsch fanden oder dergleichen[††]. Sie empfand nicht generell Verachtung für die Kunden.

Sally hingegen sagte ausdrücklich: „*For me there is no good customer. I don't care. If he pay me, he can do what he want. Then I go and forget him. For me is egal.*"[‡‡] Sally schämte sich für ihre Tätigkeit und betonte: „*The first time I weep. I think I cannot do it. Now it's okay, I don't care. But in Poland I couldn't do this Job. Not in my country, no! I would rather clean the streets.*"[§§] Ihr Vater war Prediger in einer christlichen Sekte[***] und hatte äußerst strenge Moralbegriffe.

Generell litten fast alle Mädchen unter der sozialen Ächtung der Prostitution. Die meisten verwendeten die Wörter *Callgirl*, *Prostituierte*, *Prostitution* etc. überhaupt nicht und sagten *dieser Job*, wenn sie von ihrer Tätigkeit sprachen: „Ich mache diesen Job jetzt schon seit…" oder „Mein Freund weiß nicht, dass ich diesen Job mache." Wörter wie *ficken*, *blasen*, *spritzen* wurden hingegen ganz alltäg-

---

[*] Seite 30, 56, 146
[†] Seite 57, 164
[‡] Seite 64, 129, 147
[§] Seite 30
[**] Seiten 217, 237
[††] Seiten 29, 146
[‡‡] Seite 107
[§§] Seite 96
[***] Seite 85

lich verwendet wie in anderen Berufszusammenhängen *feilen, sägen, tippen* oder dergleichen. Die meisten bemühten sich ängstlich, ihre wahre Tätigkeit vor der Familie zu verheimlichen. In vielen Fällen hatte ich den Eindruck, dass die Familie eher wegschaute und nicht allzu genau wissen wollte, woher das Geld kam, das die Tochter aus dem Westen mitbrachte[*]. Gelegentlich fand ein Mädchen bei der Mutter noch eher Verständnis als beim Vater. „Meine Mutter weiß, was ich mache", erzählte mir eine fröhliche Ungarin. „Wenn ich heimkomme, kocht sie immer Gulasch und Schweinsbraten, und ich sage, Mama, füttere mich nicht so, in meinem Beruf darf ich nicht fett sein!" Und eine andere erzählte lachend: „Meine Mama, die fragt mich immer aus, wie ist das so, und dann sagt sie, he, ich will das auch machen!" Aber das sind Ausnahmen.. Für die meisten ist es eine Angstvorstellung, dass die Familie und der Bekanntenkreis von ihrer Tätigkeit erfahren könnten. Dass die Tätigkeit als Prostituierte im fremden Land stattfindet, mag für das Selbstwertgefühl erleichternd sein. Zu Hause weiß niemand davon, zu Hause kann man ein „normales" Leben führen.

Auch vor dem Freund musste die Tätigkeit oft verheimlicht werden[†]. Es ist also nicht mehr so, dass der Beziehungspartner typischerweise der Zuhälter ist, wie es Girtler beschrieben hat. Dass Gerd, der Chefchauffeur, der mit Sabrina zusammen war, sie weiter als Mädchen arbeiten ließ, wurde von vielen Mädchen mit Befremden aufgenommen[‡]. Ein polnisches Mädchen, das im Bericht nicht namentlich erwähnt wird, wurde immer von ihrem Mann zu den Jobs gebracht. Sie saß auch oft mit ihm im Büro der Agentur um auf Jobs zu warten. Tatjana kam später auch mit ihrem Mann nach Wien, um hier unabhängig von der Agentur zu arbeiten. Zeitweise chauffierte er sie auch zu den Jobs. Tatjanas Mann war selbst in Polen als Callboy tätig gewesen[§]. Paulettes Freund arbeitete auf einer Schiffswerft in Deutschland und wusste von ihrer Tätigkeit. Dazu meinte sie: „Ich habe Freund und ich liebe ihn, da ist schwer machen diese Job."[**] Auch ihr Freund litt unter dem Wissen, dass seine Freundin als Prostituierte tätig war, um das Geld für die gemeinsame Zukunft aufzubringen. Als ich Adriana zwei Jahre später fragte, was für sie das Schlimmste an der Arbeit als Callgirl gewesen war, sagte sie: „Was ich meinem Freund damit angetan habe." Ihr Freund hat nie von ihrer Tätigkeit erfahren. Als Natascha einen Medizinstudenten kennen lernte und die beiden sich verliebten, litt sie schrecklich unter der Angst, er könnte erfahren, was sie machte[††]. Als sie es ihm schließlich gesagt hatte, brach er fast zusammen[‡‡]. Ihm zuliebe gab sie den Job schließlich auf. In der Einstellung der Partner gibt es also alle Abstu-

---

[*] Seite 103
[†] Seite 117, 129
[‡] Seite 116
[§] Seite 247
[**] Seite 74
[††] Seite 129
[‡‡] Seite 139

fungen: Manche fungieren als Zuhälter oder lassen sich jedenfalls aushalten, manche können die Tätigkeit der Partnerin irgendwie tolerieren, manche brechen die Beziehung ab, sobald sie von der Tätigkeit der Partnerin erfahren oder verlangen von ihr, aufzuhören, und manche erfahren nie davon.

Manche Mädchen meinten, als Callgirl einen höheren Status zu haben und sprachen verächtlich von Prostituierten, die auf den Strich gehen. Manche, die die Möglichkeit dazu gehabt hätten, wollten sich nicht anmelden, weil sie sich nicht als Prostituierte sehen wollten.

Die Kunden

Am unangenehmsten ist die Arbeit der Prostituierten, wenn die Kunden sich brutal oder demütigend verhalten[*]. Der einzige Schutz der Callgirls besteht darin, dass die Agentur weiß, wo das Mädchen sich aufhält und dem Kunden das bewusst ist. Es ist nicht so, dass der Fahrer vor der Haustür wartet, um im Notfall eingreifen zu können. In einer echten Gefahrensituation käme das Mädchen meist gar nicht an sein Telefon heran und der Fahrer auch nicht zur Haustür hinein. Die schlimmste Zeit waren die frühen Morgenstunden, wenn viele der Kunden betrunken oder high waren. Oft waren sie dann impotent und wurden deshalb wütend. Kunden, die brutal waren, wurden auf eine Sperrliste gesetzt. Allerdings konnte es vorkommen, dass ein Kunde bedient wurde, obwohl er auf der Sperrliste war, entweder weil es die Telefonistin übersehen oder nicht so ernst genommen hatte. Schließlich wurden die Telefonistinnen pro vermitteltem Job bezahlt.

Manche Kunden sind zwar nicht brutal, aber lästig, wenn sie etwa Dienste verlangen, die nicht vereinbart sind oder die das betreffende Mädchen nicht anbietet[†].

Ein Kunde wollte getreten und bepisst werden, aber nicht von einer Domina. Er suchte sich immer die neuen, möglichst unerfahrenen Mädchen dazu aus und machte sie mit Vorliebe betrunken.[‡]

Manche Kunden sind ungewaschen oder leben in unhygienischen Verhältnissen[§].

Gelegentlich versuchen Kunden, sich vorm Zahlen zu drücken[**].

Für Natascha war besonders belastend ein Kunde, der sich in sie verliebt hatte und sich in ihr Privatleben drängen wollte[††]. Sie bezeichnete ihn als Psychovampir.

Generell können Kunden, die sich in ein Mädchen verlieben, eine Belastung dar-

---

[*] Seiten 57, 145, 167, 182, 188
[†] Seite 38
[‡] Seiten 87, 196, 197
[§] Seiten 25, 188
[**] Seite 118 ff., 193 ff.
[††] Seite 127

stellen[*]. Auch wenn Kunden ein Mädchen buchen und ihr dann sagen: „Warum macht ein so nettes, intelligentes Mädchen wie du so etwas?", ist das sehr belastend[†].

Unangenehm bis schmerzhaft ist es auch, wenn der Kunde einen zu großen Penis hat[‡].

Für die Telefonistinnen unangenehm waren „Kunden", die sich lang und breit nach allem erkundigten und sich dann doch nicht trauten zu buchen, solche die überhaupt nicht vorhatten, zu buchen, sondern sich nur „begeilen" wollten, solche die besonders forsch und obszön daherredeten. Für Mädchen und Fahrer unangenehm waren die Scherz-Anrufe, die einen zu falschen oder nicht existenten Adressen schickten.

Auch wenn der größere Teil der Kunden sich relativ respektvoll und rücksichtsvoll verhielt, waren diese unangenehmen Kunden insgesamt eine schwere Belastung.

Ich selber habe die Kunden natürlich nur selten zu Gesicht bekommen. Die Adressen, die ich angefahren habe, reichen vom Hotel Imperial bis zur Gastarbeiterbude, von den Nobelvillen Hietzings bis zu den Sozialbauten in der Donaustadt. Auch aus den Erzählungen der Mädchen geht hervor, dass die Kunden aus allen Gesellschaftsschichten stammen, aus allen Altersgruppen, verheiratet, in Beziehung oder Single waren, schlicht, dass es keinen typischen Kunden gibt. Nicht einmal eine besondere Verschiebung hin zu wohlhabenderen Schichten war zu merken, außer natürlich bei Stammkunden, die mehrmals pro Woche buchten. Doch selbst da gab es Überraschungen. Einmal wurde ich zu Hilfe gerufen, weil es ein Problem mit dem Ausfüllen des Kreditkartenformulars gab. Als ich in die Wohnung des Kunden kam, der ein Stammkunde war und häufig buchte, stellte ich überrascht fest, dass es kein einziges ganzes Möbelstück gab. Der Kunde gab anscheinend sein ganzes Geld für Mädchen aus.

Über die Kunden gibt es nur wenige sozialwissenschaftliche Untersuchungen. Z.B. stellt der *Durex Global Sex Survey*[9], dessen Ergebnisse in den Medien immer groß herausgestellt werden[10], bis heute nicht die Frage nach Prostituiertenbesuchen. Christiane Howe, die im Rahmen einer in Frankfurt durchgeführten Untersuchung 15 Besucher ausländischer Prostituierten ausführlich befragte, teilt die Kunden nach ihrer Motivation in die folgenden Gruppen ein:

---

[*] Seite 20
[†] Seite 195
[‡] Seiten 79, 137, 195

Beziehungssuchende
Männer, die eigentlich eine Beziehungspartnerin suchen, sich z.T. in Prostituierte verlieben und diese aus der Prostitution herausholen wollen. Männer, die sich dabei z.t. psychisch überfordern und finanziell ruinieren. [...]
Abwechslungssuchende
Männer, die in fester Partnerschaft leben, z.t. recht zufrieden und glücklich, und den Reiz des
Neuen, einer neuen Frau, eines neuen, auch jungen oder anderen Körpers suchen.
Entspannungssuchende
Männer, die nach einem stressigem Tag, wichtigem Geschäftsabschluss, Ärger mit der Ehefrau, Freundin etc. hier die Entspannung suchen.
„Sich etwas Gutes gönnen"
Männer, die es sich nach stressigem Tag, wichtigem Geschäftsabschluss etc. gut gehen lassen
wollen. Man weiß, was man erhält, und gönnt es sich.
Ausleben spezieller sexueller Vorlieben und Wünsche,
die zu äußern oder umzusetzen sich bei und mit der Partnerin oder Ehefrau nicht getraut wird, z.b. S/M oder Natursektspiele.[11]

Ein Überblick über Kundenwünsche

Als Tatjana nach längerer Abwesenheit (sie war durch einen Verkehrsunfall für über vier Monate arbeitsunfähig) wieder nach Wien kam, wollte sie unabhängig arbeiten. Ich machte für sie die Homepage, und da ihre Deutschkenntnisse dafür nicht ausreichten, beantwortete ich auch in ihrem Namen die Email-Anfragen. Die telefonischen Anfragen beantwortete ihre Schwester Natascha, die damals ihrem Freund zuliebe selbst nicht als Callgirl arbeitete. Einige Zeit später brachte Tatjana ihre Freundin Edita mit, für die ich dann auch die Emails beantwortete. So stehen mir 579 Emails an Tatjana von 336 verschiedenen Kunden zur Verfügung, 163 Emails an Edita von 92 Kunden. Weiters stehen mir noch 256 Emails von 204 Kunden zur Verfügung, die Email-Anfragen an ein *Studio* betreffen. Die jeweiligen Webseiten sind unterschiedlich gestaltet, Tatjanas und Editas Seiten stellen nur jeweils eine Person vor, die Seite des Studios ca. 5 wechselnde Mädchen mit unterschiedlichen Angeboten. So bot Edita zum Beispiel explizit *Naturfranzösisch* (Oralverkehr ohne Schutz) *mit Vollendung* (Erguss) *im Mund* an. Dementsprechend ist der Anteil einschlägiger Anfragen an sie höher als bei Tatjana. Auf der Homepage des Studios boten einzelne Mädchen explizit *Griechisch* (Analverkehr) und normalen Verkehr ohne Schutz an. Während Tatjana und Edita anboten, auch gemeinsam den Kunden zu bedienen (mit Link auf die Seite der Freundin), bot das

	Tatjana		Edita	
	absolut	%	absolut	%
Gesamtzahl der Kunden	336	100,00	92	100,00
Keine besonderen Wünsche genannt	117	34,82	28	25,23
Oral überhaupt	98	29,17	30	27,03
Oral ohne Schutz (Naturfranzösisch)	77	22,92	28	25,23
Analverkehr (Griechisch)	57	16,96	10	9,01
Zärtlich/Girlfriendsex	31	9,23	11	9,91
Cunnilingus	29	8,63	4	3,60
Küssen	28	8,33	12	10,81
2 Frauen	21	6,25	10	9,01
Fotografieren	21	6,25	3	2,70
Oral mit Erguss in den Mund (NF total)	20	5,95	15	13,51
Lesbenshow	11	3,27	5	4,50
Erguss auf den Körper	10	2,98	2	1,80
Service für ein Paar (Mann und Frau)	9	2,68	1	0,90
Busenerotik	7	2,08	3	2,70
Verkehr ohne Schutz	6	1,79	0	0,00
Fußfetisch	6	1,79	2	1,80
Kunde will masturbieren	4	1,19	1	0,90
Urinspiele (Natursekt)	4	1,19	4	3,60
Vibrator bei ihr	4	1,19	1	0,90
Kunde will beim Masturbieren zusehen	3	0,89	1	0,90
Kotspiele (Kaviar)	2	0,60	0	0,00
Dildo bei ihm	2	0,60	2	1,80
Strumpfhosenfetisch	1	0,30	0	0,00
Facesitting	1	0,30	0	0,00
Rollenspiele	1	0,30	0	0,00
Analmassage	1	0,30	0	0,00
Sex während der Periode	0	0,00	0	0,00
Streng	0	0,00	2	1,80
Anus lecken (Algierfranzösisch)	0	0,00	2	1,80
Hoden lecken	0	0,00	1	0,90
Privat kennen lernen	1	0,30	0	0,00
Verliebt	2	0,60	0	0,00
Unerfahren/Erstes Mal	3	0,89	2	1,80

Studio		Gesamt	
absolut	%	absolut	%
204	100,00	632	100,00
79	38,73	224	35,44
40	19,61	168	26,58
31	15,20	136	21,52
28	13,73	95	15,03
11	5,39	53	8,39
10	4,90	43	6,80
9	4,41	49	7,75
25	12,25	56	8,86
11	5,39	35	5,54
14	6,86	49	7,75
19	9,31	35	5,54
7	3,43	19	3,01
1	0,49	11	1,74
0	0,00	10	1,58
5	2,45	11	1,74
2	0,98	10	1,58
2	0,98	7	1,11
3	1,47	11	1,74
2	0,98	7	1,11
1	0,49	5	0,79
0	0,00	2	0,32
3	1,47	7	1,11
0	0,00	1	0,16
0	0,00	1	0,16
1	0,49	2	0,32
8	3,92	9	1,42
2	0,98	2	0,32
4	1,96	6	0,95
3	1,47	5	0,79
1	0,49	2	0,32
0	0,00	1	0,16
0	0,00	2	0,32
2	0,98	7	1,11

Studio explizit eine *Lesbenshow* an, weshalb dort die Nachfragen nach diesem Service deutlich mehr sind. Innerhalb der einzelnen Gruppen wurden die Wünsche jedes Kunden nur einmal gezählt, wobei alle Wünsche des Kunden, ob in derselben Mail oder in verschiedenen geäußert, berücksichtigt wurden. Einige der Kunden haben Mails sowohl an Tatjana als auch an Edita als auch ans Studio geschrieben, ihre Wünsche werden in jeder Gruppe einmal berücksichtigt.

Wenn die Prozentzahlen in den drei Statistiken auch um bis zu 10 divergieren, so kommt die Gewichtung der Wünsche doch eindeutig zum Ausdruck. Zwei Drittel bis drei Viertel aller Kunden äußerten spezielle Wünsche oder fragten nach einem bestimmten Service. An erster Stelle steht dabei der generelle Wunsch nach Oralverkehr mit rund 20% bis 29%. In diesen sind enthalten die 15% bis 25 %, die nach Oralverkehr ohne Schutz fragen, und in diesen sind wiederum die 5% bis 13% enthalten, die auch den Erguss in den Mund wünschen. An dritter Stelle steht die Nachfrage nach Analverkehr mit rund 9% bis 17%. In 5% bis 10% der Mails wird nach zärtlichem Sex, Girlfriendsex oder Schmusen gefragt, Küssen steht mit 4% bis 11% an fünfter oder sechster Stelle der Wunschliste, etwa gleichauf mit Cunnilingus (4% bis 9%). 6% bis 12% möchten von zwei Frauen gleichzeitig verwöhnt werden, 3% bis 9% möchten zwei Frauen bei lesbischen Spielen zusehen. 2% bis 3% wünschen den Erguss auf bestimmte Körperteile, vor allem auf den Busen. Tatjana, die sich explizit als *bi* beschrieb und ein Service für Paare anbot, erhielt Anfragen von 9 Paaren, immerhin 2,68%, die Mehrzahl von der Frau unterzeichnet.
Ca. 15% fragten nach weniger häufigen sexuellen Praktiken.
Die geringe Zahl von Anfragen nach strenger Behandlung, Kot- und Urinspielen und dergleichen soll nicht darüber hinwegtäuschen, dass die Nachfrage nach derartigen Praktiken viel größer ist. Diese Wünsche werden aber von speziellen Domina- und Bizarrstudios bedient.

Howe schreibt:

> Im Gegensatz zu den meisten Annahmen über das Kunden-Prostituierten-Verhältnis scheint dieses in der realen Begegnung und im intimen Vollzug eher von dieser Unsicherheit und nicht von der Machtposition des Mannes geprägt zu sein. Das wirkliche Tabu scheint hier zu liegen: Männer zeigen deutlich ihre Bedürftigkeiten, ihr sexuelles Begehren, ihr Bedürfnis nach körperlichen Zuwendungen, auch nach Trost und Zärtlichkeit etc. Sie können ihrer Passivität und Hingabebereitschaft Raum geben. Dies alles scheint im „soliden Leben" eher der Ausdruck von Schwäche zu sein, erscheint eher lächerlich und widerspricht den Vorstellungen von männlicher Autonomie.
> Sehr deutlich wird dieser Punkt auch darin, dass viele Freier vor allem Oralsex oder auch stärkere Aktivitäten und Klarheiten von Seiten der

Frau wünschen. Die meisten Partnerinnen haben damit jedoch offensichtlich Schwierigkeiten oder lehnen die Wünsche ab. Der Wunsch nach oraler Stimulierung wird bei den Prostituierten am meisten nachgefragt.[12]

Diese Einschätzung scheint mir recht überzeugend zu sein und wird von der von mir aufgestellten Statistik bestätigt. So schreiben (potentielle)Kunden:

> „war noch nie bei einer professionellen – such daher möglichst einfühlsamen girlfriendsex-bin ich da richtig bei dir?"

> „Ich möchte gerne, dass du die Zügel in die Hand nimmst und mich Dinge tun lässt, die ich noch nie gemacht habe."

> „ich möchte von dir geführt werden; möchte wissen, was frauen gefällt."
> „Ich möchte was lernen von dir! Wie lange brauchst du bis du mir was ordentliches beigebracht hast?"

> „Da ich noch nicht wirklich viel konkakt bzw. zärtlichen kontakt mit dem weiblichen geschlecht hatte, würde ich gerne unser treffen, damit du mich ein bisschen in die kunst der liebe einführen.daher solltest du die kontrolle_/rolle übernehmen und mich durch die stunden leiten.ich möchte mich einfach fallen lassen und mich von dir verführen lassen.Dabei solltest du eben die rolle übernehmen.dabei wäre ein doch langes vorspiel wirklich supi!"

Auch die Zahl der Anfragen bezüglich Zärtlichkeit, Küssen und Schmusen deutet in dieselbe Richtung.
Noch einmal Howe:

> Für viele Männer repräsentiert die Prostituierte offenbar etwas, was eigentlich mit dem früheren Mutter-Erlebnis in enger Beziehung steht: eine voraussetzungslose, regressive körperliche Nähe – eine Frau, die zur Verfügung steht. Das scheint mir das wirkliche Tabu der Prostitution zu sein – dass etwas nicht erkannt werden kann und darf.[13]

Dazu passt vielleicht auch die weit verbreitete Männerphantasie von Sex mit einer Krankenschwester. Viele Bizarrstudios sind für derartige Rollenspiele eingerichtet.
Bezüglich unerfüllter Wünsche nach bestimmten Sexualpraktiken schreiben Kunden:

> „Hey Schönheit!

Dachte mir ich schreib dich einfach mal an! Ich bin 21 & lebe in wien! Lebe in einer sehr langweiligen beziehung & hätte einfach mal lust auf heissen geilen harten SEX!Mit allem was dazu gehört! Denn anal, oral oder sonstige spielerein sind bei mir im bett leider tabu! Würde mich freuen wenn du mal zu mir in die wohnung kommst & wir die korken knallen lassen!

„ICH BIN 38 ; HABE KINDER ; ABER BEIM SEX BIN ICH DOCH NOCH ZIEMLICH UNERFAHREN KLINGT VERRÜCKT ABER AUSER DER SOGENANTEN MISSIONARSSTELLUNG WO MEINE LEBENGEFÄHRTIN UNTEN UND ICH OBEN BIN KANN SIE WEGEN EINEM GEBURTSPROBLEM IHRES ERSTEN KINDES LEIDER NICHT MEHR ANDERS SEX HABEN DA DIES IHR SCHMERZEN BEREITET; DAS ERSTE KIND IST VON EINER BEZIEHUNG BEFOR ICH SIE KENNEN LERNTE ;
WÜRDEST DU MIT MIR VIELEICHT IN EINIGEN ANDEREN STELLUNGEN SEX MACHEN ICH MÖCHTE GERNE EINMAL AUS REINER NEUGIER EINEN GEBLASEN BEKOMMEN WENN MÖGLICH ; ODER DAS SIE OBEN REITET ; ODER VON HINTEN KIEHENT
ABER NUR WENN DIESE MÖGLICH IST
DANKE FÜR DEINE RASCHE ANTWORT
KUSS [Unterschrift]“

„Bin 32 Jahre, verheiratet und würde gerne einmal griechisch ausprobieren, da dies meine Frau nicht will. Ich möchte aber nicht zu Lange von zu Hause weg gehen. um mir unnötige Diskussionen zu ersparen, deshalb würde mich interessieren ob Du eine halbe Stunde mit griechisch machen würdest und was es kosten würde?“

„Also, ich bin 41 Jahre, blond und aus Oberösterreich. Da ich hin und wieder mal in Wien bin, suche ich die Abwechslung vom normalen E-healltag und eben das, was zu Hause nicht möglich ist. Das ist z.B. eine Frau im extrem kurzen Minirock mit schwarzen Strapsen darunter. Ich stehe darauf, meine Frau nicht.“

„Hi, ich wollte nur fragen wie du zu Analsex stehst? Steht leider diesbezüglich nix auf deiner Page. Bin bisher anal noch „Jungfrau“, aber würde es gerne mal probieren. Leider hatte bisher keine meiner Freundinnen Lust darauf. Wenn du Analsex machst, was gibt es dabei für mich als Mann zu beachten, möchte mich gerne etwas darauf vorbereiten.“

Einige Kunden waren schwer- und schwerstbehindert. Manche Mädchen fühlten sich seelisch nicht in der Lage, solche Kunden zu betreuen oder ekelten sich einfach, andere brachten ihnen besonders viel Sympathie und Einfühlung entgegen[*]. Ein Behinderter schrieb an ein Studio:

> Zuerst möchte ich sagen, dass mir eure homepage bzw bilder sehr gut gefallen. ihr scheint echt nette und vor allem niveauvolle mädeln zu sein!
> hätte da mal zu einem vielleicht schwierigen eine generele Frage: wäre für euch eine behinderung ein problem bzw ha ihr damit schon erfahrung?
> bin ein leichter spastiker, wodurch meine sprache u mobilität leicht beeinträchtigt sind. klingt ärger als es ist. studiere alleine in wien, versorge mich selbst, komme überall alleine hin und benütze ohne probleme die offentlichen verkehrsmittel-
> klingt vielleicht ein bisl blöd aber da ich bezüglich der sprache ein wenig schwerer zu verstehen bin, wäre es gut wenn meine auserwählte (ggg) österreierin wäre.
> da ich bisher auch noch keine sexuelle erfahrung sammeln konnte wäre es für mich auch das erste mal. wäre wahrscheinl. ein wenig nervös und eventuell ungeschickt.
> :-))). was hälltet ihr davon?
> das ist vielleicht ein schwieriges thema, aber überleg es euch mal. ist natürlich eure entscheidung!
> danke und lg
> [Unterschrift]

Relativ wenige Anfragen nach Verkehr ohne Schutz, nämlich nur rund 2% sind in den Emails enthalten. Das mag daran liegen, dass auf den betreffenden Homepages die Angaben dazu, was mit und was ohne Schutz jeweils möglich ist, relativ genau waren, so dass die Kunden da nicht mehr nachstießen. Die Nachfrage danach ist sicher sehr viel höher[†]. Die Chefin der von mir untersuchten Agentur ermunterte die Mädchen sehr dazu, *Ohne-Service* anzubieten und gab auch Inserate auf wie: „Süße 18, alles ohne!" Sie inserierte auch in Polen nach Mädchen, die bereit waren, alles ohne zu machen. Zeitweise boten 25% der in der Agentur tätigen Mädchen *Ohne-Service* an.

---

[*] Seiten 24, 87, 99, 142, 155, 201
[†] Seiten 38, 44, 66, 77, 146, 163, 168, 177, 177, 190, 201

Frauen als Kundinnen

Selten aber doch nehmen auch Frauen die Dienste von Callboys und Callgirls in Anspruch. Über die Gründe, warum es so wenige tun und warum manche es doch tun, lässt sich nur spekulieren. Am Angebot mangelt es jedenfalls nicht. Es meldeten sich immer wieder junge Männer die sich als Callboys für Frauen bewarben. Wenn sie nicht bereit waren, auch Männer zu bedienen, wurden sie gar nicht in Erwägung gezogen. Dieter, ein zumindest optisch für Frauen sicherlich attraktiver Callboy meinte: „Des mit die Frauen kummt scho", doch hatte er nur sehr wenige Kundinnen[*]. Öfter als einzelne Frauen nahmen Frauen gemeinsam mit ihrem Partner die Dienste von Callgirls in Anspruch. Die folgende Email an Edita mit einer Frau als Absender und dem Subject: „Meine erste Erfahrung mit einer Frau" scheint mir echt zu sein:

> Terminwunsch: Ich würd Dich gerne vorher am Telefon HÖREN..da mich Deine Stimme interessiert.
> Ort:
> Kontakt: Telefon [...]
>
> Wünsche: Ich möchte mir selbst zu Weihnachten einen Wunsch erfüllen, einmal eine Frau zu „kosten", mein neuer Liebhaber, hoffenlich bald Freund, und ich wollen Dich gern ins Hotel Orient einladen. Ist das für Dich möglich? 1 Stunde wahrscheinlich.. Kleidung: nicht fetisch, nicht schwarz.. vielleicht ein wenig „unschuldig"..in weiß vielleicht?

Die Mehrzahl der Emails von Paaren war von der Frau unterschrieben. Von wem tatsächlich die Initiative für ein solches Abenteuer ausgeht, lässt sich natürlich trotzdem schwer sagen.

Das Angebot

Das Angebot an verschiedenen *Services* entsprach in etwa der Nachfrage, wenn auch nicht alle Mädchen alles machten. Ungefähr einen Monat, nachdem ich bei der Agentur angefangen hatte, wurde ein Fragebogen eingeführt, den Mädchen und Burschen ausfüllen mussten.[†] Dem Fragebogen waren noch die auf Seite 153 im vollen Wortlaut wiedergegebenen Richtlinien beigefügt, die die Mädchen bzw. Callboys unterschreiben mussten.

---

[*] Seite 69
[†] Seiten 98, 152, 175

Jobname (Job name)	
Geburtsdatum (Date ofbirth)	
Körpergröße (high)	
Konfektionsgröße (Body size)	
Maße in kg (Mass in kg)	
BH Größe (Bra size)	
Haarfarbe, Haarlänge (Hair color, hair length)	
Intim- Behaarung: glatt, teilrasiert, rassig (Intimate hair smoothly, part-shaved, jdoes not shave	
Augenfarbe (Eye color)	
Schuhgröße (Shoe size)	
Gesprochene Sprachen (Spoken languages)	
Tabus (what you never make)	
Vorlieben (Preferences)	
Erlernter Beruf (Learned occupation)	

Hast Du schon in dieser Tätigkeit gearbeitet? (Did already work in this activity?	ja (yes)	nein (no)
Den Job machst Du, um Folgendes zu erreichen (You make the job, in order to reach the following)		

Du trägst und besitzt:	Du bietest an (You offer):	
Hosenanzug (Trousers suit)	küssen (kiss)	Streaptease
Abendkleid (Evening gown)	blasen ohne (blowjob without condom)	Massage

Kostüme (Costumes)	blasen mit Vollendung in den Mund (blowjob with completion in the mouth)	Mit Männergruppen (With mens groups)
Rock lang (Skirt long)	schlucken (Sperm swallow)	Mit Frauengruppen (With women groups)
Minirock (Mini skirt)	Gesichtsbesamung (Insemination of face)	Fotos (Photos)
Sportlich elegant (Sportily elegantly)	lecken (lick)	Filme/ Video (Moovie)
Blusen transparent (Blouses transparency)	Vibratorspiele (Vibrator plays)	Gruppensex gemischt (Groups sex mixed)
High-Heels	Anal (Greeksex)	Pärchenclub (Swingerclub)
Stiefel (Boot)	Natursex (Sex without condom)	lesbisch (ein Mädchen von uns) lesbian (a girl of us)
Bikini	Natur Sekt aktiv (Golden shower activ)	lesbisch (lesbian, a solo woman)
Gummidessous(Rubber dessous)	Natur Sekt passiv (Golden shower passiv)	2 Männer (2 mens)
Lackdessous (Lacquer dessous)	Kaviar aktiv (Caviar activ)	Faustfick (Fisting)
Strapse (Straps)	Kaviar passiv (Caviar passiv)	Sandwich (2 mens together)
Strümpfe (ownerless socks)	Domina	Sklavin (Slave)
andere (other one) :	andere (other one) :	andere (other one) :
nur Österreich (only Austria)	Europaweit (European-wide)	Weltweit (Worldwide)

Was sie außer normalem Geschlechtsverkehr mit Schutz und Oralverkehr mit Schutz noch aus dieser Palette anbieten wollten, stand Mädchen und Burschen frei. Ein Callboy etwa lehnte passiven Analverkehr ab. Viele Mädchen lehnten am Anfang Oralverkehr ohne Schutz ab, mussten aber bald feststellen, dass dieses *Service* so häufig gefragt war, dass sie ohne das nur sehr wenige Jobs bekamen. Nach ein bis zwei Wochen waren die meisten dazu bereit. Einige Mädchen weigerten sich standhaft zu küssen. Die Mehrzahl war prinzipiell dazu bereit, weigerte sich aber in Einzelfällen, wenn der Kunde unsauber war oder ihnen krank erschien. Die meisten anderen Praktiken wurden jeweils nur von einer Minderheit angeboten. Doch kam es kaum jemals vor, dass für eine der in dem Fragebogen angeführten Praktiken überhaupt niemand zur Verfügung stand, mit Ausnahme von *Kaviar passiv*. Mir ist aber auch nie zu Ohren gekommen, dass das nachgefragt worden wäre. Die Agentur vermittelte auch eine *Sklavin* und ein bis zwei *Dominas*.

Seit der Zeit von Girtlers Untersuchung hat sich das Angebot also sehr gewandelt. Es ist vor allem intimer und zärtlicher geworden.

Die beginnenden 80er Jahre in Österreich sahen gerade das Ende der Vollbeschäftigung. 1980 lag in Österreich die gesamte Arbeitslosenrate bei 1,9 und die der Frauen bei 2,3. Sie stieg bis 1984 insgesamt auf 4,5 und bei den Frauen auf 4,3. Wenn auf dem Strich auch Frauen aus den unteren Schichten und den ärmeren Gegenden Österreichs tätig waren, so kann man doch nicht sagen, dass für sie die Prostitution die Alternative zur Verelendung war.

2002 in Rumänien dagegen betrug die durchschnittliche Arbeitslosenrate 13% , in den östlichen Regionen bis zu 23%. 2004 betrug die Arbeitslosenrate in Polen 18,7%., in der Slowakei 18,1%.

Beklagten sich zwar auch schon 1983 Prostituierte: „Wenn man heutzutage die Annoncen in den Zeitungen sieht, liest man bei jeder zweiten Annonce einen Spottpreis und was man um den alles haben kann"[14], so war zu Beginn der 80er Jahre der Markt doch noch immer ein Verkäufermarkt. Der Kunde muss sich mit dem zufrieden geben, was er kriegen konnte. „Ich mache nicht das, was er will, sondern er muß machen, was ich will. Ich bestimme den Preis und was damit verbunden ist. Daran muß er sich halten."[15]

Zu Beginn des 21. Jahrhunderts ist der Prostitutionsmarkt in Österreich ein Käufermarkt. Das ökonomische West-Ost-Gefälle und die Gesetze des Marktes bewirken, dass die Mädchen jünger, hübscher und williger geworden sind. Ständig drängen neue Mädchen nach, und zwar vorwiegend „freiwillig". Freiwillig in dem Sinn, dass sie nicht von anderen unmittelbar dazu gezwungen werden, sondern „nur" von den „Verhältnissen".

Die Agentur übt keinen Zwang auf die Mädchen aus, mehr als das minimale Service anzubieten, sie verlässt sich auf die Konkurrenz unter den Mädchen. Doch eines ist klar: Für die Agentur steht die Zufriedenheit des Kunden an erster Stelle. Viele der Strategien, wie sie Girtler beschreibt, mit denen Prostituierte ihre persönliche Integrität gegenüber dem Kunden zu wahren versuchten, werden von der Agentur verpönt: Sich nicht anfassen lassen, nicht küssen lassen, sich sofort anzuziehen, sobald der Kunde „gespritzt" hat, etc.

Zu der scharfen Konkurrenz kommt die Unerfahrenheit der Mädchen. Sie werden nicht mehr von erfahrenen Huren angelernt, auch nicht von Zuhältern, die ein persönliches Interesse an ihnen als Partnerin hätten. Wenn sie anfangen, mögen sie vielleicht schüchtern oder ängstlich sein, doch es stehen ihnen keine anderen Verhaltensweisen zur Verfügung, als die, die sie mit ihren privaten Geschlechtspartnern eingeübt haben. Auf dem Straßenstrich konnten die Prostituierten einander relativ leicht kontrollieren. Wenn ein Kunde ihnen sagte: „Bei der und der hab ich das und das machen können", dann konnte die Betreffende zur Rede gestellt oder bei ihrem Zuhälter angeschwärzt werden[16]. Die Mädchen, die für Call-Girl-Agenturen arbeiten, sind voneinander viel stärker isoliert. Meistens kennen sie nur die Freundin, mit der gemeinsam sie hergekommen sind, oder die Mädchen, mit denen sie gemeinsam wohnen. Die gehören immer derselben Nationalität an. Es gibt kaum Kontakte zwischen Mädchen verschiedener Nationalität, auch wenn etwa Slowakinnen und Polinnen einander sowieso verstehen können und anderen als gemeinsame Sprache Englisch oder Deutsch zur Verfügung stehen würde. Wenn sie lange genug im Geschäft sind, um als erfahren gelten zu können, werden sie oft schon wieder von den nachdrängenden Jüngeren verdrängt.

Ein Preisvergleich

Um 1.000,- Schilling (72,- Euro) + 120,- Schilling (8,70 Euro) fürs Zimmer konnte ein Kunde 1982/83 eine halbe Stunde mit *entweder* Französisch *oder* Verkehr haben, und zwar *mit* Schutz[17].

In einem Studio in Wien kann der Gast 2006 um 70,- Euro 1/2 Stunde mit *Natur-*französisch *und* Verkehr (geschützt) bekommen. Das entspricht einem Schillingpreis von 963,20.

Eine Partiestunde (Monteur und Helfer) eines Gas- und Wasserleitungsinstallateurs kostete 1982 ca. 485,- Schilling (35 Euro), 2006 ca. 95 Euro (1.307,- Schilling).

Während also der Preis der Installateurstunde auf 270% gestiegen ist, erbringt die Prostituierte um nur 86 % des Preises eine vielleicht mit dem doppelten oder dreifachen Wert anzusetzende Leistung.

Preise und Einkommen

Für den obigen Preisvergleich habe ich Preise in einem Studio herangezogen, weil das dem Vergleich mit den Preisen am Straßenstrich (plus Stundenhotel) näher kommt. Bei Callgirls (*Escorts*) kommt noch das Taxigeld, also die Entlohnung für den Fahrer hinzu.

Der Grundpreis für eine Stunde betrug bei der von mir untersuchten Agentur 140,- Euro inklusive Fahrtkosten.

In diesem Preis war als Service Oralverkehr mit Schutz und Verkehr mit Schutz enthalten. Alle anderen im obigen Fragebogen angeführten Praktiken galten als *Extras*, mit Ausnahme von Küssen und Cunnilingus (*Französisch gegenseitig, Lecken*). Küssen war dem Mädchen zwar freigestellt, doch durfte es dafür keine Aufzahlung verlangen. Bei anderen Agenturen konnten die Mädchen auch Küssen und Lecken als Extras verrechnen, wieder andere hatten z.B. einen Stundenpreis von 150,- Euro, in dem aber Naturfranzösisch schon von vornherein inkludiert war. Die Mädchen hatten hier also keine Wahl. Sich vollständig auszuziehen und sich überall anfassen zu lassen war selbstverständlich, ganz im Gegensatz zu den Gepflogenheiten, die Girtler beschreibt.

Von den 140,- Euro blieben dem Mädchen 60,-, 60,- wurden an die Agentur abgeliefert und 20,- bekam der Fahrer. Bezahlung für Extras blieb zu 100% dem Mädchen. Die Preise für Extras waren von der Agentur festgelegt und mussten eingehalten werden. *Naturfranzösisch* kostete 30,- Euro extra, ebenso *Griechisch*.

Zwei Stunden kosteten den Kunden 180,- Euro (plus 20,- Euro Fahrtkosten). Davon bekam das Mädchen 110,- Euro, die Agentur 70,-. Jede weitere Stunde kostete 100,- Euro, von denen das Mädchen 50,- und die Agentur 50,- erhielt.

Eine Stunde mit zwei Kunden (Paar, 2 Damen oder 2 Herren) kostete ebenfalls 180,- (+20,-) Euro, von denen das Mädchen 120,-, die Agentur 60,- erhielt, die Verlängerungsstunde 150,- (100,-/50,-).

Rabatte für Stammkunden, Rabatte im Zuge irgendwelcher Werbeaktionen (Zum Beispiel die Einführungspreise für die „zweite" Agentur) wurden zur Gänze von der Agentur getragen. Nur beim Angebot „Ganze Nacht" kam das Mädchen nicht auf den vollen Stundensatz von 60,- Euro für die erste und 50,- Euro für jede weitere Stunde.

Einige sogenannte *Stammmädchen*, also die drei, die schon seit der ersten Stunde dabei waren und dazu einige, die aus irgend einem Grund der Chefin sympathisch waren, erhielten für die erste Stunde 70,- Euro. Sie waren ausschließlich Polinnen wie die Chefin.

Eine Stunde *Alles ohne* kostete 160,- (+20) Euro. Davon erhielt das Mädchen 100,-. Für eine Stunde mit geschütztem Verkehr und *Naturfranzösisch* als Extra hätte sie 90,- Euro bekommen. Für den ungeschützten Verkehr bekam sie also nur 10,- Euro zusätzlich! Der Anreiz für die Mädchen, dennoch *Ohne-Service* anzubieten, lag darin, auf diese Weise mehr Jobs zu bekommen.

Wie viel ein Mädchen verdiente, hing natürlich von der Anzahl der Jobs ab, die sie bekam. Das wiederum war abhängig vom Aussehen des Mädchens, von dem Service, das sie anbot, und von der Zufriedenheit der Kunden mit diesem Service. Eine Spitzenverdienerin wie Juliette konnte es in mancher Woche auf bis zu 5.000,- Euro bringen, aber nicht in jeder Woche. Das verdankte sie ihrer Schönheit und vor allem ihrer Fähigkeit, sich in die Kunden (und Kundinnen) einzufühlen und ihre Wünsche wahrzunehmen. Sie hatte besonders viele Stammkunden und auch viele Langzeitbuchungen, außerdem war sie unermüdlich und machte bis zu acht Jobs am Tag.

Doch auch in einem guten Monat konnte Juliette nicht mehr als 10.000,- Euro verdienen. Damit die Leser sich vorstellen können, welchen Einsatz das bedeutet, hier die Rechnung die dieser Schätzung zugrunde liegt: 8 Einstundenjobs mit 8 Extras am Tag, fünfmal pro Woche, drei Wochen im Monat (Ca. eine von vier Wochen fällt wegen der monatlichen Periode aus.) Das ist eine extreme Anstrengung.

Girtler nennt einen monatlichen Höchstverdienst von 100.000,- Schilling (7.267-Euro)[18]. Damit würde Juliette um etwa ein Viertel mehr verdient haben. Doch bei einem Preisanstieg von 67% in den 21 Jahren, die zwischen den beiden Untersuchungen liegen, entspricht diese Summe nur einer Kaufkraft von 82.400,- Schilling im Jahr 1982.

Wenn Carlotta angab, dass sie im Juli 94 Jobs gemacht hatte[*], so bedeutete das mindestens 5.640,- Euro, (je 1 Stunde, keine *Extras*).

Tatjana hat im August in nicht ganz zwei Wochen 4.000,- Euro verdient[†]. Tatjana gab ihr Geld hauptsächlich zu Hause in Polen aus. Die Kaufkraft des Euro war in Polen für Lebensmittel, Wohnungs- und Energiekosten ungefähr viermal so hoch wie in Österreich. Für westliche Produkte (Elektrogeräte, Markenmode) waren die Preise gleich oder ein wenig höher als in Österreich. Tatjana verbrachte mehr Zeit zu Hause als in Österreich.

---

[*] Seite 202
[†] Seite 183

Carla, ein 18jähriges Mädchen aus Rumänien, das im Haupttext nicht erwähnt wird, fühlte sich nach 6 Monaten total ausgebrannt und hatte gynäkologische Probleme. Mit ihr führte ich folgendes Gespräch:

> Carla: „I'm not feel good. I'm so confused"
> „Because of this?"
> Ich deute auf ihren Bauch.
> „Yes!"
> „I stay here now six months and I am full!" Geste bis zum Hals.
> „Maybe you should take a holiday. Go home for two weeks, three weeks, rest, and think what you want to do."
> „And I go to Romania now and I don't come back."
> „So. In six months you must have made a lot of money!"
> „Not so much. Here in Austria I pay so much. In 6 months 10.000,- Euro kaputt. For apartment I pay 1.000,- in two months. And 200,- for energy."
> „And how much do you have? How much have you saved?"
> „Not so much!"
> „Well, how much?"
> „14.000,-"
> „Well, in Romania, how long can you live on this money?"
> „I don't know."
> „Well, on this money even in Austria you can live for a year. You can go to Romania, go to school and maybe come back after one year."

Sie hatte also in 6 Monaten 24.000,- Euro verdient und davon 14.000,- erspart.

Realistisch ist ein Monatsverdienst von 4.000,- Euro für ein „gutes" Mädchen. (3 Jobs mit 3 Extras pro Tag, fünfmal in der Woche, 3 Wochen im Monat). Das Medianeinkommen von Frauen lag 2003 in Österreich bei 1.079,- Euro.[19]

Am unteren Ende der Skala waren Mädchen, die manchmal eine Woche lang ohne einen einzigen Job blieben. Wenn ein Mädchen als unverlässlich galt, wenn sie schlecht zu erreichen war, wenn es über sie viele Beschwerden gab, wurde sie von den Telefonistinnen nur dann vermittelt, wenn der Kunde sie ausdrücklich verlangte, entweder weil er sie kannte oder ihr Foto im Internet oder einem Inserat gesehen hatte. An Kunden, die „blind" anriefen und sich von der Telefonistin ein Mädchen empfehlen ließen, wurden sie nicht vermittelt.

Neue Mädchen verdienten am Anfang besonders gut, weil sie die Neugier der Stammkunden weckten. Wenn die Neugier befriedigt war und sie die Erwartungen möglicherweise nicht erfüllten, konnte der Verdienst schnell absacken.

Der Nutzen, den die Mädchen letztlich aus ihrem Einkommen zogen, war höchst unterschiedlich. Manche mussten, wie schon erwähnt, 50% an einen Zuhälter oder eine Zuhälterin abliefern. Manche lebten sorglos in den Tag hinein wie etwa Sally und Judy, die gelegentlich ohne einen Cent dastanden. Andere kamen nach Wien ausschließlich um zu arbeiten, wie etwa Juliette, Tatjana oder Gosia. Sie lebten spartanisch, waren fast ununterbrochen als dienstbereit *angemeldet,* und fuhren dann (meist bei Einsetzen der Periode) mit den Einnahmen von einigen Wochen nach Hause, um dort ein normales Leben zu führen. Manche schickten regelmäßig Geld nach Hause, um die Familie zu unterstützen, manche gaben viel Geld für bisher unerschwingliche Konsumartikel oder für Schönheitsoperationen* aus. Eine der ersten Anschaffungen war typischerweise ein cooles Handy.

Drogen

Die meistkonsumierte Droge unter den Mädchen war Nikotin. Die meisten waren extrem starke Raucherinnen. Im Job diente das Rauchen dazu Zeit zu schinden oder die Verlegenheit der ersten Minuten zu überbrücken. Außerhalb des Jobs, um die Langeweile des Wartens auf den nächsten Job zu bewältigen.

Beim Alkoholkonsum war die Mehrzahl der Mädchen zu meiner Überraschung sehr zurückhaltend. Die meisten lehnten alkoholische Getränke, die ihnen von Kunden angeboten wurden, ab, oder nippten nur höflichkeitshalber daran. Das war auch nur vernünftig, denn alkoholisiert hätten sie die Kontrolle über das Geschehen verloren. Manche waren überhaupt konsequent abstinente Antialkoholikerinnen. Judy und Sabrina waren recht trinkfest, Juliette betrank sich ausnahmsweise bei einem Fest oder aus Liebeskummer. Ich habe nie eines der Mädchen schwer alkoholisiert angetroffen, abgesehen von den Malen, wo ich sie vom *Motherfucker*[†] abholen musste. Es kam nicht vor, dass ein Mädchen etwa zwischen zwei Jobs schnell wo einen trinken gehen wollte. Ich hatte sogar für Notfälle Alkoholisches im Auto, das wurde aber nie in Anspruch genommen. Beliebt waren dagegen Energy-Drinks. Dass also Mädchen Alkohol missbrauchten, um den Job bewältigen zu können, wie Girtler es beschreibt[20], konnte ich nicht beobachten.

Gelegentlich erfuhr ich, dass Mädchen Cannabis konsumierten, aber auch das nur in der Freizeit.

Von ein oder zwei drogensüchtigen Mädchen hörte ich erzählen. Die wurden, nachdem ihre Drogensucht offensichtlich geworden war, von der Agentur nicht mehr vermittelt. Mit offensichtlichen Alkoholikerinnen wäre sicherlich genau so verfahren worden.

---

* Seiten 22, 17 171, 180
† Seiten 87, 196, 197

Gesundheit und Gesundheitsbewusstsein

Ein großes Problem für die Mädchen war, dass sie nicht krankenversichert waren und für jeden Arztbesuch das volle Honorar bar bezahlten mussten. So wurden Untersuchungen und Behandlungen möglichst aufgeschoben, bis sie wieder daheim waren.

Viele Mädchen ernährten sich auch schlecht. In ihren Wohngemeinschaften wurde nicht viel gekocht, Pizza, Döner, Burger, Sandwiches von der Tankstelle spielten in ihrer Ernährung eine große Rolle.

Über die gesundheitlichen Risiken, die speziell mit ihrer Tätigkeit als Callgirl zusammenhingen, waren viele erschreckend unwissend. Alle möglichen Gerüchte darüber, woran man AIDS-Kranke erkennen könnte, kursierten. Dass man AIDS-Kranke generell nicht erkennen kann, davon waren manche nur schwer zu überzeugen. Eine meinte, dass ein Pessar sie vor Ansteckung schützen könnte, eine andere vertraute gar auf ein abgeschriebenes Gebet und auf Coitus Interruptus[*]. Von der Chefin, die selbst zwölf Jahre lang als Prostituierte gearbeitet und nach eigener Aussage und den Aussagen von denen, die sie kannten, nie ohne Schutz gearbeitet hatte, wurden die Mädchen über die Gefahren nicht aufgeklärt. Auch die Telefonistinnen Vera und Sissy, beide ehemalige Krankenschwestern, fühlten sich nicht veranlasst, die Mädchen aufzuklären. Die Ambulanz für Geschlechtskrankheiten, wo man sich kostenlos untersuchen lassen kann ohne befürchten zu müssen, der Polizei gemeldet zu werden, kannten nur die wenigsten Mädchen. Die Chefin hatte eine schlechte Meinung von dieser Institution[†]. Nur eine Minderzahl der Mädchen ließ sich regelmäßig gynäkologisch untersuchen. Mindestens eines der Mädchen war überhaupt noch nie in gynäkologischer Behandlung gewesen.[‡]

Mit allen Mädchen, die *Ohne-Service* anboten, habe ich, wenn sich die Gelegenheit bot, über das große Risiko gesprochen, dem sie sich aussetzten. Es ist mir nicht gelungen, auch nur eine einzige davon abzubringen.

Während meiner Zeit als Fahrer ist mir allerdings kein einziger Fall einer Geschlechtskrankheit bekannt geworden. Als ich später einmal mit Vera telefonierte, hat sie mir erzählt, dass Gül, eines der *Naturmodels* sich mit Tripper angesteckt und das erst nach drei Tagen der Agentur gemeldet hatte.

---

[*] Seite 78
[†] Seite 176
[‡] Seite 52

Die rechtliche Situation

Die meisten Mädchen kamen als Touristinnen ins Land. Sie hatten weder eine Arbeitsbewilligung noch waren sie als Prostituierte registriert. Die meisten hatten Angst vor der Polizei. Die Höchststrafe für das Ausüben der Prostitution ohne polizeilich registriert zu sein betrug für ErsttäterInnen 3.500,- Euro, im Wiederholungsfall 7.000,-. (Im Wiener Prostitutionsgesetz 2004 wurden diese Sätze auf 1.000,- bzw. 2.000,- Euro reduziert.) Realistischer Weise drohte vor allem die Abschiebung und ein fünfjähriges Einreiseverbot. Während meiner Zeit als Fahrer kam es nur zu einer einzigen Festnahme, die das betroffene Mädchen nur der unglaublichen Ungeschicklichkeit ihres Fahrers zu verdanken hatte[*]. Sie wurde nicht wegen Geheimprostitution bestraft, sondern weil sie sich, obwohl sie mit einem Touristenvisum eingereist war, „zum Zwecke der Arbeit" im Land aufgehalten hatte. Dafür bekam sie eine Verwaltungsstrafe in Höhe von 65,- Euro. Der Abschiebung entging sie knapp. Nach der EU-Erweiterung vom 1. Mai 2004 änderte sich die Situation für die Mädchen aus den Beitrittsländern: Wegen der Übergangsfristen durften sie zwar noch immer nicht als Putzfrau oder im Supermarkt arbeiten. Doch da eine Prostituierte ein selbständiges Gewerbe ausübt, haben sie seither das Recht, als angemeldete Prostituierte tätig zu sein.

Im Prinzip gibt es auch – bei Erfüllen bestimmter Voraussetzungen (Zusage eines Clubchefs, Versicherung, kein Aufenthaltsverbot) – die Möglichkeit eines Spezialvisums für Selbständige. Dieses Visum konnte aufgrund eines Erlasses des Bundesministeriums für Inneres (von 1997 und 2001) für Showtänzerinnen und Prostituierte erteilt werden. Kein einziges Mädchen hatte ein solches Visum oder wusste auch nur von dieser Möglichkeit. Schon wegen der teueren Versicherung wären die meisten daran sowieso nicht interessiert gewesen.

Ausländische Frauen, die von ZuhälterInnen oder MenschenhändlerInnen kontrolliert werden, haben keine Möglichkeit, gegen diese rechtlich vorzugehen, ohne selbst mit Abschiebung und Aufenthaltsverbot wegen Geheimprostitution oder Arbeit ohne Arbeitserlaubnis rechnen zu müssen. Die Migrantinnen-Organisation LEFÖ fordert ein Zeugenschutzprogramm für Opfer von Frauenhandel bzw. Menschenhandel.

---

[*] Seite 210

Die Agentur

Laut eigener Auskunft der Chefin hatte die Agentur im Juli 2003 1100 Jobs vermittelt (gegenüber 280 im Jänner desselben Jahres)[*]. Unter der Minimalannahme, dass es ausschließlich einstündige Jobs waren, ergäbe das einen Umsatz von mindestens 66.000,- Euro. Nimmt man 100 zweistündige und 100 dreistündige Jobs an, erhöht sich diese Zahl auf 73.000,-. Aus diesen Einnahmen mussten bezahlt werden: die Werbung, die Telefonistinnen, Miete und Energiekosten für Büro und Treffpunktwohnung, Reinigung, Verbrauchsartikel wie Handtücher, Bettwäsche, Waschmittel, Kaffee, Kondome. Im August desselben Jahres gab sie an, täglich 570,- Euro für Inserate auszugeben[†]. Das macht im Monat rund 17.400,- Euro aus (gegenüber den von Gerd im Mai genannten 9.000,-[‡]). Die Telefonistinnen erhielten pro Stunde 3,60 Euro und pro vermitteltem Job 7,20 Euro. Es gab jeweils eine Telefonistin für die Tag- und eine für die Nachtschicht (von 9.00 bis 21.00 Uhr und von 21.00 bis 9.00 Uhr) und eine Verstärkung für die Nachmittags und Abendstunden, pro Tag fielen also 36 Stunden an, das ergibt etwas weniger als 4.000,- Euro an Stundenlöhnen. Dazu kommen für 1.100 vermittelte Jobs 7.900,- Euro an Vermittlungsprovisionen. Miete und Energie für Büro und Wohnung sind mit 2.000,- Euro sicherlich zu hoch veranschlagt. 1.000,- Euro monatlich seien für Verbrauchsartikel angenommen, weitere 1000,- für Reinigung. Zieht man diese wesentlichen Posten vom Umsatz ab, bleiben mindestens 32.700,-, vermutlich aber um ca. 7.000,- mehr. Davon mögen noch abgehen Anwaltskosten, Steuerberatung, Provisionen an Zuhälter für die Vermittlung von Mädchen, möglicherweise Bestechungsgelder (das ist eine reine Vermutung, nichts dergleichen ist mir zu Ohren gekommen). Nach diesem Überschlag ist jedenfalls ein Reingewinn vor Steuern irgendwo zwischen 20.000,- und 30.000,- Euro durchaus vorstellbar. Den Finanzbehörden wurden nur 20,- statt 60,- Euro als Vermittlungsprovision angegeben, d.h. es wurde nur höchstens ein Drittel der Einnahmen versteuert. Laut einer Aussage von Gerd allerdings von diesem Drittel auch nur ein Viertel[§].

Escort-Agenturen kommen und gehen. Eine Agentur zu gründen braucht nicht viel Kapital. Ehemalige Fahrer versuchen sich daran ebenso wie ehemalige Prostituierte. Die Konkurrenz unter den Agenturen wird über Marketing und Preiskampf ausgetragen, nicht mit kriminellen Methoden. Einer der Gründe für den Erfolg der von mir untersuchten Agentur war, dass sie sehr reell arbeitete. Die Fotos im Internet und in den Inseraten waren echt und aktuell, was nicht bei allen Agenturen der Fall war. Wenn ein Kunde ein bestimmtes Mädchen buchte und dieses nicht verfügbar war, wurde ihm nicht eine andere von ähnlichem Typ hingeschickt,

---

[*] Seite 165
[†] Seite 150
[‡] Seite 15
[§] Seite 37

sondern der Kunde wurde darüber informiert und ihm ein Ersatz-Angebot gemacht. Beschwerden von Kunden ging die Chefin oft persönlich nach und wenn sie zum Schluss kam, dass die Beschwerde berechtigt war, bekam der Kunde bei der nächsten Buchung 10% Rabatt. Die Chefin achtete sehr darauf, dass die Mädchen die Kunden nicht abzockten, z.b. indem sie sich Extras bezahlen ließen, die sie dann nicht durchführten, oder indem sie statt einer Stunde nur 30 Minuten blieben oder indem sie zu lange im Bad trödelten. Den Kunden zu *wurzen*, wie es im Jargon der Gürtelhuren geheißen hatte[21], ist ja auch eine Strategie, das Selbstwertgefühl gegenüber dem Kunden zu heben. Derartiges wurde den Callgirls streng untersagt. Es gab auch ein Merkblatt mit Verhaltensmaßregeln, das die Mädchen unterschreiben mussten[*]. Die Chefin hielt Kontakt zu einer Reihe von Stammkunden, zum Teil aus ihrer aktiven Zeit, die ihr über die Qualitäten und das Verhalten der Mädchen Auskunft gaben. Über die Homepage konnten die Kunden auch Bewertungen der Mädchen einsenden. Auf der Homepage gab es auch ein Auszeichnungssystem, bei dem die Mädchen mit fünf, vier oder drei Sternen bewertet wurden.

Die Telefonistinnen gingen mit jedem Kunden ausgesprochen höflich um, solange sie der Meinung waren, dass es sich um einen wirklich an einer Buchung interessierten Kunden handelte. Sie priesen die Mädchen nicht unterschiedslos an, sondern gaben relativ reell Auskunft über das vom jeweiligen Mädchen angebotene Service.

Ein weiterer Grund für den Erfolg der Agentur war, dass sie immer wieder neue Mädchen anbot. Die Chefin nahm jedes Mädchen auf, das sich bewarb, entledigte sich aber sehr schnell wieder derer, die nicht entsprachen. So hatte sie einerseits einige bewährte, bei den Kunden gut eingeführte und beliebte Mädchen zur Verfügung, andererseits immer wieder neue Gesichter, die das Interesse der Kunden wach hielten.

Während meiner Zeit als Fahrer beschäftige die Agentur fünf Telefonistinnen, die sich abwechselten, und bis zu 14 Fahrer. Eine Zeitlang war darunter eine Fahrerin. Zwei der Telefonistinnen, Sissy und Jacqueline, hatten selbst Erfahrungen als Prostituierte. Vera kam aus der Krankenpflege. Sissy war früher auch Krankenpflegerin gewesen. Die Fahrer kennen zu lernen hatte ich nicht viel Gelegenheit. Viele blieben auch nicht sehr lange. Die Fahrer hatten von den Mädchen das Geld zu übernehmen und mit der Agentur abzurechnen. Dadurch kam ihnen auch eine gewisse Kontrollfunktion über die Mädchen zu. Fahrer konnten den Mädchen das Leben erleichtern oder erschweren. Gründe für Klagen waren zum Beispiel, dass der Fahrer ein Mädchen, das schon fertig war, zu lange beim Kunden oder gar im Freien warten ließ; dass ein Fahrer zu ungeduldig war, um mit einem Mädchen noch zur Tankstelle zu fahren, damit sie Kondome kaufen, aufs Klo gehen oder

---

[*] Seite 153

etwas zu essen kaufen konnte[*]; dass ein Fahrer ein Mädchen stundenlang bei sich im Auto sitzen ließ, während er andere Mädchen transportierte, anstatt sie nach Hause zu bringen[†]. Umgekehrt kam es auch vor, dass ein Mädchen den Fahrer bestach, sie bei sich im Auto zu lassen[‡]. Ein Mädchen, das schon im Auto saß, wurde von den Telefonistinnen bevorzugt vermittelt, weil sie schneller beim Kunden sein konnte. Es kam auch vor, dass Fahrer Mädchen, die sich mit den unterschiedlichen Tarifen nicht auskannten, finanziell übervorteilten[§]. Fahrer versuchten auch, Mädchen zu sexuellen Diensten zu überreden[**] oder gar zu nötigen[††]. Der Fahrer, der sich letzteren schuldig gemacht hatte, wurde zwar gefeuert, aber nach drei Tagen schon wieder eingestellt. Die Chefin wachte einerseits pedantisch darüber, dass Fahrer nicht mit Mädchen „anbandelten", doch wurden letztlich keine Konsequenzen gezogen.

Viel mehr geschadet hat ihr das Zusammenspiel eine Fahrers mit einer Telefonistin. Die beiden hatten gemeinsam die Agentur betrogen, indem sie Jobs, die während des Nachtdienstes anfielen, einfach nicht verrechneten, sondern das Geld, das der Agentur zugestanden wäre, in die eigene Tasche steckten[‡‡]. Bemerkenswert ist, dass dieser Betrug nur mit Hinauswurf geahndet wurde und die anderen Wiener Agenturbosse vor den beiden gewarnt wurden. Es wurden also weder Unterweltmethoden angewandt noch wurde die Polizei eingeschaltet. Als weitere Reaktion setzte die Chefin eine Initiative, die Agenturbosse zu mehr Informationsaustausch zu bringen und gemeinsame schwarze Listen zu führen[§§].

Das Verhältnis der Chefin zu den Mädchen kann man als mütterlich bis herzlos bezeichnen. Die polnischen Stammmädchen nannten sie noch *Mamusia*[***]. Um Gosia vor der Abschiebung zu bewahren, gab sie bedenkenlos 500,- Euro für den Anwalt her[†††] ohne sie je zurückzuverlangen. Als Tatjana einen Autounfall hatte und monatelang nicht arbeiten konnte, lieh die Chefin ihr 5.000,- Euro ohne Garantie, sie jemals wieder zu bekommen und ohne Zinsen zu verlangen. Andererseits hatte sie keine Bedenken, dass Mädchen mit Ohne-Service Gesundheit und Leben riskierten. Ich konnte nicht wahrnehmen und habe auch nicht gehört, dass sie jemals offenen Zwang ausgeübt oder Drohungen ausgesprochen hätte. Sie fragte aber auch nicht danach, ob die Mädchen, die ihr von ZuhälterInnen vermit-

---

[*] Seite 17
[†] Seite 165
[‡] Seite 165
[§] Seite 77
[**] Seite 194
[††] Seite 169
[‡‡] Seite 212
[§§] Seite 215
[***] Mamusia (sprich Mamuscha) = „Mamatschi"
[†††] Seite 213

telt wurden, wirklich freiwillig gekommen waren. Je mehr Geld ihr Hotelprojekt verschlang, um so rücksichtsloser wurde sie.

Als heterosexuelle Frau hatte sie kein sexuelles Interesse an den Mädchen. Andere Agenturbosse (nicht alle) verlangen von den Mädchen, dass sie mit ihnen schlafen, oder sie suchen sich unter ihren Mädchen eine zeitweilige Freundin aus.

Beutet die Agentur die Mädchen aus?

Wenn die Besitzerin des Unternehmens das Dreifache der bestverdienenden und das Sieben- bis Achtfache der durchschnittlich verdienenden Mädchen einnimmt, so ist dieser Einkommensunterschied jedenfalls weitaus geringer als in anderen Branchen des kapitalistischen Geschäftslebens. Die Agentur bietet den Mädchen eine reale Dienstleistung, sie übernimmt die Bewerbung und Organisation des Geschäfts, etwas, was die meisten Mädchen unabhängig gar nicht leisten könnten. Ich habe einige Mädchen, die die Agentur verlassen wollten, dabei unterstützt, unabhängig zu arbeiten, mit eigener Homepage, eigenen Inseraten etc. Es ist ihnen aber nicht gelungen, auf diese Art besser zu verdienen als bei der Agentur, und sie hatten zusätzlich den organisatorischen Aufwand. Letztlich haben sie sich entschlossen, in einem Studio zu arbeiten. Einige Mädchen schlugen mir auch vor, ich sollte doch selbst eine Agentur gründen, sie wollten für mich arbeiten. Ich lehnte das ab und schlug stattdessen eine Art genossenschaftlicher Organisationsform vor. Die Mädchen sollten sich zusammenschließen und mich als Werbeleiter, Webadministrator und Fahrer beschäftigen. Die Mädchen wollten aber eine solche Verantwortung für das eigene Geschäft gar nicht übernehmen. Ein Grund dafür liegt sicherlich darin, dass die meisten Mädchen – illusorisch oder nicht – ihre Tätigkeit als Prostituierte als nur vorübergehend ansehen und nicht vorhaben, jahrelang bei dem Geschäft zu bleiben, so dass es sich für sie lohnen würde, eine derartige Organisation aufzubauen.

Nachtrag Mai 2006

Gosia und Adriana haben mit meiner Unterstützung ihre Schulausbildung wieder aufgenommen. Gosia hat noch ein Jahr bis zur Matura. In ihrer Klasse ist sie die Zweitbeste. Ihre Aussichten auf einen Job in Polen sind noch immer nicht sehr hoch.
Adriana hat ihre Schule abgeschlossen. Sie arbeitet in Österreich als Putzfrau – illegal – und hofft eines Tages studieren zu können.

Jolanta ist im Zuge der verstärkten Polizeiaktivitäten in Bezug auf Mädchenhandel und Zwangsprostitution im Frühjahr 2006 verhaftet worden und sitzt zur Zeit der Drucklegung dieses Buches in Untersuchungshaft.

Personenverzeichnis

Adam 219, 220, 221, 244, 245
Adriana 187, 189, 193, 194, 195, 197, 201, 204, 206, 208, 209, 210, 257, 264, 268, 292
Agata 72
Anastacia 137, 180, 181, 182
Andrea 101, 104, 132, 133, 134, 149, 169, 170, 212, 214
Angelika 109, 110, 117
Anka 7
Arielle 89, 91, 96, 160
Bauernfeind 193, 194, 201, 202, 203
Berta 208
Betsy 59, 147, 191, 192, 193, 201, 203, 204, 264
Betty 40, 41, 42
Brenda 173, 174, 175, 176, 178, 179, 180, 181, 182, 184, 185, 257
Camilla 150, 151
Carla 98, 285
Carlotta 13, 14, 25, 26, 27, 28, 71, 72, 75, 76, 77, 78, 79, 81, 99, 100, 104, 149, 165, 167, 198, 199, 200, 201, 203, 257, 284
Carmen 108, 109, 110
Cindy 166, 167, 170, 171, 174, 178, 179, 184, 188, 191, 266
Cleo 145
Connie 105, 106, 107, 109, 110, 116, 135, 147
Corinna 63, 173, 174, 175, 176, 178, 179, 180, 181, 182, 184, 185, 191, 257
Damjan 125, 126, 127, 128, 129, 139, 140, 183, 230
Diane 204
Dieter 68, 69, 70, 278
Ela 245, 247
Elfi 178, 189, 191, 205, 206, 208
Elżbieta 5, 35, 125, 127, 128, 129, 132, 162, 163, 170, 182, 183, 211, 219, 220, 221, 222, 223, 227, 230, 237, 253, 257
Flossi 211, 212, 213, 214
Gabelsberger 87, 88, 90, 91, 117, 197, 198, 201, 286
Gerd 6, 9, 10, 11, 12, 15, 16, 28, 29, 36, 37, 40, 45, 70, 96, 97, 98, 99, 104, 113, 116, 134, 135, 136, 153, 159, 161, 162, 164, 165, 192, 193, 199, 202, 203, 211, 212, 213, 216, 257, 268, 289
Gosia 5, 6, 7, 10, 11, 12, 21, 29, 30, 31, 32, 33, 34, 35, 36, 56, 63, 64, 70, 71, 125, 126, 127, 128, 129, 130, 131, 132, 133, 134, 135, 145, 146, 148, 149, 162, 163, 164, 167, 211, 212, 213, 214, 215, 216, 218, 223, 227, 229, 230, 231, 232, 233, 234, 235, 236, 237, 238, 239, 240, 241, 242, 243, 245, 246, 247, 248, 249, 251, 252, 253, 255, 256, 258, 267, 286, 291, 292

Literatur

[1] Kinsey, Alfred C. et al. (1948/1998). *Sexual Behavior in the Human Male.* Philadelphia: W.B. Saunders; Bloomington, IN: Indiana U. Press.

[2] Christiane Howe (2003). *Zwielichtiges. Bilderwelten – Innenwelten* IN: *Männer und Sex(ualität) – Erotik im Geschlechterverhältnis.* Dokumentation einer Tagung der Heinrich-Böll-Stiftung und des „Forum Männer in Theorie und Praxis der Geschlechterverhältnisse" am 6./7. Juni 2003 in Berlin, S. 38

[3] Girtler, Roland (2004). *Der Strich. Soziologie eines Milieus.* Wien, 5. Auflage: LIT-Verlag. S. 79 ff.

[4] Girtler, 2004, S. 48 f.

[5] Girtler, 2004, S. 34

[6] Girtler, 2004, S. 291

[7] Girtler, 2004, S. 169

[8] Girtler, 2004, S. 266

[9] http://www.durex.com/uk/files/2005_GGS%20Report_final.pdf

[10] Vgl. NEWS Nr. 45, 10. November 2005: „Der neue Sex-Report – Österreicher lieben besser"

[11] Howe, 2003, S. 49

[12] Howe, 2003, S. 49

[13] Howe, 2003, S. 50

[14] Girtler, 2004, S. 246

[15] Girtler, 2004, S. 169

[16] Girtler, 2004, S. 246

[17] Girtler, 2004, S. 245

[18] Girtler, 2004, S. 265

[19] Kammer f. Arbeiter und Angestellte, Wien (Hsg.) (2005). *Wirtschafts- und Sozialstatistisches Taschenbuch 2005.* Wien: Verlag der Kammer für Arbeiter und Agestellte.

[20] Girtler 2004, S. 61 ff.

[21] Girtler, 2004, S. 248

Feldforschung

Christian Bachhiesl
Der Fall Josef Streck
Ein Sträfling, sein Professor und die Erforschung der Persönlichkeit
Der Meisterdieb und gelegentliche Zuhälter Josef Streck wurde in den 1920-er Jahren in Graz kriminalbiologisch untersucht. Strecks ausführliche Briefe blieben ebenso wie die Untersuchungsunterlagen am Kriminalmuseum der Universität Graz erhalten. Es war also möglich, seine Sicht mit den damals vorherrschenden bürgerlich-konservativen Anschauungen zu kontrastieren und paradigmatisch die Instrumentalisierung von Menschen durch die Wissenschaft darzustellen. *Der Fall Josef Streck* erzählt darüber hinaus die spannende, oft komische, oft aber auch berührende Lebensgeschichte eines kriminellen Außenseiters mit erstaunlicher Bildung und weitgestreuten Interessen vor dem Hintergrund seiner Zeit.
Bd. 1, 2006, 280 S., 24,90 €, br., ISBN 3-8258-9579-3

Mariella Hager
Kinderwunschlos glücklich?
Gewollt kinderlose Akademikerinnen. Eine qualitative empirische Studie zu Lebenssituation und Zukunftsplanung österreichischer Akademikerinnen
Vorbei sind die Zeiten, als Kinderkriegen das „Normalste" auf der Welt war! Die Soziologin Mariella Hager geht in zahlreichen Gesprächen den Ursachen dieser Entwicklung nach und gibt einen detaillierten Einblick in das Alltagsleben kinderloser Akademikerinnen. Mariella Hager zeigt neue Wege aus der Vergreisung unserer Gesellschaft auf, dabei nimmt sie die Gesellschaft und Politik in die Pflicht, verdeutlicht aber auch, wo Familienpolitik an ihre Grenzen stößt. „Die Autorin spricht eine der wohl schwierigsten Lebensfragen offen an und zeigt auf, wie hoch gebildete Frauen ihr Glück jenseits von Mutterschaft suchen – ein packendes Buch!" Roland Girtler
Bd. 2, 2006, 200 S., 19,90 €, br., ISBN 3-8258-9580-7

LIT Verlag GmbH & Co. KG Wien
Auslieferung Österreich: Medienlogistik Pichler-ÖBZ GmbH & Co KG
IZ-NÖ Süd, Straße 1, Objekt 34, A-2355 Wiener Neudorf, Postfach 133
Tel. +43 (0) 2236/63 535 - 290, Fax +43 (0) 2236/63 535 - 243, e-Mail: bestellen@medien-logistik.at
Auslieferung Deutschland: Fresnostr. 2 48159 Münster
Tel.: 0251 – 62 03 222 – Fax 0251 – 23 19 72
e-Mail: vertrieb@lit-verlag.de – http://www.lit-verlag.de

Roland Girtler
Der Strich
Soziologie eines Milieus
Um das Rotlichtmilieu ranken sich viele Geschichten und Geheimnisse. Das vorliegende Buch ist ein un-
terhaltsamer Führer durch diese Schattenwelt. „Der Strich" versorgt Sie mit verläßlichen Informationen
über alles Wissenswerte. Sie lesen über die Geschichte der Prostitution, Prostitution heute, über Zuhälter, Kunden, das Leben der Frauen, sexuelle Praktiken. Das Buch beruht auf detaillierten Kenntnissen,
entstanden durch langjährige Forschungen im Wiener Milieu. Der Altmeister der deutschen Sozialwis-
senschaften, René König, hat dieses Buch überschwenglich gelobt und eindringlich empfohlen. Roland
Girtler, Professor für Soziologie an der Universität Wien, wurde berühmt mit Forschungen über „Randkul-
turen": Schmuggler, Gauner, Obdachlose, Prostituierte, Wilderer, Aristokraten, feine Leute.
Pocket, Bd. 1, 2004, 328 S., 16,90 €, br., ISBN 3-8258-7699-3

LIT Verlag GmbH & Co. KG Wien

Auslieferung Österreich: Medienlogistik Pichler-ÖBZ GmbH & Co KG
IZ-NÖ Süd, Straße 1, Objekt 34, A-2355 Wiener Neudorf, Postfach 133
Tel. +43 (0) 2236/63 535 - 290, Fax +43 (0) 2236/63 535 - 243, e-Mail: bestellen@medien-logistik.at
Auslieferung Deutschland: Fresnostr. 2 48159 Münster
Tel.: 0251 – 62 03 222 – Fax 0251 – 23 19 72
e-Mail: vertrieb@lit-verlag.de – http://www.lit-verlag.de

Roland Girtler
10 Gebote der Feldforschung
Allen Soziologen wünschte René König etwas von Roland Girtlers Forschungsart. Dieses kleine Bänd-
chen mit 10 Geboten der Feldforschung gibt Einblick in ein Forscherleben und lädt ein zur Nachahmung.
Wie immer bei Girtler wird das pralle Leben sichtbar – und – es darf geschmunzelt werden.
Pocket, Bd. 2, 2004, 128 S., 7,90 €, br., ISBN 3-8258-7700-0

LIT Verlag GmbH & Co. KG Wien

Auslieferung Österreich: Medienlogistik Pichler-ÖBZ GmbH & Co KG
IZ-NÖ Süd, Straße 1, Objekt 34, A-2355 Wiener Neudorf, Postfach 133
Tel. +43 (0) 2236/63 535 - 290, Fax +43 (0) 2236/63 535 - 243, e-mail: bestellen@medien-logistik.at
Auslieferung Deutschland: Fresnostr. 2 48159 Münster
Tel.: 0251 – 62 03 222 – Fax 0251 – 23 19 72
e-Mail: vertrieb@lit-verlag.de – http://www.lit-verlag.de

Hubert Christian Ehalt; Josef Hochgerner; Wilhelm Hopf (Hg.)
„Die Wahrheit liegt im Feld"
Roland Girtler zum 65.
Wenn die Wahrheit irgendwo liegt, so liegt sie im Feld – bei den Menschen, so könnte man Roland Girt-
lers Motto zusammenfassen. Dem Wissenschaftler, Menschen und Kollegen Roland Girtler wird in aller
Bescheidenheit versucht in diesem Band ein kleines wissenschaftliches Ständchen zum 65. Geburtstag
zu bringen. Ein Verzeichnis der Girtlerschen Bücher rundet den Band ab – „nebst" seinen sonstigen noch
zahlreicheren Aufsätzen, Schriften und Kolumnen. Dem geneigten Leser und hoffentlich auch dem Jubilar
wird damit ein ebenso vergnüglicher wie nützlicher Band übergeben.
Austria: Forschung und Wissenschaft – Soziologie, Bd. 2, 2006, 256 S., 19,90 €, br., ISBN 3-7000-0508-3

LIT Verlag GmbH & Co. KG Wien

Auslieferung Österreich: Medienlogistik Pichler-ÖBZ GmbH & Co KG
IZ-NÖ Süd, Straße 1, Objekt 34, A-2355 Wiener Neudorf, Postfach 133
Tel. +43 (0) 2236/63 535 - 290, Fax +43 (0) 2236/63 535 - 243, e-Mail: bestellen@medien-logistik.at
Auslieferung Deutschland: Fresnostr. 2 48159 Münster
Tel.: 0251 – 62 03 222 – Fax 0251 – 23 19 72
e-Mail: vertrieb@lit-verlag.de – http://www.lit-verlag.de

Roland Girtler
Vom Fahrrad aus
Kulturwissenschaftliche Gedanken und Betrachtungen
Girtler ist ein Vagabund, ein Philosoph des Alltags. Ein genauer Beobachter von Landschaft, Grenzen und Menschen. Wie die alten Philosophen weiß er vom vergessenen Wert des Vagabundierens. Die Mühen und Schönheiten des Radfahrens verbindet er mit hintersinnigen Betrachtungen allerlei Art. Er sinniert über Mannbarkeitsriten, magische Schreckensfiguren, Paracelcus und Marx, gefährliche Wahrheiten, Wissen und Wissenschaft. Er wirft seiner Blick immer wieder auf Grenzen und die Ausgegrenzten.
Pocket, Bd. 3, 2004, 248 S., 12,90 €, br., ISBN 3-8258-7826-0

LIT Verlag GmbH & Co. KG Wien

Auslieferung Österreich: Medienlogistik Pichler-ÖBZ GmbH & Co KG
IZ-NÖ Süd, Straße 1, Objekt 34, A-2355 Wiener Neudorf, Postfach 133
Tel. +43 (0) 2236/63 535 - 290, Fax +43 (0) 2236/63 535 - 243, e-Mail: bestellen@medien-logistik.at
Auslieferung Deutschland: Fresnostr. 2 48159 Münster
Tel.: 0251 – 62 03 222 – Fax 0251 – 23 19 72
e-Mail: vertrieb@lit-verlag.de – http://www.lit-verlag.de

Roland Girtler
Abenteuer Grenze
Von Schmugglern und Schmugglerinnen, Ritualen und „heiligen" Räumen
Ohne Grenzziehungen der vielfältigsten Art ist menschliches Zusammenleben nicht möglich. Der Mensch
schafft in vielfältiger Weise Grenzen – und überwindet sie ebenso kreativ. Tauchen Sie mit Girtler ein
in das Abenteuer Grenze. Girtler führt Sie durch die Grenzen des Alltags, die Grenzen der Halb- und
Unterwelt.
Pocket, Bd. 7, 2006, 448 S., 16,90 €, br., ISBN 3-8258-9575-0

LIT Verlag GmbH & Co. KG Wien

Auslieferung Österreich: Medienlogistik Pichler-ÖBZ GmbH & Co KG
IZ-NÖ Süd, Straße 1, Objekt 34, A-2355 Wiener Neudorf, Postfach 133
Tel. +43 (0) 2236/63 535 - 290, Fax +43 (0) 2236/63 535 - 243, e-Mail: bestellen@medien-logistik.at
Auslieferung Deutschland: Fresnostr. 2 48159 Münster
Tel.: 0251 – 62 03 222 – Fax 0251 – 23 19 72
e-Mail: vertrieb@lit-verlag.de – http://www.lit-verlag.de

Roland Girtler
Kulturanthropologie
Eine Einführung

Girtlers „Kulturanthropologie" ist ein Standardwerk. Es faßt in knapper Form alle relevanten Ansätze zur Thematik zusammen. Seit seinem Erscheinen hat es nichts von seiner Bedeutung verloren: Ideengeschichte der Kulturanthropologie – Sprache und Sozialanthropologie – Der „Funktionalismus" – Das „Verstehen" in der Kulturanthropologie – „Kulturanthropologie", „cultural anthropology" und „Philosophische Anthropologie".

Pocket, Bd. 8, 2006, 312 S., 12,90 €, br , ISBN 3-8258-9576-9

LIT Verlag GmbH & Co. KG Wien

Auslieferung Österreich: Medienlogistik Pichler-ÖBZ GmbH & Co KG
IZ-NÖ Süd, Straße 1, Objekt 34, A-2355 Wiener Neudorf, Postfach 133
Tel. +43 (0) 2236/63 535 - 290, Fax +43 (0) 2236/63 535 - 243, e-Mail: bestellen@medien-logistik.at
Auslieferung Deutschland: Fresnostr. 2 48159 Münster
Tel.: 0251 – 62 03 222 – Fax 0251 – 23 19 72
e-Mail vertrieb@lit-verlag.de – http://www.lit-verlag.de